二十周年院庆系列

凯原法学论丛

Collection of Papers on Intellectual Property and Competition Law

知识产权与竞争法论集

孔祥俊　著

法律出版社 LAW PRESS·CHINA
—— 北京 ——

图书在版编目（CIP）数据

知识产权与竞争法论集 / 孔祥俊著. -- 北京：法律出版社, 2022
（凯原法学论丛. 二十周年院庆系列）
ISBN 978-7-5197-6518-7

Ⅰ. ①知… Ⅱ. ①孔… Ⅲ. ①知识产权法－中国－文集②反不正当竞争－经济法－中国－文集 Ⅳ. ①D923.4-53②D922.294.4-53

中国版本图书馆CIP数据核字（2022）第052242号

知识产权与竞争法论集
ZHISHI CHANQUAN YU JINGZHENGFA LUNJI

作　　者：孔祥俊
责任编辑：孙东育　许莹洁
装帧设计：贾丹丹
出版发行：法律出版社
编辑统筹：学术·对外出版分社
责任校对：杨锦华
责任印制：陶　松
经　　销：新华书店
开　　本：710毫米×1000毫米　1/16
印　　张：22.25
字　　数：322千
版　　本：2022年7月第1版
印　　次：2022年7月第1次印刷
印　　刷：三河市兴达印务有限公司
书　　号：ISBN 978-7-5197-6518-7
定　　价：99.00元

销售电话：010-83938349　客服电话：010-83938350　咨询电话：010-63939796
地　　址：北京市丰台区莲花池西里7号(100073)
网　　址：www.lawpress.com.cn
投稿邮箱：info@lawpress.com.cn
举报盗版邮箱：jbwq@lawpress.com.cn
凡购买本社图书，如有印装错误，我社负责退换。电话：010-83938349

编辑说明

本文集是从笔者从事知识产权审判工作以来发表的论文中选取的，主要涉及知识产权和竞争法领域。笔者本人的学术研究始终围绕所从事的工作，因岗位几经改变，所撰写的论文涉及的领域颇多，但近十几年来主要研究知识产权和竞争法。因此，本文集选取知识产权和竞争法论文，并采用现书名。

笔者大学毕业即进入法院工作，后继续攻读数年，复进入实务部门，近几年又回归学校。笔者大部分的职业生涯在实务部门度过，在实务工作之余撰写了百余篇论文；其间曾经出版过多部论文集和专著，有些论文已被已出版文集所收录，或者论文的内容被纳入相应的专著。这些论文原则上不再收入本文集。因此，本文集只是笔者从事学术研究和研究历程的一些侧面。也正是出于反映研究历程的考虑，论文原则上均保持原样。

笔者从事了二十多年的实务工作，都是在繁忙的工作之余，纯属出于兴趣而撰写点文章，所以笔者经常自比为学术研究的"票友"。正是由于长期从事实务工作的缘故，笔者的研究都有很强的问题意识，研究的都是真问题。即便进入学界以来，仍保持了原写作风格。而且，笔者毕竟是实务出身，职业习惯决定了论文的内容和行文并不过于追求学术化。鉴于选择的论文大多数是业余作品或者有业余风格,可能会贻笑大方,望方家不吝赐教。

孔祥俊

2021 年 6 月 14 日

序　言

对柏拉图和亚里士多德来说，哲学家始于困惑而终于痴迷，但却活跃地冥思苦想着真理——无论是否得到报偿。这种心灵的经典图景就是詹姆斯最喜欢谈论的话题。他那隐喻的意思是要指出，不付诸行动的思想一文不值。

——[美]戴维·鲁本

司法理念体现的是司法观；而司法是受司法观指导的，司法观是指导司法工作的世界观和方法论的集中体现。有什么样的司法观，就有什么样的司法决策和司法行动。裁判方法则是裁判的方法论。理念决定着能力、高度、水平、技巧和效果，而方法则是连接理念与效果的路径。把握好司法理念和裁判方法，是提高司法裁判能力的重要法门。

理念和方法当然不是万能的①，它们还需要依靠其他“有效的知识”来发挥。如卡多佐所说，“方法论提供了钥匙，却无法使我们易如反掌地发现和

① 有人说，方法论只是匠人的工具而已。或许有这种见解：如果用有缺陷的方法也能得到正确的判断，要比用卓越的方法犯大错好得多。然而，使用真正卓越的方法，犯大错的危险应该是很小的。德国学者拉德布鲁赫说：“某些科学如果必须忙于从事探讨自己的方法论，就是有病的科学。”当然，这是针对方法论过剩的德国来说的，不适用方法论贫乏、长期对基础理论敬而远之的国家。参见[日]大木雅夫：《比较法》，范愉译，法律出版社 1999 年版，第 81 页。

揭开秘密。它给我们的,与其说是一把钥匙,不如说是一条线索,如果我们想汲取它的精华,必须自己逐步建立和发展它"[①]。而就"有效的知识"而言,霍姆斯如是说:"如果一个人对所从事的事业,拥有一套有效的知识,就可以更自在地享受悠闲,而毋须一有时间就花在阅读所有公开的判例上。它们可能只是法律思想变迁中很小的一部分。"[②]卡多佐对此解释道:"在法律中,就像在其他科学中一样,必须学习许多现成的知识。如果必须用法定货币支付旅费,它们就是我们口袋里必备的货币。在口袋装满钱之前,我们最好就待在家里,哪里也别去。我估计,这就是霍姆斯所谓的有效知识。"笔者觉得,除理念和方法外,法学功底、司法经验及其他知识的宽度等有机地融合起来,就可以形成法官所需要的"有效的知识"。[③] 当然,这不仅是数量的累积,更是一种质的升华和高度。拥有这些知识不仅需要付出艰辛的努力,更要依赖天赋和悟性。

像霍姆斯这样天才式的大法官,在当法官之前曾是波士顿社交界很受欢迎的年轻人;但为潜心研究法学,他淡出社交圈,将绝大部分业余时间都用在学术写作上,为此还使他的一些老朋友因被疏远而感到不快。哲学家威廉·詹姆斯在一封信中写道:"温德尔动力十足,像一台挖掘机,为自己的将来开拓道路"。霍姆斯坚持不懈,在不惑之年(1881年)名成《普通法》(The Common Law),为其以后光彩夺目的漫长司法生涯奠定了深厚的根基。早在霍姆斯出生十年之前,托克维尔就觉得"很奇怪",像美国这样的一个奉行法律原则至上论的国家,竟然还不曾产生过"(深入)探究法律的普遍原则的伟大作家"。[④] 霍姆斯将此定为自己努力的目标。当时美国

---

① [美]本杰明·N.卡多佐:《法律的成长法律科学的悖论》,董炯、彭冰译,中国法制出版社2002年版,第53页。

② Association of American Law Schools, *The Continental Legal History Series*, Vol. Ⅰ, Palala Press, 2015, p. XLⅥ.

③ 按照美国人的见解,"一个理想的法律人既在法律领域接受了更广阔的教育,也学到了比较的和历史的视野。他们学习了民法、罗马法和国际法,并且可以在法律之外的领域——古典主义、文学、古代和现代的共和国的历史——自由地研究"。参见[美]斯蒂文·J.伯顿主编:《法律的道路及其影响》,张芝梅等译,北京大学出版社2005年版,第11页。

④ Alexis de Tocqueville, *Democracy in America*, University of Chicago Press, 2002, p. 301.

社会已为具有霍姆斯那样抱负和才干的人的活动准备好了法律舞台。《普通法》甫一面世即被盛赞为一部学术力作,似乎恰是对托克维尔的召唤的回应。[①] 正如作者在该书中所说,"这本书的目标就是要呈现关于普通法的整体观念"。霍姆斯确实以《普通法》及他的各种演讲和文章,彻底改变了美国法律人著述和表述法律的方式。即便是今天,在美国所有当代法律学术研究中也不时显现出霍姆斯留下的长长身影。他创造的格言警句随处可见,他为 20 世纪设定了法律学术议程。随后美国的法律现实主义、实用主义、法社会学、法经济学以及批判法学,都是霍姆斯曾经提出的研究课题的阐发。科尔·卢埃林甚至常说:"霍姆斯是我们所有人的父亲。"[②]

话题再转回来。的确,一旦掌握有效知识,就能够豁然开朗,可以在司法中悠然自得和触类旁通,可以在法律世界里自由翱翔。在任何领域,要想达到掌握有效知识的高度,恐怕都需要具有追求的乐趣。霍姆斯之所以能够达到司法的巅峰,除了其常人难以企及的天分外,显然还与其胸怀大志雄心勃勃及对司法的痴迷有关。霍姆斯在其早期的论著中就曾流露,他和(古)罗马贵族一样都相信,"任何人,如果他不能将其全部精力致力于某项任务,通过取得某些引人瞩目的成就或者通过培养某种令人艳羡的天赋而获得声誉,就不算真正活过一场"。霍姆斯出生于波士顿的一个显赫的家族,他是在已经成为战争英雄之后选择职业的;他在完全说服自己"无论从事法律还是任何别的行当都可以活得轰轰烈烈"之后,作出选择从事法律工作的决定。1885 年在一次律师协会的聚会上,他解释了自己选择法律生涯的原因:"毫无疑问,如果思考并去理解事物之间的相互联系,任何事情都饶有趣味。当你不懈地追求,每一种职业都很了不起。但任何职业都不能像法律那样给予如此开阔的视野,去感受人类灵魂内在的能量,去深刻体验生命的激流。它能够

---

① 《普通法》是在 1881 年 3 月 3 日,霍姆斯 40 岁生日前的五天出版。实际上该书最初并未引起广泛的注意,但人们仍然认为该书具有充分的学术性。不过,至少自 20 世纪 20 年代起便被人们看作美国法律学术上的经典作品之一。参见[美]爱德华·怀特:《奥利弗·温德尔·霍姆斯:法律与本我》,孟纯才、陈琳译,法律出版社 2009 年版,第 181 页。

② [美]玛丽·安·格伦顿:《法律人统治下的国度——法律职业危机如何改变美国社会》,沈国琴、胡鸿雁译,中国政法大学出版社 2010 年版,第 186-188 页。

让它的从业者以目击者和参与者的身份，去分享生命的情感、奋斗、失望和凯旋。”“法律就像魔镜，反映的不仅是我们的生活，而且是曾经存在过的所有人的生活！每当我想到这一宏伟的主题，我都难以自制。”[①]据他的传记作者马克·德沃尔夫·豪（Mark DeWolfe Howe）的描述，霍姆斯相信，“通过勤奋的、批判性的学术工作才能使自己在法律界干出一番事业”[②]。他的痴迷和抱负与他的成就显然是成正比的。

笔者深信，在司法领域取得真正的成就，必须有发自内心的乐趣和痴迷。裁判即判断，判断必思考，司法的确是一种思考性极强的职业。笔者虽然离把握有效知识还相差甚远，也远称不上或不愿意痴迷，但却贪婪地享受了司法中的思考之乐。有人说，“愚人天天感到无聊，智者时时都在思考”。笔者虽然不是智者，但从思考中得到了极大的精神享受。虽然笔者把太多的思考投入理念、方法和知识上，在时下的世风中有些不合时宜，但确实从思考中获得了精神世界的充实。这正是笔者乐此不疲的生活态度。如笔者崇敬的霍姆斯所说，“没有人能驾驭他人的生活。如果生活还有意义的话，至少应该是这样。每个人应该找到适合自己的生活，如果要寻求一种美好生活的话，他也许要在寻找过程中经受种种磨难”。[③] 亦如笔者同样崇敬的王选教授所说，“一个献身科学的人注定要比常人多吃苦，他必然会失掉常人享受的许多乐趣，但他也能得到常人所享受不到的许多快乐”。笔者希望做自己的主人，至少不希望业余生活也为外力所驾驭。而且，就个体而言，当时的社会或许有一般性的苦乐标准；但苦与乐都是相对的观念，主观性很强，全凭个人感受且因人而异。当然，能完全做到这些，也不是易事。

对于所从事的事业勤于思考，不仅是一种生活态度，更是一种

---

① Oliver Wendell Holmes, Jr., *The Law: Address to Suffolk Bar Association Dinner, February* 5, 1885, in Sheldon M. Novick, ed., The Collected Works of Justice Holmes: Complete Public Writings and Selected Judicial Opinions of Oliver Wendell Holmes, Chicago: University of Chicago Press, 1995, Vol. 3, p. 469. 转引自任东来等：《美国宪政历程：影响美国的 25 个司法大案》，中国法制出版社 2004 年版，第 164 页。

② ［美］玛丽·安·格伦顿：《法律人统治下的国度——法律职业危机如何改变美国社会》，沈国琴、胡鸿雁译，中国政法大学出版社 2010 年版，第 186 页。

③ 吴经熊：《法律哲学研究》，清华大学出版社 2005 年版，第 330 页。

工作态度,甚至可以说是一种思想境界和道德风范。亦如霍姆斯所说,“生活既已将我卷入到法学之中,我就应当全力以赴,尽我力之所及,一丝不苟地来展现这一行业的美好前景,以表明它是举世之间至高无上的事业”。对于许多人来说,获得知识所激发的乐趣和满足就足够了;而对于另外一些人,霍姆斯提出了更具有他的风格的建议:“雄心壮志和权力现今一般仅仅以金钱的形式体现。金钱是最直接的形式,而且是欲望的恰当对象。‘财富’,富切尔曾说,‘是一个人才智的衡量标准’。这当然是唤醒人们不要做黄粱美梦的金玉良言。正如黑格尔所言,‘最终并非胃口,而是观念会使人感到满足’。对于任何范围的想象而言,权力最广大的形式并非金钱,而是观念的支配。……我们不可能都成为笛卡儿或者康德,但我们都想追求幸福。而我通过了解许多成功的人们,确信这一点:幸福并非仅仅通过成为一个大公司的律师顾问且收入 5 万美元就可以获得。赢得赞誉的非常伟大的智者在成功之外还需要其他的食粮。……正是通过它们,你们不仅成为职业上的专家,而且把你们的专业同天地万物联系起来,并聆听到来自苍穹的回响,瞥见其深邃过程的微光,领悟到普遍规律的微弱线索。”①霍姆斯的高度确实是常人难以企及,“没有哪个美国人的法律理想比霍姆斯的更难达到”②。不过,这种境界虽不能至,然心向往之。

虽然如此,霍姆斯在其私人信件中还是流露了自己的谦逊。他说,“每当我坚信自己成就力所能及的事,我会感到莫大的快乐,但私下我也不无担忧:自己的这点能力又算得了什么呢?”③至少就常人而言,有这种想法,可以使人头脑清醒和深怀戒惧,而不会忘乎所以。

笔者对霍姆斯大法官充满敬意,常常为他的道德文章和深邃思想所吸引。笔者不但在文章和讲演中经常援引他的警句,甚至笔者还在研究案件时偶尔情不自禁地援用其格言和思想。如在讨论一件涉及历史背景的著作权纠纷案件时,笔者曾脱口而出地引述了他

---

① [美]斯蒂文·J. 伯顿主编:《法律的道路及其影响》,张芝梅等译,北京大学出版社 2005 年版,第 9、437 页。

② 同上注,第 9 页。

③ 吴经熊:《法律哲学研究》,清华大学出版社 2005 年版,第 329-330 页。

那句“一页历史抵得上一卷逻辑”的名言。笔者曾收集此公的一些论著和传记。特别是,2005年随中国青年代表团访美时,笔者颇费周折,非常艰难地挤出一点时间赶往华盛顿一家法律专业书店,买到了一些霍姆斯的论著。随后在波士顿马萨诸塞州最高法院参观了霍姆斯任职该院时的法庭,慈祥可亲的马萨诸塞州最高法院首席大法官玛格丽特女士坐在法庭内向我们介绍这位令人尊敬的前辈。当听说笔者这位来自中国最高人民法院的法官也是霍姆斯的敬仰者时,玛格丽特女士相当惊讶。回忆这段往事,至今仍历历在目。2011年笔者到华盛顿参观阿灵顿公墓,还特意找到了霍姆斯的墓地和墓碑。笔者对霍姆斯的景仰,以至于斯。

写于2006年3月1日,再改于2013年7月10日

目　录

第一篇　知识产权公共政策性的话题展开[①]

摘　要：知识产权具有财产性和公共政策性的二重性，公共政策性构成其显著特性，并塑造了其独特的财产性。知识产权的财产性要求进行严格保护，而公共政策性则要求保护中的利益平衡和兼顾。知识产权的公共政策性衍生了诸多具体特征，需要根据其具体特征扬长避短和健康运行，使其各得其所和各据其位。当今甚嚣尘上的知识产权政策治理，既在较大程度上源于公共政策性，又需要把握好界限，防止其泛化和抑制法治。公共政策性决定了构建知识产权国际话语权和话语体系至关重要，但此类构建应当正视现实和循序渐进，不能好高骛远不切合实际。

关键词：知识产权；公共政策；政策治理；法治治理；话语体系

为适应我国创新发展的需求，以及为应对当今复杂而特殊的国内外发展环境，当前我国知识产权保护热度骤增，受到举国上下的空前重视，知识产权保护的意义也在深度挖掘，保护口号和保护政策

① 原载《上海交通大学学报（哲学社会科学版）》2021 年第 3 期。

不断推陈出新和层层加码①。当前加强知识产权保护的总体姿态当然符合发展方向,但任何制度和举措都不是单向性的,都有复杂的面向。只有把复杂的多面向统筹兼顾,才能够确保制度的总体和谐,获得最佳效益。国家对于加强保护的强调旨在突出主要矛盾和抓矛盾的主要方面,但主导方面之下可能还存在不能忽视而易于被忽视的问题。鉴于此,本文拟从知识产权的公共政策性入手,对当前我国知识产权保护的现状和问题,做一些反思。

一、知识产权的二重性:财产性与公共政策性

(一)基于公共政策的财产

知识产权指向的是知识财产,是对知识财产进行的法律的和权利的定位②。知识产权首先提出的是为何(why)和如何(how)加强保护的问题,该问题涉及保护的正当性、保护的定位及保护的幅度(限度)等问题。比如,假如知识产权被定位为像物权、债权等那样的财产权,就应当得到财产权的应有保护,且具有财产权保护的明确边界,同时还有财产权保护的一般正当性。

知识产权首先被定位为私权。特别是,WTO 项下的 TRIPS 协定序言第 4 款专门强调"知识产权是私权"(private right)。据权威性解释,该序言对于知识产权为私权的提法,"并不意图排除政府或者公共机构也可能对知识产权享有所有权"。对于序言该规定最恰当的解释是,TRIPS 协定"所规制的国内法,是用来调整私人利益(例如专利权)的;它所特别指明的救济方式,是由用以保护该等权益的国内法所提供的;并且,它清楚地表明,政府并无责任代表私权所有人来监管侵犯知识产权的行为"。③

但是,当前我国倡导加强知识产权保护的动机和目标是激励创

---

① 比如,国家提出严格保护知识产权的政策,有些地方则进一步提出"最严格"保护知识产权。

② "广义地说,知识产权是指工业、科学、文学和艺术领域的智力活动(intellectual activity)所产生的法律权利"。See WIPO, WIPO Intellectual Property Handbook: Policy, Law and Use, WIPO (2004), https://www.wipo.int/publications/en/details.jsp?id=275&plang=EN.

③ 联合国贸易与发展会议、国际贸易许可和可持续发展中心主编:《TRIPS 协定与发展:资料读本》,商务部条约法律司译,中国商务印书馆 2013 年版,第 12-13 页。

新和促进创新性发展,始终将保护与创新挂起钩来。而且,当前的保护实践已初步显现,知识产权具有权利边界的弹性、权利功能的市场攻防性等特征,而一般的财产权则是安分守己和以静制动,只是在清晰的权利边界内进行排他和运作,不能作为市场攻防的资产①。特别是,知识产权保护具有独特的宏观意义。比如,习近平总书记指出,党的十八大以来,党中央把知识产权保护工作摆在更加突出的位置,部署推动了一系列改革,出台了一系列重大政策、行动、规划,实行严格的知识产权保护制度,坚决依法惩处侵犯合法权益特别是侵犯知识产权行为。……要坚持以我为主、人民利益至上、公正合理保护,既严格保护知识产权,又确保公共利益和激励创新兼得。……要研究实行差别化的产业和区域知识产权政策,完善知识产权审查制度②。对于知识产权保护从国家政策层面进行积极规划,并强调严格保护与兼顾平衡的两面性,且需要考虑产业和区域的差别化,诸如此类的特征对于其他财产权保护而言通常不具有或者表现不明显。所有这些莫不与知识产权的公共政策属性有关,或者为公共政策性所决定。

这使知识产权既是一种财产权,受到财产权的保护,同时又不是一般的财产权,具有一般财产权所不具有的保护定位、保护特性和保护需求。也即知识产权具有财产性和公共政策性的二重性。比如,TRIPS 协定序言既强调知识产权是私权(序言第 4 款),又强调其公共政策性(序言第 5 款),即"各国知识产权保护制度的基本公共政策目标,包括发展目标和技术目标"。③ 按照世界知识产权

---

① 人身权、物权、债权等通常都有清晰的权利边界,具有浓厚的权利本位色彩,即除受例外和特别的权利限制外,民事权利都是以权利和权利保护为基点,法律的天平明显倾向于权利。例如,物权是一种"直接支配和排他的权利"(《民法典》第 114 条),对于物权的限制只是法律规定的例外。

② 邱丽芳:《习近平在中央政治局第二十五次集体学习时强调全面加强知识产权保护工作激发创新活力推动构建新发展格局》,载新华网 2020 年 12 月 1 日,http://m. xinhuanet. com/2020-12/01/c_1126808128. htm。

③ 当然,TRIPS 协定中的公共政策目标还具体特指的含义。特别是,该协定谈判过程中发展中国家代表团强烈提出,"承认知识产权公共政策目标的重要性,并且认为该政策目标要求对权利人的需求有所节制"。联合国贸易与发展会议、国际贸易许可和可持续发展中心主编:《TRIPS 协定与发展:资料读本》,第 12-13 页。此处的公共政策目标与本文重点强调的激励创新等公共政策性有所差异和各有侧重。

组织(WIPO)的解读,国家法律基于两种原因而保护知识产权,即一种是对于创造者对其创造物的精神和经济权利以及公众获取这些创造物的权利进行的成文法表达;另一种是作为政府的政策,促进这些成果的创造、传播和应用,以及鼓励有益于经济社会发展的公平交易。[①] 因此,无论具体表达或者表达的侧重点有何差异,知识产权都具有两重的含义。而且,研究和把握其权利的根本特性,对于决定为何保护和如何保护等问题至关重要。

知识产权权利边界的弹力性及市场攻防性等特性,应当来源于知识产权的公共政策属性,即与其他民事权利的法律纯粹性不同,知识产权在权利属性上不是那么纯粹,而具有鲜明的公共政策属性(intellectual property as public policy)。特别是,知识产权被作为实现激励创新等功利目标的政策工具。当然,知识产权的公共政策性有诸多的具体体现和实现方式[②]。知识产权保护的定位、姿态和限度,必须从公共政策上进行理解和把握,以如何恰当地实现公共政策为底层逻辑。

在近现代知识产权初创时期,是否或者能否保护知识产权(知识财产)是主要矛盾,因而需要以劳动价值论等自然正义理论进行论证和作为支撑。在是否保护的问题解决之后,如何保护也就成为主要矛盾。诸如美国将专利和版权保护定位为以有限时间的保护而促进实用技艺的发展,这种功利或者效用目标也就成为知识产权保护的基本支撑。换言之,所谓知识产权正当性的立论大致是有时序性的,不是一般的同时并存和各表一支。[③] 知识产权的功利论或者效用论,所承载的恰恰是知识产权保护的公共政策问题。只有把

---

① See WIPO, *WIPO Intellectual Property Handbook*: *Policy*, *Law and Use*, WIPO (2004), https://www.wipo.int/publications/en/details.jsp? id=275&plang=EN.

② "贯穿于它的发展史,无论是有意还是无意,知识产权保护总是一种公共政策形式"。See Christopher May Susan K. Sell, Intellectual Property: *A Critical History*, Lynne Rienner Publishers, 2006, p. 108-111. 另参见孔祥俊:《民法典与知识产权法的适用关系》,载《知识产权》2021 年第 1 期。

③ 在知识产权正当性证成上,自然权利论在早期居主导地位,18 世纪后期和 19 世纪前期社会功利主义(social utilitarianism)后来居上。前者强调对于个人天才和智力创造物的自然权利,强调权利的保护,而后者强调社会价值和集体利益,强调对于权利的适当约束。See Christopher May Susan K. Sell, *Intellectual Property*: *A Critical History*, Lynne Rienner Publishers, 2006, p. 108.

知识产权属性的公共政策性定位准确,并摆正财产性与公共政策性的位置关系,才能够准确把握保护的定位、限度和走向,尤其是能够恰当地和动态地确定保护走向。

(二)知识产权的公共政策性

知识产权是实现公共政策的法律工具。尤其是权利保护与公有领域、公共利益始终是交集和纠结的,此消彼长,由此塑造了知识产权的独特性质。在法律意义上,知识产权的公共政策性可以大致描述为为促进创新等公共政策目标,而在权利保护范围、期限等方面形成和呈现的特性。或者在保护范围、期限等制度设计上,所刻意体现的公共政策考量和特性。

人身权、物权、债权等通常都有清晰的权利边界,具有浓厚的权利本位色彩,即除受例外和特别的权利限制外,民事权利都是以权利和权利保护为基点,法律的天平明显倾向于权利。[①] 例如,物权是一种排他性支配权,对于物权的限制只是法律规定的例外。与其他民事权利的法律纯粹性不同,知识产权在权利属性上不是那么纯粹,在权利边界上不那么清晰[②],具有鲜明的公共政策属性(intellectual property as public policy)。[③] 特别是,知识产权被作为实现激励创新等功利目标的政策工具。而且,知识产权的公共政策性有诸多的具体体现和实现方式。“贯穿于它的发展史,无论是有意还是无

---

① 《民法典》奉行权利本位。例如,《民法总则》曾将民事权利及其他合法权益受法律保护条款放在第 9 条,《民法典》审议过程中普遍认为,民事权益受法律保护是民法的基本精神,“统领整部法典和各民商事特别法,应当进一步突出民事权利受法律保护理念,将本条的内容规定在前面,以充分体现权利本位、权利导向的民法宗旨”。参见黄薇主编:《中华人民共和国民法典总则编解读》,中国法制出版社 2020 年版,第 9 页。

② 比如,“专利法并没有在‘财产化’的同时引入传统财产权需要满足的其他要求。财产法的原则之一是请求人有义务清晰表述其所有权边界,模糊不清会使其受到惩罚,而这往往意味着丧失产权”。“另一项原则是财产所有人必须就其诉求作出及时、有效的通告,因为通告成本通常远低于检索成本”。“专利法仍然是这样一个奇怪的领域,它把某些事物称作财产但却没有严肃地要求它们像财产一样行事”。[美]克里斯蒂娜·博翰楠、赫伯特·霍温坎普:《创造无羁限——促进创新中的自由和竞争》,兰磊译,法律出版社 2016 年版,前言第 8 页。

③ 参见孔祥俊:《民法典与知识产权法的适用关系》,载《知识产权》2021 年第 1 期。

意,知识产权保护总是一种公共政策形式”①。

综上所述,二重性是分析和认识知识产权的逻辑起点和根基,也塑造了不同的保护定位和保护需求。知识产权的财产性要求严格保护产权,而公共政策性要求利益上的平衡与兼顾。对于二重性要统筹兼顾,既不能保护不足,又防止保护过度。

二、源于公共政策性的知识产权特性

当前对于知识产权特性更多是从时间性、地域性、无体性等表面特征上进行描述和界定,但保护实践所展现的面向却又丰富而深刻得多,因而需要更加深入广泛地挖掘其特性,通过其多面性的调整全面认识和准确把握知识产权保护问题。具体特征和现象呈现了知识产权的不同面向,是知识产权本质的直观反映。全面分析其具体特征是深刻认识知识产权的基本路径,而公共政策性是知识产权的根本特征,并由此派生出诸多具体特征和现象。这里只是基于知识产权实践,尝试性地对其特征进行直观的归纳,并对相关的知识产权保护问题进行反思。

(一)知识产权的绝对性与相对性

知识产权是绝对权②,但具有相对性。易言之,知识产权在民事权利分类上属于绝对权,但不同于物权、人身权等绝对权,具有相对性的特点,是有相对性的绝对权。如知识产权是在一定时间和范围内的权利,是个人权利与公共利益达成的一种妥协。法律为激励创新等目的,赋予权利人对其知识增量一定程度和范围的财产权,同时又维护公有领域的基本价值。如美国学者所言,“健康的创新需要两个最为重要的前提条件:一是存在一个庞大的公有思想领域;二是保护持续丰富我们知识存量的那些重大的增量创新。保护公有领域至关重要。创新步伐最快的社会都为创新者在前人成果基

---

① Christopher May Susan K. Sell, *Intellectual Property*: *A Critical History*, Lynne Rienner Publishers, 2006, p. 108-111.

② 绝对权可以相对于每个人产生效力,也即任何人必须尊重此权利。相对权则是相对于某个特定的人产生效力。参见[德]迪特尔·梅迪库斯:《德国民法总论》,邵建东译,法律出版社 2000 年版,第 58-59 页。

础上继续前行提供了可观的自由”[①]。“公有领域的规模与知识产权的保护范围呈现此消彼长的关系”。“受保护的发明和表达必须进入公有领域才能进一步激励不受羁束的创新。但是,受保护产品必须在还有一定剩余经济生命的时候进入公有领域才会有意义”[②]。就知识财产而言,法律只是给予知识增量以一定范围和程度的知识产权保护,但必须在其具有剩余生命价值时将其留给社会,使其进入公有领域。这显然是公共政策作用的结果。

一定范围和程度的知识产权保护,意味着对于知识增量不是给予全覆盖和天衣无缝的全部保护,而是以赋予一定权利和禁止部分侵害行为的方式,划定保护界限和给予一定限度的部分保护。不予保护的部分则进入模仿自由或者公有领域的范畴。例如,对于他人作品中创造的角色姓名等元素的使用,如果不符合著作权保护条件,通常不能再以反不正当竞争法给予额外保护。虽然此类角色名称等元素是由作者创造,是作者创造的知识增量,但在著作权保护不能覆盖时,应当留给公有领域。

(二)知识产权的进攻性(攻防性)

与其他民事权利不同,知识产权具有进攻性,可以成为市场竞争的攻防武器,也即在知识产权固有权利之外产生进攻或者防卫的功能。知识产权的投诉、诉讼和诉讼保全等均可以成为市场竞争的攻防工具。因而知识产权不是简单的法律权利,被作为竞争性资产和工具,可以作为市场布局的武器,可以成为商业竞争的工具(intellectual property as a business asset and tool, rather than simply as a legal right)。[③] 比如,所谓的国内外知识产权布局,就是知识产权攻防性的一种体现,即知识产权可以用作进入特定市场、巩固市场

---

① See, e. g., Jared M. Diamond, *Guns, Germs, and Steel: The Fates of Human Societies*, W. W. Norton & Company, 1998, p. 244-245.

② [美]克里斯蒂娜·博翰楠、赫伯特·霍温坎普:《创造无羁限——促进创新中的自由和竞争》,兰磊译,法律出版社 2016 年版,前言第 3 页。

③ 例如,19 世纪 40 年代开始,专利在美国经济中日益成为一种“商业策略”(patents as a business strategy),专利运营在 1840 年至 1910 年的第二次产业革命中发挥了关键作用。See Christopher May Susan K. Sell, *Intellectual Property: A Critical History*, Lynne Rienner Publishers, p. 122.

地位和阻挡他人进入市场的工具。

知识产权的攻防性带来诸多问题。正是由于具有攻防性，知识产权滥用更为特殊和突出，经常被用于市场竞争性的滥用，具有一般民事权利滥用所不具有的特点，需要从市场竞争的立场进行对待和认识。同时，遏制滥用又是知识产权制度平衡的一个突出问题。比如，禁令在知识产权诉讼中作用独特，构成知识产权诉讼的一道风景，既可以作为遏制权利滥用或者不正当竞争的工具，又可以用于滥用权利进行不正当竞争，因而需要以市场竞争的眼光遏制权利滥用。知识产权的攻防性也决定其可以将权利之手伸出权力边界之外和伸向市场，用作市场渗透、市场排他和实施垄断行为的工具，而专利等知识产权经常与垄断问题相交织和交集[①]，这在其他财产中并不存在。[②] 正是由于知识产权具有攻防性等特殊市场价值，知识产权争议上升到国家经贸关系争议的范畴和高度。如中美经贸谈判历来将知识产权作为重要议题，显然是知识产权的独特性和特殊价值造就的。这在其他财产权中一般是不存在的。

知识产权的攻防性利弊参半，既要发挥其市场布局的积极作用，又要遏制其滥用和异化，将其关在制度的“笼子”中。

（三）知识产权的泡沫性

知识产权授权或者保护存在适格性和价值性上的“泡沫”，不像物权等那样实在。知识产权的定性和定量都存在泡沫性。

首先，定性上的泡沫性。所谓“垃圾专利”等“泡沫”现象是知识产权独有的，国家正在以提高专利商标的质量作为重要的阶段性目标。司法对于不适格的权利也在保护上进行阻却和遏制。比如，在“柏万清诉成都难寻物品营销服务中心等侵害实用新型专利权纠纷案”中，二审判决指出，专利权的保护范围应当清楚，如果实

① 例如，“20世纪中叶专利通常被视为一类垄断。特别是，反垄断法案件经常会提到‘专利垄断’。如今我们通常更倾向于把专利视为一类财产而非垄断。在某些方面这是一项值得肯定的发展，因为专利很少会带来显著的市场力量”。参见[美]克里斯蒂娜·博翰楠、赫伯特·霍温坎普：《创造无羁限——促进创新中的自由和竞争》，兰磊译，法律出版社2016年版，前言第8页。

② 《反垄断法》第55条以专条规定了垄断与知识产权的关系：“经营者依照有关知识产权的法律、行政法规规定行使知识产权的行为，不适用本法；但是，经营者滥用知识产权，排除、限制竞争的行为，适用本法。”

用新型专利权的权利要求书的表述存在明显瑕疵，结合涉案专利说明书、附图、本领域的公知常识及相关现有技术等，不能确定权利要求中技术术语的具体含义而导致专利权的保护范围明显不清，则因无法将其与被诉侵权技术方案进行有实质意义的侵权对比，从而不能认定被诉侵权技术方案构成侵权。[①]

其次，价值上的泡沫性。知识产权的价值具有不确定性和弹性。这是制约赔偿数额确定等知识产权保护的瓶颈性问题。近年来司法实践强调知识产权损害赔偿与市场价值挂钩和“司法定价”，允许在损害赔偿的确定上有较大的弹性裁量空间。比如，司法实践中有酌定赔偿或者裁量性赔偿的说法，即有证据表明实际损失或者获利超过法定赔偿的最高额（或者最低额），但证据不能证明损失或者获利的确切数额，法官在法定最高赔偿额以上（或者最低赔偿额以下）裁量具体的赔偿数额。[②] 酌定赔偿仍是以不完全的损失事实和证据为基础，据此对于赔偿数额进行的司法裁量。它本身是实际损失赔偿的一种确定方式，不属于一种独立的赔偿类型。因此，酌定赔偿不同于法定赔偿。[③] 酌定赔偿显然是无法和不能以确定的客观标准和足够的证据为参照系，而由法官依据相关因素酌定特定的赔偿额，带有一定的“拍脑袋”成分。这是知识产权价值“泡沫性”的典型体现。

再次，鉴于知识产权价值本身的不确定性，损害赔偿的确定最终需要依靠市场评估，而评估是在不确定性的前提之下寻求确定

---

① 柏万清诉成都难寻物品营销服务中心等侵害实用新型专利权纠纷案，最高人民法院指导案例55号（2015年）。

② 这是最高人民法院率先在司法政策中提出的赔偿方式，最早由2007年全国法院知识产权审判工作座谈会所提出，即“对难以证明侵权受损或侵权获利的具体数额，但有证据证明前述数额明显超过法定赔偿最高限额的，不适用法定赔偿额的计算方法，应当综合全案的证据情况，在50万元以上合理确定赔偿额”。参见曹建明：《全面加强知识产权审判工作为建设创新型国家和构建和谐社会提供强有力的司法保障》，载《科技与法律》2007年第2期。

③ 例如，北京市高级人民法院《关于侵害知识产权及不正当竞争案件确定损害赔偿的指导意见及法定赔偿的裁判标准》第1.8条对“裁量性赔偿的适用”作如下规定：“裁量性赔偿不是法定赔偿，属于对权利人的实际损失或侵权人的获利的概括计算。有证据证明权利人的实际损失或侵权人的获利明显在法定赔偿限额以外，综合全案证据情况，可以在法定限额以外合理确定赔偿数额。”

性，因而对于知识产权价值评估的认可主要不取决于评估方法的科学性，而最终取决于行业共识，归入“共识即真理”的范畴。知识产权价值评估同样无法回避知识产权价值的“泡沫性”，或者说是解决“泡沫性”的相对有效的途径。

吊诡的是，知识产权严格保护和加大保护的前提是物有所值和值得保护。尤其是，当前追求高额赔偿已成为加大保护力度的重要路径，但高额赔偿首先应当建立在价值相当的基础之上，不能盲目脱离价值追求高额赔偿，否则会导致知识产权的更大“泡沫”，使不该保护的知识产权得到保护或者得到不应有的保护。因此，既要正视其泡沫性，运用好裁量、评估、共识等，使知识产权价值得到比较准确的呈现和比较到位的保护，又要防止其消极性，避免虚高保护和物非所值。

（四）高成本性

知识产权保护以激励创新为目标，为激励创新进行的保护同时带来高额成本，容易“异化”（如前些年驰名商标保护曾经发生过的），因而应当保持其适度，过犹不及，时刻关注其两面性。而且，知识产权权利人的利益一致，范围集中，容易形成利益共同体，而社会公众则是分散的，经常不能形成旗鼓相当的对抗性声音，因而强化保护的声音容易达成，公众利益有时关注不够，容易导致保护与公共利益的失衡。①

例如，20 世纪 80 年代随着美国联邦巡回上诉法院成立和专利

---

① 例如，就《美国版权法》而言，“国会明显陷入了一个尴尬境地。过去几十年间它基本上都只是在听取权利人而非使用者的声音，导致创新吃尽苦头。版权立法被俘获的一个重要结果是，法律对于许多版权侵权的认定几乎未作任何严肃的损害要求，特别是涉及衍生作品和合理使用的情况”。“《美国版权法》具有特殊利益集团立法的所有标志性特征，包括：（1）法定利益由小集团集中享有，而法定成本由众多人分散承担，（2）最优监管的框架不清晰，（3）具体而极其详尽的制定法结构（反映着特殊利益集团之间的妥协），而非允许更多司法自由裁量空间的概括式制定法结构，以及（4）揭示特殊利益集团影响广泛存在的立法史”。“《1976 年版权法》及其后续几个修正案具有复杂的结构，非常不同于之前几部《版权法》，这本身就表明了立法俘获程度不断提高”。“《1976 年版权法》的立法史不仅仅反映出利益集团对个体立法者的正常游说，而且反映出国会几乎完全把法律起草工作转交给了组织良好的产业选派的代表，而这些产业正是该法的受益者”。参见［美］克里斯蒂娜·博翰楠、赫伯特·霍温坎普：《创造无羁限——促进创新中的自由和竞争》，兰磊译，法律出版社 2016 年版，前言第 9 页、正文第 154–156 页。

商标局成为自负盈亏的商标专利注册服务机构，专利授权门槛降低，质疑专利有效性更为困难，专利数量急剧增加，专利诉讼爆炸性增长。在诉讼成本极高的情况下，诉讼成为威胁竞争对手的工具，还导致存在“拦路抢劫”的“专利蟑螂”，甚至导致是否创新首先要评估法律风险，律师而不是工程师成为企业创新风险和是否进行创新的决定者。例如，“即使目标公司认为自己没有侵权，但仍然可能选择解决问题，而不是斗争到底。小公司可能只是因为无法筹集到所需资金来进行长时间的法院诉讼斗争，或者不愿意牺牲研发和新设施方面的投资来为这样的斗争提供经费”。诉讼还会导致出现股票下跌等后果。“知识产权诉讼的时间和费用是决定是否开展一项创新的主要考虑事项，对那些小公司来说更是如此”①。“专利制度正深陷过度授权、过度保护和过度诉讼的多重危机”。②

我国同样需要警惕类似问题的发生。我国当前突出强调知识产权加强保护和严格保护，这固然是阶段性发展需求，但同样需要警惕知识产权数量虚高增长和授权质量滑坡，警惕知识产权“泡沫”和滥用，防止虚高的知识产权成为创新发展的障碍。特别是在成立专门知识产权法庭等专门司法体系之下，要注意防止法官有过度亲专利等知识产权保护的偏好和倾向。

三、公共政策性与政策治理和法治治理

知识产权的公共政策性通常是一种底层逻辑或者顶层设计，不宜直接转化为具体的执法和司法行动。也即知识产权的公共政策性与具体执法和司法中的政策考量应当保持适当的界限和间隔，或者需要通过制度化的渠道进行转换，不应该是等值的和直通车式的连接关系。但是，在我国特殊的语境下，如何妥善处理知识产权的公共政策性与知识产权执法司法具体活动的关系，是一个值得深思的问题。

尤其是知识产权的公共政策性与具体执法司法活动关系的最

① ［美］亚当·杰夫、乔希、勒纳：《创新及其不满：专利体系对创新与进步的危害及对策》，罗建平、兰花译，中国人民大学出版社 2007 年版，引言。

② ［美］克里斯蒂娜·博翰楠、赫伯特·霍温坎普：《创造无羁限——促进创新中的自由和竞争》，前言第 6 页。

突出表现，是如何看待和对待知识产权保护中口号治理、政策治理与法治治理的关系。由于我国知识产权保护的特殊历史和特殊国情，亟须按照治理体系和治理能力现代化的要求，实现由口号治理到法律治理、政策治理到规则治理以及理念治理到制度治理的根本性转变，使知识产权保护进一步实现法治化和现代化。

（一）中国特色的理念治理、政策治理和口号治理

我国知识产权保护是在短期内建立并迅速发展起来，以前经常说用30多年走完了西方国家300多年的发展历程。适应短期内迅速建立知识产权制度的特殊需求，我国知识产权保护独具特色。比如，国家进行知识产权的总体规划、设计和推进，如国家定期出台阶段性和年度性的纲要和规划等，增强发展的方向和节奏。尤其是我国整体上行政主导色彩浓厚，行政在推进知识产权保护中发挥了重要而独特的作用。而且，最高司法机关也开始出台阶段性发展规划，就司法保护的阶段性发展提出方向、设想和部署，兼有审判体制机制以及裁判政策和方向等内容，涉及司法保护的目标、原则、方向等。[①] 这与国外司法的通常做法迥然不同[②]。国情特色决定了我国知识产权保护需要总体规划和主动推进，但法治毕竟是知识产权保护的基本面向，知识产权保护归根结底要靠法治。

知识产权保护的规划和构想经常转化为具体保护中的口号、政策和理念，口号等具有积极的倡导和推动性，经常是促进知识产权保护的重要方式。尤其是知识产权司法保护中的口号治理、政策治理和理念治理的色彩同样很重，不仅体现在司法的宏观决策中，甚至已深深地渗透于裁判之中。例如，有的判决在裁判理由中指出："我国经济由高速增长阶段转向高质量发展阶段，面临着经济发展全球化程度不断加深，国际贸易分工与经贸合作日益复杂，各国贸易政策冲突多变的形势，人民法院审理涉及涉外定牌加工的商标侵权纠纷案件，应当充分考量国内和国际经济发展大局，对特定时期、特定市场、特定交易形式的商标侵权纠纷进行具体分析，准确适用

---

①　如最高人民法院《人民法院知识产权司法保护规划（2021—2025年）》（2021年4月22日）。

②　司法行政可以规划，司法裁判的走向可以预测，但很难规划。司法具有被动性，裁判的走向取决于案件的供给。

法律，正确反映‘司法主导、严格保护、分类施策、比例协调’的知识产权司法政策导向，强化知识产权创造、保护、运用，积极营造良好的知识产权法治环境、市场环境、文化环境，大幅度提升我国知识产权创造、运用、保护和管理能力。自改革开放以来，涉外定牌加工贸易方式是我国对外贸易的重要方式，随着我国经济发展方式的转变，人们对于在涉外定牌加工中产生的商标侵权问题的认识和纠纷解决，也在不断变化和深化。归根结底，通过司法解决纠纷，在法律适用上，要维护法律制度的统一性，不能把某种贸易方式（如本案争议的涉外定牌加工方式）简单地固化为不侵犯商标权的除外情形，否则就违背了商标法上商标侵权判断的基本规则，这是必须加以澄清和强调的问题。”①

这段论述通篇都是原型政策语言，缺乏应有的法律思维和法言法语。就裁判技术和司法方法而言，大局、形势和政策可以影响裁判，政策甚至可以成为法律的灵魂，都可以成为形成法律解释或者自由裁量的材料，但据以裁判的却是裁量之后找到的法条和形成的法律结论，那些背后的材料通常只能掩藏在背后，不宜写入裁判理由。裁判理由则由法理和法律所构成，并按照法律逻辑进行推理和论证。即便政策是法律的灵魂，灵魂也只能存在于“脑子”中，一般不宜拿出来示人。特别是缺乏翔实严谨法律论证的裁判，不能给社会安全感和稳定感。这种将政策考量直接大段地写入裁判理由的做法，较为典型地体现了法治思维不足和政策思维主导。就实体正当性而言，这些国内外形势的阐述都是宏大的叙事，弹性极大，运用到个案裁判中可能言人人殊，容易陷入“公说公有理婆说婆有理”的境地，很难在具体场景下形成不二解的法律解读，难以作为裁判法律是非的标准，即便其对于法律解释和适用产生影响，也必须内化于法条寻找和法律解释之中，最终以归入的法条和法律解释结论为依据，经得起逻辑上的推敲论证，而不能以据以形成法律理由和结论的深层原材料为直接依据。比如，“司法主导、严格保护、分类施策、比例协调”的知识产权司法政策可以写在司法文件中，用在领导讲话中，可以引导形成司法共识，但它毕竟是政策导向，不是裁判标

---

① 最高人民法院民事判决书，(2019)最高法民再138号。

准,一般不适合直接作为裁判依据。上述裁判是最高司法机关作出的,说明当前知识产权司法中的政策色彩是多么浓厚和根深蒂固,也可以窥见政策治理和政策裁判之一斑。

裁判文书中的宏大政策性说理还容易使裁判者自立于道德高地,给某些行为或者现象贴上标签,然后再以貌似义正词严的词语进行鞭挞和否定,先入为主地预设裁判标准,而更易于滥用法律和损害裁判的客观性。在我国知识产权裁判中经常见到义正词严的谴责性说理,甚至动辄给特定行为贴标签或者使其"污名化",然后以诚实信用、净化环境、促进创新、发展品牌等宏大语言给出结论,缺乏法律推理上的精细分析和严谨论证。

当前,我国知识产权司法保护中的口号治理、政策治理和理念治理有种种其他表现。举其要者如:一是口号式的宣示表态性保护。由于我国知识产权保护一直饱受国外的指责和抱怨,保护机关习惯于以口号和政策宣示保护态度与保护成就。二是一些片面的"面子观"和政绩观。前些年在保护实践中比较重视表演、展示和宣示,重视"面子工程",重视并急于进行表面上的自我表白,有意将保护行动给人看。常常在裁判中过度地进行恶意、不诚信之类的道德谴责,喜欢追求以某个案件或者行动宣示某种决心和态度,而忽视逻辑上的严谨与制度上的稳定和完善。三是一些裁判有随意性的倾向。比如,以宽泛的政策为指导,在裁判中具有很强的随意性。①尤其是出现短时期内同类裁判对于同一法律的解释和适用截然相反的情况,这应当属于非常情况或者不属于正常情况。此时如果不能有令人信服的理由,很容易引起非议,损害裁判机关的公信力。

(二)治理理念和方式的法治化转变

在推进国家治理体系和治理能力现代化的今天,当前我国知识产权保护亟须实现三个转变,即由口号治理到规则治理、政策治理到法律治理以及理念治理到制度治理的根本转变,弱化口号治理、政策治理和理念治理,强化规则之治、法律之治和制度之治。②

---

① 参见孔祥俊:《由政策治理到规则治理——当前我国知识产权保护的转型问题》,载《中国市场监督管理》2020 年第 4 期。

② 同上。

首先,强化依法治理和依法裁判。知识产权保护需要政策引导和推进,但厉行知识产权法治仍是根本。口号、政策和理念不能超越其应当发挥作用的限度和范围,应当强化法治思维和法律方法。比如,裁判理由要防止以放之四海而皆准、大而空的口号性、理念性和政策性的理由作出裁判,更不能以这些理由随意解读法律。尤其是,口号性、政策性和理念性的理由往往看起来义正词严和庄严肃穆,容易使裁判者自居道德高地,易于给裁判对象贴标签,但极易被误用和滥用,应当保持充分的警惕。

其次,积极推进精细化标准的积累和建构。西方国家知识产权法治历经数百年的历史积淀,通过立法、司法、学术等共同努力,已形成了精细化制度,确保了其知识产权保护的稳定、完善和发达。我国知识产权保护制度虽有极大的完善,但整体上还显得粗疏,在许多方面还不够成熟稳定,还有细化制度的巨大空间。当前我国知识产权保护的重点同样应当是加强精细化制度的构建,尤其是通过日积月累形成发达的操作性实体标准和制度。这是知识产权保护真正发达和现代化的根基。立法完善是知识产权治理的根本完善,但立法具有局限性,立法不可能事无巨细。知识产权治理最终通过司法和执法来实现。无论是司法解释、司法文件还是司法裁判,都可以成为构建精细化制度的重要载体和路径。司法和执法的日积月累,对于形成精细化的知识产权治理制度至关重要。执法者和司法者需要强化制度建构意识,增强制度建构的责任心和能动性,在制度建构中积极作为。

再次,高度重视知识产权保护的平和淡定。平和淡定的司法应当是有定力的司法,应当有源于法律的自信和力量,是以裁判说话,以裁判树立公信力,使裁判稳如泰山而不随意摇摆。在我国知识产权司法中,尤其要防止权利保护的情绪化、片面化和极端化。一是司法保护应当不为形势的表象所迷惑,不盲目放大个案裁判的宏观意义,更不宜在个案裁判中盲目追求大国担当,不曲解服务大局对于个案裁判的影响力,而始终以事实和法律为依据,一以贯之和一视同仁地秉持好法律标准和法律逻辑,守好法律底线。二是知识产权司法尤其不能为“严格保护”之类的口号所绑架,不为追求口号的冲击效果而扭曲法律的适用。三是知识产权司法不为特殊的时间事件节点所扰乱。知识产权司法保护应当具有稳定性和一致性,不宜为在特定的时间事件节点刻意宣示态度,而扭曲常规的法律适用,破坏规则适用的统一性。

最后,不断优化司法体系架构和司法资源配置。例如,最高人民法院究竟应该在裁决个案争议上投放多少司法资源,花费多少精力,究竟主要定位于争议解决法院还是法治统一法院,怎样才能够与最高司法机关的职能定位相匹配,这些都值得深思。维护知识产权法治统一和完善司法标准,毕竟是最高人民法院知识产权司法治理的优位职能,而个案裁判毕竟是在裁决具体事实和法律争议,如何把最优质的司法资源最优化地使用,不是一句统筹兼顾就能轻松解决的,应当是一个值得深化治理体系研究和改革的重要课题。在这方面有不同的国际做法,仍可以在借鉴国际经验和结合国情的基础上深化改革。

四、话语体系和制度体系与本土化和国际化

知识产权的公共政策性使其成为国际贸易和国际竞争的重要元素,其国际保护涉及核心的国家利益。国际保护直接与国家的话语权和话语体系有关。我国知识产权制度体系和话语体系是在借鉴西方现代知识产权体系并增加中国因素的基础上形成的,而知识产权国际条约基本上是西方知识产权制度的变体。近年来随着我国国力的增强和制度的发展,我国知识产权主流话语中已较多地提及引领国际潮流和主导国际规则制定。尤其是,由于创新资源的全球流动性及知识产权授权的国际关联性,以及知识产权固有的攻防性等特性,知识产权纠纷容易引发在不同国家的平行诉讼,易于发生当事人在不同的知识产权关联国家选择性诉讼或者互诉,我国司法也更易于在参与多国关联知识产权诉讼的国际竞争中一展身手,如近期以来我国法院在禁诉令和禁执令上的积极作为和突飞猛进,已成为知识产权司法保护的一大聚焦点。这或许已被看作引领国际规则的例证。此外,也有人提出,在全球知识产权治理中逐渐突破“西方中心主义”,走向“自主话语权力”;系统布局重构知识产权学科体系、完善知识产权学术体系、强化知识产权话语体系。这

些目标、方向和胆识当然没问题。[1]

同时，也要清醒地看到，我国知识产权必然仍会在对内促进创新发展和对外参与国际竞争的张力中谋求发展。我国首先要立足本国实际，丰富完善符合国内创新需求的知识产权制度体系，同时适应全球化和参与国际竞争的需要，保持与主要竞争国家和经济体知识产权制度的同步和同频，不能自说自话与世隔绝。国家利益和国内创新发展始终是出发点和立足点，也是知识产权体系适当性的检验标尺。参与国际竞争同样是国家利益，而参与国际竞争当然受竞争国家的外在约束。在国际竞争中必然不断增加中国知识产权的元素和声音，贡献中国经验和智慧，但引领和主导是一个循序渐进的漫长过程，更多是在政治经济文化实力普遍增强的广泛支撑下水到渠成的结果和溢出效应，不是自说自话和急于求成的产物，至少短期内不是追求目标和不宜操之过急。因此，不能因为理想和目标的远大而盲目冒进和不切实际，大体上要志恢宏而道中庸。

五、结语

公共政策性是知识产权的基本规定，并由此延伸出知识产权的众多特征。公共政策性使知识产权不同于一般民事权利，在知识产权保护中应当充分考虑其公共政策性，既发挥其积极效能，又遏制其消极作用，使知识产权保护健康运行。知识产权保护受政策引导和推动，但具体的执法司法必须以法治为依归，加强法治治理。公共政策性是构建知识产权话语体系和制度体系的重要依托，但我国对于知识产权话语体系和制度体系的构建既要尊重现实，又要怀抱理想，不能不切实际盲目冒进自说自话，并且始终囿于促进国内创新发展和参与国际竞争的两种张力。

---

① 例如："改革开放以来，我国建立起了本土化、现代化、国际化的知识产权制度，知识产权研究以私权保护、立法构建为开端，知识产权法学科基本范畴、理论体系初步确立。"参见马一德：《完善中国特色知识产权学科体系、学术体系、话语体系》，载《知识产权》2020 年第 12 期。

第二篇　我国知识产权保护的反思与展望

——基于制度和理念的若干思考①

摘　要:改革开放40余年来我国知识产权保护经历了环境、制度和理念的重大变化。这些变化大体上可以归结为由“倒逼”到自主、由重形式到重实质、由重定性到重定量、由重保护到兼重遏制滥用、由制度变革驱动到组织变革驱动等方面。当前我国已由高速发展进入高质量发展的新阶段,但中美贸易摩擦和国际贸易形势又风云变幻。知识产权保护面临新机遇和新挑战,需要在制度和理念上进行再创新。当前我国既需要坚定不移地持续加强知识产权保护,又牢记过犹不及,防止急躁冒进;既高度重视以制度化的途径解决侵权成本低、维权成本高等突出问题,又防止盲目推高赔偿数额,单纯为宣示和显示保护力度而加大赔偿等。在保护中应切实保持理性、平和与务实,不能为各种情绪和口号所绑架。

关键词:知识产权;自主保护;实质主义;组织变革驱动

---

① 原载《知识产权》2018年第9期。

改革开放40余年来,我国知识产权保护走过了不平凡的历程,而今又进入新阶段和新时代。思考和定位新时代的知识产权保护,具有重大的现实意义。

当前我国知识产权保护又面临特殊的国内外形势。首先,随着中国特色社会主义进入新时代,我国经济站在了由高速发展向高质量发展的新起点。由高速度发展到高质量发展,我国经济需要实现从数量追赶向质量追赶、从规模扩张向结构升级、从要素驱动向创新驱动的三个转型。知识产权保护是激励创新的基本手段,是创新原动力的基本保障,是国际竞争力的核心要素,它在促进高质量发展进程中正在并将继续发挥重要作用。我国知识产权保护制度和体系是伴随着改革开放而建立,并在我国经济高速发展中不断完善。随着我国开启高质量发展的新阶段,知识产权保护必须在理念和制度上实现新转变,产生新飞跃。其次,当前国际贸易形势错综复杂,中美贸易摩擦波诡云谲,美欧日推动的再全球化或成大势,WTO贸易规则体系渐趋边缘化,知识产权保护面临新变量和新挑战,一些方面需要我们重新认识和认清知识产权保护形势,厘清保护思路,增强保护定力,使我国知识产权保护继续行走在健康的道路上。

鉴于此,本文拟在反思历史和正视现实的基础上,对当前知识产权保护的几个基本问题加以探讨。尤其是对于一些热问题提出了一些冷思考,希望对于有些制度和做法有更为全面的认识,以免一边倒地看待问题。

一、倒逼保护与自主保护

40余年来,我国知识产权制度因改革开放和外部“倒逼”而产生,因自主保护需求而发展,并在两种张力之下而不断交融,在不同发展阶段呈现不同的阶段性特征。这是40余年来我国知识产权保护的基本面相。

(一)40余年保护历程的基本判断

改革开放40余年来,我国知识产权保护的历程可以概括为由“倒逼”保护到自主保护。不久前最高人民法院将其归纳为“完成了从以西方为师到中西平等交流、从外部“倒逼”到内生需求、从规则接受者到规则建设者的跨越”。这个判断显然比较乐观,但实际上三个转变还在路上,仍是进行时而不是完成时。

比如,我国知识产权保护制度是国际主流规则体系与我国具体实际相结合的产物,即主要是在接受条约和借鉴西方发达国家的规则制度基础上形成的,其基本层面是舶来品,在此基础上又发展了我国保护特色。在很大程度上,我国知识产权规则体系是以国际规则体系(本质上是西方国家主导的规则体系)为“体”,以我国实际为“用”。而且,当前西方国家主导的知识产权规则体系仍是国际社会的主流,美欧西方国家制度的发展变化仍具有世界影响力,影响国际知识产权保护的变化。所谓与西方国家的平等对话,首先是在借鉴其制度的基础上的对话,这也是能够对话的重要前提和基础。我国在很大程度上仍然是规则接受者,对于国际规则体系的影响力并不明显和仍有很大局限,基本上还不是国际意义上的规则建设者,当然结合国内实际建构国内规则的角色毋庸置疑。我国知识产权保护仍然是要集中精力做好自己的事。

再如,新的“倒逼”环境或许正在形成。当前美欧日推动的新一轮全球化,以及在中美贸易争端中美国对中国科技创新和知识产权保护的深层指责,实际上又正在形成一个新的“倒逼”环境,我国知识产权保护又面临如何适应已经开启的再全球化的重大挑战。因此,我国知识产权保护刚刚摆脱前几十年的常规制度建构“倒逼”,又遭遇更深层面和更为棘手的新的“倒逼”,“倒逼”的压力并未解除,“倒逼”形势很可能还会更加严峻,亟待认真研判其特点和寻求对策,并善于将“倒逼”转化为自我完善和更快发展的机遇。

总之,自信乐观的判断固然能够增强自信和鼓舞士气,但清醒客观的判断能够使人保持头脑清醒和理性平和,能够防止在保护态度上的妄自尊大和保护行动中的急躁冒进,确保决策者心中有数和正确决策,而不是长他人志气灭自己威风。当前我国知识产权保护在一定程度上既要防止浮夸风,防止高估已有保护成就和国际影响力,又要防止冒进风,防止保护行动上的激进主义以及反应性和应景式的做法,更加注重冷静判断和理性选择。例如,当前既存在知识产权保护不足问题，又存在权利过多扩张问题①；对于侵权损害既有赔偿不足问题，又有盲目追求高额赔偿、赔偿与权利价值不协调和赔偿数额虚高问题。这些倾向都不利于知识产权保护的健康、协调和可持续发展，都应该加以防止。

（二）历史上的"倒逼"与靠拢

我国改革开放进程始终伴随着国际"倒逼"现象，外在的压力不断转化为变革的动力。被"逼"恰恰使我们深深受益。如李岚清同志回顾改革开放进程时所说："我们在具体工作中深深体会到，我们内部的许多改革措施是被对外开放促出来甚至逼出来、榨出来的，也有许多是在对外开放中学到的。同时改革又为对外开放创造了条件，促进了对外开放。"②以开放倒逼改革，推动了我国迅速走向现代化。我国知识产权制度的建立与完善，经历了同样的过程，即改革开放40余年来，虽然在宏观上建立知识产权制度是我国改革开放和创新发展的必由之路，但囿于各个特定的发展阶段和发展需求，在知识产权保护的具体制度设计上经历了由被迫、无奈到主动、自觉的过程和转变。

我国现行知识产权制度是在改革开放初期开始确立。尤其是我国对外开放在很大程度上是对美开放，我国主要知识产权立法和知识产权体系的建立都与中美经贸交往需要、美国施加压力和推动直接相关。1979年中美贸易关系协定要求有效保护知识产权。此后，20世纪80年代初期我国陆续制定了《商标法》《专利法》。到1988年，美国对于中国知识产权保护不满，认为缺乏计算机软件专门保护，没有著作权法，对药品等专利保护不力，以拟启动"特别301条款"、进行贸易制裁相威胁。经谈判磋商，通过保护知识产权的谅解备忘录，中国政府承诺制定《著作权法》，修订《专利法》等。1992年中国政府承诺加入伯尔尼公约等，修改专利商标法等，利用反不正当竞争法保护商业秘密。中国随后兑现承诺，修订相关法律和制定《反不正当竞争法》。这一时期知识产权法律体系更多与美

① 参见刘维：《中国知识产权裁判中过度财产化现象批判》，载《知识产权》2018年第7期。

② 李岚清：《突围——国门初开的日子》，中共文献出版社2008年版，第168页。

国的外在压力相关。2000年加入WTO前后，我国按照WTO相关条约要求和“入世”承诺，有针对性地修改了《专利法》《商标法》等主要知识产权法律，这些修改亦未表现为突出的自主性。我国行政执法体系也是在外在压力下建立起来的。为适应短期内快速建立执法机制的需要，我国迅速建立了世界上独特的行政执法体系，并开展了知识产权司法保护。这一时期我国知识产权法律理论也更多的是介绍条约和国外的规则。

尽管从知识产权保护的建立过程和动因上看具有被迫性和被动性，但我国由此快速地形成知识产权法律体系和执法体系，初步建立了知识产权理论体系，而且知识产权基本规则来源于条约和发达国家的已有做法（当今世界的主流规则），主要是“舶来品”，具有很强的国际共通性。我国对此也直言不讳，如1994年我国首次发布的《中国知识产权保护状况》（白皮书）指出了如下基本态度：“出于扩大开放的需要，中国积极履行保护知识产权的国际义务，努力使知识产权保护水平向新的国际标准靠拢，采取了许多重大措施，进一步提高中国现行的知识产权保护水平。”这种态度充分地体现和落实在具体制度的设计上。前些年我国商标、专利、著作权等知识产权立法借鉴国际经验和吸收通行标准，我国知识产权制度就是在制度接轨和借鉴的基础上建立的。例如，我国《反不正当竞争法》具有与生俱来的市场经济气息，在立法时“参考国外一般做法”“分析国内外的大量案例并派人赴美、韩等国考察”，注意符合“国际有关惯例”，“草案第二章写了十二条，具体规定了十二种不正当竞争行为，其中大多数为国际立法例中所共有，只有个别行为是根据我国现实市场交易活动中的突出问题加以规定的”。[①] 吸收借鉴国际通行规则使该法具有高度的预见性，适用了不断深化的市场化改革，保持了旺盛生命力和生机活力。

我国在知识产权保护上不可能自说自话和另搞一套，接受以条约和西方国家通行规则为主要表现形式的国际规则，无疑是当时的不二选择。西方国家要求中国接受国际规则固然是出于其自身利

---

① 刘敏学：《关于〈中华人民共和国反不正当竞争法（草案）〉的说明》，“第八届全国人民代表大会常务委员会第二次会议”，1993年6月22日于北京。

益，有些“逼迫”行为短期内对我国曾经不利，我国也会付出一些代价，但由此满足了我国改革开放的需求，保障了这一时期我国参与经济全球化和创新发展的需要，积极促进了我国知识产权制度的初步现代化，使我国步入了保护知识产权的现代国家行列，实现的是“双赢”。这一过程具有鲜明的“倒逼”色彩，也充分说明了“倒逼”的重要性和必要性。制度和规则的接受和确立则具有奠基性、长远性和稳定性。

（三）由“被迫”接受到自主设计

21世纪以来，更加自主和自觉地设计和实施知识产权制度，是我国知识产权保护的明显特色。例如，2005年发布的《中国知识产权保护的新进展》（白皮书）就宣示了新态度：“中国一贯以负责任的态度积极推动知识产权保护工作，在坚持遵循知识产权国际保护规则的同时，按照国情确定相应的知识产权保护水平，努力平衡知识产权创造者、应用者与社会公众之间的利益关系，使知识产权的创造与应用形成良性循环。”与以前的提法相比，已由主要强调努力“向新的国际标准靠拢”，向强调根据国情确定保护水平并注重平衡利益的转变。这显然是适应国际国内环境变化和国内保护实际的政策自觉和理性选择，标志着我国知识产权保护的政策与行动进入新阶段，更加成熟和完善。

例如，除履行加入WTO承诺而修改相关知识产权法律的情形外，专利、商标等法律的修改着重体现了国内创新和发展的需求。2008年国家制定《国家知识产权战略纲要》，以及此后提出的知识产权强国战略和创新驱动发展战略，均对于知识产权制度进行了自主、全面和系统的战略规划。近年来新一轮知识产权法律修订，更加体现和强调自主修改，更多强调不是因为外部压力，而是为了适应国内创新和发展的需求、解决知识产权保护中的突出问题。所以这些都是最高司法机关作出三个“跨越”的判断的基础。

（四）清除“倒逼”的负面影响

由“倒逼”到“自主”的彻底转变仍需要一个过程，需要在观念和行动上加强自觉，尤其要消除倒逼时代的残存观念。40余年来的那一轮“倒逼”已经过去，但“倒逼”时代的观念仍然残存，仍不时困扰和影响着当下的知识产权保护。

在知识产权“倒逼”保护的时期,自觉或者不自觉地形成了一些特殊的观念和做法。比如,在制度设计上强调与国际接轨,在裁判标准上强调与国外(主流国家)的一致性,保护力度与外在的压力成正比。这些观念和做法虽有其特定历史条件下的合理性,但随着历史条件的改变会逐渐丧失其合理性,其中有些已呈现负面性,成为进一步发展的负面资产。

首先,“道德劣势心理”①和“原罪”心态。在长期受侵权指责和国外压力的环境下,我们的知识产权保护曾经动辄得咎,致使形成了知识产权保护的“道德劣势心理”和自卑的观念,知识产权侵权的“原罪感”一度比较强烈,在知识产权保护中至今仍或多或少地残留一些“原罪”心态,觉得开始我们并无知识产权,就是从“侵权”“假冒”“盗版”起家的;对于国外对国内企业侵害知识产权的指责更容易理所当然地接受,对于一些知识产权问题的定性和处理甚至脱离历史条件和忽视发展过程,对于一些知识产权的保护扩张有余、过度自觉,而自信不足。国外的一些权利人动辄指手画脚或居于受害者的道德高地,甚至指责我国企业侵权已成为习惯和惯性。其实,知识产权保护不是一种脱离历史条件和发展阶段的抽象的公平正义,任何国家的知识产权保护都具有阶段性的发展特征和保护需求,都需要历史地看问题,不能简单地以他人之“是”而指责我之“非”,以今日之“是”而指责昨日之“非”。

其次,不自信与盲目的崇外媚外心态。在一些人的观念和行动上,总认为外国的东西都是先进的和需要学习的。有些法官和学者言必称国外,动辄对照国外标准,与国外标准不一致就心中无数和忐忑不安,甚至简单以国外标准评判和否定国内做法,凡不一致处就力主参照和借鉴国外做法。过度在意外国和外国权

① 有人指出:“有些人将其(TRIPS 协定)理解为人类道德规范的体现,本人则将其理解为各国利益博弈的结果。将 TRIPS 协定解释为人类道德规范已经远远超出了 TRIPS 协定的本来含义,是受了某些发达国家官员或专家的误导而形成的错误解释。受此误导,我国政府和民间在对待知识产权问题上,总是不自觉地将自己置于道德劣势的地位,从而削弱了我国的谈判地位。实际上,无论是从实践上看还是从理论上看,TRIPS 协定都是各国利益博弈的结果,而非对人类社会道德正义追求的结果。” 参见张勤:《析知识产权规则国际化》,载《知识产权》2011 年第 10 期。

利人的评价,遇到国外的表扬就莫名欣喜,遇到国外的批评则忐忑不安。

知识产权保护问题确实具有较多的国际共同性,学习和借鉴确实具有更大的必要性,国外做法确实更有价值和值得借鉴的,我们可以大胆借鉴。但是,即使是规则比较接近,具体的保护实践在各国从来都差异较大,知识产权保护不可能是铁板一块和千篇一律,而是异彩纷呈和各具特色,关键仍是如何更符合国内的创新和发展实际。或者说,学习和借鉴当然是必要的,但不能盲目和盲从,不能表面性地看问题,不能简单地追求与国外做法的一致性,对于具体问题必须时刻注意进行实质性分析、过滤和评判,必须以符合国内实际和需求为衡量标准。比如,涉外定牌加工中的商标侵权问题是我国特殊发展阶段产生的"本土化"问题,更多是结合我国法律规定和实际情况进行处理,非要找出发达国家的经验和实例才觉得踏实,很可能缘木求鱼。相反,对于那些具有市场经济共性、实践证明更利于创新发展的保护理念和做法,我国不必刻意强调国情实际而盲目拒斥。

最后,片面的"面子观"。在保护实践中比较重视表演、展示和宣示,重视"面子工程""形象工程",重视表面上的自我表白,有意将保护行动给人看,或者把保护规划当成保护成效。常常在裁判中过度地进行恶意、不诚信之类的道德谴责,喜欢追求以某个案件或者行动宣示某种决心和态度,而忽视逻辑上的严谨与制度上的稳定和完善。这种心理经常与有无自信有关,如果在保护上具有足够的自信,就可以做到从容淡定、不卑不亢。其实,只要进行踏实而自信的保护,有真正高质量的裁判展现保护水平,有实实在在的保护成效和保护获得感,有保护上的自信和从容,一定会赢得信赖、尊重和承认。比如,司法有其自身的特点和规律,是通过恰当的裁判安身立命,通过裁判解决纷争、明晰标准和宣示态度,通过高质量的裁判赢得信赖和树立地位。裁判质量上不去,司法的实际地位和影响力就受限制。世界上有影响力的法院都是因其裁判而确立的地位。

时至今日,这些现象仍有不同程度的存在。例如,2016 年年底最高人民法院"乔丹"案再审判决[1]认定乔丹体育公司抢注商标、侵害美国公民乔丹姓名权时，突出了恶意和诚实信用，为此还在行政裁判中援引《民法通则》的规定，由此而附加了浓厚的道德评判和道德谴责。该案再审判决曾引起一些国外权利人的欢呼，甚至将其上升为彰显中国保护知识产权决心的高度，美国乔丹在庆幸胜诉的同时也不忘述说在中国维权的艰辛。实际上，像此类姓名权在商品化意义上的延伸保护究竟控制在何种范围，是一个具体的法律界限和保护政策问题，没必要延伸出如此深刻的道德评判意义，更没必要借此渲染中国公民和法人有侵权"原罪"。该案本质上是商标法上的在先权利和知识产权保护问题，涉及究竟如何看待知识产权保护中的法律、政策和道德问题。知识产权虽然是一种财产权，但与一般财产有所不同；知识产权毕竟具有浓厚的贸易和政策工具色彩，不适宜添加过多的世俗道德意蕴。

尤其是自然人姓名等人格元素的商品化保护是一个复杂的政策与法律问题，在保护范围和保护程度等方面各国情况差异很大，即便在保护程度较高的美国，其保护范围和政策也都有比较严格的限制。如知名人物商品化权是知名人物在特定领域知名之后的溢出和边际效应，"承认公开权所依据的理论一般要比那些商标或者商业秘密中的权利获得正当化的理论的说服力小得多。一个人身份的商业价值一般来自娱乐或体育这样的活动中的努力所获得的成功，而这些努力自身提供了充分的回报。任何归入公开权的额外激励只具有边际性的意义。在其他案件中，一个人的身份中的商业价值大多是来自运气或者其他与任何人投资无关的因素，这使得根据财产和不当得利理论进行保护的说服力大为减少"[2]。个人的知名经常不是个人努力和才华的结果，以及没有证据证明保护此类权益有惠及整个社会的一般性经济效率[3]。如果对于人格元素在

---

① 迈克尔·杰弗里·乔丹与国家工商行政管理总局商标评审委员会、乔丹体育股份有限公司"乔丹"商标争议行政纠纷案，最高人民法院指导案例 113 号(2019 年)。

② 美国法学会：《反不正当竞争法重述》(第 3 版)。转引自[澳]胡·贝弗利-史密斯：《人格的商业利用》，李志刚等译，北京大学出版社 2007 年版，第 4-5、331 页。

③ Nari Lee eds., *Intellectual Property, Unfair Competition and Publicity: Convergences and Development*, Edward Elgar, 2014, p. 90.

商业化领域中的保护范围把握太宽,很容易导致保护政策上的失衡。

我国知识产权制度是在以美国为首的发达国家施压之下发展起来的,后来又因国内逐渐有越来越多的保护需求而不断完善。这是一个渐进的发展过程,其间知识产权保护程度由低到高,因而对于过程之中的保护状况要历史地看待,不能拿今天的眼光简单地审视过去。知识产权发展完善的过程是中外利益博弈的过程,是贸易和发展的过程,对于当时历史条件下形成的知识产权格局应当给予尊重,不能拿今天的高标准评判当时的低保护。尊重历史问题显然不是道德问题,不能简单地进行道德谴责和法律清算。例如,前些年确实有较多的“抢注”和“搭车”问题,但因当时保护状况所限而已经固定的权利,在法律上仍要予以维护和尊重。毋庸讳言,乔丹公司注册使用的一系列乔丹商标,其一些权利已经固定化和受法律保护,甚至一些乔丹商标曾被商标局认定为运动鞋、运动服装商品上的驰名商标。知识产权保护从来都不绝对禁止“搭便车”,因当时的法律空间允许而固定的商标字号之类的权利,即成为合法取得的权利,不能以泛泛的世俗道德观念评判和清算已固定的权利。西方国家利用其知识产权优势,占据道德高地,动辄拿道德的口吻指责发展中国家是“窃贼”,殊不知无视他人发展水平强推其知识产权和牟取暴利,本身已构成强权和霸权。因此,历史上形成的知识产权是法律保护状况的产物,不是道德上的正当性问题,应当理直气壮地维持和保护。在当时法律允许和保护状况下,所发生的“抢注”和“搭便车”行为,不能泛道德化地理解和对待,这本质上是一个发展阶段、发展需求和文化背景问题。我们需要置于当下和向前看,但不能搞历史虚无主义。

以政策的和民事利益的视角看乔丹案裁判,实际上并非只有唯一正确的裁判路径。在乔丹姓名保护的是商品化权益的情况下,其保护不具有绝对性和人格尊严意义上的道德性,而更是一个以历史与现实、道德与经济相结合的方式确定其权益范围和保护程度问题。即便采取商品评审机构和一审、二审裁判那样的裁判思路,也有其充分的理由。因为,美国乔丹已通过许可使用等方式在中国形成了以“迈克尔・乔丹”等为载体的商品化权益,而乔丹则是在约

20年的发展中历史地形成了与争议商标相关的“乔丹”品牌权利体系，争议商标无非是在已有权利体系基础上的延伸，仍可看做其权利体系的一部分。正是历史与现实的交织，形成了“迈克尔·乔丹”与“乔丹”共存的权利和市场的格局。在已有历史形成的不可争议商标的前提下，可以限制美国乔丹的商品化权益范围，且不必以人格尊严意义上的姓名权改变已形成的格局，因为毕竟争议的实质是财产权而不是人格权。财产权益尤其是知识产权保护问题，没有人格权保护的严格性和绝对性，商业利益的划分问题不能简单等同于道德，无须附加太多的道德和道德谴责色彩。而且，本来各国保护方式和程度不尽相同，如何保护完全取决于本国需要，且保护多少更是一种政策问题，不能为宣誓保护态度而拔高保护水平，这会适得其反。

（五）正视新的“倒逼”

改革开放40余年来的那一轮“倒逼”更多是就事论事性的，以推动构建具体特定的制度或者行动为目标。当前中美经贸摩擦中美国对于中国知识产权保护的指责虽然也涉及一些制度问题，但其实质很可能主要不是具体制度层面的，而是深层次的指责。

例如，美国白宫贸易和制造业政策办公室发布的《中国的经济侵略如何威胁美国和世界的技术与知识产权》报告（2018年6月19日），重点介绍了中国获取他国（尤其是美国）核心科技产业和知识产权，并抢夺驱动未来经济增长的新型高科技产业以及其他在国防产业中的先进技术。考虑到中国经济规模、扭曲市场的政策手段显而易见，以及占领未来产业的意图，中国经济侵略的法规、政策和做法不仅威胁到美国经济，而且威胁到全球创新体系。中国工业计划的目标是对世界范围内的技术和知识产权“引进、学习、融合与再创新”，报告罗列了多种中国的战略和一系列政策法规等，包括通过物理手段和网络手段窃取技术和知识产权、强制和侵略性的监管政策、经济强制和信息收集。对于诸如强制转让技术之类的具体制度的指责，其中不乏“欲加之罪，何患无辞”的说辞，有些可能是深层观念的分歧。

这些指责是从威胁美国经济及威胁到全球创新体系的角度，认定所谓的中国获取他国（尤其是美国）核心科技产业和知识产权，并抢夺驱动未来经济增长的新型高科技产业以及其他在国防产业中的先进技术的行为。而且,这些指责是在美国要打破现有 WTO 规则体系的背景下提出的。此类认识和指责的意图并非像以前那样着力迫使中国改善具体制度和执法行动,而是触及一些深层次国家核心创新和发展利益,不排除其科技遏制的意图。对于这些指责,显然不是简单地通过改善具体制度和执法行动所能解决的,不能通过以往惯常的"倒逼"应对方式解决。对此我们要有理性分析和冷静应对。总体上说,我们不能为了应对具体的指责而打乱知识产权保护的节奏,更不能简单地进行回应性、演示性和宣示性的应对,而更应当增强战略定力和拥有长远眼光,立足于我国改革开放和创新发展的长远发展需要,严肃审视现有制度,真正需要完善的加以完善,应该坚持的依然坚持。

综上所述,在知识产权保护中,以前更多的是感性保护,今后更多的是理性保护;以前经常会有保护上的情绪化和焦虑不安,今后更多是从容不迫;以前有更多的自卑和"原罪"意识,今后将有更多的保护自信和自立;以前更多的是拿别人的标准衡量,今后更多是考量是否符合本国发展需求和实际。总之,无论是观念的塑造、制度的创新还是体系的构造,这种转变鲜明地体现为由感性到理性、由保护焦虑到保护从容、由自卑到自信,以及由眼睛向外到内外兼顾、以内为本的全方位转变。

二、规则继受与规则引领

我国知识产权保护规则的主体部分是继受而来的,继受之后又进行了适合国情的发展,但这种发展无疑是在继受基础上的发展。因此,就知识产权制度而言,我国首先是继受者。随着我国综合国力的日益增强以及在国际舞台中的影响力增大,近年来我国在知识产权保护中要当引领者的声音日益增强。

例如,当前比较主流的说法认为,我国综合国力和国际地位大幅提升,日益走近世界舞台中央,国际影响力、感召力和塑造力进一步增强。中国与世界的关系进入新阶段,"国际社会期待中国参与和推动全球治理体系包括知识产权治理体系变革,期待听到中国声音、共享中国智慧",我们要以"更为宽阔的视野、更富进取的姿态，在国际知识产权治理中发挥建设性作用，努力提升人民法院对国际知识产权治理规则的塑造力和引领力”；要“独立自主地决定适合国情、符合创新规律的知识产权保护政策和规则，在知识产权保护前沿和核心领域贡献中国智慧、发挥引领作用”①。这种判断比较乐观，也令人感奋。不过，这更像一种愿景和远景，还不是现实。尤其是在当前复杂的国际环境下，我国知识产权保护是否到了这种发展阶段，仍值得再审视和再思考。

显然，新兴市场国家和部分发展中国家虽然有所崛起，但国际话语权有待提高，在全球治理体系和国际秩序演变中的实际影响力仍然有限，主要发达国家推动国际经贸规则的关键地位仍不容小觑。当前正在发生的无论是反全球化还是再全球化，都是美欧日推动的，国际贸易规则体系处于动摇和动荡期，一旦发达国家主导的反全球化成为新的全球化，中国究竟能够在知识产权保护前沿和核心领域贡献多少智慧和发挥多大引领作用，仍需要审慎观察。

当前国际经贸形势复杂多变，WTO 规则面临被边缘化的局面，包括知识产权保护在内的中国对外经贸关系又面临复杂多变的国际形势。美欧日联手推进国际经贸规则的变革，当前主流观点称其为逆全球化，即破坏全球化，但如果换一个角度看问题，这或许是一场“另起炉灶”的再全球化或者新的全球化。作为当今主要经济科技体的美欧日或许正在联手打破当前的全球贸易规则体系，在此基础上或许会形成新的贸易规则体系。对此，我们应当排除一厢情愿的情绪化的评价和看法，而对其进行理性的把握和判断。美欧日一旦建立新的贸易规则体系，必将利用其政治、经济和科技的影响力，使其成为全球新的贸易规则体系。

美国近年来一直致力于谋求新的国际经贸规则和秩序，也即其谋求的努力并非从特朗普主政开始，尽管采取的路径和方式不尽相同。例如，奥巴马时代曾推动跨太平洋伙伴关系协定（Trans Pacific Partnership Agreement，TPP）和跨大西洋贸易与投资伙伴协议（Transa-tlantic Trad and Investment Partnership，TTIP）的谈判，试图

---

① 资料源于 2018 年 7 月召开的“第四次全国法院知识产权审判工作会议暨知识产权审判工作先进集体和先进个人表彰大会”有关材料。

重构亚太和美欧之间的全新贸易规则体系。尽管这些具体的谈判并未最终完成,特朗普当政之后又退出有关谈判,但特朗普当局并未放弃构建美日欧之间的贸易体系,之前与欧盟和日本达成了“零关税”和“零贸易”壁垒(无关税、无壁垒、无补贴)的谈判成果。一旦主要经济体之间形成稳定而全新的贸易体系,多数国家很可能会逐步接受和靠拢。我国也必然会受到深刻影响,要么积极进行靠拢和接受,但显然必须进行深刻的经济改革和规则变革,创造接受新贸易规则的条件;要么置身事外和独立发展,或者主要与经济技术不太发达的国家进行交往。当然,也不排除某种中间道路。但从长远发展来看,交往对象的经济科技水平直接影响着我国的经济科技水平,如果没有一流的贸易伙伴,我们自身也很难达到一流。如果实质性交往的对象不是经济科技一流的国家,或者经济科技一流的国家对我国设定不公平的贸易条件,损害我国经济科技竞争力,我们经济和科技发展将会受到严重的阻碍和影响。可以预见,我国经济科技发展或许很可能将面临一个变幻不定和挑战严峻的时期。

美国指责中国知识产权保护问题的本质主要不是具体保护标准和行动上的问题,而是认为中国“窃取”了其技术,要在科技上遏制中国。不管中国具体的保护行动和程度如何,都难堵其悠悠指责之口,甚至可以说其指责带有“欲加之罪,何患无辞”的味道,这或许是问题的实质。因此,不能寄希望于通过具体行动减少其指责,而应当冷静淡定地紧密结合国内创新发展需求,脚踏实地和低调务实地进行知识产权保护,把自己的知识产权保护做好。而且,越是在这种背景下,保护知识产权越是重要。因为,随着科技的封锁和遏制,自我创新的压力越大,没有强有力的知识产权保护制度,就无法营造良好的创新生态环境。

综上所述,至少就相当长时期而言,引领国际发展和贡献中国智慧可以是我国知识产权保护偶尔的溢出效应,但还不是我国知识产权保护主动追求的重要选项。如果在不具备条件和基础时刻意去追求一种不太现实的目标,可能易于使知识产权保护附加不应有的负担,或者自觉不自觉地绑架和扭曲一些保护行动。这是应该警惕的。我国当前知识产权保护的重要任务是进一步建构好自己的制度，即在继受国际规则与适应国内需求的基础上，使两者更深度融合和发展，形成更为适合我国国情和实际的动态的知识产权保护制度。我国知识产权对于国际规则应当持更为开放的态度，同时更加注重以符合国内创新发展需求为根本。

三、形式主义与实质主义

40余年来，无论是知识产权的法律制度设计还是具体的保护实践，都在由重视形式主义到重视实质主义进行转变。具体而言，我国知识产权保护初期，保护制度的设计主要体现为规则的刚性和线条的简单性，并且以保护为主基调，呈现出操作性较强的形式性。但是，随着经济科技与保护需求的复杂和发达，无论是法律制度的设计还是保护实践，都需要走向由重视形式到重实质的转变，尤其是向重制度平衡、系统化治理等方面的实质主义转变。

（一）由重形式到重实质的转变

法律既有其形式性，又有其实质性。所谓重形式与重实质，只是其制度内容在形式性与实质性上的侧重点和立法导向不同。重形式的立法或者形式主义的立法，强调的是规范刚性，体现的是法律要件和判断标准的外在性和客观化。重实质的立法或者实质主义的立法体现的是规范弹性，体现的是法律要件和判断标准的裁量性和实质公平性。两种不同的立法取向决定并体现了相关制度设计上的差异，也影响了执行法律的思维和标准。例如，对于专利权利要求修改超范围的认定标准，专利审查指南采用直白含义标准（“直接毫无疑义”标准①），最高人民法院有的裁判则兼顾实质性考量，突出了“直接明确导出”标准和“信息确定”标准②。前者是一种

---

① “直接毫无疑义”标准的核心是把“原说明书和权利要求书记载的范围”界定为“原说明书和权利要求书文字记载的内容”。

② 例如，“墨盒Ⅰ案”判决首先将“原说明书和权利要求书记载的范围”界定为“从所属领域普通技术人员角度出发”“原说明书和权利要求书所公开的技术内容”，进而提出了权利要求修改超范围的“直接明确导出”标准。“信息确定”标准将“原说明书和权利要求书记载的范围”理解为“原说明书和权利要求书所呈现的发明创造的全部信息”。“后换挡器支架”判决指出，正确确定原说明书和权利要求书记载的范围，“应当考虑所属技术领域的技术特点和惯常表达、所属领域普通技术人员的知识水平和认知能力、技术方案本身在技术上的内在必然要求等因素”。

形式主义进路,固然有其确定性和易操作性,而后者是一种实质主义进路。

知识产权保护需要具有形式性,以确保法律的可操作性、透明性以及稳定性,但法律调整的对象和利益关系纷繁多样和错综复杂,需要具有适度的弹性和可塑性。尤其是知识产权保护具有鲜明的公共政策色彩,需要根据发展阶段和发展需求进行制度设计。知识产权保护是"双刃剑",保护适度有利于激励创新,保护过度则会阻碍创新和发展。知识产权保护从来具有两面性,既强调加强保护,又时刻注意适度和平衡,在保护中不能因为强调一个方面而忽视另一个方面。总体上来说,知识产权保护是例外,公有领域和自由竞争是原则。

例如,法律对于知识产权并不赋予像物权那样的广泛排他性,主要以列举方式规定有限的侵权行为,且通过规定在先权抗辩、合理(正当)使用、法定许可等方式,遏制知识产权的不适当扩张,实现保护与例外的平衡。近年来,我国知识产权立法明显地重视制度平衡,重视实质主义。在知识产权领域,有关权利类型、侵权行为等列举未穷尽的概括性规定,均应该作严格解释,使其适用范围有限,而不能视作范围广泛和可以无限扩张的概括规定。

再如,我国《商标法》于 1982 年制定,先后于 1993 年、2001 年和 2013 年三次进行修订,其相关制度设计经历了由重形式到重实质的变化。1982 年《商标法》主要是商标注册绝对事由、注册程序和行政管理的规定,缺乏保护在先权等实质公平的规定。与其配套的 1983 年、1988 年实施细则亦然。1993 年《商标法》第 27 条增加规定:"已经注册的商标,违反本法第八条规定的,或者是以欺骗手段或者其他不正当手段取得注册的,由商标局撤销该注册商标;其他单位或者个人可以请求商标评审委员会裁定撤销该注册商标。除前款规定的情形外,对已经注册的商标有争议的,可以自该商标经核准注册之日起一年内,向商标评审委员会申请裁定。"与此配套的 1993 年《商标法实施细则》第 25 条规定:"下列行为属于《商标法》第二十七条第一款所指的以欺骗手段或者其他不正当手段取得注册的行为:(1)虚构、隐瞒事实真相或者伪造申请书件及有关文件进行注册的;(2)违反诚实信用原则,以复制、模仿、翻译等方式,将他人已为公众熟知的商标进行注册的;(3)未经授权,代理人以其名义将被代理人的商标进行注册的;(4)侵犯他人合法的在先权利进行注册的;(5)以其他不正当手段取得注册的。”尽管《商标法》对于撤销注册商标的绝对事由与相对事由未作区分,但《商标法实施细则》的规定已开始区分两种事由,并引入了保护在先权利的规定。这是向实质性立法的一次重要迈进。

2001年《商标法》修订是一个重要转折点,比较全面地强化了实质性立法。突出体现为明确划分商标注册与撤销中的绝对事由与相对事由;全面加强在先权利的保护,增加未注册驰名商标、代理人等抢注商标、抢注在先一定影响商标等规定。根据不同事由划分了注册商标争议裁定程序。实质性立法充分考虑具体制度之间以及相关权益之间的张力和平衡,更加注重妥善处理主导与兼顾之间的关系,使《商标法》走向更加和谐的制度生态。

2013年《商标法》继续全面强化其实质性。另外增加了在先使用抗辩、实际使用与赔偿挂钩等内容。经2001年和2013年的法律修订,《商标法》在公法秩序与私权保护上得到了协调而平衡的发展,逐步实现了秩序与公平的有机结合,形成了制度上的张力。

在法律思维上,形式主义更为强调法律规则的刚性和外在性,相对缺乏制度本身的内在平衡和实质公平;实质主义更为重视法律规则的内在公平和适当性,强调法律标准的实质性考量和制度本身的实质公平。例如,在《商标法》没有规定保护在先权利的时期,注册商标专用权被理解为具有绝对性,在先使用的未注册商标不能作为不侵权抗辩的事由;而且,在商标注册程序中,在先权利缺乏保护,制度本身缺乏平衡和公平性。但是,追求制度的平衡与公平毕竟是制度完善的天性和必然取向。即便在法律缺乏规定的情形下,司法为公平地解决问题,也往往率先探索实质主义裁判。例如,在《商标法》没有规定商标实际使用对于确定赔偿责任的影响时,司法就进行了尝试和探索。司法政策曾规定,“妥善处理注册商标实际使用与民事责任承担的关系,使民事责任的承担有利于鼓励商标使用,激活商标资源,防止利用注册商标不正当地投机取巧。请求保护的注册商标未实际投入商业使用的,确定民事责任时可将责令停止侵权行为作为主要方式,在确定赔偿责任时可以酌情考虑未实际使用的事实,除为维权而支出的合理费用外,如果确无实际损失和其他损害,一般不根据被控侵权人的获利确定赔偿;注册人或者受让人并无实际使用意图,仅将注册商标作为索赔工具的,可以不予赔偿;注册商标已构成商标法规定的连续三年停止使用情形的,可以不支持其损害赔偿请求"①。这些探索影响了 2013 年《商标法》的修订。

经过 2001 年和 2013 年修订的《商标法》,在商标使用的界定中重视"识别来源"性,并通过保护在先使用权、正当使用、赔偿与实际使用挂钩等制度设计,实现制度和保护上的平衡。

在司法实践中,涉外贴牌加工侵权案的裁判态度的"螺旋式发展"历程,典型反映了商标使用行为的认定由重形式到重实质的转变。商标使用行为是商标侵权的构成要件,如何界定商标使用行为,曾经经历了由形式到实质的转变。在早年的侵权判断中,商标使用行为被作形式化的理解,即只要有客观上的商标贴附行为,即可认定为商标使用行为,其实质上是否发挥商品来源的识别作用,不在考虑之列。2013 年《商标法》修订以前《商标法实施条例》对于商标使用行为的界定,也均强调形式化的使用特征,从使用形式上进行界定。2013 年法律修订同时从实质上界定商标使用行为,即只有在具有客观上的使用形式,并具有用于识别商品来源的实质意义时,才认定为构成商标使用行为。具体到涉外贴牌加工中的商标使用行为,早期认定构成侵权的裁判通常认为,在商品上贴附商标的行为即构成商标使用行为,是否在中国境内发生识别作用不影响商标使用行为的构成。这显然是一种形式主义的裁判态度。后来不认为构成商标侵权的判决,多是基于贴附的商标未在中国境内发生识别作用,在中国境内不具有识别商品来源的意义,因而不符合商标的实质意义,其贴附行为不构成商标使用行为。

(二)知识产权保护中的平衡思维

我国自建立知识产权保护制度以来,加强保护一直是主基调,并且使保护不断落到实处,由口头上的保护转向行动中的保护。

---

① 最高人民法院《关于当前经济形势下知识产权审判服务大局若干问题的意见》(法发〔2009〕23 号)。

在当前形势下，知识产权保护更是受到空前的重视和强调。但是，越是强化保护的声音甚嚣尘上，越要格外重视制度的平衡和理性，更需要防止迷失方向。知识产权保护中的公认观点认为，保护过度与保护不力同样有害。健康的创新既需要有效保护丰富知识存量的那些重大增量创新，又确保存在一个庞大的公有思想领域，两者缺一不可。知识产权保护范围与公有领域是此消彼长的，知识产权政策必须在两者之间找到一个平衡点。要时刻注意总结国内外知识产权保护的经验教训。例如，美国专利保护曾深陷过度授权（专利授权爆炸）、过度保护和过度诉讼的多重危机，专利数量激增、专利范围扩张、专利诉讼激增以及同样高速增长的精致而成本高昂的反制措施，极大增加创新成本和妨碍创新。对此我们也需要未雨绸缪和注意苗头，适时校正保护政策和方向。

四、定性与定量

在知识产权保护中，前些年重视定性，对于定量喊话多，实效少。现在越来重视保护的实效，定量问题越来越受重视，如大额赔偿裁判越来越多。前些年重视定性，主要讨论和解决保护与不保护问题。即使是讨论保护的强与弱（保护“度”）的问题，本质上也是为了解决定性问题。随着保护需求的日渐强烈和在加强保护上日益形成共识，在强化与全面加强保护上受到更多的关注，加强保护的重心已由定性转变为定量。解决定量问题最为直观的体现是加大赔偿力度并创新赔偿制度，甚至惩罚性赔偿得到了较大的关注和提倡。加大赔偿力度和探索实行加大力度的可行途径，显然是近年来加强知识产权保护的重要转向。近年来大额赔偿、裁量性赔偿等，都已渐成知识产权保护的新常态。

当然，当前由定性到定量的转变中，也出现一些“冒进”和背离制度本意等现象，值得关注。尤其是，近年来赔偿成本低、维权成本高、诉讼周期长等说法，几乎成为描述我国知识产权保护状况的标签式和口号性的词语，这些说法固然生动凝练和具有说服力，并可以为特定的目的服务，但不能客观而充分地反映知识产权保护的复杂。这些标签和口号很有动员力甚至煽动性，具体的保护实践容易为这种标签和口号所绑架。即便存在诸如此类的问题，也应当积极探索操作性路径,通过统筹规划和制度化的方式解决,而避免“头痛医头脚痛医脚式”的处置。

（一）防止盲目追求大额赔偿

加大赔偿不是盲目加大和推高赔偿额,而首先是依法和依据事实证据,不能为加大赔偿而盲目加大,并且要充分认识和有效针对赔偿情况的复杂性,区分情况,使赔偿问题各得其所。尤其是,加大赔偿不是简单通过裁量性和惩罚性赔偿的方式确定大额赔偿,而主要是通过完善证据制度及增强其他诉讼手段的可操作性等制度化渠道,使得实际损失的确定更为便利,从制度上解决赔偿难问题。

定量不是单纯追求大额赔偿,而是重视综合保护力度。例如,重视赔偿与禁令并用的协同作用;重视比例原则,既有针对不同对象的不同保护,又有具体赔偿额确定上的比例原则。例如,既有在法定赔偿额以上的酌定赔偿,又有明显低于法定赔偿最低额的酌定赔偿等,都是理性的。

（二）知识产权的价值是确定赔偿额的基础

知识产权赔偿数额的确定归根结底是由其价值决定的。实际损失、侵权获利和许可费等损害赔偿确定方式,本质上都是客观上可量化的价值确定方式。难以确定客观的可量化损失的,需要通过价值评估等确定损失。无论是实际的价值还是通过可接受方式确定的拟制价值,价值均是确定损失的基准和指针。例如,中共中央办公厅、国务院办公厅印发的《关于加强知识产权审判领域改革创新若干问题的意见》(以下简称两办意见)特别提出“建立体现知识产权价值的侵权损害赔偿制度”。其中,首先要“坚持知识产权创造价值、权利人理应享有利益回报的价值导向”,充分发挥社会组织、中介机构在知识产权价值评估中的作用,建立以尊重知识产权、鼓励创新运用为导向,以实现知识产权市场价值为指引,以补偿为主、惩罚为辅的侵权损害司法认定机制,着力破解知识产权侵权诉讼“赔偿低”问题。其次,“加大知识产权侵权违法行为惩治力度,降低维权成本”。对于具有重复侵权、恶意侵权以及其他严重侵权情节的,依法加大赔偿力度,提高赔偿数额,由败诉方承担维权成本,让侵权者付出沉重代价,有效遏制和威慑侵犯知识产权行为。

努力营造不敢侵权、不愿侵权的法律氛围，实现向知识产权严格保护的历史性转变。

除惩罚性赔偿外，赔偿均旨在填平和弥补所失，而不是制裁。赔偿的基准是损失，实际损失、侵权获利和许可费均是量化损失的依据，其本质均基于知识产权的价值，而难以以此类客观上可量化的方式确定损失时，也不能为追求更高的赔偿额，设定一些背离其本意和基础的赔偿标准。例如，2018 年 6 月 28 日深圳市人大常委会公开征求意见的《深圳经济特区知识产权保护条例（草案）》规定，在实际损失、侵权获利和许可费难以确定时，根据情节和社会影响确定最低赔偿限额和法定赔偿。例如，侵害专利权的，“情节轻微，社会影响较小”，在 10 万元以上 100 万元以下确定赔偿数额；“情节严重，社会影响恶劣”，在 300 万元以上 500 万元以下确定赔偿数额。对于侵害商标权、著作权的情形也有类似的规定。而且，实际损失、侵权获利和许可费难以确定，但明显超过 500 万元的，可以视情节等因素确定 500 万元以上的赔偿数额。这些规定体现了加大赔偿的意图，但似乎背离了赔偿的本质。例如，情节和社会影响一般只是公法制裁的依据，不应当作为民事赔偿的依据。只规定可量化损失明显超过 500 万元、又难以确定具体数额的酌定赔偿，没有规定可量化损失明显低于最低法定赔偿额时的酌定赔偿，不符合专利种类多、参差不齐和价值高低差异极大的实际，会导致不公平。

（三）惩罚性赔偿是例外而不是常态

赔偿的理念或者理想状态应当是，既不能使权利人的实际损失不能得到弥补，又不能使权利人额外获益。赔偿毕竟以弥补实际损失为基本目的，惩罚性赔偿属于私法处罚，只能是补充性和法定性的，是例外而不是常态，不能因不适当的惩罚性赔偿使权利人额外得利。权利人额外获利同样有悖公平。我国《商标法》等对惩罚性损害赔偿明确限定了适用范围和条件，体现了这种精神。如《商标法》第 63 条第 1 款规定：“……对恶意侵犯商标专用权，情节严重的，可以在按照上述方法确定数额的一倍以上五倍以下确定赔偿数额……”其中，“情节严重”是针对恶意和严重程度而言的，不应该作过宽的解释。

但是,在当前甚嚣尘上的加强保护声浪中,已有扩张惩罚性赔偿的范围和降低其适用条件的倾向,很值得关注。例如,前述《深圳经济特区知识产权保护条例(草案)》规定,有下列侵犯知识产权行为之一,除赔偿权利人损失外,还应当支付惩罚性赔偿金(按赔偿额的三倍计算):(1)明知属于他人知识产权的;(2)5年内侵犯同一知识产权三次以上的;(3)其他侵权情节严重或者造成恶劣影响的。该规定将惩罚性损害赔偿范围进行了扩张,似乎范围过宽。而且,惩罚性损害赔偿毕竟是一种私人惩罚,尽量不宜通过此种方式体现和彰显保护力度。

五、重保护与兼重遏制滥用

遏制知识产权滥用问题在前些年受到了一定的关注。但是,遏制滥用的案件很少,遏制滥用更多是宣示一种在保护上注重平衡的政策态度。近年来遏制滥用的情况逐渐突出,案件也越来越多。在强化知识产权保护成为主要导向的背景下,强调遏制滥用具有更为重要和突出的意义。

知识产权是一种独占权和专有权,这种专有和独占虽然更多具有权利边界意义上的排他性,但经常与滥用联系起来,甚至经常被误读为知识产权是一种垄断权。例如,20世纪中叶的美国专利通常被视为一类垄断,反垄断案件中经常提到“专利垄断”,但当今更倾向于将专利视为一类财产而非垄断,专利很少带来市场力量,只拥有“基于边界的排斥力”而非“基于市场”的排斥力。当然,知识产权确实与滥用有天然的联系,保护知识产权与遏制滥用经常联系起来,遏制滥用是保护知识产权的另一面。只有知识产权保护力度的加大与遏制滥用相协调,才能构成知识产权保护的良好生态。随着对于知识产权保护力度的加大,遏制滥用的力度也需要相应地加强。

滥用知识产权的情况比较复杂和种类多样,遏制滥用的法律标准和政策取向也存在差异。其中,滥用行为既有实体权利的滥用,又有程序性权利的滥用(如起诉和投诉行为)。最为典型的实体权利滥用行为是滥用知识产权构成垄断行为的情形。近年来涉及标准必要专利等知识产权领域的反垄断问题受到较多的关注,已成为遏制知识产权滥用的主要领域。这说明有效遏制知识产权滥用在构建良好生态中的作用初露端倪。除反垄断领域外，涉及知识产权合同、反不正当竞争等领域也都涉及遏制滥用行为。程序权利的滥用行为包括滥用知识产权诉讼（包括申请诉前临时措施）和行政投诉的行为。

针对不同的滥用行为，遏制滥用行为的司法标准和政策取向应当有所差别。例如，有些滥用行为涉及中性的裁判标准，如涉及垄断的滥用行为；有些则涉及政策导向，如滥用诉权和投诉权之类的滥用行为，所涉及的诉权和投诉权或许是一种位阶更高的权利，甚至可以从控告申诉权意义上进行看待，对于滥诉和投诉行为构成侵权（包括不正当竞争）应当从严把握，避免不适当妨害控告申诉权的行使。

综上所述，遏制滥用行为是确保知识产权制度健康运行的重要因素。当前情况下遏制滥用行为已变得相对突出，需要尽快探索其司法标准和操作性政策，使其既构成对于行使知识产权的适当制约，又确保行使权利的自由。

六、法律制度变革驱动与组织体系变革驱动

前些年我国知识产权保护重视法律修改和法律制度建构，但“徒法不足以自行”，好的法律制度必须由行之有效的组织体系实施，才能够达到预期效果。因此，近年来国家高度重视组织体系驱动发展，知识产权执法司法体系的建设受到高度关注。

在司法保护中，前些年着力构造专门合议庭、专门审判庭和“三合一”审判机制，近年来着力建立知识产权法院和完善专门法庭。“两办意见”又提出了完善司法审判体制机制的新课题，如“研究建立国家层面知识产权案件上诉审理机制，实现有关知识产权案件审理专门化、管辖集中化、程序集约化和人员专业化，从根本上解决知识产权裁判尺度不统一、诉讼程序复杂等制约科技创新的体制性难题”；“进一步健全符合知识产权司法保护规律的专门化审判体系，有效满足科技创新对知识产权专门化审判的司法需求”。知识产权司法组织的专门化是加强知识产权保护的重要体制机制保障，有利于维护知识产权裁判标准的统一和提高司法效率，其积极

作用是主要的和应该充分肯定的。但是,凡事“物极必反”,不是专门化程度越高越好,过度专门化的副作用同样不能忽视。

(一)专业视野狭窄与法治协调性

过度专门化可能限制知识产权司法的视野以及不利于与其他法律领域的协调。法律是体系化的,法治是统一性的,法律适用需要瞻前顾后和具有宽阔的法律视野,高度专业化的法官以及过于专业化的案件审理范围,有可能限制法官的法律视野,限制法官以全方位的法律视野审视所审理的案件。知识产权法律固然有其特殊的专业化问题,专利等技术类案件更涉及精深复杂的专业事实问题,但知识产权法仍然是法律体系中的一个分支,仍与其他法律具有不能割裂的有机联系,而法律体系内部的协调统一是法治统一的重要方面,知识产权法律适用不能孤军奋战和自我独立。如果过于强调知识产权法律的专业化和法官的专门化,往往导致知识产权体系的封闭性和自说自话,导致与整个法律体系不协调。例如,美国在论证设立联邦巡回上诉法院时,曾经对其采取完全的专业化还是适当的专业化进行过争论,最后并未将其设定为纯粹的专利等知识产权法院,而将国际贸易案件等划归其管辖范围。其目的是防止法官视野狭窄等负面性。这些考量是有借鉴意义的。

而且,过度专业化往往使法官过于关注法律适用的技巧和细节,容易导致法律适用的僵化和脱离实际生活,不利于实现实质公正。例如,美国联邦巡回上诉法院甚至将有的专利侵权判断标准公式化,这固然能够增强法律适用的确定性、可预见性和可操作性,防止裁量权过大和有利于维护法律适用的统一,但法律适用的对象和具体情况毕竟是复杂的,公式化的法律适用可能忽视具体情况的公平问题。美国最高法院曾经通过提审案件,改变联邦巡回上诉法院公式化的专利侵权判断标准(如非显而易见性的判断标准),通过柔化过于刚性的标准而更好地实现实质公平。笔者在以前的审判实践中感到,知识产权法官专业背景过于单一、单纯和专业,容易产生专业上的偏执和片面,在法律视野和裁判妥当性上容易产生问题。

因此,虽然知识产权司法的专门化是必要和有益的,但应认真研究专门化的适当层级和程度,积极寻求克服过于专门化弊端的对策，同时在强化知识产权司法专业化的同时，必须高度重视法官专业性与法治统一性的关系。

（二）过度亲权利和亲权利人问题

过于强调知识产权的专业化，容易使强化保护的声音被过分强调。而且，过于专业化的知识产权法官，也容易产生过于亲权利和亲权利人的倾向。过度强调保护和过度亲权利，必然忽视知识产权保护的平衡性。例如，美国联邦巡回上诉法院在适用等同原则等专利侵权判断标准上，曾经出现过过度亲权利的倾向，后来美国最高法院频频出手进行校正。我国当前知识产权保护中，强化和严格保护受到了突出强调，这符合我国保护实际和需求，但越是强调保护甚嚣尘上的时候，越要注意防止过度亲权利，防止权利的不应有扩张和强化。

（三）利益集团的干扰问题

涉知识产权的利益集团比较单纯和利益一致，容易协调其主张和力量，“寻租”和“俘获”容易发生，在加强专门化保护的同时，如何防止利益集团的不适当干预和冷静对待各种呼声，显得格外重要。利益集团对于知识产权保护的影响日益彰显，我国需要建立制度化的制约机制。

第三篇　当前我国知识产权司法保护几个问题的探讨

——关于知识产权司法政策和走向的再思考①

摘　要：本文从司法政策的角度，对于当前我国知识产权司法保护的现实方位与发展方向进行了研究。本文结合国内外形势与我国知识产权司法保护历程和实际，分析了当前我国知识产权司法保护的阶段性特征和基本状况，重点提出了解决知识产权保护水平与知识产权状况相适应、知识产权保护不平衡、内外评价不一致以及保护状况与外部需求不平衡的矛盾和问题。本文对于当前知识产权司法保护的历史机遇进行了实证分析和实践判断，对于如何真正发挥司法保护知识产权主导作用和加大保护力度进行了探讨。本文结合国内外形势，提出当前的知识产权司法保护态度应当理性成熟，深入阐述了正确处理与国际经贸交往的关系、进一步增强知识产权保护制度认同感、构建体现我国创新发展利益诉求的话语权等问题。知识产权保护的基本政策态度应当是适度保护，主要体现在加强保护与营造创新发展空间的关系上，本文从利益平衡机制、加强保护与区别对待、加强保护的途

---

① 原载《知识产权》2015年第1期。

径等方面进行了探讨。本文还针对当前司法中的突出问题,就强化司法保护中的法治思维和法治方式进行了研究。

关键词:知识产权;司法保护;司法政策

当前我国改革开放和创新驱动发展进入关键时期,知识产权司法保护又站在了新的历史起点上,面临重大转折,需要在应对挑战中抓住机遇,取得新的发展。正如诺贝尔获奖者哈耶克所说:“观念的转变和人类意志的力量,塑造了今天的世界。”①当前制约知识产权司法发展的关键首先是思想观念,思想观念不解放,不放下旧思想旧观念的束缚,就会缩手缩脚和畏葸不前;只要思想解放和观念转变了,就会充满创造性,就会创造性地解决各种制约发展的问题,迸发出创造力和活力,使保护面貌焕然一新。司法需要以观念的转变和认识的提高为抓手,准确判断当前的历史方位,有力推动知识产权司法保护实现跨越式发展。本文拟结合国内外形势和知识产权司法保护实际,就知识产权司法保护中的几个重要问题进行探讨。

一、关于当前知识产权司法保护方位的判断问题

知识产权保护态度、标准和方向的把握,都是以根据国内外形势的要求确定其现实方位为前提和基础的。从国际情况看,经济全球化在曲折发展中加深,知识经济方兴未艾,国家间的国际竞争日趋激烈,知识产权已成为国家竞争力的核心,是国家创新能力的关键。国际范围内的发展、创新和知识产权状况正在发生深刻变化。传统的知识产权根基虽未动摇,但知识产权的使命变得更为重要和复杂,需要赋予知识产权新的功能。尤其是,创造财富的核心正在由有形资产转向无形资产,知识资本崛起并成为经济竞争的焦点,创新成为企业成功的关键因素,企业竞争优势也体现在知识资本上,尤其是体现在技术、设计等创新方面。随着经济重心、技术重心的转变,地缘政治重心由西方转向东方;随着互联网以及新近社

① [英]弗雷德里希·奥古斯特·哈耶克:《通往奴役之路》,王明毅等译,中国社会科学出版社1997年版,第19页。

交媒体的崛起，信息垄断已被打破，获得知识和信息、为各种不同目的使用知识的能力随之发生改变。①

21 世纪以来我国经贸发展突飞猛进，已成为世界经贸大国，但还不是经济科技强国；我国是后发国家，需要奋起直追进行赶超，需要全方位创新，需要弯道超车和后来居上；世界范围内新一轮科技革命和产业变革正在孕育兴起，主要国家都在寻找科技创新突破口，抢占未来科技发展先机，我国曾多次错失科技革命的历史机遇，今后决不能再错过了。在更接近中华民族伟大复兴目标的时候，我们比以往任何时候都更加需要强大的科技创新力量，也更需要加强知识产权保护。我国已经建立较为健全的知识产权保护体系，但又面临新技术、新发展带来的知识产权国际国内变革的新挑战。现有的保护体系需要继续巩固，当前的保护问题仍需要解决；新的发展更需要迎头赶上，新的保护领域更需要积极探索。

改革开放是我国的自主决策，但就我国知识产权保护体系而言，在制度建设层面上它是在美国等西方国家“倒逼”过程中建立的，其间曾饱受保护不力的种种抱怨和指责，也曾在有些方面经历“水土不服”和缺乏国内科技经济支撑。但是，这种现代化的保护体系一旦建立起来，就成为我国长期可持续发展的重要制度保障和基础。当前我国经济科技的巨大发展，为知识产权保护提供了坚实的国内实力支撑，也使其成为实实在在的国内发展需求。如果说前些年应对外部压力是我国知识产权保护的直接动因，那么内在需求已成为现在的主要矛盾。当前我国立法在制度设计理念和内容上的重点转移，司法案件数量剧增和类型结构变化，执法司法体制的重大变革，以及转型升级和参与经济全球化的新形势新要求，均足以表明当前知识产权保护处于重大转折点。知识产权司法保护的基本态度和标准都要反映转折与变革的实际和需求，与之相适应。

任何国家的知识产权保护都立足于发展需求，具有阶段性特

---

①　参见世界知识产权组织（WIPO）总干事高瑞（Francis Gurry）2013 年 8 月 22 日在墨尔本大学法学院所作的题为“知识产权作用的再思考”的演讲。该演讲面对快速变化的全球化世界，试图重新定义知识产权制度的作用。

征。正如第十八届中共政治局委员刘延东在《视听表演北京条约》签署后所说："要从战略的高度深化对知识产权制度的认识，随着知识产权的兴起和经济全球化的深入，知识产权日益成为经济发展的战略性资源和国家竞争的核心要素，制定知识产权保护的国际规则和标准，应当充分考虑各国国情，特别是考虑发展中国家的发展阶段、历史文化和可承受能力，知识产权与国家发展密切相关。"①我国正处于国际经济科技赶超和国内创新发展时期，知识产权保护更应该注重创新发展需求和体现阶段性特征。当务之急是要坚持问题意识和找准重要问题，使保护与需求相协调、相适应和相符合。根据当前形势和任务的要求与司法保护实际情况，我们对于当前知识产权司法保护可以作出以下判断。

（一）知识产权保护水平需要与知识产权状况相适应

当今中国的创新活动日趋活跃，但创新能力和水平总体上还不太高，我们的产业在世界上还处于中低端，必须通过创新向中高端水平迈进。我国已成为知识产权大国，专利、商标等知识产权数量已跃居全球第一，但知识产权质量参差不齐。正如全国人大常委会执法检查组《关于检查〈中华人民共和国专利法〉实施情况的报告》所指出的，专利质量总体上还处在较低水平，不能适应经济和社会发展的需要。我国已拥有越来越多的关键核心技术和专利，但在关键产业和核心技术领域的专利占有比率低，在部分高新技术领域，我国专利创造能力与国外相比还有明显差距，拥有核心技术知识产权的企业比例仍然很低；作为衡量专利运用与市场化水平关键指标的专利维持时间明显偏短；面向国外的发明专利申请还较薄弱，作为世界第二大经济体，在国外申请发明专利的数量相对于国内申请所占比例非常小；专利转化率低和效益较差，一些不能付诸应用的专利也为科技经济发展埋下了隐患②。我国已拥有较多自主品牌，但仍然严重匮乏全球知名品牌，假冒侵权现象较为严重，品牌

---

① 转引自阎晓宏：《中国版权事业的里程碑——〈视听表演北京条约出台始末〉》，载《中国版权》2014年第3期。

② 陈竺：《全国人民代表大会常务委员会执法检查组关于检查〈中华人民共和国专利法〉实施情况的报告》，"第十二届全国人民代表大会常务委员会第九次会议"，2014年6月23日于北京。

创立的法律环境仍需改善。涉及新商业模式和新产业发展的著作权保护不断遇到新问题,有时需要进行新的利益平衡。这是当前知识产权司法保护面对的局面和背景,也是我们司法保护决策的重要依据。

当前国内外形势及知识产权本身的复杂情况,决定了现阶段保护理念、制度和具体实施上的复杂多面性。从政策和方法的角度看,知识产权保护既要注重刚性,坚持高标准严要求,坚持强化保护不动摇,又要注重弹性和政策性,考虑发展水平和承受能力,要久久为功而不急于求成,实现保护与创新发展的良性互动。"加强保护、分门别类、宽严适度"的司法政策就是根据这些情况制定的,具有深刻的内涵和丰富的精神实质,需要在实践中结合具体情况继续贯彻好。例如,专利侵权判断要考虑专利自身的创新程度等因素,等同侵权要在区别情况的基础上适当从严把握适用条件,不保护穷尽解释方法后仍然无法解释权利要求的专利等司法政策,均是与当前专利授权状况相适应的;要以鼓励和有利于创新、鼓励诚信为导向,把握好适用专利授权条件上的瑕疵与错误的界限,对于确有重大创新和商业价值的专利,不应因授权时的瑕疵等而轻易地宣告其无效。在各类知识产权保护中贯彻比例原则,如运用好商标近似、商品类似、混淆等弹性因素,使商标权保护的强度与商标的显著性程度、知名度高低等相适应,使损害赔偿额与商标在侵权中的贡献率相适应,即使商标权得到应有保护,又不使保护过度和受害人获得额外利益。著作权保护程度与独创高度等相适应。比例原则蕴含了正当目的性、适当性、必要性和均衡性,很适合知识产权保护的特质。

(二)要有效针对知识产权保护不平衡的实际

我国经济科技发展不平衡和不协调的问题仍然突出。正如习近平总书记所指出的,从总体上来说,我国科技创新基础还不牢,自主创新特别是原创力还不强,关键领域核心技术受制于人的格局没有从根本上改变①。与此相适应,在知识产权司法保护上主要体现

---

① 习近平:《在中国科学院第十七次院士大会、中国工程院第十二次院士大会上的讲话》(2014年6月9日)。

为知识产权案件结构复杂和地区发展不平衡。我国既有经济科技意义重大、疑难复杂和新类型的知识产权案件，有些争议涉及国际前沿尖端知识产权保护问题，有些涉及企业国内外市场竞争和知识产权布局，如滥用知识产权的垄断争议、标准必要专利侵权争议、互联网领域的知识产权侵权和竞争争议等，有些案件在行业内外甚至国内外具有广泛影响；又有大量的涉及价值链低端、销售终端的规模性商业维权诉讼，以及其他法律问题简单的案件，各地知识产权保护状况差异较大。这就要求司法保护兼顾各类案件的审判和各地的审判情况。司法需要高度重视前沿尖端和新难案件的审判，以精品意识勇于和善于作出高端、代表性和引领方向性的裁判，甚至积极稳妥地走到国际前沿，创造中国经验，打造我国知识产权司法保护的先进形象。北京、上海、广东、浙江等地法院在这方面进行了很好的尝试，积累了初步的经验，取得了良好效果，需要进一步总结提炼。同时，当前处于产业价值链和法律适用低端的各类规模性、群体性商业维权等案件量大面广，涉及的诉讼程序、侵权判定和赔偿标准等具体适用问题还较多，一些裁判标准还有待统一。当前的知识产权司法保护既要突出重点和注意引导方向，又要注意统筹兼顾和均衡发展，不能顾此失彼。

（三）需要认真对待内外评价不一致、保护状况与外部需求不协调问题

知识产权司法保护取得的成就有目共睹和不容否认，近年来司法内部以及国内外有关方面有较多积极评价，但仍然存在不少的问题和不足，各有关方面甚至国内外的评价仍然不尽一致。例如，2014 年 6 月全国人大常委会专利执法检查报告在充分肯定各级法院加强专利审判成就的同时，还指出了一些比较严重的不足和问题，包括专利维权存在“时间长、举证难、成本高、赔偿低”、“赢了官司、丢了市场”以及判决执行不到位等状况，挫伤了企业开展技术创新和利用专利制度维护自身合法权益的积极性；专利审判队伍建设和专利司法执法能力还有待进一步提高；专利侵权诉讼中确权程序复杂，侵权举证难度大，而判决赔偿额往往无法弥补权利人遭受的

损失。[1] 产生这些问题的原因很复杂,有些问题也不只是司法所能解决的。但不容否认,这表明司法保护仍存在很大不足,形势不容乐观,司法需要强化问题意识,采取针对性措施,下大力气解决好保护力度与社会需求不适应、内外评价不尽一致的问题。既要促进有关方面协同解决司法保护中的种种难题,又要使司法切实解决其自身能够解决好的问题。如果司法机关仍然抱残守缺和自我欣赏,不能直面和有效解决这些问题,不能改善司法保护和得到广泛认同,司法保护主导作用就不可能确立。尤其是要畅通维权渠道和降低维权难度,使绝大多数侵权行为都能够得到追究;通过充分赔偿等使受损害的权利得到充分救济,使侵权成本高于侵权人能够侥幸得到的利益,从根本上消除侵权动机。如有的评论所说:"每个人都是会盘算利益的个体,当他的违法成本远远高于可能因之获得的小利,当他的违法行为绝大部分概率下无法逃脱恢恢法网,他就会舍弃这种行为。日子久了,规则就会内化于心。"[2]

上述问题是当前知识产权司法保护面临的基本状况、矛盾和问题,当前的司法保护需要在解决这些问题和矛盾上下功夫。

二、如何看待和发挥司法保护主导作用问题

我国已经确立了司法保护知识产权主导作用的基本定位[3],从现实看司法主导作用也正在发挥和加强。但是,总体上来说,司法保护主导作用更多还是一种目标定位,还不完全是现实。不过,当前我国已存在发挥司法保护主导作用的崭新环境和氛围,正在面临发挥主导作用的重要历史机遇,司法机关需要强化机遇意识,顺应现实需求和顺势而为,逐步确立司法保护主导地位。

(一)历史机遇前所未有

体现和承载这种历史机遇的环境和氛围主要体现为:创新驱动

---

① 陈竺:《全国人民代表大会常务委员会执法检查组关于检查〈中华人民共和国专利法〉实施情况的报告》,"第十二届全国人民代表大会常务委员会第九次会议",2014 年 6 月 23 日于北京。

② 言咏:《从重典严法到契约精神》,载《经济观察报》2014 年 6 月 30 日。

③ 司法保护知识产权的主导作用是国务院《国家知识产权战略纲要》率先确立的目标。这一提法已得到认可。

发展战略得到了空前强调[①];加大保护力度是当前新一轮知识产权法律修改的方向、导向和趋势,如新修订的《商标法》《专利法》《著作权法》已经或者拟提高法定赔偿额、确立惩罚性损害赔偿、减轻举证责任等,发出和展示了继续加强保护力度的强烈信号和立法态度,并提供良好法律基础;加强保护已是各有关方面强烈的反映、要求和期待,越来越成为社会共识,如 2014 年 6 月全国人大常委会专利法执法检查报告明确建议,"要充分发挥司法保护的主导作用,切实加大对侵权行为的判赔力度,以司法判决来规范市场竞争秩序,提升司法保护公信力"[②];市场需求也正在形成"倒逼"力量,如或许是司法对于互联网环境下的著作权保护力度不足以及对于"深度"链接行为过于宽容,一些网络服务提供者通过"深度链接"之类的行为可以获取使用他人作品的收益,而又不像其他内容服务提供者那样购买版权,引起购买版权的内容服务提供者不满,后者协同起来"围剿"前者,最终以"分一杯羹"的和解方式解决纷争。这种依靠市场力量的博弈解决网络著作权保护问题,在一定程度上折射了司法保护力度的长期不足。

不断加大的行政执法力度也正在形成对司法保护的"倒逼"氛围,一些威慑性很强的行政执法措施社会反响强烈和收效很好,客观上也给司法带来了不小的压力。例如,2014 年 6 月 28 日《南方周末》记者在上海对 108 人进行"中国知识产权保护状况"的问卷调查,其中接近一半来自关注知识产权的企业界,另有 29 人是该领域的专业律师,13 人来自法院和政府部门。在回答"快播"对于因盗版被深圳市场监督管理局处以 2.6 亿元罚款、相当于"快播"过去一年的收入的看法时,除 44.4%的人回答不了解外,38.89%的人认为"应该、让侵权者倾家荡产",11.1%的人认为"罚款过高、企业活不下去"。这在一定程度上说明社会对于高额罚款的较高认同。调查

---

① 改革开放初期,我国经济发展主要依靠低成本、成熟技术等后发优势,政府利用产业政策瞄准赶超目标、集中要素资源、发挥比较优势的做法,取得了积极效果。进入发展阶段转换期,创新成为推动经济发展的主要动力。

② 陈竺:《全国人民代表大会常务委员会执法检查组关于检查〈中华人民共和国专利法〉实施情况的报告》,"第十二届全国人民代表大会常务委员会第九次会议",2014 年 6 月 23 日于北京。

还显示,虽然多数人认同司法主导,但同时又希望加大行政保护力度,也不反对刑事处罚举措。[①] 行政执法与司法保护既是一种双轨保护机制,又是一种竞争性机制。而且,适度的竞争客观上也利于从整体上推进知识产权保护。但是,如果在事实上司法不能发挥主导作用或者不具有足够的主导能力,行政执法随之必然具有更大的作为空间,相应地受到更多关注和期待,甚至会使司法保护在一定程度上边缘化。在当前新一轮知识产权法律修改中,强化行政执法受到了较大的关注,在一定程度上也能说明这一问题。

刑事保护力度增大,既显现了司法保护本身的协调性问题,也对发挥民事保护的主导作用提出了挑战。知识产权毕竟为民事权利和财产性权利,更适合以民事保护为保护的主渠道。因为,财产性损害最好以财产方式解决,最好不要轻易地动用刑罚。而且,知识产权保护政策性强,尤其涉及创新政策和创新空间,刑事保护应当严格控制范围和界限,以免损害具有生机活力的创新机制。[②] 刑事司法保护以其极大的威慑性,确实对于知识产权保护发挥着独特的作用。但是,刑事司法具有较大的局限性。例如,刑事保护所打击的通常是那些最为基本、最为初级和危害最为严重的显性侵权行为,那些识别标准不易掌握或者具有不确定性的行为,如假冒(相同商品上使用相同商标)行为以外的商标侵权行为,以及刑事介入对于营造宽松创新环境不利的领域,如专利权保护,如果刑事介入过多,就会过分遏制市场活力,或者不利于激励创新。商业秘密等领域的刑事介入过多,已显现了对于创新和发展的极大副作用,也使其成为刑事保护较易被滥用的领域。因此,刑事保护与民事保护的口径应该有很大的不一致,前者为窄口径而后者为宽口径,这是激发市场活力和营造宽松创新环境的必然要求。但是,如果民事保护不力,在其固有的领域没有充分发挥应有的作用,自然就会激发人们努力寻求刑事保护。当前知识产权刑事保护不断有突破性进展,也折射了民事保护的不足和缺位。此外,我国知识产权刑事保护也确实在许多方面思想较为解放,有时不像民事保护那样顾虑重

---

① 参见鞠靖:《业界眼中的知识产权保护》,载《南方周末》2014 年 7 月 11 日。

② 参见孔祥俊:《中国知识产权保护的创新和升级》,法律出版社 2014 年版,第 54-61 页。

重和缩手缩脚,或许有时会收到意想不到的效果。例如,之前有的法院在刑事裁判中认定网络“深度链接”侵犯影视著作权、构成犯罪,与民事裁判长期认为“深度链接”通常不构成侵权行为的做法形成极大反差。在该案中,网站经营管理人张某通过网站管理后台链接获取影视作品的种子文件索引地址,并向用户提供并强制使用QVOD播放软件,用这种“深度链接”的方式为网站用户提供浏览观看影视作品达941部。上海市普陀区人民法院认定张某因犯侵犯著作权罪,判处有期徒刑一年零三个月。① 笔者认为,民事裁判长期过度依赖和有所误读所谓的“服务器”标准,或许对于有些侵权行为过于宽容,而刑事裁判另辟蹊径,不受一些僵化思维框框的束缚,有时会有出其不意的效果,值得民事保护在司法理念和法律标准上进行反思。

当下如此强烈的司法保护需求氛围和呼声,已折射出知识产权司法保护尤其是民事保护的一些观念保守和行动不力。司法保护面临这些严峻挑战,但挑战同时又是极大的机遇。很明显这种氛围和环境表明,加大司法保护力度的外部环境大为改善,各方共识空前增多,形势逼人,不进则退,机遇稍纵即逝,司法保护不能坐失良机,务必头脑清醒和行动坚定,旗帜鲜明地加强保护。

(二)需要找准立足点和着力点

司法主导作用的提法已经有多年了,司法系统对此也进行了一些初步的阐释,但迄今不少法官对于何谓和如何发挥主导作用仍有不少困惑和迷茫,而且,国内社会谋求加强行政执法的呼声依然较高②。之所以会如此,更直观的原因是司法保护没有完全找准着力点,且司法主导作用还没有真正发挥出来。笔者认为,司法保护主导作用的立足点和着力点主要有两个:一个是加强对于知识产权法

---

① 参见杨晖、秦天宁:《加框链接传播盗版作品属于侵犯著作权罪的“复制发行”》,载《中国知识产权报》2014年7月9日。

② 例如,全国人大专利执法检查报告建议:“要充分认识专利行政执法在我国专利保护中的重要地位和特殊作用,在较长一段时间内仍然要继续发挥专利行政执法查处迅速、程序简便的优势,充实执法力量,提高执法能力,探索完善适应区域发展特色的专利快速维权机制。”参见陈竺:《全国人民代表大会常务委员会执法检查组关于检查〈中华人民共和国专利法〉实施情况的报告》,“第十二届全国人民代表大会常务委员会第九次会议”,2014年6月23日于北京。

律标准的明晰,充分发挥行为标准的指引作用,标准的主导权是司法保护主导作用的灵魂;另一个是切实加大保护力度,要让知识产权司法保护的实效性、影响力和权威性充分发挥出来,被全社会感受到。主导作用不是仅仅靠理论阐释就可以确立的,而必须有实实在在的举措和效果,是靠实力和实干展示出来的。正如"批判的武器不如武器的批判",知识产权司法保护需要在实干上狠下功夫,在措施和行动上求得突破。

司法在明晰知识产权法律标准中地位重要和作用特殊。如美国大法官休斯(Charles E. Hughes)所说:"我们在宪法(的约束)之下,但宪法是什么则由法官说了算。"借用这句话,我们一定是依法裁判和依法保护,但法律毕竟都是一般性、原则性和抽象性的规定,其具体适用标准和方法需要司法来澄清和确定,因此,在相当大的程度上是由法官界定和告诉法律是什么。况且,"人们认识到,法院的许多判决不能从法律得出,因为对这些案件要么没有法律规定,要么规定得不准确,要么就是与法律制度的其他规范和价值标准相矛盾。这些判决具有规范制定的(法律政策的)特征"①。知识产权保护涉及的新情况新问题和新领域较多,在确定保护标准上尤其有更大的作为和更高的期盼,法律标准的主导权必然是司法保护主导作用的核心领域。

知识产权司法保护主导作用的发挥显然不能仅靠理论阐述和坐而论道,而更体现在真抓实干和干得风生水起上。当前尤其需要在司法保护的实效性、威慑力和影响力上狠下功夫,加快发挥主导作用的步伐。例如,不可能每个知识产权案件都具备作出大额裁判的条件,但抓住适宜的典型案件裁判出大额赔偿,则意义必定非同凡响。保持适当数量的大额损害赔偿裁判,可以起到很大的威慑和示范作用,可以有效整肃保护环境和规范市场行为。如果司法保护软弱无力和保护措施不痛不痒,侵权行为人甚至还可以因侵权获利,司法保护的作用也就无足轻重了。

---

①　[德]伯恩·魏德士:《法理学》,丁晓春、吴越译,法律出版社2013年版,第108页。

（三）需要进一步解放思想和加强创新

知识产权司法保护首先需要解放思想和更新观念，勇于冲破一些僵化保守思想观念的束缚，找准突破的方向和着力点。当前与知识产权保护规律更为符合的理念、理论和标准还没有完全建立起来，在证据规则的运用和事实认定、损害赔偿的确定依据等许多方面还比较保守和僵化，不能有效地支撑司法主导和加强保护目标的实现。此外，要营造宽容创新、鼓励创新和有利于创新的内部工作机制、氛围和环境。由于受当前考评机制、错案追究机制等工作机制的约束和影响，许多法官在知识产权裁判上趋于保守，不敢大胆探索和突破。因此，很有必要深入研究和改善那些制约解放思想和大胆创新的工作机制问题。例如，可以逐步确立一些可以大胆探索的案件的标准和范围，确定大胆创新的方向和路径，加强最高人民法院和上级法院在探索创新上的示范作用，使探索和创新精神能够落地生根，有坚实的实践基础，而不至于徒托空言。

知识产权司法保护力度的加大尤其需要理论创新，以创新的理论凝聚共识，推动观念的变革和进步，进而促进实践的发展。正如马克思所说："理论一经掌握群众，也会变成物质力量。理论只要说服人，就能掌握群众；而理论只要彻底，就能说服人。所谓彻底，就是抓住事物的本质。"[①]突破当前知识产权保护力度不足的窘境和瓶颈，需要进行理论创新，使理论创新成为突破口和推动力量。而且，加大保护力度的理论创新涉及价值导向的法律调整问题，"在与价值相关的法律调整问题中没有真实性可言"。[②] 法律是规范而不是事实，法理在很大程度上不是科学而是共识。而且，法律适用不是机械的过程，而是追求目的和实现价值的过程。"如果将法律适用等同于演绎推理，就可能使人们产生一种错误印象，即法官只是——类似于计算机——进行逻辑推论。法官的主要工作是基于法律规定的一般性价值标准对具体的事实作出价值评价，他们的主

---

① 中共中央马克思恩格斯列宁斯大林著作编译局编：《马克思恩格斯文集》（第1卷），人民出版社2009年版，第11页。

② ［德］伯恩·魏德士：《法理学》，丁晓春、吴越译，法律出版社2013年版，第108页。

要任务并不在于逻辑领域，而是目的实现的领域，即目的论”①。因此，为更好地实现法律调整的目的、价值和效果，知识产权保护需要凝聚共识，形成共识的理论就会转化成现实的实践力量，也会转化成现实的正义秩序。知识产权司法保护首先需要通过创新理论凝聚共识和形成力量，需要构建适应知识产权保护需求的理论。知识产权具有无体性、公共物品性、价值弹性等特性，有别于物权等权利，在侵权行为的认定和损害赔偿的确定等方面要有相应的独特理论和理念，不能简单照搬物权等相应的制度。当前损害赔偿额上不去，保护力度满足不了保护需求，在很大程度上是因为受传统物权等法理观念的束缚，过于强调损失的确定性，而因知识产权的无体性和价值弹性等，恰恰不可能像有体物那样易于客观地确定损失数额，如果不“另起炉灶”和另辟蹊径，所采用的确定方法和所确定的损失往往不能反映知识产权的应有价值和保护需求，导致出现保护不力等反应和问题。之所以需要另辟蹊径，正是因为现有的理论不完全符合实际需要，这是需要另辟蹊径的正当性基础。这就是所谓的“穷则变，变则通”。现实要求我们转变思路，开辟新的保护路径。这种保护路径显然首先需要有理论支撑，理论创新的作用在于能够更好地凝聚共识，增强行动的说服力，使行动能够为业内和社会所认同。例如，知识产权损害赔偿既考虑客观性和注重证据支持，又强化根据相关情况进行的自由裁量，使后者成为加大赔偿力度的着力点和突破口。与传统的损害赔偿相比，这种裁量性显然具有一定的主观性、不客观性和不确定性，但又是有效保护知识产权的必然选择，是知识产权保护的特殊需求，需要业内形成行使裁量权和裁量所考虑因素的共识，并使社会接受这种裁量性。只有形成了这种共识，才能使裁量权的行使得到广泛接受和认同。司法需要加大理论创新和阐释的力度，讲清楚知识产权保护的特殊性和需要加强裁量的理由，让业内和社会理解和接受。

三、关于如何确立更加理性成熟的司法保护态度问题

根据当前国际国内形势以及我国知识产权保护的历程，当前的

---

① ［德］伯恩·魏德士：《法理学》，丁晓春、吴越译，法律出版社 2013 年版，第 295 页。

司法保护应当更加理性成熟和从容淡定，尤其要把握好以下认识和态度问题。

（一）正确处理与国际经贸交往的关系

知识产权保护与国际贸易和经济全球化关系密切，既是国际贸易和经济全球化发展的必然产物，也是促进国际贸易和经济全球化的重要工具。首先，要坚持国家利益意识①。我国是经济全球化的极大受益者和积极推动者，但经济全球化毕竟具有复杂性和渐进性，不能把经济全球化理想化和简单化。处理对外经贸法律关系一方面要践行正确义利观，促进互利共赢和共同发展，但另一方面要看到，国际政治和经济经常是围绕利益的游戏，维护国家利益从来都毋庸讳言。美国的“337”执法和强硬的司法长臂管辖，欧盟对于地理标志保护的不遗余力，各主要国家对涉平行进口知识产权侵权的不同态度，无疑都是其国家利益和政策考量的产物。② 因此，要充分认识经济全球化中的国家利益，注意维护国家利益和经济安全。即便在条约支撑下形成的一体化知识产权规则，也是由国内法落实，地域性和独立性仍然是知识产权的基本原则。国内司法必须妥

---

① 有人说，近年来不断有西方著作论述中国崛起及西方应对策略，世界范围内对中国的战略性讲述大体上被西方人垄断。“国家利益这个在美国舆论中比比皆是的概念，如今在中国差不多要‘咬着耳朵’说了”。参见《中国的“亨廷顿”，你们在哪》，载《环球时报》2014 年 5 月 21 日。在知识产权保护中我们有时也讳言国家利益，有人甚至认为全球化时代的知识产权保护都是平的了。

② 美国在任何领域都有如此的国家利益思维。例如，就互联网而言，美国反对网络主权，但是却宣布所有美国企业服务器上的数据都归美国所有；美国宣称保护信息的自由流通，但是却试图控制网民的阅读内容；美国宣称中国的网络设备企业试图进入美国是对美国国家安全的威胁，而苹果这样的巨型企业不断被发现其产品中的后门连普通用户信息都可以提取。怎么能这样呢？人们对此似乎应该愤怒。但是美国错了吗？美国在保护自己的国家利益，在网络技术发展的同时保护自身安全，在全球网络应用广泛变化创新时保障自己的控制力，在发挥网络作用贡献世界的同时获取各种可能的回报，这错了吗？美国国防部高级研究计划局的宗旨就是在保持美国的全球技术优势同时，形成对美国潜在对手的技术遏制。我们似乎还没有这样的机构，也许我们看美国的角度也错了，我们自己那么相信或者那么乐于接受别人给我们的理念，而忘记了自己该有什么，忘记了怎么保护自己和靠什么发展未来；尽管我们总是自诩有几千年的文明，但是在网络海洋面前，我们似乎过早地沉溺在海量信息和新奇创新带来的欣喜，当这个世界因网络而变得似乎平了的时候，希望我们的思考不要扁平化。从美国的角度来讲，美国没有错，但我们要做对！参见李欲晓：《美国搞“网络心战”错了吗？》，载《环球时报》2014 年 7 月 29 日。涉及知识产权的对外关系也有较多的这种意味。

善处理一体化与地域性和独立性的关系,不能简单将经济全球化直接当作裁判理由和标准。例如,有的裁判直接以经济全球化时代的市场已经全球化为由,判决平行进口不构成侵权。这就把复杂问题不适当简单化了。有关平行进口的知识产权侵权问题都要根据市场需求、利益取向等政策和法律因素,在利益衡量之后进行确定。其次,要甄别哪些属于更为强调通行做法的领域。我国作为经贸大国,加强知识产权保护是参与经济全球化的重要途径,要高度重视规则的一体化,高度重视国内裁判的国际影响、国际认同和国际形象。但要注意甄别哪些领域更应遵从通行国际规则,在这些领域更注重借鉴国际通行做法,不刻意标新立异。即便在这些领域,借鉴国外做法也要认真权衡国情实际。[①] 最后,要高度重视那些具有浓厚历史传统和中国特色的知识产权保护问题和领域,如涉及传统文化知识、老字号、计算机中文字库和贴牌加工等的知识产权保护问题,在这些领域不简单地人云亦云,不简单地作比较法上的对比,而更应该注重国情实际和中国特色,以有利于我国创新和发展为指针,创造性适用法律,创造中国经验。

当前国际经贸关系错综复杂,我国与其他经济体既有竞争又有合作,与有些国家还可能存在崛起与反崛起、遏制与反遏制的关系。我国的发展和崛起不时受到阻挠和遏制,也不时卷入有些国家刻意制造的种种争论中,遭受了不合理限制甚至惩罚。这种复杂性同样存在于知识产权保护领域。我们在确定保护政策、保护标准和裁判案件时,既要有利于积极参与国际化的进程,又要切实增强敏感性和鉴别力,保持清醒头脑和定力;既注意塑造保护知识产权主流国家的形象,又不轻易被牵着鼻子走,不为一些不合理的指责所误导,在是非面前不自乱阵脚。涉及国际贸易的知识产权保护不仅是法律适用问题,还可能涉及国家主权、政治和政策问题,要看清国际经贸关系,既讲规则又服从国家利益的两面性。要善于借鉴发达国家维护国家利益和提高国家竞争力的通行做法,处理好涉及企业知

① 比较法可以拓宽我们需求解决问题方法的途径,"它拓宽了法律工作者的视野,使他们不再局限于自身所处的时代的国内法律秩序"。但是,"倘若存在统一的'世界法',而忽视了不同社会文化结构之间的本质区别,那才是冷酷的、不人道的"。参见[德]伯恩·魏德士:《法理学》,丁晓春、吴越译,法律出版社 2013 年版,第 170 页。

识产权跨国布局、货物进出口等与国际贸易有关的标准必要专利、商业秘密、平行进口等案件。

（二）进一步增强知识产权保护的制度认同感

在西方国家"倒逼"和频繁抱怨指责我国保护状况的时期，我国一些人对于知识产权保护形成了警惕和抵触的心理，形成了一些制约与反制约的话语，当然也形成了动辄怕指责、老怕做错事的不自信的心态或者"道德劣势心理"。这些现象在知识产权审判中同样存在。例如，有人对于保护知识产权持应付态度，简单地认为保护多了不利于发展，导致保护不力；也有因怕遭致国外或国外当事人的指责而过度保护的现象，或者不能历史地看待我国改革开放以来的保护历程，在涉及商标"抢注"、商标侵权、权利冲突等案件中忽视地域性和独立性原则，苛求国内权利人，对国外当事人法外保护。在新的形势下，我们需要有更加健康的心态和认识，更加理性平和和不偏不倚地保护知识产权。要深刻认识知识产权是激励创新的长久制度设计，不是权宜之计和暂时的策略安排，我们要有发自内心的制度认同感，只要我们的制度设计和保护水平与国家实力、发展阶段和创新需求相适应，就会使其成为促进创新和发展的利器。只有认识清醒和制度认同，才会有坚定的保护决心、正确的保护态度和有力的保护行动。

（三）构建体现我国创新发展利益诉求的话语权

伴随着我国的和平崛起，我国已成为一个有世界影响力的知识产权保护大国，在一些领域已走到国际前沿。但是，西方发达国家伴随它们的知识产权先发优势，不但已经主导确立现有国际规则体系，还以它们自身的利益为评判标准，形成了主导国际知识产权领域的话语权。而且，当前全球范围内的双边和单边经贸谈判如火如荼，新的国际经贸规则和全球经济发展规则正在塑造，知识产权规则是其重要内容。改革开放以来我国除接受了主流知识产权规则外，知识产权保护也时常受西方国家话语权的影响。例如，简单地以西方标准评价我们保护水平的高低，评价我们裁判标准的对错，囫囵吞枣式地进行比较判断。随着我国由知识产权大国向强国转变，在重视运用既有国际通行规则的同时，又要注重参与新一轮国际规则的塑造[①];既要注重保护行动和保护实践,又要注重构造话语权。特别是,正如有的学者所说,"一个民族的崛起一定要伴随自己话语的崛起,否则就难于真正确立道路自信和制度自信"。[②] 我国要逐步构建体现我国利益诉求的国际话语权,努力建构全面的、透彻的、强势的话语体系,不能处处以人家马首是瞻,更不能片面地以人家的认识和做法衡量我们做法的对错。要构建接地气、有学术含量、能与国际社会进行沟通和对话的大规模的知识产权话语体系。司法保护要增强责任感和使命感,以高水平的裁判、能够得到国际认可的保护成就和经验以及广泛的交流宣传,为参与国际规则的制定和谋求国际话语权提供基础和保障。司法需要以各种方式和途径,全面解释我国知识产权司法保护的成绩、问题和未来,把国内外关心的各种问题讲清楚、讲明白,使中外都能听懂,如有的学者所说,能够"用国际语言讲中国故事,以中国语言表达国际规则";在必要时要以鲜明的态度回应无理的指责和挑战。我国有越来越多的走在国际前沿的产业[③],有着丰富生动的知识产权保护实践,有越来越旺盛的保护需求,这是我们具有制度自信和进入国际前列的底气和根基。司法要切实增强制度自信和制度定力,朝着有利于国家创新和发展的方向,坚定不移和充满信心地走自己的路,开创自己的保护事业,既不妄自尊大又不妄自菲薄,既保持开放性和外向

---

① 例如,就 2012 年签订的《视听表演北京条约》(2014 年 4 月 24 日经十二届全国人大常委会第八次会议批准)而言,"它的重大意义还在于《北京公约》摆脱了由美国、欧盟等发达国家制定国际规则的惯例,是一个南北平衡的国际规则,中国和发展中国家在规则中发挥了重要的作用"。参见阎晓宏:《中国版权事业的里程碑——〈视听表演北京条约〉出台始末》,载《中国版权》2014 年第 3 期。

② 有人指出:"中国参与塑造全球舆论的能力很弱,需要在核心思想领域展开竞争,建立这个民族面对世界的自述能力。"

③ 中国如今正在打破任何视其为跟随者的观念。有关中国"追随领先者"的观念曾被不成比例地夸大。很显然,目前的中国已是创新之国,正以各种方式定义搜索、商业、社会、娱乐和广告等市场。尽管起初是通过模仿美国科技行业才得以成长为科技大国,如今中国却已拥有 4 家世界十大互联网和科技企业。令人印象深刻的是,这 4 家企业中的 3 家自 2014 年起才跻身全球前十。成长中的中国经济日益向移动互联网靠拢,其领导人的信念和激情不容小觑。如今唯一需要改变的就是外国人对中国创新的看法。参见[美]古鲁·格拉潘:《中国创新已超越其"快速跟进"名声》,王会聪译,原载美国《连线》杂志网站(7 月 3 日),转引自《环球时报》(2014 年 7 月 5 日)。产业的创新和走向世界前沿,必然要求知识产权保护与此相适应和相匹配。

性,又不盲目跟从和迷失方向。

四、关于加强保护与营造创新发展空间的关系问题

加强保护与营造创新发展空间是知识产权保护的一个基本矛盾,涉及司法保护的基本政策和基本界限,必须处理好两者之间的关系。

(一)要运用好利益平衡机制

知识产权是竞争利益博弈的一种平衡机制。特别是在知识经济异军突起、越来越居于现代经济中心位置的时代,以知识为中心的各种利益关系愈加复杂,需要寻找好利益的平衡点。在司法保护中需要高度重视和恰当运用法律规定的各种平衡机制。知识产权部门法在保护各类知识产权的同时,都会制定合理使用、正当使用、先用权抗辩、现有技术抗辩等制度,要求行使权利遵循诚实信用等原则。有关知识产权等法律也更加重视完善利益平衡制度,这也是我国知识产权制度更加完善和理性的重要标志。知识产权保护是把"双刃剑",保护不足不利于激励创新,保护过度同样会侵占公有领域,阻碍全社会的创新。这些利益平衡制度,就是要把知识产权限制在应有的范围内。在司法裁判中要准确把握知识产权法定原则,知识产权的种类、权利范围和侵权行为要件、类型等都是法定的,不能随意扩张保护,但法律通常在对权利、侵权行为等进行列举性规定的同时,又有概括性规定;反不正当竞争法对于知识产权部门法也有有限的补充作用。对于概括性规定和补充性规定,通常要严格其适用条件,搞好利益平衡,使其适用符合立法意图,防止过于宽泛的适用抵触立法精神。

(二)加强保护的总体取向与区别对待

加强保护是知识产权保护的主基调,是总体上的导向、取向或者趋向。司法保护需要必要的观念创新、理论创新和措施创新,积极推动保护力度的加大。司法尤其需要注重以适当的大额损害赔偿裁判增强其威慑力、权威性和影响力。加强司法保护还必须根据具体情况,要适应我国知识产权权利状况的复杂实际,要根据侵权行为的具体情况,不能简单化和"一刀切"。例如,不是所有情况下

都是赔偿额判得越高越好，对于涉及生产商、制造商等侵权源头领域的侵权行为，要加大打击力度，提高赔偿数额；对于销售商、使用者需要承担赔偿责任的，则要依据其具体情节合理确定；对于一些因客观原因导致的权利冲突，在确定赔偿数额时要充分考虑被告的主观过错程度，合理确定赔偿数额。当前有必要认真研究权利人懈怠维权、"放水养鱼"式的维权问题，可以适当借鉴国外的禁止反悔等司法经验，需要尽快寻求适当的司法对策。例如，在商业标识权利冲突（如涉及国外体育明星的姓名与国内体育用品公司字号之间的冲突）、软件等知识产权领域，都存在初期怠于维权、放任他人使用和发展，在他人发展到较大规模或者使用较长时间后又主张权利。按照现行的时效制度有时不能公平合理地解决此类纷争，有必要考虑原权利与相关知识产权各自的特殊性，探索适合知识产权特性和要求的解决方式。

（三）积极探索加大保护力度的途径

维权成本高和赔偿额低是当前有关方面对于知识产权保护不力的突出反映。虽然近年来司法政策一直强调加强赔偿，但当前损害赔偿的确定总体上确实有些保守了，没有用足用好相关法律，需要继续加以改进。首先，司法需要结合知识产权无体性、价值弹性和侵权行为隐蔽性、举证难等特点和实际，探索损害赔偿理念、理论和方法，既遵守侵权责任的一般法律和原理，又体现其特殊性和符合其实际。实践中已进行了一些有益的探索，如在法定赔偿额幅度之外，根据一定的证据、损失的可能性和相关情况作出裁量性赔偿。这种赔偿不是法定赔偿，也不是一种独立的赔偿方式，裁量只不过是确定实际损失的一种途径，仍然属于按照实际损失赔偿的范畴。这种探索无疑是突破损害赔偿"瓶颈"的重要途径，今后仍需要在慎重稳妥和凝聚共识的基础上，不断加强裁量性赔偿力度。

有必要特别注意实现赔偿与市场的良性互动。这是强化市场观念的应有之义，也是解决当前保护不力的重要突破口。损害赔偿不是在正常交易条件下以合同等方式确定交易价值，而是恢复和填平受到的损失。知识产权的特性以及损害事实取证难等实际，使确定实际损失经常有很大困难。因此，才有必要积极探索能够最大限度地接近实际损失的途径。尤其是损害赔偿要尽可能以市场条件为参照，反映和体现真实市场价值。特殊情况下，如涉及按照FRAND标准认定许可费的案件，甚至已接近司法定价。强调市场观念以及把赔偿与市场价值挂钩，是加大保护力度的突破口，是对知识产权保护本质的回归。况且，当前按照市场观念和标准确定损害赔偿问题已具有越来越好的条件和基础，如知识产权价值被计入GDP等，说明知识产权的市场价值越来越有客观基础和量化标准，司法保护需要及时关注和反映这些新情况新动态。

确定赔偿数额本质上是由司法对于知识产权进行"定价"，这种定价经常参照现实的市场价值（如市场利益或者许可费的损失），而定价的高低反过来又会影响权利的市场价值（包括影响将来的许可费等市场定价），对于权利的市场价值具有逆向导向作用。司法定价与市场价值良性的关系应当是，司法确定赔偿时应当认真研究市场价值，尽可能准确反映市场价值，而司法"定价"反过来又能够正确引导市场定价，使市场定价与权利本来的市场价值相符合。只有形成如此良性循环的定价关系，才会使司法与市场良性互动。例如，美国专利等知识产权诉讼很活跃，由此提高了权利的市场价值，市场价值引导司法赔偿，而司法赔偿反过来又推动市场定价。一些企业甚至通过诉讼方式确定赔偿额，为将来许可他人使用确定可资参照的费率标准。[①] 诉讼与市场的良性互动关系使美国成为"全球最活跃最有价值的专利市场"[②]。在审理涉卡拉OK歌厅音乐作品著作权案件中，要根据市场情况确定赔偿数额，可以参考而不简单参照相关著作权集体管理组织确定的收费标准，即便参考也要区分相关因素的异同，不能简单地受其左右而使司法判断权受

① 美国联邦巡回上诉法院原首席法官瑞德（Rader）曾于2013年10月中旬在中国人民大学知识产权学院召开的一次座谈会上介绍这些情况。

② 有论者指出："中国的科技人才资源总量目前居世界第一，国际科技论文数量居世界第二，发明专利申请量也居世界第三，但就是这样一个具有世界影响力的科技大国，却无力在国际专利市场掀起一点点风浪。很显然，中国智慧没有得到应该有的价值。""中国的专利申请量虽然位居世界第三，但绝大多数为国内专利。特别在美国这个全球最活跃最有价值的专利市场上，中国每年却只有不到2%的申请量，即便是这仅有的2%，绝大多数也只是一些通过普通中介申请的没有太多价值的专利"。参见陈杰：《中国智慧也应明码标价》，载《科技日报》2013年10月23日。

制。审理涉及使用互联网上图片库中的图片作品著作权案件时，对于具有市场价格的作品，在损害赔偿确定上可以参考其价格。在其他知识产权案件中，在参考许可费等的基础上确定损害赔偿数额，也是重视市场要素的重要体现。

考虑到知识产权的无体财产属性及其价值的不确定性，以及知识产权损害赔偿的举证困难，赔偿数额的司法"定价"往往具有双重性，即确定性与导向性。前者体现的是事实和证据因素，如根据实际损失、利润损失或者许可费等确定损失数额，需要相应的证据证明，反映的是个案因素；后者体现的是导向或者调适因素，是对于赔偿与知识产权价值关系的总体把握和导向，引导赔偿与市场价值相适应和相促进，它是在事实和证据的基础上的价值平衡和市场提升，源于事实因素又高于事实因素，反映的是总体市场需求。事实因素在所有民事侵权损害赔偿中都有体现，而导向和调适因素则体现了知识产权的特色，体现了它与有体财产损害赔偿不同的理念和方法。提升知识产权的市场价值，必须重视导向和调适因素，通过调适和导向，使知识产权价值和损害赔偿能够达到足以激励创新的程度和预期。倡导和实现导向因素，首先要转变观念和凝聚共识，实现从有体财产观念到无体财产观念的转变，确立与知识产权制度相适应的价值观和损害赔偿观，适当脱离有体财产损害赔偿观念的窠臼，构建具有无体财产特色的损害赔偿体系。其次，赔偿数额不是一概地或者盲目地提高，尤其为防止知识产权价值与其质量相脱节，防止助推价值虚高而导致保护"异化"，要注重构建加强保护的良好前提和基础。例如，要重视对于权利状况的审查，并且使保护强度与权利的可保护价值相适应，不保护无法保护的知识产权，也不给予超出其创造性程度的额外保护。保护过度和缺位都是对于知识产权保护制度的误读，都要防止。

有必要切实解决制约损害赔偿和保护力度的证据"瓶颈"问题。司法可以结合《商标法》等有关证据制度新规定的精神，结合知识产权实际，适当降低举证难度，灵活运用举证转移、证据妨害推定等各种证据规则，切实解决举证难和事实认定难的问题。司法需要注意发挥行为保全在保护力度上的特殊作用。对于侵权后果极难控制、损害难以弥补的互联网等领域的侵权和不正当竞争行为，更应注重行为保全的适用。

五、关于强化司法保护的法治思维和法治方式

（一）高度重视维护法治统一

重视维护知识产权法治统一是发挥司法保护主导作用的应有之义。已经明确或者达成共识的知识产权法律适用标准当然需要严格执行，不能再搞无谓的争论，不能再为创新而创新，为标新立异而标新立异。学术讨论可以无禁区，但司法裁判中的法律适用有其纪律。确实，大多数案件都有明确的法律答案，这是法治统一的重要保障。对于新难案件则需要鼓励积极探索和尝试，但要尽可能及时总结和尽快形成统一标准。除加强司法解释和完善司法政策外，需要继续加强典型案例裁判的示范作用，总结好典型案例发布制度经验教训，完善选择标准和发布制度。近来学术界和有关方面对于知识产权典型案例发布制度已有一些研究和讨论，很值得关注，司法需要注意吸收其中有益的观点和建议。选择拟发布的典型案例不应该是猎奇性的，不能仅考虑其特殊性。示范性的典型案例通常是有代表性、创新性和可推广可复制性的，所确立的规则或方法要有导向性和稳妥性。选择、推荐和发布典型案例都需要注意这些。典型案例所体现的裁判规则往往基于具体案情，在参考借鉴时要注意分析鉴别，需要防止不适当的放大和误读，也需要防止简单套用。否则会物极必反。

司法保护主导作用不仅体现在裁决案件的增多上，更主要体现在对于法律标准的阐释和明确上。对于法律适用标准的主导性是司法主导作用的核心和关键。近期以来一些典型案件的裁判引起较大社会反响，表明当前知识产权裁判明晰规则的功能受到更多关注和期待，试探性诉讼也有所增多，尤其是涉及新市场领域、新商业模式等知识产权保护标准，社会对于明晰规则的功能更为重视和关注。司法尤其要处理好调判关系，不片面地将高调解率作为知识产权审判的特色和成绩，防止因新难案件难以裁判而刻意寻求调解解决，错失明晰法律界限的机会。对于商标专利授权确权的司法审查是司法主导作用的核心领域，尤其需要加强司法审查中的准确释法。司法需要加强裁判说理和提高文书质量，尽可能细化法律标

准、明晰法律规范和澄清法律界限,增强法律的可操作性和预见性,及时满足社会对于法律规则的新需求。

(二)确保依法律思维进行裁判

法律是裁判案件的最终标准。当前司法保护中出现了一些纷乱的现象,但只要立足于法律和强化法律思维,就可以理出清晰的思路来,能够使问题得到妥善解决。否则,就会使简单问题复杂化,增加不必要的困扰和麻烦。例如,一些知识产权案件或者维权现象纷乱复杂,需要透过现象看本质,既然是法律争议,最终都需要以法律标准进行判断,法律是最终的裁判标准。例如,近年来商标、著作权和专利等领域涉及卡拉 OK 经营者、销售商的规模性商业维权案件多发频发,已引起司法实践的较多关注和研究,认识也不一致。对此要理性看待和依法处理,既看到维权的正当性和积极作用,又注意以适当的司法措施遏制滥用权利行为。商业维权所涉仍是常规的侵权诉讼,在权利基础、原告资格、事实认定、侵权定性和民事责任等方面依法确定和处理,不能在主体资格、举证责任等方面提出更高要求,变相限制诉权或者降低权利的保护程度。对于确实滥用权利的,也应依法在损害赔偿等方面适当遏制。如本可在一个诉讼中解决,但为了寻求总数更多的赔偿分拆起诉的,在确定赔偿数额时要进行总量控制,防止不正当获取更高额的赔偿。

要处理好技术思维与法律思维的关系,尤其要注意防止以技术思维代替法律思维。知识产权裁判经常涉及法律与技术问题的相互交织,在裁判中需要妥善处理法律与技术的关系。凡是法律概念的界定和行为的法律定性,都要依据法律要件、法律特征和法律效果,不能被技术事实所迷惑。例如,信息网络传播权案件中涉及的互联网技术与信息网络传播行为等定性的关系,实践中曾有过"服务器标准""用户感知标准"之类的形象说法。这些都是依据网络技术和现象的不规范说法,司法解释并没有简单循此思路界定作品提供等行为,而是依据法律特征和法律要件确定了相关行为的法律性质和责任认定,如是否构成共同侵权或者教唆、帮助侵权,关键按照主客观侵权要件进行衡量,如主观上是否有意思联络、是否为关联行为等,而不能仅仅看“服务器”标准等。① 当然,也不能忽视技术思维与法律思维之间的密切关系,尤其是注意技术本身的变化是否应该引起法律界限的变化,注意使法律标准与技术变革相适应。例如,近年来移动互联网把线上与线下的行业连接起来,使互联网渗透到传统行业,互联网上的商标等侵权行为与线下的实体经济(如物流等)连为一体,如果再简单适用仅涉及互联网环境(线上)的“通知删除”等既有规则,就不能适应互联网技术和经济的新发展,因而需要在这些领域的法律标准上进行创新。

要处理好法律思维的一般性与知识产权领域的特殊性之间的关系。知识产权裁判需要遵循一般法律思维,但知识产权法律适用具有特殊性,需要尊重特殊思维,不能以一般思维代替特殊思维。即便在知识产权领域,也存在权利保护思维与维护公平竞争思维的

---

① 2014年6月26日美国最高法院对美国广播公司等原告诉Aereo公司案的裁定,似乎也能够说明技术思维与法律思维之间的差异。美国最高法院裁定,Aereo公司未经版权人许可通过网络向用户提供实时电视广播,侵犯了版权人对作品的公开表演权。该案中,Aereo公司的服务覆盖了波士顿、纽约等城市,其用户只需缴纳很少一笔费用(8~12美元/月)就可以使用电脑或其他移动设备通过网络接收和观看广播电视,但Aereo公司并没有从广播信号来源者处获得授权或向其支付任何费用。2012年3月,美国广播公司(ABC)、哥伦比亚广播公司(CBS)、全美广播公司(NBC)、福克斯电视台(Fox)、美国公共电视台(PBS)等众多传统媒体起诉Aereo公司版权侵权,并请求法院发布初步禁令,禁止被告继续未经授权公开表演它们享有版权的视频广播。该案主要争议是因为Aereo公司巧妙的系统设计,Aereo公司的信号接收系统包含了无数个10美分硬币大小的小型天线,每个天线只对应一个用户。Aereo公司因此认为它的行为仅仅是通过云端向用户出租了专用天线、接收器和数字录像机等设备,使用户可以在家中合法地通过“观看”功能欣赏实时广播电视节目,或通过“录制”功能将节目保存至云端以重复观看。最高法院在裁判中首先需要认定Aereo公司是否实施了公开表演行为。多数法官认为,Aereo公司的行为类似于有线电视系统(CATV)。1976年《版权法》将有线电视系统的行为划入该法的规制范围内,并规定“因为广播者和观众都展示了节目影像且播放了伴音,故两者的行为均属于对电视节目的‘表演’”。因此,最高法院认为Aereo公司并非只是“设备提供者”,而是实施了“表演”行为,其提供的服务侵犯了版权人的公开表演权。少数法官认为,Aereo公司的系统根据用户对电视节目的选择做出反馈,在这一过程中,Aereo公司并没有直接侵犯版权人的公开表演权。是Aereo公司的用户,而非Aereo公司实施了公开表演版权作品的行为。而且,多数意见创造了一个“类似有线电视系统”的标准,这是对法律的歪曲,会对将来类似案件的处理造成混乱。参见American Broardcasting Companies, Inc. , v. Aereo, Inc. , Fka Bamboom Labs, Inc. 该案中,多数意见根据行为方式、效果等以类推方式认定Aereo公司构成侵权,体现的是典型的法律思维;少数意见似乎坚持技术思维,不同意多数意见。

差异，前者适用于商标、专利、著作权等具体知识产权权益保护的案件，后者适用于竞争案件。例如，在上诉人北京奇虎科技有限公司、奇智软件（北京）有限公司与被上诉人腾讯科技（深圳）有限公司、深圳市腾讯计算机系统有限公司不正当竞争纠纷一案中①，被上诉人的 QQ 软件采用的是"免费服务平台上开展盈利业务以及推广其他产品和服务"的商业模式，在其 QQ 平台上设置了各种按钮和图标以便用户根据需要选用。上诉人针对该 QQ 软件专门开发了"扣扣保镖"，在相关网站上宣传"扣扣保镖"全面保护 QQ 用户安全，并提供相关下载。在安装了"扣扣保镖"软件后，该软件会自动对 QQ 软件进行体检，并以红色字体警示用户 QQ 存在严重的健康问题，以绿色字体提供一键修复帮助。"扣扣保镖"宣称其是安全工具，但是"扣扣保镖"运行后，以醒目字体提示用户 QQ 存在严重的健康问题，使用户产生恐惧等心理，并提供便利的修复工具，用户通常会按照"扣扣保镖"的相应提示进行相关的操作，并最终导致 QQ 软件的相应功能键全部或者部分无法使用。一键修复后的保 QQ 安全界面还导致 QQ 软件自有的安全沟通界面被替换成"扣扣保镖"界面。对于上诉人的上述行为，如果按照侵权行为的思维进行衡量，就要看被上诉人的商业模式是否构成相关法律所保护的法益；如果是，上诉人的系列行为是否直接侵害该权益；如果不构成直接侵害，是否构成帮助、教唆等间接侵权。但是，如果以竞争法思维处理，则是要从竞争法规范和相关行为的竞争效果的角度进行分析。二审判决所作的裁判典型地体现了竞争法思维。例如，二审判决认为，"认定上诉人的前述行为是否构成不正当竞争，关键在于该行为是否违反了诚实信用原则和互联网行业公认的商业道德，并损害了被上诉人的合法权益"；"上诉人专门针对 QQ 软件开发、经营扣扣保镖，以帮助、诱导等方式破坏 QQ 软件及其服务的安全性、完整性，减少了被上诉人的经济收益和增值服务交易机会，干扰了被上诉人的正当经营活动，损害了被上诉人的合法权益，违反了诚实信用原则和公认的商业道德，一审判决认定其构成不正当竞争行为并无不当"。保护权益思维与竞争法思维的观念、要素、过程、侧重

---

① 最高人民法院民事判决书，（2013）民三终字第 5 号。

点等不同的，实践中应当注意区分。

（三）注意法律思维与政策思维的统一

知识产权法律有大量的裁量性规范，有裁量就有不同的选择、取向和导向，要通过司法政策的正确运用，确保法律的正确实施。司法政策应当服务和服从于法律的准确适用；司法政策考量是开放的，但最终要立足于和落实于法律。有人对于司法中的“创新”“政策”“导向”之类的话语不理解，甚至盲目反对，把它们与依法裁判对立起来。其实，由于法律之内有裁量空间和选择余地，就存在如何选择问题，才有“创新”“政策”“导向”的法律空间和必要，目的是更好地统一司法标准和实现更好的裁判效果。否则，就会导致司法标准的混乱和裁判结果的不统一。政策能力也是司法者的必要素质和能力。正如有的法学家所说：“对正义问题理性的怀疑不能误解为是解决方法任意性的托词。如果没有清晰的、系统的价值导向，法律工作者就不能担当法学研究和法律实践的责任。”①司法需要始终按照有利于激励创新、有利于为社会发展营造宽松环境和空间的精神，统筹兼顾、恰如其分地进行利益平衡，防止机械司法。最高司法机关需要不断明晰和完善司法政策，充分发挥司法政策对于司法保护的引领和促进作用。

---

① ［德］伯恩·魏德士：《法理学》，丁晓春、吴越译，法律出版社 2013 年版，第 175 页。

第四篇 《民法典》与知识产权法的适用关系[①]

摘　要:《民法典》与知识产权法之关系既有普通法与特别法的共性,更有知识产权特质带来的个性。知识产权法的适用需要民法视野,更需要保持其个性,且其个性更多源于公共政策性,并以此与其他民事权利保护相界分。合法、公平、诚实信用原则适用于知识产权法,但又被赋予知识产权特色和内涵。知识产权法开放性地保护法益,是法益保护的重镇,但法益保护以合法为前提,并进行保护正当性的实质性衡量,非法行为不产生法益。诚实信用原则有广泛适用性,但又需要保持适用上的边界与谦抑。知识产权貌似与物权相似,但迥然不同,在理念与制度上不能简单类比。

关键词:民法典;知识产权;非法行为不产生法益;诚实信用原则的泛用与谦抑

知识产权法是民法的一个分支。知识产权法的核心是权利的授权确权和保护,即便涉及行政程序的内容,也旨在服务权利。《民法典》第 123 条明确规定了"民事主体依法享有知识产权",并列举了知识产权的类型。这是《民法典》对于知识产权民法地位的宣示和确认。因此,民法是知识产权法的

---

① 原载《知识产权》2021 年第 1 期。

根基,知识产权法的适用以民法为底蕴。但在法律的具体适用上,民法与知识产权的关系又错综复杂,既有普通法与特别法的共性,更有知识产权特质带来的个性。二者之间具有广泛深刻的关系,本文不可能一一涉及,也无意构建体系,仅选择法律适用的几个侧面加以探讨。

一、《民法典》与知识产权法的一般关系

《民法典》直接涉及知识产权及技术合同的相关规定共计 52 条,但知识产权并未以独立成编的形式出现。纯粹的知识产权条款主要是第 123 条和第 1185 条。知识产权没能在《民法典》中单独成编,原因是目前条件还不成熟[①]。尽管如此,二者之间仍具有多维度的密切关系。

(一)《民法典》对于知识产权法的统领和支撑

《民法典》关于知识产权的专门条款中,第 123 条有关知识产权的概括性规定旨在“统领各知识产权单行法律”[②],而第 1185 条惩罚性赔偿条款至多是宣示加强知识产权保护的态度[③]。仅就这些规定而言,其统领作用有限,更多是确认知识产权民事地位的宣示性意义。就专门条款的操作意义而言,不必过于夸大解读其价值。比如,商业秘密虽然被明确为一种民事权利,但本身并未“摇身一

---

① 具体理由有二:一是我国知识产权立法一直采用民事特别法的立法方式。“我国知识产权立法既规定民事权利等内容,也规定行政管理等内容,与相关国际条约保持总体一致和衔接。民法典是调整平等民事主体之间的民事法律关系的法律,难以纳入行政管理方面的内容,也难以抽象出不同类型知识产权的一般性规则”。二是知识产权制度仍处于快速发展变化之中,国内立法执法司法等需要不断调整适应。如现在就将知识产权法律规范纳入民法典,恐难以保持其连续性、稳定性。鉴于此,我国知识产权立法仍适宜采用民事特别法的立法方式,针对不同需求,实行单项立法,已有知识产权单行法律仍将继续保留,通过知识产权单行法律健全知识产权相关制度,更有利于加强和完善知识产权保护。民法典中暂不宜设立知识产权编。参见朱宁宁:《知识产权是否单独入“典”引发常委会委员热议》,载《法制日报》2018 年 9 月 4 日。

② “为了加强对知识产权的保护,促进科技创新,建设创新型国家,草案对知识产权作了概括性规定,以统领各知识产权单行法律(草案第 126 条)”。参见王晨:《关于〈中华人民共和国民法典(草案)〉的说明》,“第十三届全国人民代表大会第三次会议”,2020 年 5 月 22 日在北京。

③ 《民法典》第 1185 条:“故意侵害他人知识产权,情节严重的,被侵权人有权请求相应的惩罚性赔偿。”

变”,并未由此导致商业秘密及其保护制度的质变。即便将来对于商业秘密保护进行专门立法,也不是因为《民法典》将商业秘密规定为权利,而更取决于专门立法的重要性。在一向不承认商业秘密为权利的欧盟和美国,也并不妨碍其制定专门的商业秘密保护法。而且,在普遍采用惩罚性损害赔偿已成为我国知识产权保护既定决策的背景下,即便《民法典》对于惩罚性赔偿不作一般性规定,也不影响知识产权单行法的规定,《民法典》只具有补强作用①。即便如此,《民法典》的体系性制度仍能为知识产权保护提供基础性制度支撑,也即二者的基本关系仍体现在基础性制度的支撑上。

首先,《民法典》可以为知识产权法提供理论背景和制度根基。知识产权法的民事适用以民法为制度背景和根基。知识产权虽然有其本身的独特理念和制度,在法律调整和具体适用上具有很强的自洽性,但不可能完全实现自给自足,仍应以民法基本精神和基本原理为统领和指导。特别是,“基本原则是民事主体从事民事活动和司法机关进行民事司法活动应当遵循的基本准则”,民法基本原则适用于知识产权法②。

其次,民法具有补充适用价值。在不抵触知识产权立法政策时,可以援引民法制度补充知识产权法的适用。例如,知识产权法没有规定的民事责任方式,可以适用《民法典》的规定。滥用知识产权构成侵权的,通常不再属于知识产权侵权,可以适用侵权责任的一般规定。

(二)《民法典》与知识产权法的适用边界

知识产权专门法通常由民事规范和行政法规范所构成,但知识产权是一种私权,知识产权法更主要是民事特别法,仍以民法为基本法。知识产权法具有优先适用的特别法属性,但权利保护与侵权判定等深层理念和理论仍根植于民法。知识产权除具有无体性、期

---

① “为加强对知识产权的保护,提高侵权违法成本,草案增加规定,故意侵害他人知识产权,情节严重的,被侵权人有权请求相应的惩罚性赔偿(草案第 1185 条)。”参见王晨:《关于〈中华人民共和国民法典(草案)〉的说明》,“第十三届全国人民代表大会第三次会议”,2020 年 5 月 22 日在北京。

② 李建国:《关于〈中华人民共和国民法总则(草案)〉的说明》,“第十二届全国人民代表大会第五次会议”,2017 年 3 月 8 日于北京。

限性、地域性等特性[①]外,还具有鲜明的公共政策性。出于维护特定公共政策的需要,《民法典》与知识产权法在适用关系上存在一道必要和重要的“防火墙”,防止随意援用民法而破坏知识产权的制度平衡。

人身权、物权、债权等通常都有清晰的权利边界,具有浓厚的权利本位色彩[②],即除受例外和特别的权利限制外,民事权利都是以权利和权利保护为基点,法律的天平明显倾向于权利。例如,物权是一种排他性支配权[③],对于物权的限制只是法律规定的例外。与其他民事权利的法律纯粹性不同,知识产权在权利属性上不是那么纯粹,具有鲜明的公共政策属性(Intellectual Property as public policy)。特别是知识产权被作为实现激励创新等功利目标的政策工具。当然,知识产权的公共政策性有诸多的具体体现和实现方式[④]。

首先,知识产权是平衡权利与公有领域的产物。知识产权的另一面是公有领域、公共空间或者公共利益(本文统称公有领域),知识产权是在权利与公有领域之间划界的产物和结果,而且在知识产权与公有领域的关系上,知识产权是例外,公有领域是原则。在一定条件或者一定期限内给予知识产权是为了实现激励创新等政策目标。通常情况下的权利类型及侵权行为倾向于法定[⑤],其目的也是划定知识产权与公有领域的边界,为创新自由、竞争自由等留足空间。因此,知识产权的创制充分体现了公共政策性。例如,《最高

---

① 知识产权具有“无形性、时间性和地域性等特点”。参见中共中央办公厅 国务院办公厅《关于加强知识产权审判领域改革创新若干问题的意见》(2018 年 2 月 27 日)。

② 《民法典》奉行权利本位。如民法总则曾将民事权利及其他合法权益受法律保护条款放在第 9 条,《民法典》审议过程中普遍认为,民事权益受法律保护是民法的基本精神,“统领整部法典和各民商事特别法,应当进一步突出民事权利受法律保护理念,将本条的内容规定在前面,以充分体现权利本位、权利导向的民法宗旨”。参见黄薇主编:《中华人民共和国民法典总则编解读》,中国法制出版社 2020 年版,第 9 页。

③ 《民法典》第 114 条第 2 款规定:“物权是权利人依法对特定的物享有直接支配和排他的权利,包括所有权、用益物权和担保物权。”

④ “贯穿于它的发展史,无论是有意还是无意,知识产权保护总是一种公共政策形式”。Christopher May Susan K. Sell, *Intellectual Property*: *A Critical History*, Lynne Rienner Publishers, p. 108-111.

⑤ 即便侵权行为类型有兜底性规定,其适用通常较为严格,适用的频率通常不高。

人民法院关于审理侵犯专利权纠纷案件应用法律若干问题的解释(二)》的起草指导思想之一就是"坚持利益平衡原则",即"厘清专利权与其他民事权利的法律边界,既保护权利人的正当权益,鼓励发明创造,又避免专利权不适当地扩张,防止压缩再创新空间和损害公共利益、他人合法权益"①。

其次,各类知识产权的具体界定通常都有相应的弹性空间。商标近似和商品类似、等同侵权、作品的实质性近似等侵权判断标准在具体界定或者解释上都具有相应的弹性空间,也就具有较强的政策选择余地和自由裁量性,在具体适用中同样需要遵循激励创新等政策目标。

例如,虽然《专利法》第64条规定了专利权的范围,如"发明或者实用新型专利权的保护范围以其权利要求的内容为准,说明书及附图可以用于解释权利要求的内容",但专利权毕竟是以专利文件形式呈现的,就具体专利而言难免具有文字表达等方面的局限性,且各个专利的具体情况千差万别,因而在实际保护中需要进行政策考量。如"专利司法解释二"②在确定权利要求解释规则时考虑了如下因素:"文字表达本身具有一定的局限性,权利要求书对专利技术方案的概括难以做到全面、精准。而且,专利文件撰写水平的提高需要一个过程,不可能一蹴而就。因此,在强调权利要求公示性这一基本导向的同时,权利要求的解释需要保有一定的弹性,避免'唯文字论',使真正有技术贡献的专利能获得比较周延的保护。"③实践中曾经总结过相应的司法政策④。

---

① 《统一细化专利侵权裁判标准 营造有利于创新的法治环境——最高人民法院民三庭负责人就专利法司法解释(二)答记者问》,载《人民法院报》2016年3月23日,第2版。

② 《最高人民法院关于审理侵犯专利权纠纷案件应用法律若干问题的解释(二)》(法释〔2016〕1号)。

③ 参见《最高法发布侵犯专利权纠纷案司法解释(二)》,载中国法院网,https://www.chinacourt.org/article/detail/2016/03/id/1826424.shtml。

④ 如"确定专利权的具体保护范围和强度时要适当考虑不同技术领域专利权的特点和创新实际,符合不同技术领域的创新需求、创新特点和发展实际"。"对于创新程度高、研发投入大、对经济增长具有突破和带动作用的首创发明,应给予相对较高的保护强度和较宽的等同保护范围;对于创新程度相对较低的改进发明,应适当限制其等同保护范围"。《最高人民法院关于充分发挥知识产权审判职能作用推动社会主义文化大发展大繁荣和促进经济自主协调发展若干问题的意见》(法发〔2011〕18号)。

正是基于政策目标,知识产权法对于知识产权的规定通常都自足自洽,原则上无须通过《民法典》扩张或者限缩知识产权。换言之,除非有极为特殊的需求,否则知识产权法应当足以把知识产权的边界问题自行解决,不需要援引民事基本法。即便有需要援引民事基本法加以补充的情形,也均是以不损害知识产权与公有领域的政策平衡为限度。

(三)民法原则的溢出价值

民法基本原则在民法领域具有普适性,不仅可以补强或者调适民法规则的适用(如原则对于规则的解释功能、漏洞填补功能等),而且还可以具有溢出效应,如在商标等授权确权行政案件中可以援用诚实信用等民法原则①。当然,这与知识产权法行政程序直接涉及知识产权授权确权密切相关。

二、合法原则与知识产权可保护性

知识产权的无体性造成其在合法性上会出现一些特殊问题,合法原则在知识产权法的适用中具有特别价值。

(一)合法原则的两个层面

《民法典》第 3 条规定:“民事主体的人身权利、财产权利以及其他合法权益受法律保护,任何组织或者个人不得侵犯。”第 8 条规定:“民事主体从事民事活动,不得违反法律,不得违背公序良俗。”该两条规定实质上构成了合法原则的正反两面。

例如,“歌力思”商标侵权案再审判决②认为,诚实信用原则既保障当事人在法律规定的范围内行使和处分自己的民事权利和诉讼权利,又要求当事人在不损害他人和社会公共利益的前提下,善意、审慎地行使自己的权利。“任何违背法律目的和精神,以损害他人正当权益为目的,恶意取得并行使权利、扰乱市场正当竞争秩序

---

① “乔丹”案直接依据民法通则、侵权责任法以及参照商标民事司法解释,作出行政判决。参见迈克尔·杰弗里·乔丹与国家工商行政管理总局商标评审委员会、乔丹体育股份有限公司“乔丹”商标争议行政纠纷案,最高人民法院指导案例 113 号(2019 年)。

② 王碎永诉深圳歌力思服饰股份有限公司、杭州银泰世纪百货有限公司侵害商标权纠纷案,最高人民法院指导案例 82 号(2017 年)。

的行为均属于权利滥用，其相关权利主张不应得到法律的保护和支持”。就案涉商标侵权而言，歌力思公司拥有合法的在先权利基础，且其使用行为系基于合法的权利基础，使用方式和行为性质均具有正当性。相反，“王碎永取得和行使‘歌力思’商标权的行为难谓正当。‘歌力思’商标由中文文字‘歌力思’构成，与歌力思公司在先使用的企业字号及在先注册的‘歌力思’商标的文字构成完全相同。‘歌力思’本身为无固有含义的臆造词，具有较强的固有显著性，依常理判断，在完全没有接触或知悉的情况下，因巧合而出现雷同注册的可能性较低。作为地域接近、经营范围关联程度较高的商品经营者，王碎永对‘歌力思’字号及商标完全不了解的可能性较低。在上述情形之下，王碎永仍在手提包、钱包等商品上申请注册‘歌力思’商标，其行为难谓正当。王碎永以非善意取得的商标权对歌力思公司的正当使用行为提起的侵权之诉，构成权利滥用”。再审判决基于当事人违反诚实信用原则、损害他人合法权益、扰乱市场正当竞争秩序以及恶意取得、行使商标权，而认定其主张他人侵权的行为构成权利滥用，据此判决驳回其诉讼请求。

该案中，以诚实信用原则进行涵摄当无问题，但援用合法原则亦恰如其分。首先，再审判决前两条理由是认定被告行为系行使权利的行为，因而恰恰符合“合法权益受法律保护”的规定。其次，第3条理由涉及认定当事人获取权利不当而不合法，进而不予保护，因而符合“不得违反法律”原则。而且，不保护违法权利的合法原则与禁止权利滥用的区别在于，前者不存在合法权利，而后者权利合法，只是行使行为不当。当然，禁止权利滥用的本意是遏制权利的不当行使，而知识产权领域恰恰多有权利本身违法而又行使该权利，以此损害他人的情形。从这种意义上来讲，为了称谓上的方便，将此类行为纳入广义的权利滥用，也无不可，但其法律属性仍是权利本身因违法而不受保护。

（二）非法行为不产生法益

合法原则首先意味着受保护的民事权益必须合法。亦如法谚所谓，“寻求法律保护者必须有干净之手”。例如，侵权责任法保护的民事权益应当具有合法性。只有合法的利益才可能受到法律的保护并在遭受损害时获得救济。如果是通过违法之方式取得或保持之利益,不能获得法律之保护。[①] 在知识产权的取得和保护中,权利合法与不保护违法利益更为常见、突出和重要,也因涉及行政授权确权程序而具有特殊性。

权益合法和不保护违法权益散见于各种知识产权法律和司法解释之中。例如,《商标法》有关注册商标的授权和确权中有保护在先权利的规定,所体现的是获取注册商标不能侵害在先权利。《商标法》第13条保护驰名商标、第15条保护被代理人或者被代表人的商标以及第32条保护在先使用并有一定影响的商标等规定,这些均为保护在先权利的规定。如果已注册商标侵犯在先权利,就不予保护。《反不正当竞争法》第2条第2款要求损害"合法权益"。

知识产权诉讼中涉及不保护违法权利的情形大体上有三种:一是对于原告主张的商标等权利,被告是在先权利人和享有在先权利;二是据以主张权利的商标等存在侵犯第三人在先权利的情形;三是所主张的商标等权利是以违反公共利益等不正当方式获取。上述"歌力思"商标案属于第一种情形。第二种情形如广州市花亦浓贸易有限公司与义乌市拾乐贸易有限公司侵害商标权案[②],原告商标虽未侵害被告的在先权利,却侵害了案外人的在先权利,法院在查明相关事实的基础上,同样对原告的商标权未予保护。第三种情形如将通用名称等注册为商标,然后恶意维权给他人造成损害。如共利公司与科顺公司因恶意提起知识产权诉讼损害责任纠纷与侵权责任案[③]二审判决认为,共利公司明知"CPU"系行业内通用名称,仍将其申请注册为商标,并对科顺公司恶意提起商标侵权诉讼以及向工商行政部门恶意投诉,致使科顺公司在共利公司的恶意维权中遭受经济损失,共利公司应当承担侵权责任。

(三)刺破违法权利的"权利"面纱

鉴于注册商标、企业名称等权利经行政程序产生,在其侵犯在先权利时可否直接在民事诉讼中进行侵权判定,司法实践经历了探索过程,最终采取直接判断的态度。例如,在知识产权权利冲突

---

① 程啸:《侵权责任法》,法律出版社2010年版,第66页

② 浙江省金华市中级人民法院民事判决书,(2019)浙07民终2958号。

③ 浙江省高级人民法院民事判决书,(2018)浙民终37号。

中,"有工商登记等的合法形式,但实体上构成商标侵权或者不正当竞争的,依法认定构成商标侵权或者不正当竞争,既不需要以行政处理为前置条件,也不应因行政处理而中止诉讼"[①]。"注册商标权人的注册商标属于复制、模仿或者翻译他人未在中国注册的驰名商标、抢注被代理人或者被代表人的商标或者以不正当手段抢注他人已经使用并有一定影响的商标,被诉侵权的在先商标使用人以此为由提出抗辩的,应当予以支持"[②]。"原告以他人注册商标使用的文字、图形等侵犯其著作权、外观设计专 利权、企业名称权等在先权利为由提起诉讼,符合《民事诉讼法》第一百一十九条规定的,人民法院应当受理"[③]。在专利侵权诉讼中,"被诉侵权技术方案或者外观设计落入在先的涉案专利权的保护范围,被诉侵权人以其技术方案或者外观设计被授予专利权为由抗辩不侵犯涉案专利权的,人民法院不予支持"[④]。

上述规定蕴含的一般法理是,即便形式上合法的权利,如果该权利实质上是违法或者侵权之物,便不能阻却其构成侵权,也不能对于他人主张权利。此时法院即可揭开其"合法"的面纱,直接认定其构成侵权或者不予保护。换言之,已为法律确定为权利者,当然受法律保护,但违法行为不产生权利和法益。尤其是对于利益,更需要首先做合法性的判断。利益的合法性判断既包括判断其是否合法取得或者是否违法,又包括判断其是否符合法律要件(适格)[⑤]。《反不正当竞争法》所保护的法益更多地属于民事利益,必须是合法权益,违法行为不能产生法益,法律不保护不合法的利益。

不保护违法权利是显而易见的民法常识,并无深奥的法理。但

---

① 最高人民法院《关于当前经济形势下知识产权审判服务大局若干问题的意见》(法发〔2009〕23 号)。

② 最高人民法院《关于充分发挥知识产权审判职能作用推动社会主义文化大发展大繁荣和促进经济自主协调发展若干问题的意见》(法发〔2011〕18 号)。

③ 最高人民法院《关于审理注册商标、企业名称与在先权利冲突的民事纠纷案件若干问题的规定》(法释〔2008〕3 号)第 1 条。

④ 最高人民法院《关于审理侵犯专利权纠纷案件应用法律若干问题的解释(二)》(法释〔2016〕1 号)第 23 条。

⑤ 例如,最高人民法院曾在指导案例中确定,无法通过解释确定专利权利要求含义,致使专利权保护范围明显不清的,不予保护。参见柏万清诉成都难寻物品营销服务中心等侵害实用新型专利权纠纷案,最高人民法院指导案例 55 号(2015 年)。

即便如此明显的常识性法理，由于种种原因，实践中仍会出现分歧争议。如就“荣华”商标涉及的系列诉讼，如果商品名称与在先注册商标相冲突，能否以保护知名商品特有名称等为由对抗在先注册商标权，曾经产生过不同的裁判[①]。如在北京法院裁判的一个案件中，一审判决认为，20 世纪 90 年代香港特别行政区“榮華”曾申请注册，因抵触在先商标而被驳回，此后也不能以正当渠道消除障碍和避免冲突，反而无视在先商标继续使用，明显不尊重内地商标法律，因而不支持其构成知名商品特有名称的抗辩。[②] 二审判决维持该认定，即“香港荣华公司、东莞荣华公司虽主张其在月饼上使用的‘榮華’标识构成在先未注册驰名商标及知名商品特有名称，但本案现有证据不能证明在第 533357 号‘荣华及图’商标申请注册前，香

---

① 据媒体报道称，香港荣华繁体“荣华月饼”商品名称与苏氏荣华的“带圈荣华”注册商标的法律冲突持续 20 余年。特别是 2017 年广东高院二审判决认定香港荣华的繁体“荣华月饼”为知名商品特有名称，判决苏氏荣华侵权；几个月后北京高院二审判决则认定，香港荣华的繁体“荣华月饼”为知名商品特有名称的抗辩不成立，侵犯了苏氏荣华的“带圈荣华”注册商标专用权。后相关案件又申请再审。参见《专家热议“荣华”商标案：规范使用才能定分止争》，载微信公众号“知产力”2018 年 1 月 25 日，www.zhichanli.com/article/5753.html。又据报道，“香港荣华”现已有望获得注册，参见佟镶玉：《“香港荣华”终有望获得注册》，载微信公众号“知产力”2020 年 10 月 22 日，www.zhichanli.com/article/9477.html。

② 原告苏国荣、佛山市顺德区苏氏荣华食品有限公司诉被告东莞荣华饼家有限公司、荣华饼家有限公司等侵犯注册商标专用权纠纷案一审判决认为，在涉案商标一于 1990 年 11 月 10 日核准之后，香港荣华公司、东莞荣华公司在月饼上使用“榮華”标识已经容易造成相关消费者的混淆误认。香港荣华公司在糖果、糕点等商品上申请“榮華”商标被商标局以申请商标与涉案商标一构成相同商品上的相同商标为由驳回。香港荣华公司在 1991 年 8 月 8 日就已经明知存在涉案商标一的事实，但其不是通过购买、申请行政机关撤销等方式消除在先权利障碍，或者通过更换商标等方式避免与在先权利冲突，而是在中国内地合资设立东莞荣华公司，无视在先注册商标，在相同或类似的商品上使用与在先注册商标基本相同的“榮華”商标，明显不尊重内地的商标法律制度，由此产生的法律后果应当自行承担。“我国现行法律制度并没有规定当事人对知名商品特有名称享有的权益可以作为侵犯注册商标专用权的抗辩理由，但是如果当事人在注册商标申请日之前已经形成了知名商品特有名称，或者称为在先使用并具有一定影响的商标，则该注册商标本身不具有正当性，不仅应当允许当事人向行政机关申请撤销，也应当允许当事人在民事诉讼中作为抗辩理由提出。但是，以使用并有一定影响商标或者以知名商品特有名称作为抗辩理由，其商标或标识使用并达到一定知名度应当在注册商标申请日之前。在注册商标申请日之后的使用，则不能成为对抗注册商标专用权的理由。”参见北京市第一中级人民法院民事判决书，(2011)一中民初字第 14867 号。

港荣华公司、东莞荣华公司使用在月饼上的‘榮華’标识已经在中国内地进行大规模的商业性使用，故在案证据不足以证明香港荣华公司、东莞荣华公司使用在月饼上的‘榮華’标识在第533357号‘荣华及图’商标申请注册前已经在中国内地通过使用构成未注册驰名商标或知名商品特有名称。因此，原审法院认定香港荣华公司‘榮華月饼’并不享有在先权利，也未构成在先使用的知名商品特有名称是正确的”①。

该案涉及的核心事实并不复杂②，即原告享有1990年经核准注册的“荣华”商标，在该商标申请注册之前被告被诉商标（商品名称）在中国内地并未在先使用并具有一定影响③，当然还涉及涉案商标是否构成同一种或者类似商品上的相同或者近似商标。境外当事人知道境内相同商品上已有在先注册商标，且其注册商标申请被商标局驳回，却仍然继续使用基本相同的商标，显然不能因实际使用而产生权利，即侵犯在先注册商标权利的商品名称使用不能产生未注册商标权或者知名商品特有名称权，也即违法行为不产生法

① 北京市高级人民法院民事判决书，（2013）高民终字第4324号。

② 本案涉及的法律和商业现象值得反思。诚如有的论者所言，“香港荣华”为了注册商标，“从商评委一直打到最高人民法院，除了坚持不懈的精神值得称颂外，给人更多的感觉是困惑”。在商品经济社会中，商品交换具有重要意义：对于生产者而言，商品只有卖出去才能转化为利润、赚个盆满钵圆，卖不出去就是库存积压、企业破产。因此，企业应当将精力放在产品的研发和生产上，而不是放在注册商标上”。也就是说，香港荣华只要拿出1989年11月之前在我国（内地）使用的证据，广东荣华商标的注册，并不影响其继续使用；香港荣华只管闷头卖产品、发大财，为何非要核准注册呢？然而，遗憾的是我们没有见到这样的证据。“从1950年成立的香港荣华饼家公司到1989年533357号‘荣华’月饼商标提出注册申请，这40年时间香港荣华干什么去了？”，参见赵文侠、陆穗峰：《“香港荣华”你要注册商标干什么？》，载《商标杂谈》2020年10月28日。在此不惜引述这些常理性评论，是深感这些常理恰恰符合法理，而专业法律人反而以玄虚的法言法语和娴熟的诉讼技巧，把这些简单事理搞得异常复杂化，甚至释放了种种烟雾和迷雾，诉讼旷日持久，人为增加了诸多市场障碍和社会成本，这或许是法律和营商环境的一种悲哀。

③ 其实，当时的《商标法》在授权确权程序中尚无保护在先使用并有一定影响的商标的规定。在另一系列案件中，最高人民法院（2012）民提字第38号再审判决对于核定使用在第30类的“糖果、糕点”商品上的第533357号“荣华”商标，在其申请注册之前香港荣华公司繁体荣华商标是否在中国境内实际使用并有一定影响进行重点查证，对此并无证据证明，最终认定不能证明其特有名称先于该注册商标而使用，因而“二审法院所作令明公司和世博分公司的行为侵犯了香港荣华公司和东莞荣华公司知名商品特有名称权的认定不当”。

益。否则，任何人都可以凭借其经济实力，而无视他人在先注册商标、无视我国商标注册制度而一意孤行，就会纵容“弱肉强食”等不正当竞争，所维护的不再是合法权利和正当竞争秩序，而是维护了“丛林法则”①。这些判决说理义正词严正气凛然，符合民法上的合法原则。

最高人民法院在有些裁判中阐明过类似态度。如在“福联升”商标案②中，最高人民法院行政裁定认为：“在再审申请人作为同业竞争者明知或者应知引证商标具有较高知名度和显著性，仍然恶意申请注册、使用与之近似的被异议商标的情形下，如果仍然承认再审申请人此种行为所形成的所谓市场秩序或知名度，无异于鼓励同业竞争者违背诚实信用原则，罔顾他人合法在先权利，强行将其恶意申请的商标做大、做强。这样既不利于有效区分市场，亦不利于净化商标注册、使用环境，并终将严重损害在先商标权人的合法权益以及广大消费者的利益，违背诚实信用原则以及商标法‘保护商标专用权’‘维护商标信誉’‘保障消费者和生产、经营者的利益’等立法宗旨。”该裁判就是对民法合法原则的生动诠释。

三、公平原则与知识产权保护

《民法典》第 6 条③规定了公平原则。公平原则体现了民法促进社会公平正义的基本价值。公平在知识产权法律适用中无处不在。《商标法》第 47 条和《专利法》第 47 条都有公平原则的具体表

① 这是显而易见的法理和事理。诚如有的论者所说：“香港荣华在 1991 年曾经申请繁体‘榮華’商标，被在先的苏氏简体荣华商标作为引证商标驳回。也就是说，香港荣华在进入内地市场之初，就已经知道他人在先的注册商标存在。在此情况下，如果想进一步开拓内地市场，出于对注册商标的尊重，应当首先解决商标问题。或者通过商标购买取得商标权，或者启用其他商标。香港荣华在未取得商标权的基础之上，在后的这种使用行为，本身就是对他人注册商标的不尊重，对法律的不尊重，因此，这种使用本身，从主观上就不能用善意来评价。在这种使用已经构成违反商标注册保护制度的前提下，只能视为一种损害后果，当然不能被认定为诚实信用，不能获得诚实信用原则的保护。”参见刘东海：《“荣华系列商标案”需要厘清的四个问题》，载 IPRdaily 中文网，www.iprdaily.cn/article_18263.html。

② 最高人民法院行政裁定书，(2015)知行字第 116 号。

③ 《民法典》第 6 条规定：“民事主体从事民事活动，应当遵循公平原则，合理确定各方的权利和义务。”

述。公平更是司法的天性和特性,也经常是具体裁判的终极依归。特别是法律不可能完美无缺和包罗万象,在法律规定模糊或者缺位时,公平就会成为重要的裁判因素。如在淘宝公司与美景公司涉数据权益不正当竞争案①中,一审判决指出:"由于互联网经济作为新型市场形态正处在形成与新兴过程中,调整网络运营者与网络用户相互间权利义务关系的专门性法律规范尚处在探索创立阶段,目前对于网络运营者与网络用户间的利益分配与权利冲突,应当秉持'合法、合理、公平'的原则,综合考量法律规定、双方间法律关系属性以及有利于社会公共秩序与社会公众利益维护等因素予以评判。"

(一)公平原则在知识产权领域的适用

知识产权司法中一般与特殊、原则与例外、实质公平与形式公平等,通常都是实现公平原则的重要路径,也是体现公平原则的重要载体。知识产权保护中,侵权行为与豁免、专利字面侵权与等同侵权、防止市场混淆与允许善意共存以及构成侵权而不要求停止行为等,都体现了这种关系。当然,特殊和例外必须有正当理由。

例如,《专利法》第 77 条规定,使用者、许诺销售者、销售者合法来源抗辩成立时,免除其赔偿责任。但是,如果善意使用者在证明合法来源且已支付合理对价时,是否还应停止使用,存在争议。最高人民法院在制定《最高人民法院关于审理侵犯专利权纠纷案件应用法律若干问题的解释(二)》时认为,专利权排他性强,但不等于可以无限扩张。《专利法》不仅仅是专利权人的法,一味地强调专利权人单方的利益,置善意使用者的正当利益于不顾,将侵占善意使用者的合理空间、妨碍交易安全,这并非《专利法》第 77 条的原意,也有违利益平衡的法律基本精神。故《最高人民法院关于审理侵犯专利权纠纷案件应用法律若干问题的解释(二)》第 25 条通过但书将已支付合理对价的善意使用者的停止使用责任予以排除,即如果使用者在主观上是善意的,在客观上提供了合法来源,且在获得该侵权产品时向销售者支付了合理对价,就应阻却专利权禁止力

① 浙江省杭州市中级人民法院民事判决书,(2018)浙 01 民终 7312 号。

的延伸①。

停止侵权是侵权行为的通常救济方式，但特殊情况下为公平等考虑，也可以例外不停止行为，代之以支付合理的使用费。例如，2007 年全国法院知识产权审判工作座谈会首次提出构成侵权而不停止行为问题。此后的司法文件指出，“如果停止有关行为会造成当事人之间的重大利益失衡，或者有悖社会公共利益，或者实际上无法执行，可以根据案件具体情况进行利益衡量，不判决停止行为，而采取更充分的赔偿或者经济补偿等替代性措施了断纠纷。权利人长期放任侵权、怠于维权，在其请求停止侵害时，倘若责令停止有关行为会在当事人之间造成较大的利益不平衡，可以审慎地考虑不再责令停止行为，但不影响依法给予合理的赔偿”②。《最高人民法院关于审理侵犯专利权纠纷案件应用法律若干问题的解释（二）》第 26 条规定：“被告构成对专利权的侵犯，权利人请求判令其停止侵权行为的，人民法院应予支持，但基于国家利益、公共利益的考量，人民法院可以不判令被告停止被诉行为，而判令其支付相应的合理费用。”这些利益平衡的考虑充分体现了公平原则。

对于专利修改超范围的判断标准问题，专利审查指南坚持的是专利申请的说明书和权利要求书中文字记载的内容，以及从中直接且毫无疑义地得出的内容。这是一种更强调客观性、便于操作和易于统一适用的标准，是一种更倾向于形式公正的标准，但在有些情况下却牺牲了实质公正，即过于严格地限定了专利内容的范围，使一些实质上属于专利范围的修改被排除在外，不利于积极挽救具有技术创新价值的发明创造，对于这些权利人是一种损害。为校正这种过于严苛的审查标准，司法裁判进行稍微灵活的处理，适当增加了审查标准的弹性，更加注重实现实质公正。随着社会创新对于专利审查要求的提高，专利制度总体上应当更具弹性和张力，以尽可能满足实质公正的要求。

---

①　参见《统一细化专利侵权裁判标准　营造有利于创新的法治环境——最高人民法院民三庭负责人就专利法司法解释（二）答记者问》，载《人民法院报》2016 年 3 月 23 日，第 2 版。

②　《最高人民法院关于当前经济形势下知识产权审判服务大局若干问题的意见》（法发〔2009〕23 号）第 15 条。

知识产权保护也存在差别性政策,差别性保护有利于实现公平。例如,就专利审判而言,“纯粹单一的专利制度实际上是将完全不同的事物划一对待,这样做既不公平,也难以最大限度地在各个行业中实现鼓励创新的目的”。但“法院在处理来自不同产业的专利问题时已经探索出区别对待的种种途径”[①]。区别对待的保护政策符合专利保护复杂性的要求和实际。“大量经济学的证据证明,创新在不同行业中运转的方式不同,专利对创新发挥的作用也因产业的不同而显示出巨大的差异。专利政策的问题在于如何对上述种种区别作出回应”[②]。司法实践中曾提出区别对待等专利司法政策。例如,根据专利创新程度、所属技术领域特点和产业政策等,通过权利要求解释、等同侵权等裁量性法律标准的灵活适用,使专利权的保护强度与我国国情和发展阶段相适应,符合我国创新和发展的实际,最大限度地促进我国的创新和发展。对于创新程度高、研发投入大、对经济增长具有突破和带动作用的首创发明,应给予相对较高的保护强度和较宽的等同保护范围。

(二)公平原则与情势变更

无论权利义务、法律行为还是其他法律事实,倘若其存在基础有重大改变或者不复存在,维持原状态不再公平时,应当作出公平合理的调整。这种情势变更原则源于公平原则[③],但已不仅仅是哪一部门法的原则,而是一项一般的法律原则,不仅适用于合同法、国际法,还可以适用于行政法等法律领域。[④]

在《商标法》的适用中,曾经适用情势变更公平合理地处理过一些商标授权确权的特殊情形。例如,因“已连续3年停止使用”而被商标局撤销,但在商标评审或者司法审查程序中已经实际使用的,可以按照情势变更原则认定已经实际使用,行政撤销的事实基

---

① [美]丹·L.伯克、马克·A.莱姆利:《专利危机与应对之道》,马宁、余俊译,中国政法大学出版社2013年版,第5页。

② 同上注,第4页。

③ 对情势变更原则的由来和发展,民法学界有着广泛深入的探讨,在此不再过多涉及。

④ [德]莱茵荷德·齐柏里乌斯:《法学导论》,金振豹译,中国政法大学出版社2007年版,第90页。

础已不存在,可以恢复其注册商标。因为,此类行政撤销行为性质上不是行政处罚,而是为了促使商标注册人实际使用和清除"闲置"商标,在法律救济程序没有完结时已情势变更,行政处置的目的已达到,据此变更后的情势进行处理更为符合公平原则。

申请商标与引证商标近似而被驳回注册申请,但在后续救济程序中引证商标已被撤销或被注销,此时应准许申请商标注册,还是维持原驳回裁定而让申请人再次申请注册,曾经有过争论。后来法院逐渐认为,既然引证商标已经被撤销,则申请商标与引证商标构成近似商标的基础已不存在,申请商标是否应予注册应根据新情况评判,因此撤销商标评审委员会的决定。在不损害他人合法权益、不违反公共利益及没有其他事由时,既然行政行为的事实基础已不存在,出于公平和效率的考量,法院不能无视事实情况,可以情势变更为由撤销该行政行为,由授权机关重新作出决定。只要不损害他人合法权益或者不违反公共利益,如此处理更利于公平合理地保护申请人合法权益。否则,非要让当事人另起炉灶重启行政程序,只会是为程序而程序,反而有悖公平,也不符合为民情怀。

四、诚实信用原则的泛用与谦抑

《民法典》第7条[①]和第132条[②]规定了诚实信用和禁止权利滥用的原则,后者往往是前者的必然延伸和应有之义。这两项原则在知识产权领域具有较高的应用价值,有些还经常进行关联性并用。

(一)知识产权法中的诚实信用

通常而言,一般的财产权不具有市场进攻性,权利获取和行使中的滥用权利现象不一定突出。知识产权则具有市场的进攻性,可以作为市场布局和竞争攻防的工具,因而在权利的获取和行使上强调诚实信用和禁止权利滥用,具有特别的意义。近年来一些知识产权法陆续引入诚实信用原则,且禁止权利滥用成为司法热点。

2013年《商标法》率先引入诚实信用原则。这与当时遏制抢注

---

① 《民法典》第7条规定:"民事主体从事民事活动,应当遵循诚信原则,秉持诚实,恪守承诺。"

② 《民法典》第132条规定:"民事主体不得滥用民事权利损害国家利益、社会公共利益或者他人合法权益。"

商标等现象的呼声高涨直接相关[①]。1993 年修订《商标法实施细则》时,将"违反诚实信用原则,以复制、模仿、翻译等方式,将他人已为公众熟知的商标进行注册"的情形,规定为《商标法》规定的"以欺骗手段或者其他不正当手段取得注册的行为"之一。当时出于遏制抢注驰名商标和加强驰名商标保护的需要。2002 年《商标法实施条例》未再保留该规定,原因应该是 2001 年修订的《商标法》规定了驰名商标保护。后来恶意抢注他人商标、滥用商标权利等非诚信注册和使用商标的现象日渐突出,对此加以有效遏制成为 2013 年《商标法》修订的重要内容,最后遂有"申请注册和使用商标,应当遵循诚实信用原则"(第 7 条)的规定。

2020 年修订的《专利法》第 20 条规定:"申请专利和行使专利权应当遵循诚实信用原则。不得滥用专利权损害公共利益或者他人合法权益。滥用专利权,排除或者限制竞争,构成垄断行为的,依照《中华人民共和国反垄断法》处理。"该规定显然与遏制滥用专利制度、提升专利质量以及遏制滥用专利有关。特别是标准必要专利等领域的反垄断问题突出,国际专利纷争激烈,尤其需要搞好专利法与反垄断法的衔接,遏制专利权的滥用。

诚实信用和商业道德是反不正当竞争法领域的基本原则和根本性判断标准,因而在该领域得到了更为充分的司法诠释。尤其是在适用一般条款认定不正当竞争行为时,诚实信用和商业道德得到了淋漓尽致的发挥。最高人民法院在裁判中还对于二者的关系加以澄清。例如,"在规范市场竞争秩序的反不正当竞争法意义上,诚实信用原则更多的是以公认的商业道德的形式体现出来的"[②]。

---

① 在 2013 年《商标法》修订过程中,诚实信用原则受到了极大关注。例如,在《商标法修正案草案》征求意见时,专家们提出,在商标领域,诚信缺失的现象十分突出,如以转让牟利为目的的注册商标、恶意异议、造假案"制造"驰名商标等,都是对诚实信用原则的违反。草案第 3 条增加的关于申请注册和使用商标,应当遵循诚实信用原则的规定很有针对性,但还不够,应当在商标法中全面强调贯彻诚实信用原则,因为诚信问题不仅注册和使用环节存在,其他方面也存在。建议在《商标法》第 1 条立法目的中增加"保护诚实劳动、诚信经营"的规定;并将草案第 3 条修改为,申请注册和使用商标,不得违反诚实信用原则,不得恶意抢注他人商标。参见全国人大常委会法制工作委员会编:《中华人民共和国商标法释义》,法律出版社 2013 年版,第 240 页。这些观点虽未必被具体采纳,但反映了大家对诚实信用原则的关注。

② 最高人民法院民事裁定书,(2009)民申字第 1065 号。

（二）司法中的诚实信用原则与禁止权利滥用

诚实信用原则具有较强的道德说服力和法律证成性，司法能够较为便利地据此补强法律适用或者替补法律漏洞，甚至开辟新的法律领域。例如，前些年商业标识权利冲突问题突出，该领域又涉及多个法律交叉，司法遂依据诚实信用、维护公平竞争和保护在先权利等原则，积极探索该类权利冲突案件的处理，有效解决了相关争议。

近年来知识产权滥用的现象增多，诚实信用原则又成为遏制权利滥用的重要依据。例如，在"歌力思"商标侵权案[①]中，最高人民法院的再审判决[②]认为，诚实信用原则是一切市场活动参与者所应遵循的基本准则。一方面，它鼓励和支持人们通过诚实劳动积累社会财富和创造社会价值，并保护在此基础上形成的财产性权益，以及基于合法、正当的目的支配该财产性权益的自由和权利；另一方面，它又要求人们在市场活动中讲究信用、诚实不欺，在不损害他人合法利益、社会公共利益和市场秩序的前提下追求自己的利益。民事诉讼活动同样应当遵循诚实信用原则。一方面，它保障当事人有权在法律规定的范围内行使和处分自己的民事权利和诉讼权利；另一方面，它又要求当事人在不损害他人和社会公共利益的前提下，善意、审慎地行使自己的权利。

（三）诚实信用原则的适用界限与谦抑

在具有明确适用的法律规则时，诚实信用原则对于相应法律规则的适用更多是一种补强，特别是在规则于具体事实的适用中，通常是规则的适用尚有不确定或者模糊性，需要依据诚实信用原则进行选择取舍，并将其作为选择取舍之后的说理。

例如，在"福联升"商标案[③]中，焦点为被异议商标"福联升"与引证商标"内联升"是否构成近似商标[④]。最高人民法院裁定首先

---

① 王碎永诉深圳歌力思服饰股份有限公司、杭州银泰世纪百货有限公司侵害商标权纠纷案，最高人民法院指导案例82号（2017年）。

② 最高人民法院民事判决书，（2014）民提字第24号。

③ 最高人民法院行政裁定书，（2015）知行字第116号。

④ 2001年《商标法》第28条规定："申请注册的商标同他人在同一种或者类似商品上已经注册的商标相同或者近似的，不应予以核准注册。"

按照商标近似的常规分析,从三个角度认定两个商标构成近似商标,即两商标的音、形、义;引证商标的显著性和知名度;以及被异议商标的知名度和使用情况。在此基础上又根据相关证据认定再审申请人在注册、使用被异议商标时存在明显恶意,进而根据《民法通则》(现已失效)第4条诚实信用的原则,进一步论证案涉商标构成近似。此案按照常规思路大致可以认定构成近似商标,但裁判又援引诚实信用原则强化不支持"再审申请人有关被异议商标经过使用,已经形成一定的市场知名度,不会导致相关公众混淆的主张",使得诚实信用原则发挥了对于具体法律规则适用的补强作用。这是诚实信用原则补强适用具体法律规则时的常态性适用。

诚实信用原则的补强适用应当有限度,特别是在规则适用的方向或者结果异常清晰时,不能再援引诚实信用原则轻易或者随意改变本已清晰的规则适用。如在"ZsnoI"商标(诉争商标)异议复审案[①]中,商标评审委员会认定诉争商标第9429671号"ZsnoI"与第972620号"ZZegna"商标、第4389929号"Zegna"商标(引证商标一、二)构成近似商标。一审、二审判决认为案涉商标未构成近似商标。二审法院认为,诉争商标与引证商标一、二分别为"ZsnoI"和"ZZegna""Zegna",二者发音迥异,字母组成拼写亦有明显区别,导致二者在整体视觉效果上并不构成近似,且二者均非具有固定含义的单词,相关公众看到上述标志使用在同一种或者类似商品上,并不会对商品来源产生混淆误认。康恩泰公司虽称张某申请注册诉争商标具有恶意,但在适用2013年修正的《商标法》第30条规定判断商标是否近似时通常考量更多的是标志本身是否近似而不是申请人的主观心理状态。因此,即便根据康恩泰公司提交的证据可以证明引证商标具有一定知名度,但是由于二者标识在字母构成、读音等方面差异较大,未构成近似商标。

再审判决认为,诉争商标"ZsnoI"与引证商标一"ZZegna"、引证商标二"Zegna",二者在字母书写方式、设计风格、表现形式等方面十分相近,从整体视觉印象上相关公众会认为其相互之间具有一定关联性;引证商标的显著性和知名度,即在诉争商标申请日之

---

① 最高人民法院行政判决书,(2019)最高法行再83号。

前,引证商标已在中国取得较高的知名度;诉争商标申请人有模仿攀附的主观意图。综合上述因素,并援引诚实信用原则,再审判决认定诉争商标与引证商标构成近似商标。再审判决特别指出,二审判决在判断诉争商标与引证商标是否构成混淆误认时,仅考虑诉争商标与引证商标一、二本身的近似程度,未考虑诉争商标申请人的主观意图,未充分考虑引证商标的显著性和知名度,从而认定诉争商标与引证商标一、二不会造成混淆误认,其判断方法和结论均应予以纠正。

该案涉及2013年《商标法》第30条商标近似的判断,其核心首先是如何处理音形义之类的商标构成要素(自然构成要素)与实际使用、知名度和主观恶意(统称考量因素)的关系问题。根据商标本身的属性及商标保护目的,商标近似的判断应当首重音形义之类的构成要素比对,其他考量因素只是起辅助、补充或者补强作用,不能动辄改变本已明显的常规取舍方向。如果经比对商标构成要素有明显差异,明显不构成近似商标,则不宜以补强考量因素改变显而易见的事实判断,扭曲常规标准而认定构成商标近似,否则会导致判断标准的本末倒置。只有在根据商标构成要素还难以决断是否构成商标近似时,才适宜引入补强考量因素,作为补充性的判断标准。就自然构成要素与补强考量因素而言,前者应当具有更大的确定性和客观性;后者则具有更强的裁量性、伸缩性和不确定性,总体上具有两面性,即既可以实现特定政策目标和维护公平,又易于被滥用和随意化适用。因此,为符合商标本身的属性和维护确定性,同时既追求实质公平又防止滥用,商标近似的判断,尤其是商标申请注册时的商标近似判断,应当以依据商标构成要素比对判断为优先,并以此约束裁量权行使,而以其他考量因素为补充和补强。

就诚实信用与商标近似判断规则的适用逻辑而言,上述二审判决的方法和结论并无问题。在此类商标近似的认定中,商标音形义之类构成要素的近似性通常居主导地位,攀附意图(恶意)、知名度等都是视情形补强适用的辅助因素。倘若诉争商标与引证商标在构成要素上显然不同,更适宜认定为不构成近似商标。即便引证商标的知名度较高而有一定的攀附意图,但如果商标构成要素有明显差异，客观上在市场上不容易混淆的，此类主观意图已不足以改变客观界限，已超出了认定商标近似的客观幅度，因而不宜认定为商标近似。构成要素比对毕竟是客观标准，应当居于优先考虑位置，且有攀附意图而客观上不容易混淆的，即不再有考量攀附意图的适用余地和必要性。包括商标法在内的知识产权法并不绝对禁止攀附、模仿等"搭便车"行为，只是禁止诸如达到市场混淆程度的攀附模仿等行为。笼统地以攀附意图等扩展商标近似的范围，必然会不适当地放大引证商标的排斥范围，像本案这样，会使引证商标对于大写"Z"字头商标的垄断范围过宽。因此，倘若诉争商标在构成要素的比对上明显不构成近似商标，不宜再通过诚实信用原则颠覆依照规则认定的结果。相反，在商标构成要素之间的比对足以认定构成近似商标的情况下，再以援引诚实信用原则进行补强，或者以貌似铿锵有力的论述，渲染争议商标的不正当性甚至辅之以义正词严的谴责性用语，似乎更像是画蛇添足而不是必不可少或者恰到好处。只是在认定是否构成近似商标尚不明显、有疑问或者难以决断时，辅之以诚实信用原则才有其必要性。

司法毕竟是以裁判法律争议为依归，不适宜在裁判中进行太多的一般性教化（包括训斥或者赞美），在法律规则的具体适用情形明确和明显而无须援引诚实信用原则或者无须进行太多的一般性谴责的情形下，裁判应当保持克制和谦抑，不需要动辄以义正词严的方式进行一般性教化。现实的情形恰恰是，一些裁判对于一般性谴责或者教化有太多的偏好和太高的使用频率，甚至一些法官乐此不疲。这是一种很不好的现象，经常与司法的角色相悖，甚至会增强法律适用的不确定性和随意性。

五、法益保护与知识产权

知识产权法是权利保护法，知识产权保护与民法民事权益制度有千丝万缕的关系，尤其要分清其区别与联系。

（一）权利保护与法益保护

《民法典》第3条规定"合法权益"受法律保护，表明其既保护权利，又保护法益（受保护的利益）。《民法典》对于民事权利采取了列举加概括式的规定，在列举了各类典型权利（有名权利）以外，又以概括方式保护未列举的权利和利益，即“民事主体享有法律规定的其他民事权利和利益”（《民法典》第126条）。据此，民法对于权利不采取穷尽列举式的法定主义，未列举的法益也属于其保护范围。

知识产权是《民法典》第123条规定的一种民事权利，但该条仅规定了专有权属性的知识产权，即权利人对特定客体享有专有权类的权利，但这不是知识产权的全部。知识产权法是由知识产权专门法与反不正当竞争法构成的保护体系，前者规定了专有权性的知识产权，后者主要对于非专有权性的法益给予附加保护，因而知识产权既包括专有权又包括法益。有些知识产权专门法甚至也涉及法益保护（如《商标法》第32条）。

首先，知识产权专门法涉及的权利和利益保护，需要以民法规范和原理加以支撑。例如，2001年《商标法》第31条有申请注册商标“不得损害他人现有的在先权利”的规定，当时对于“在先权利”是限于《商标法》规定的权利，还是不以此为限，存在争议。为此，司法文件规定，《商标法》未规定的权益，按照《民法通则》（已失效）概括保护①。此处即以民法规定作为认定“在先权利”的兜底。亦如“乔丹”商标案再审判决所说：“因民事主体依法享有的民事权益多种多样，立法上难以穷尽地列举，故商标法第三十一条并未明确规定或者列举在先权利的任何具体类型，而是以‘在先权利’作出概括性规定，以符合经济社会不断发展和保护民事主体合法权益的需要。对于商标法已有特别规定的在先权利，应当根据商标法的特别规定予以保护。对于商标法虽无特别规定，但根据民法通则、侵权责任法和其他法律的规定应予保护，并且在争议商标申请日之前已

① 《最高人民法院关于审理商标授权确权行政案件若干问题的意见》（法发〔2010〕12号）第17条规定：“人民法院审查判断诉争商标是否损害他人现有的在先权利时，对于商标法已有特别规定的在先权利，按照商标法的特别规定予以保护；商标法虽无特别规定，但根据民法通则和其他法律的规定属于应予保护的合法权益的，应当根据该概括性规定给予保护。”该规定的本意是，“商标法第三十一条‘申请商标注册不得损害他人现有的在先权利’是一种开放性的规定，在实践中对于是否形成在先权利，应当综合当事人的主张和证据，有专门法的，按照专门法的规定认定；没有专门法的，按照民法通则的一般规定进行认定。”参见孔祥俊主编：《最高人民法院知识产权司法解释理解与适用》，中国法制出版社2012年版，第167页。

由民事主体依法享有的民事权利或者民事权益,应当根据该概括性规定给予保护。”①

其次,知识产权法是保护民事利益的重镇。特别是《反不正当竞争法》不仅对知识产权专门法提供附加保护(如保护未注册商标等商业标识),还以第2条一般条款承担概括保护商业成果类民事利益的功能。可以说,这是落实保护《民法典》第126条规定的“其他民事利益”的重要法律领域。例如,在《民法典》对于数据权益没有定性和直接保护规定的情况下,法院早已依据《反不正当竞争法》第2条的开放性适用,对各种类型的数据权益给予保护②。鉴于新技术、新业态和新商业模式层出不穷,由此产生的新商业成果保护需求更为强烈,《反不正当竞争法》第2条的开放性保护商业成果的功能更为重要,这些保护领域已成为反不正当竞争的活跃领域。

(二)法益保护:法定性还是开放性

《民法典》第126条规定“民事主体享有法律规定的其他民事权利和利益。”那么权利以外的利益保护是否以法律规定为前提,即只有法律规定的利益才能受保护。而且,法律规定究竟是概括性规定还是具体规定?就知识产权领域而言,首先有《反不正当竞争法》一般条款,可以开放性地将有保护必要的新商业成果纳入其保护范围,也即纳入时重点考虑是否有保护的必要,是否保护取决于有无必要,而不考虑有没有更为具体的其他条文依据。不仅如此,司法实践亦未采纳利益保护的法定性,更注重基于利益衡量而进行开放性保护。

例如,2010年最高人民法院拟定商标授权确权意见时,对于《商标法》规定的“在先权利”采取开放性保护态度,即“对于新情况、新问题,人民法院要尝试探索解决,对于法无规定,但确属需要

① 迈克尔·杰弗里·乔丹与国家工商行政管理总局商标评审委员会、乔丹体育股份有限公司“乔丹”商标争议行政纠纷案,最高人民法院指导案例113号(2019年)。

② 例如,“大众点评诉百度抓取点评信息案”,上海知识产权法院(2016)沪73民终242号民事判决书;“新浪微博诉脉脉抓取使用微博用户信息案”,北京知识产权法院(2016)京73民终588号民事判决书;“淘宝与美景公司不正当竞争纠纷案”,杭州市中级人民法院(2018)浙01民终7312号民事判决书。

保护的利益，可以适用本条予以保护，禁止他人不当注册行为”[①]。

再如，在商标授权确权案件中，司法对于作品元素和虚拟角色等商品化权益的保护进行了一波三折的探索，大体上经历了三个阶段，即由不保护到保护，由非在先权利保护到在先权利保护，以及再由称其为“商品化权”的权利保护到称其为“商品化权益”的利益保护历程，且在保护态度上先是进行了观点多样化的探索，后来因明确肯定为商品化权（益）而统一认识和放开保护，再后来又开始收紧和谨慎保护[②]。

早期的判决不承认和不保护法定具体权益之外的商品化权，如认为商品化权并非法定权利，其内容亦不甚明确，且并不包含在法律规定的在先权利的范围之内，故不属于在先权利。后来法院的态度发生变化，开始持保护态度，并探索保护路径。司法实践中曾出现不同的认定和处理，如曾有判决适用《商标法》第 10 条“不良影响”条款加以保护（如“哈利·波特 HaLiBoTe”商标异议复审案）。再后来的裁判逐渐统一认识，将其作为商品化权并纳入《商标法》第 32 条规定的“在先权利”（如“邦德 007”案）中。再后来的判决明确所保护的商品化权益是民事利益。例如，“TEAM BEATLES 添·甲虫”商标异议复审行政案二审判决，明确了“商品化权”是一种法定权利之外的“权益”。此即由权利保护转变为利益保护，将其定性为利益。鉴于作品名称和角色名称的保护条件和范围毕竟不好确定，经过探索之后，北京法院开始明确持审慎态度，包括在受保护法益的性质上由权利保护明确改变为利益保护，且采取了案件审理过程中内部报备的程序[③]。在总结以上审判经验的基础上，司法

---

① 孔祥俊主编：《最高人民法院知识产权司法解释理解与适用》，中国法制出版社 2012 年版，第 167 页。

② 参见孔祥俊：《反不正当竞争法新原理·原论》，法律出版社 2019 年版，第 273-276 页。

③ 例如，北京市高级人民法院民三庭《当前知识产权审判中需要注意的若干法律问题》（2016 年 5 月 6 日发布）指出，对形象的商业化利益的保护，不是对法定权利的保护，只有对形象的商业化利益进行分析确定其属于可受法律保护的利益时，才能纳入《商标法》第 32 条在先权利的保护范围。对形象的商业化利益的保护范围应当慎重研究、严格划定，除非必要，对该利益的保护不应超出未注册驰名商标的保护。下级法院对形象的商业化利益进行保护的，必须事先层报北京市高级人民法院民三庭审查。

解释将具有较高知名度的作品名称、作品中的角色名称等,纳入“在先权益保护”①。

角色名称等商品化权益不是法定权利和利益,尤其是《著作权法》等专门法不保护的元素,能否赋予权益,确实需要利益衡量。法院对此确实有过摇摆,是否保护终究取决于实质性利益衡量。就总体态度而言,司法显然持开放性态度,不以权益法定作为保护条件。

知识产权领域开放性保护法益,首先是以拟保护法益的合法为前提,然后再进行保护正当性的其他衡量,如利益的可保护内容及可诉性(如不属于反射利益)。因此,“法律规定的……利益”似可以解读为合法或者不违法的正当利益。例如,淘宝公司与美景公司涉数据权益不正当竞争案②中,一审判决首先评判淘宝公司收集、使用涉案数据信息是否合法正当,然后再评判保护的正当性,如:“‘生意参谋’数据产品中的数据内容系淘宝公司付出了人力、物力、财力,经过长期经营积累而形成,具有显著的即时性、实用性,能够为商户店铺运营提供系统的大数据分析服务,帮助商户提高经营水平,进而改善广大消费者的福祉,同时也为淘宝公司带来了可观的商业利益与市场竞争优势。‘生意参谋’数据产品系淘宝公司的劳动成果,其所带来的权益,应当归淘宝公司所享有。”二审判决更是指出,“不正当竞争的成立以经营者存在经营上的合法权益为前提。该合法权益可以是法定的有名权益,如企业字号、商业秘密等;也可以是不违反法律法规规定的无名权益,只要其可以给经营者带来营业收入,或者属于带来潜在营业收入的交易机会或竞争优势”。“上述数据分析被作为‘生意参谋’数据产品的主要内容进行了商业销售,可以为淘宝公司带来直接经营收入,无疑属于竞争法意义上的财产权益;同时基于其大数据决策参考的独特价值,构成淘宝公司的竞争优势;其性质应当受到反不正当竞争法的保护”。

---

① 《最高人民法院关于审理商标授权确权行政案件若干问题的规定》第22条第2款规定:“对于著作权保护期限内的作品,如果作品名称、作品中的角色名称等具有较高知名度,将其作为商标使用在相关商品上容易导致相关公众误认为其经过权利人的许可或者与权利人存在特定联系,当事人以此主张构成在先权益的,人民法院予以支持。”

② 浙江省杭州市中级人民法院民事判决书,(2018)浙01民终7312号。

(三)知识产权与物权的不可类比性

物权与知识产权有较高的相似度,知识产权看似对于无体财产的"物权"具有支配性和排他性,且《民法典》明文规定了物权法定,而知识产权亦有一定程度的法定性。正是由于这种相似性,实践中有时出现类比物权的主张。例如,《民法典》第322条有添附的规定,在知识产权领域曾有依据添附法理主张权利的情形。在数据权益纳入《反不正当竞争法》保护时,有的裁判援引物权法原则进行说理。实际上,物权法与知识产权法在原理和规则上有重大差异和不可类比性,应当认清两者的关系。

例如,在"红牛"商标权属案①中,被告经核准注册诉争"红牛系列商标",在成立原告公司时签订的合资合同约定同意将"红牛系列商标"许可给原告公司使用,使用过程中亦无商标权属的变动。原告以20余年时间为"红牛系列商标"设计、获准注册、发展及不断增值作出持续、决定性和实质性的贡献,主张诉争商标的权属。

一审判决认为,首先,对于原告可否将其"红牛系列商标"广告宣传投入作为其享有相关商标所有权的依据,原告为生产、销售、推广相关产品和取得消费者的认可,进行相应的广告宣传和付出商业运营成本,符合一般的商标许可使用法律关系项下被许可方的商业运营模式。同时,在商标许可法律关系中,作为被许可方在签订合同之时,即可合理预期商标所有权并不会因其投入广告数额的高低而发生变化,除非合同各方主体有特别约定。商标作为无形资产,在使用、宣传中形成的商品声誉、商业信誉依附于商标存在,商标的所有权一般仅为原始取得或继受取得,作为无形资产的客体并不适用添附取得,因为商誉是承载于商标之上,不能脱离商标而独立存在,二者无法进行现实的分离。因涉案"红牛系列商标"的权属状态是明确的,均归属于被告所有,故原告依据广告宣传的投入而认为其取得了商标所有权缺乏法律依据。其次,对于原告能否依据诚信、公平原则取得"红牛系列商标"的所有者合法权益(独占所有或共同共有),一审判决认为,合同各方主体通过真实意思形成的契约,应当尊重契约自由,谨守契约精神。双方对"红牛系列商标"所

① 北京市高级人民法院民事判决书,(2018)京民初166号。

有权进行了明确约定,被许可人不因在履行许可合同中对许可标的即商标进行了广告宣传,就当然取得商标的所有权,而许可人亦无权因为被许可人获得了巨大商业利润而超出许可合同约定,要求被许可人额外支付许可费用。本案法律关系明确、权利义务清晰且涉案合同有效。因此,红牛饮料公司关于确认其对涉案"红牛系列商标"享有所有者合法权益的诉讼请求所依据的事实和法律均缺乏依据。

注册商标的取得和变动需经行政程序,本案不存在依法改变诉争商标权属的情形。原告、被告之间仅存在注册商标许可使用关系,原告被许可使用期间对于诉争商标的增值贡献乃是基于许可合同安排,并不产生注册商标权属变动的效果。鉴于此类权属和合同关系清晰,物权添附规则不适用于此类知识产权权属变动和权利义务确定。即便《民法典》第 322 条规定的"因加工、附合、混合而产生的物的归属",也并未简单采取共有的处理方式。当然,不能因广告贡献改变商标权归属,归根结底是商标权的取得和变动有特殊规则,且不同于物权取得和变动,而不在于上述一审判决所谓商誉"不能脱离商标而独立存在"之类的不能分离性。

在淘宝公司与美景公司涉数据权益不正当竞争案[①]中,请求保护的数据为"生意参谋",表现形式为对于产品购买者开展商业活动而言具有相当参考意义的趋势图、排行榜、占比图等。对于淘宝公司诉称其对涉案"生意参谋"数据产品享有财产所有权的诉讼主张,一审法院认为,"财产所有权作为一项绝对权利,如果赋予网络运营者享有网络大数据产品财产所有权,则意味不特定多数人将因此承担相应的义务。是否赋予网络运营者享有网络大数据产品财产所有权,事关民事法律制度的确定,限于我国法律目前对于数据产品的权利保护尚未作出具体规定,基于'物权法定'原则,故对淘宝公司该项诉讼主张,一审法院不予确认"。其实,《民法典》只是规定"法律对数据、网络虚拟财产的保护有规定的,依照其规定",并未对于数据的财产属性进行定性,不宜将其归入物权的范畴。而且,正如一审判决所说,"信息是数据的内容,数据是信息的形

① 浙江省杭州市中级人民法院民事判决书,(2018)浙 01 民终 7312 号。

式”,数据权益保护兼及数据内容和形式,本质上属于无体财产保护,但又不同于著作权等知识产权保护,如著作权只保护表达。因此,数据权益究竟归入哪种权益,拟或作为单独权益,尚无定论。当前纳入《反不正当竞争法》保护,应该是一种过渡性举措,但此种保护更接近于知识产权保护。

(四)姓名权与商业标识冲突的利益平衡

我国法律对于姓名权的保护有两条路径,即《民法典》保护人格权的路径和《反不正当竞争法》保护商业标识的路径。《民法典》对于姓名和姓名权作出扩展性保护规定,即第 1017 条规定:“具有一定社会知名度,被他人使用足以造成公众混淆的笔名、艺名、网名、译名、字号、姓名和名称的简称等,参照适用姓名权和名称权保护的有关规定。”《反不正当竞争法》第 6 条第 2 项禁止“擅自使用他人有一定影响的……姓名(包括笔名、艺名、译名等)”,这是将姓名作为商业标识进行保护,即有一定影响的姓名因具有商业标识价值而受反不正当竞争法保护①。姓名的商业化使用已进入所谓的商品化权益领域,在其成为商业标识并出现姓名权与商业标识保护的交叉,由此对姓名的保护应当兼顾人格权与商业标识的利益平衡性考量。比如,按照《商标法》规定,包括侵犯姓名权在内的侵犯在先权利的注册商标,超过五年争议期即成为不可撤销商标,就是一种特殊的利益平衡和政策选择。人格权虽然有优位价值,但仍然有限度。姓名权一旦进入商品化领域,进入商业标识的范围,就涉及在利益衡量上导入政策性考量,而不再仅仅考量其人格权因素。

例如,在“乔丹”姓名权案中②,一审判决认为,对于尚在五年争议期内的“乔丹”商标,因侵犯了原告的姓名权,故停止侵害最直接的方式就是停止使用。对于超出五年争议期的“乔丹”商标,因立法者在规定该期限时已充分考虑了在先权利人与商标权人之间的利益平衡。该期限可以督促权利人与利害关系人及时主张权利,避免争议商标的法律效力在核准注册后的过长时间内仍处于可争议状

---

① 王瑞贺主编:《中华人民共和国反不正当竞争法释义》,法律出版社 2018 年版,第 13-17 页。

② 上海市第一中级人民法院民事判决书,(2012)沪二中民一(民)初字第 1 号。

态,从而影响商标权人对争议商标的宣传和使用。据此,若对于超出五年争议期的“乔丹”商标仍判令停止使用,则会使《商标法》关于五年争议期的立法目的落空。在此前提下,对于涉及中文“乔丹”的该部分商标,被告乔丹体育公司应通过一定的合理方式从而足以阻断公众对原、被告之间的关联性产生联想,使其无从基于与原告的联系获得额外的利益,以去特定化、去识别化、去指向性。这样既达到了停止对原告姓名权侵害的目的,也兼顾了《商标法》关于五年争议期的立法目的。据此,被告乔丹体育公司应通过在商业活动中进行大范围的、集中的、规模化的区别性提示等合理方式,表明乔丹体育公司在商业活动中使用“乔丹”文字与原告并无关联。关于“乔丹”商号是否应当停止使用的问题,根据《企业名称登记管理规定》,企业名称不得含有可能对公众造成欺骗或者误解的内容和文字。《企业名称登记管理实施办法》进一步规定,已经登记注册的企业名称,在使用中对公众造成欺骗或者误解的,或者损害他人合法权益的,应当认定为不适宜的企业名称予以纠正。与注册商标不同的是,对于已登记注册的企业名称,并无关于争议期的规定,故在已经认定乔丹体育公司将“乔丹”作为商号及商标均可能让公众产生误解的情况下,为避免市场混淆和误导公众,切实维护权利人和消费者的合法权益,优化营商环境,促进社会信用体系建设,乔丹体育公司应当停止使用“乔丹”作为企业的商号。

上述判决在注册商标与姓名权冲突的处理上做到了利益兼顾和平衡,特别是超过五年争议期的注册商标不停止使用,但阻断关联性的裁判,比较恰当。但是,被告企业名称字号对于“乔丹”的使用,仅以企业名称无争议期的规定而判决停止使用,在利益平衡上是否偏颇,仍值得探讨。首先,企业名称登记所谓“在使用中对公众造成欺骗或者误解的,或者损害他人合法权益的”情形,具体到使用他人有一定影响的姓名,乃是指导致不正当竞争意义上的市场混淆,而侵犯他人姓名权。正像争议商标中的使用一样,不属于“有害社会主义道德风尚或者有其他不良影响”以及“以欺骗手段或者其他不正当手段取得注册”等情形。其次,企业名称与注册商标都属于商业标识的范畴,注册商标争议期的利益衡量可以类推适用于企业名称。该案企业名称字号的使用远超五年,此时以不停止使用、阻断关联性的方式裁判，在实质性利益平衡上更为恰当，也更符合同类情况同等对待的公平原则。民法毕竟以实质公平为根本取向，不简单采取条文主义，符合正当性时完全可以类推适用。类推适用是填补法律空白和漏洞的重要方法。

六、结语

本文探讨的只是《民法典》与知识产权法适用关系的一鳞半爪，二者具有更为广泛深入复杂的内在联系。随着《民法典》的施行，二者关系的探讨应当更系统更深入。知识产权保护根植于民法理念，以民事制度为底蕴，其法律适用需要厚实的民法底蕴和广阔的民法视野，使民法精神潜移默化于知识产权法的适用，自觉形成必要的民法思维和意识，当然也更需要遵守民法常识。同时，也要深刻认识知识产权及知识产权法的特性，划清与其他民事制度的界限。知识产权法是体现民法时代性的重要法律领域，知识产权及其保护具有独特的理念、制度和特性，以此达成其制度使命。在法律适用中特别要注意二者关系的基本底线，即民法的介入或者对于民事制度的求援，不能破坏知识产权制度的固有政策选择和利益平衡。总之，知识产权法在基础法理上不能拒绝民法法理和民法常识，但在制度取向上又要维持自身的基本品格。在一定意义上，这或许是“不即不离”或者“既离又即”，关键是把握好界限。

第五篇　论我国商标司法的八个关系

——纪念《商标法》颁布30周年[①]

摘　要：《商标法》的适用需要妥善处理商标立法与司法、强保护与弱保护、内与外、主观与客观、一般与特殊、形式与实质、历史与现实、共识与尝试等八个关系。这些关系反映了商标司法中的基本矛盾和基本问题。把握好这些关系和处理好这些问题，对于确保商标法的正确适用和商标案件的正确裁判具有积极意义。

关键词：商标立法；商标司法；对立统一关系

《商标法》颁布30年来，伴随我国商标法治建设发展完善的历史进程，人民法院商标司法保护得到了长足发展。各级人民法院解放思想、实事求是、与时俱进，不作茧自缚，不故步自封，不抱残守缺，通过依法裁判商标案件、及时明晰商标法律标准和总结提炼商标司法政策，不断丰富商标法律内涵，不断创新商标审判理论，不断强化商标权益保护，已成为我国商标法治建设的重要实践者、推动者和见证者。回顾过去的司法保护历程，可以说

---

① 原载《知识产权》2012年第7期。

"看到的都是一片辛勤耕耘的土地,品尝它们的果实即可感到它们的价值"①。当然,就我个人的司法感受而言,多少有如下况味:"岁月流逝,或许我并没有因之获得更多的智慧,但是至少我的视野日益开阔,原本以为清晰可见的界限如今看来已是晦暗不明,原本以为密不透风的墙如今再看也没有密闭到滴水不入的地步。"②在商标司法中我经常看到,那些看似清晰明了的法律界限其实并不清晰,那些看似简单易决的法律答案其实并不简单,那些看似单一的线索的背后却纵横交错;我们经常需要从一种倾向看到另一种倾向,从一个方面看到另一个方面,从对立中看到统一或者从统一中看到对立。因而经常需要以矛盾的或者辩证的方法处理争议,而自身也不免时常陷入矛盾和纠结的思维境地。本文选取对立统一关系的视角讨论商标司法中的基本问题,就是此间矛盾无时无处不在的写照,或许这种矛盾的视角会使问题的讨论更深刻。本文拟结合商标权保护的司法探索和司法成就,对我国当前商标司法的若干重要问题进行一些梳理、探究和思考。

一、商标立法与商标司法的关系

商标司法首先需要摆正司法的位置,妥善处理商标立法与商标司法的关系:既能动地和有作为地司法,又把握好司法的方位;有为而不越位,有所为有所不为,适可而止。

(一)商标司法是商标立法的适用和继续

总体上讲,《商标法》具有稳定性。虽然《商标法》每隔数年都要修改一次,但修改法律所要解决的都是重要的、不通过修改法律即无法解决的问题。每当新一轮法律修改启动之时,人们往往对法律修改寄予厚望,期望修改的内容多多益善,最好能够把自己希望解决的问题都包容进去,但最终往往都会与具体预期有较大差距。尤其是,在我国社会主义法律体系已经建成的今天,法律修改的幅度一般不会太大,修改的内容不会太多,实践中的不少具体法律适

---

① ［美］本杰明·内森·卡多佐:《法律的成长》,刘培峰等译,贵州人民出版社2003年版,第17页。

② ［美］卡多佐:《司法过程的性质及法律的成长》,张维编译,北京出版社2012年版,第112页。

用问题仍然不能靠修改法律解决,而需要或者只能留待在具体执行中解决。之所以会这样,这既与人们所寄予的修改期望是否适当有关,又与立法的特性有关。立法首先只解决重大问题,立法重视相关各方的共识,立法强调原则性、一般性和稳定性,立法不会事无巨细和无所不包,等等。

立法与司法的差异久已为立法者和司法者所体认。即便如《法国民法典》那样本来有包罗万象、为任何可能遇到的法律问题提供答案的良苦初衷和勃勃雄心,其立法者也深知立法不可能无所不能和无所不包,而只能有所为有所不为,需要给司法留下足够的和必要的空间,司法的问题只能由司法去解决。《法国民法典》的起草者为此指出:"立法机关的任务是从大处着眼确立法律的一般准则。它必须是确立高度概括的原则,而不是陷于对每一种可能发生的问题的琐细规定。法律的适用乃属于法官和律师的事情,他们需要深刻理解法律的基本精神……立法同司法一样也有技巧,而二者是颇为不同的。立法的技巧是要发现每一领域中对公共福利最有利的原则,法官的技巧则是要把这些原则付诸实施,要凭借智慧与理性的运用而将其扩大到具体的情况……那些没有纳入合理立法范围内的异常少见的和特殊的案件,那些立法者没有时间处理太过于变化多样的、太易于引起争议的细节,及即使是努力预见也于事无益,或轻率预见则不无危险的一切问题,均留给判例去解决。我们应当留有一些空隙让经验去陆续填补。民众的法典应时而立,但确切地说,人们尚没有完成。"①可见,司法不仅是法律的适用,而且是立法的延伸和继续,也即法律"应时而立",但"尚没有完成"。商标立法和司法的关系同样如此。在商标立法没有规定、规定不清晰或者有裁量余地时,司法应发挥积极作用,通过法律解释和案件裁判等澄清疑问,解决纷繁复杂的各类问题。

(二)商标司法的裁量空间

法律应该具有确定性;如果法律经常模糊不清和变化无常,使人无法预知行为后果,就会丧失指引行为的应有价值。《商标法》解

---

① [德]茨威格特等:《比较法总论》,潘汉典等译,贵州人民出版社 1992 年版,第 167-168 页。

决了所调整领域的最基本、最重要的法律问题,能够满足所调整对象的主要法律需求。而且,即便商标法律规范具有一般性和抽象性,但经过执行中的经验积累、法律共同体达成的集体共识等,基本的法律适用问题不会有太大的分歧,《商标法》的适用标准总体上是清晰的和统一的,大多数商标争议都能够找到明确的法律答案。[①]这是《商标法》适用的基本方面。诚如卡多佐所说,"诉至法院的案件当中,十分之九甚至更多的案件都是预先都确定好的,也就是说,它们的命运是注定的,从生到死都必然与法律相伴。法官在这类案子的裁判中是没有多少自由裁量的空间的。如果在这种情况下太过于强调法官的自由裁量权,可能确属言过其实了"。[②]

但是,由于立法与司法在着眼点、职责和履职方法等方面的差异,由于需要"通过不断地改变立法和修正细枝末节来适应现实的变化事实上是不可能的";才形成了立法与司法在某些方面的不同定位和互补,造就了司法除将明确的法律规定不折不扣地付诸实施外,还另有独立发挥作用的余地和空间。"的确存在能让司法功能获得最大机遇和能量发挥的地方"[③]。司法过程蕴含着丰富内容,"比我们思维定式中的想象要更有灵活性和可塑性,它们也并不是被限制在一个非常固定的模子里,是否对错的界限也非像事先确定好的那样稳固和永恒不变"[④]。因此,从法律适用的层面看,司法首先必须遵循立法确立的原则和规则,必须服从于立法;但这还不

---

① [美]卡多佐:《司法过程的性质及法律的成长》,北京出版社 2012 年版,第 116-117 页。"我们可能并不能从这些规则和原则中得出完全一致的结论,这就像法院将它们运用于具体案件当中也会得出不同的裁判结果一样。但是,就其作为前提条件而言,我们没有任何争议。我们会在这一问题上达成共识,即我们需要有一些原则或律令作为法律,如果它们具有一定的合理性或应然程度,这样我们才能够对将来作为决断疑难案件或发生争议时作出合理预期。当这样预期的确定性和可靠程度足够高的时候,尽管这种稳定性难免会出现预期落空的错误,我们依然可以认为法律是稳定的。而如果预期达不到上述要求的话,我们就可以认为法律是不确定的或有疑问的。如果预期的稳定性非常差的话,那就是法律将不复存在的死亡了,这时候无论如何,我们都要拿出我们的造法行动让其重获新生"。

② [美]卡多佐:《司法过程的性质及法律的成长》,张维编译,北京出版社 2012 年版,第 124-125 页。

③ 同上注,第 125 页。

④ 同上注,第 79 页。

是司法的全部。司法不完全是被动地适用法律，而是与立法之间存在很强的互动关系：既有各自的定位和明确的分工，又相辅相成和相互促进，共同厉行着法治职责。①

首先，商标司法需要体现导向性。价值取向与目标导向是《商标法》适用的灵魂。“如果不知道道路导向何方，我们就不能智慧地选择路径。对于自己的职能，法官在心目中一定要总是保持这种目的论的理解”②。只有确定和贯彻正确的取向和导向，商标司法才能更准确地贯彻好立法意图，最大限度地实现良好的法律效果和社会效果。在裁判案件时，把握好导向和取向，才可以指导法官在多个法律选项中进行正确的选择，才能澄清法律的模糊性。在商标司法中，保护商标权是原则。但商标权毕竟是一个具有一定程度的模糊性的概念，其保护范围和程度具有很强的弹性；因而在确定如何保护时，司法具有很强的政策选择和取舍的色彩。与立法需要政策指引一样，司法同样有相应的政策空间，需要确定、把握和运用好司法政策。近年来最高人民法院通过总结提炼商标司法政策，加强对于商标司法取向和导向的明确和贯彻，并通过明确法律标准确保其落到实处。例如，司法政策指出：“加强商标权保护，培育和维护知名品牌，积极促进社会主义市场经济的竞争性、创新性和包容性增长。”“依法加强商标权保护。商标权的保护，必须有利于鼓励正当竞争，有利于划清商业标识之间的边界，有利于遏制恶意抢注他人知名商业标识及‘傍名牌’行为，有利于为知名品牌的创立和发展提供和谐宽松的法律环境，为培育知名品牌和提升企业综合竞争力提供助力，推动我国从制造大国向品牌强国加快转变”③。裁判商标案件需要体现这些导向。尤其是在法律界限晦暗不明或者具有不同选项的案件中，这些导向和取向直接决定案件的裁判方向，决定

---

① 这当然是仅从立法与司法在法律实施的技术层面上的关系的角度来说的。从政治架构的角度看，我国的司法机关是权力机关产生并向权力机关负责的。这是一种更高层面的关系。

② [美]本杰明·卡多佐：《司法过程的性质》，苏力译，商务印书馆2005年版，第63页。

③ 最高人民法院《关于充分发挥知识产权审判职能作用推动社会主义文化大发展大繁荣和促进经济自主协调发展若干问题的意见》（法发〔2011〕18号），2011年12月16日发布。

法官的选择。

商标权的保护力度和政策取向与经济背景和社会基础息息相关,对于社会的特别需求必须有更多的眷顾。特别是当前一些经营者有不正当模仿他人商业标识的习惯性偏好;无论是商标还是字号等的注册使用,常常有意与他人有知名度的商业标识贴近,以收到傍名牌、搭便车、鱼目混珠和浑水摸鱼等效果。近些年此类纠纷较多,恶意抢注、仿冒等花样层出不穷,成为损害市场竞争、妨碍创新和危害经济秩序的痼疾。在这种社会背景下,治顽疾需要猛药。法院应当以力挽狂澜和激浊扬清的气概,充分发挥司法政策的导向作用,对于商业标识给予强保护,提高商标的保护强度和加大遏制不正当模仿行为的力度。

其次,商标司法需要细化和丰富商标法律的内容。商标司法需要将立法的一般性、抽象性规定具体化。司法通过将商标法的一般性规定运用到具体案件,解决丰富多彩的个案,使商标法规范的内容具体化和明确化。法律规范的裁量性越强,司法作为的空间越大。这样的实例不胜枚举。

例如,2001 年《商标法》第 13 条第 1、2 款将“容易导致混淆”和“误导公众,致使该驰名商标注册人的利益可能受到损害”分别规定为相应驰名商标保护的要件。如何解释这些要件,法律并未明确规定。考虑到法律措辞的不同,以及其分别适用于未注册商标在相同类似商品上的保护和注册商标的跨类保护,应当作出不同的界定。因此,最高人民法院《关于审理涉及驰名商标保护的民事纠纷案件应用法律若干问题的解释》(2009 年发布)第 9 条规定:“足以使相关公众对使用驰名商标和被诉商标的商品来源产生误认,或者足以使相关公众认为使用驰名商标和被诉商标的经营者之间具有许可使用、关联企业关系等特定联系的,属于商标法第十三条第二款规定的‘容易导致混淆’。足以使相关公众认为被诉商标与驰名商标具有相当程度的联系,而减弱驰名商标的显著性、贬损驰名商标的市场声誉,或者不正当利用驰名商标的市场声誉的,属于商标法第十三条第三款规定的‘误导公众,致使该驰名商标注册人的利益可能受到损害’。”有人说,我国《商标法》并未引进驰名商标的反淡化保护制度;这些规定虽然有合理性,但不应该由司法解释规定,而应该通过修改法律解决。显然,《商标法》对于驰名的注册商标实行跨类别保护,本身已突破了一般商标保护的相对性,事实上已采取反淡化保护的态度。或者说,驰名商标跨商品类别保护具有天然的反淡化色彩,即既然已经在非相同类似商品上进行保护,当然不能再囿于相同类似商品上的市场混淆标准,必然是对于混淆性的突破,否则无法达成驰名商标保护的目的。何况驰名商标反淡化保护本来就非一个模式,更不是只有一个美国模式,不同立法模式下的保护范围、条件和程度不尽相同。美国有些绝对化的纯粹反淡化保护制度,它采取驰名商标的高门槛、强保护制度;欧盟有相对化的反淡化保护,它采取门槛相对不高的弹性保护态度。我国的驰名商标反淡化保护有些接近于欧盟制度;而与美国制度差异较大,不宜想当然地以美国商标反淡化法之类的保护制度想象我国的商标反淡化保护,更不能将其作为衡量我国商标反淡化制度的标尺。在《商标法》未界定相关要件含义的情况下,司法解释当然可以根据立法精神、事物本身的属性和社会需求,进行正当合理的解释。实践证明,这些解释符合我国驰名商标保护实际,效果是好的。

按照《商标法》有关规定,通用名称不能注册为商标,但实践中对于通用名称的理解分歧很大,把握的标准不尽相同。最高人民法院《关于审理商标授权确权行政案件若干问题的意见》(法发〔2010〕12 号)第 7 条规定:“人民法院在判断诉争商标是否为通用名称时,应当审查其是否属于法定的或者约定俗成的商品名称。依据法律规定或者国家标准、行业标准属于商品通用名称的,应当认定为通用名称。相关公众普遍认为某一名称能够指代一类商品的,应当认定该名称为约定俗成的通用名称。被专业工具书、辞典列为商品名称的,可以作为认定约定俗成的通用名称的参考。约定俗成的通用名称一般以全国范围内相关公众的通常认识为判断标准。对于由于历史传统、风土人情、地理环境等原因形成的相关市场较为固定的商品,在该相关市场内通用的称谓,可以认定为通用名称。申请人明知或者应知其申请注册的商标为部分区域内约定俗成的商品名称的,应视其申请注册的商标为通用名称。”该解释赋予通用名称如此之多的含义和类型,足见看似简单的术语和明确的规定，其实践中的含义却是如此之丰富，任何简单化的理解都行不通；也足见司法解释之能动空间，这些复杂而具体的情况更适合司法根据案件具体情况具体处置。

《商标法》第15条只是禁止代理人或者代表人抢注他人注册商标，但一些代理人或者代表人为规避该条规定，与第三人串通并以第三人名义实施抢注行为。如果仅仅从字面含义理解，不能适用上述规定禁止该第三人的抢注。但是，考虑到该条规定有关禁止不正当抢注的立法意图，以及第三人只是被作为代理人或者代表人抢注他人注册商标的工具的事实，如果扩张解释上述规定，将此类第三人的抢注行为纳入该条规定的调整范围，对于遏制当前社会上不正当抢注多发的现象是很适宜的。司法实践中就是如此扩张适用的，这显然有很强的政策取向成分。

按照《商标法》有关规定，"三年不使用"的注册商标可予撤销，但看似简单的"三年不使用"却有丰富内涵和复杂情形。如最高人民法院《关于审理商标授权确权行政案件若干问题的意见》第20条第2款规定："商标权人自行使用、许可他人使用以及其他不违背商标权人意志的使用，均可认定属于实际使用的行为。实际使用的商标与核准注册的商标虽有细微差别，但未改变其显著特征的，可以视为注册商标的使用。没有实际使用注册商标，仅有转让或许可行为，或者仅有商标注册信息的公布或者对其注册商标享有专有权的声明等的，不宜认定为商标使用。"实践中，还另有一些商标使用的情形，需要根据情况进行认定。

《商标法》规定，同中华人民共和国的国家名称相同或者近似的标志不得注册为商标。但何为此处的相同或者近似，实践中却有较大分歧。在申诉人国家工商行政管理总局商标评审委员会与被申诉人劲牌有限公司商标驳回复审行政纠纷案中[①]，最高人民法院再审判决认为，"《商标法》第十条第一款第（一）项所称同中华人民共和国的国家名称相同或者近似，是指该标志作为整体同我国国家名称相同或者近似；如果该标志含有与我国国家名称相同或者近似的

---

① 劲牌有限公司与国家工商行政管理总局商标评审委员会商标驳回复审行政纠纷案，载《最高人民法院公报》2012年第4期。

文字,但其与其他要素相结合,作为一个整体已不再与我国国家名称构成相同或者近似的,则不宜认定为同中华人民共和国国家名称相同或者近似的标志”。就本案涉及的“中国劲酒”商标是否能够认为与国名相同近似,该再审判决认为,申请商标可清晰识别为“中国”“劲”“酒”三部分,虽然其中含有我国国家名称“中国”,但其整体上并未与我国国家名称相同或者近似,因此申请商标并未构成同中华人民共和国国家名称相同或者近似的标志,商标评审委员会认为申请商标属于《商标法》第 10 条第 1 款第 1 项规定的同我国国家名称相近似的标志并据此驳回申请商标的注册申请不妥。但是,国家名称是国家的象征,如果允许随意将其作为商标的组成要素予以注册并作商业使用,将导致国家名称的滥用,损害国家尊严,也可能对社会公共利益和公共秩序产生其他消极、负面影响。因此,对于上述含有与我国国家名称相同或者近似的文字的标志,虽然对其注册申请不宜根据《商标法》第 10 条第 1 款第 1 项进行审查,但并不意味着属于可以注册使用的商标,而仍应当根据《商标法》其他相关规定予以审查。例如,此类标志若具有不良影响,仍可以按照《商标法》相关规定认定为不得使用和注册的商标。对于含有国名的标志的界定,商标授权机关一直做宽泛的习惯性理解,如将“含有与我国国家名称相同或者近似的文字,但其与其他要素相结合,作为一个整体已不再与我国国家名称构成相同或者近似”的情形也纳入其中,甚至在此基础上发展出专门的行政审查标准,规定了一系列例外情形。但是,上述行政再审判决显然不完全同意商标行政授权机关长期形成的习惯性认识。这也说明,看似理解起来比较简单的法律问题和法律规定,居然有如此长时间的误解误判,甚至至今可能还意识不到或者仍自以为是。

上述实例足以说明,现实生活是丰富多彩的;将一般性和抽象性的法律规定适用于形形色色的现实法律争议,必然需要创造性思维,需要根据实际丰富法律规定的具体内涵和外延。

最后,商标司法需要用足用活裁量性法律规范。《商标法》中的绝大多数法律规范具有裁量性。商标司法具有较大的裁量空间;可以通过用足用好裁量性规范,以不变应万变,充分发挥裁量性规范的最大效应,追求良好的法律效果和社会效果。例如,司法政策指出:“要根据商标的知名度、显著程度等,恰当运用商标近似、商品类似、在先使用并且有一定影响的商标、以欺骗或者其他不正当手段取得商标注册等裁量性法律标准,妥善把握商标注册申请人或者注册人是否有真实使用意图,以及结合商标使用过程中的‘傍名牌’行为认定主观恶意等,用足用好商标法有关规定,加大遏制恶意抢注、‘傍名牌’等不正当行为的力度,充分体现商标权保护的法律导向。”①

(三)商标司法的能动性和与时俱进

假如立法完美无缺,假如法律能够为各类争议提供准确无疑的答案,假如法律总能够跟上时代发展的步伐;此时法律适用只是一个无须裁量的对号入座过程,法官只需要简单地在既有法律之中寻求答案就可以了。但是,这显然不是司法的真实图景。法律不可能事无巨细和完美无缺,不可能随时而变,法律之中无可避免地存在大量的裁量性规范,法律的适用在很大程度上是一种裁量甚至再创造的过程。卡多佐甚至说:“往往我们制定出来的法律墨迹未干的时候,一系列新的事实、新的复杂事件所施加给我们的力量就已经出现,要求我们审慎考虑,作出某些限制性规定,甚至有可能需要我们推倒已有的规定重新来过。”②这本身是立法的无奈,更多是客观上的有所不能;无论立法机关如何努力,均只能改善而无法完全改变这种局面。这种局面恰恰造就了立法与司法不可避免的权力分工,造就了立法与司法履职特点的差异。司法恰恰要接过立法的接力棒:既忠实地将法律付诸实施;又不是简单地将法律对号入座式地付诸实施和机械司法,而常常是裁量性、创造性和与时俱进性地付诸实施。《商标法》在施行中之所以需要不断地作出细化和解释,需要不断地澄清法律含义,需要为应对新情况新问题而不断地赋予既有规定新的含义,均是司法的这些属性所必然要求的。尤其是,诸如不良影响、不正当手段抢注等弹性较大的裁量性条款更是

① 最高人民法院《关于充分发挥知识产权审判职能作用推动社会主义文化大发展大繁荣和促进经济自主协调发展若干问题的意见》(法发〔2011〕18号),2011年12月16日发布。

② [美]卡多佐:《司法过程的性质及法律的成长》,张维编译,北京出版社2012年版,第128页。

经常被拿来应对和解决各种新难问题。

例如,对于在相同或者类似商品以外大批量注册与他人知名度较高或者独创性较强的在先注册商标相同的商标,明显没有实际使用意图甚至在注册后即待价而沽,近来法院已不再简单地走商标权相对性的那一条路,而另辟蹊径,援引《商标法》有关申请注册商标要有实际使用意图(第 4 条含有此项意图)及扰乱商标注册秩序的有关规定,进行遏制。因为,我们首先可以清楚地判断,这些行为显然具有不诚信、不正当和危害性,也是在钻法律的空子。简单地拘泥于除驰名商标外不能跨类别保护注册商标的制度,一条道走到黑,就无法有效遏制此类行为,但又不能公然突破法律;所以要在其他裁量性规范中寻求依据。在这种情况下,我们的思路是,既然面对的行为具有明显的不正当性,《商标法》又有那么多弹性条款,总能找到一些规定对付它,总有一条规定适合它,无非是要求我们精心寻找和打破思维定式。诚如卡多佐所说,“逻辑的指导道路并非一片坦途。如果将一个原则或先例推到其逻辑极致的时候,也许会指向某个结论。而另一个原则或先例遵循类似的逻辑,则可能会得出另外一个具有同样确定性的结论。在二者的冲突里,我们必须从中选择其一,当然我们也可以开辟第三条道路,这第三条道路要么是前二者合力的结果,要么是取两个端点的中间点”。“在案件的裁判过程中,会有许多类推和先例及其背后的原则出现,逼迫你对它们做出选择,但只有真正代表了最根本、最广泛的社会利益的原则才能胜出,成为最终决定裁判结果的原则”。“历史或者习惯、社会效益或无法让你抗拒的正义情感,有时候或许渗透在法律的精神当中,它会让法官产生某种半直觉性的领悟,以祛除选择中的焦虑不安而坚定地向某个方向行进”①。在现实逼迫我们有效应对时,我们总能在现有规定基础上找到新出路,我们不应作茧自缚,更不会束手无策,办法总比问题多。

---

① ［美］卡多佐:《司法过程的性质及法律的成长》,张维编译,北京出版社 2012 年版,第 19-20 页。苏力先生译为:“历史或者习惯、社会效用或某些逼人的正义情感,有时甚或是对渗透在我们法律中的精神的半直觉性领悟,必定要来援救焦虑不安的法官,并告诉他向何方向前进。”参见［美］本杰明·卡多佐:《司法过程的性质》,苏力译,商务印书馆 2005 年版,第 24-25 页。

二、商标司法中强保护与弱保护的关系

商标权的保护既有强的一面,又有弱的一面;强保护与弱保护针对不同的情形,体现了鲜明的政策性和导向性。

(一)总体导向上的强保护与具体情况下的区别对待

我国经济发展已有了很好的基础和发展前景,目前正在加强品牌建设和促进自主品牌的形成。而且,我们也处于经济全球化的时代,正在树立负责任大国形象。在这样的国内需求和国际背景之下,我们必须下大力气加强商标权保护,坚决遏制冒牌、恶意抢注、傍名牌等不正当行为。因此,在考虑国内外形势和环境的基础上,司法政策确立了前述的加强权利保护、划清市场界限、留足创立空间、营造发展环境的品牌保护基本导向。① 加强对于知名度较高的商标的保护、加大遏制恶意抢注他人商标的力度、加大赔偿力度等,均体现了整体上的强保护态度。

但是,商标在具体保护中的情况很复杂,不能进行简单化处理和“一刀切”,需要区别情况,有强有弱,强弱适度。例如,坚持商标权相对性原则:除法律另有规定外,一般情况下不进行跨商品类别的保护,如对于在先使用并具有一定影响的商标及不构成驰名的注册商标不采取跨类保护;以正当使用制度适当限制商标权②,如“商标侵权行为应以在商业标识意义上使用相同或者近似商标为条件,被诉侵权人为描述或者说明其产品或者服务的特点而善意合理地使用相同或者近似标识的,可以依法认定为正当使用”③;适当承

---

① 如最高人民法院《关于当前经济形势下知识产权审判服务大局若干问题的意见》(法发〔2009〕23 号),2009 年 4 月 21 日发布。最高人民法院《关于充分发挥知识产权审判职能作用推动社会主义文化大发展大繁荣和促进经济自主协调发展若干问题的意见》(法发〔2011〕18 号),2011 年 12 月 16 日发布。

② 最高人民法院民事审判第三庭在〔2008〕民三他字第 12 号答复函(2008 年 12 月 20 日)指出:“对于一定地域内的相关公众中约定俗成的扑克游戏名称,如果当事人不是将其作为区分商品或者服务来源的商标使用,只是将其用作反映该类游戏内容、特点等的游戏名称,可以认定为正当使用。”

③ 最高人民法院《关于充分发挥知识产权审判职能作用推动社会主义文化大发展大繁荣和促进经济自主协调发展若干问题的意见》(法发〔2011〕18 号),2011 年 12 月 16 日发布。

认在先商标权人的善意抗辩,如"注册商标权人的注册商标属于复制、模仿或者翻译他人未在中国注册的驰名商标、抢注被代理人或者被代表人的商标或者以不正当手段抢注他人已经使用并有一定影响的商标,被诉侵权的在先商标使用人以此为由提出抗辩的,应当予以支持"①;适当弱化未实际使用商标的保护,等等。

近年来未实际使用的注册商标的弱保护问题引起较多的关注。此类商标的弱保护既可以体现在赔偿问题上,又可以体现在界定其排斥权时的有所限制上,如在涉及未实际使用的商标的商品类似或者商标近似的认定上,可能也要有所限制。特别是侵犯未实际使用的注册商标,是否承担赔偿责任,已引起当前司法实践的较多关注。不少人主张此时可不予赔偿,且已出现不予赔偿的判例。主要理由是,在注册商标尚未使用的情况下,可以认定侵权行为并未给其造成损失。但是,实际情况并非如此简单。注册商标未实际使用的情况较为复杂,是否以及如何承担赔偿责任,不好一概而论;需要细分各种情况,既考虑未实际使用的情况,又考虑导向性。首先,未实际使用对于确定赔偿责任是有影响的。商标的生命在于实际使用,未实际使用的商标充其量只是法律为其预留了使用的空间,而不宜给注册人通过侵权救济获利的太多刺激;因而,即使判定赔偿损失,也不宜简单地以被告获利进行赔偿。因为,利润损失的前提是已经实际使用,即具有实际的竞争行为,已经实际损害其竞争利益或者说挤占原告的市场份额。倘若尚未有实际的竞争行为,也即尚未实际使用注册商标从事商业活动,注册人即无实际的市场份额,不存在对其市场份额的挤占,就不能将被告的利润视为原告的损失,因为不存在被告的所得即为原告所失的前提和基础。其次,可以考虑注册人的主观状况。如果注册商标的注册人或者受让人并无实际使用的意图,只是将注册商标作为通过诉讼获益等投机取巧的工具,可以考虑不予赔偿。因为此时注册人对于注册商标的持有已属于违反《商标法》有关注册商标本意的拥有,不予赔偿体现了一种不鼓励此类行为的导向作用。相反,如果注册人有真实使用的意

① 最高人民法院《关于充分发挥知识产权审判职能作用推动社会主义文化大发展大繁荣和促进经济自主协调发展若干问题的意见》(法发〔2011〕18号),2011年12月16日发布。

图,如有证据证明正在为实际使用进行了实质性的准备,对于这些诚实的注册人不妨在赔偿损失上给予相应救济。最后,连续三年不使用的注册商标,可不予赔偿。这种商标虽然尚未被撤销,但在法律上已属于“死掉”的商标,在目前通常还不直接在民事诉讼中不予保护的情况下,在损害赔偿上却可以不予支持,以与《商标法》有关连续三年不使用商标应当撤销的规定相呼应。当然,连续三年不使用的商标的具体认定仍然较为复杂,通常而言,连续三年不使用且无真实使用意图的注册商标可以作如此处理。

鉴于此,司法政策指出:“妥善处理注册商标实际使用与民事责任承担的关系,使民事责任的承担有利于鼓励商标使用,激活商标资源,防止利用注册商标不正当地投机取巧。请求保护的注册商标未实际投入商业使用的,确定民事责任时可将责令停止侵权行为作为主要方式,在确定赔偿责任时可以酌情考虑未实际使用的事实,除为维权而支出的合理费用外,如果确无实际损失和其他损害,一般不根据被控侵权人的获利确定赔偿;注册人或者受让人并无实际使用意图,仅将注册商标作为索赔工具的,可以不予赔偿;注册商标已构成商标法规定的连续三年停止使用情形的,可以不支持其损害赔偿请求。”①

(二)整体趋向上的扩张保护与适可而止

回顾历史,商标权保护整体上呈扩张的趋向。主要体现为通过不断增加混淆的种类扩张商标权利,对于驰名商标的跨商品类别的扩张保护等。商标侵权中混淆概念的变迁,就是反映这种趋势的极好例证。

商标侵权以禁止仿冒行为为开端,但当时的仿冒乃是冒用商业标识导致的鱼目混珠,即商品混淆(confusion of goods)。此后,混淆的概念逐渐扩展,先后出现了来源混淆(confusion of source)和关联关系混淆(confusion of sponsorship or apprival),甚至在近年来出现了售后混淆(post sale confusion)和初始关注混淆(initial interest confusion)。“来源混淆”只是要求使人误认为使用相同或者近似标

① 最高人民法院《关于当前经济形势下知识产权审判服务大局若干问题的意见》(法发〔2009〕23号),2009年4月21日发布。

识的商品来自同一生产者即可,不要求将两个商品混为一谈,也不要求两个商品具有竞争关系。“关联关系的混淆”并不要求误认为两个商品来源于同一个生产者,只要误认为两者的生产者之间存在商标许可、关联企业等关系即可。“售后混淆”是指购买者对于商品来源并未发生误认,但购买之后其他人看到该商品之后对于该商品产生了误认。“初始关注混淆”原则乃是乍看之下的混淆,其混淆只是一时的,在售出之前就能认清来源。显然,商业标识权利范围因混淆概念的扩展而大大拓宽。随着混淆概念的扩展,强化商业标识权利的色彩越是浓厚,商标权的相对性越弱。特别是有些国家对于驰名商标的保护采取了纯粹的反淡化思路(如美国),抛弃了混淆的要求,使其演化成商标法中的特殊分支,使得商标权越来越具有物权(绝对权)的表征,即几近授予商标所有人对于相同或者近似标识的支配权,使商标权保护走向了极致。驰名商标的保护更是立足于保护商标所有人在商标上的投入以及由此形成的商誉,其保护基础也不同于以混淆为根基的商标侵权保护。[①] 可见,混淆概念的演变史,就是拓宽商业标识权利边界和强化商业标识权利保护的历史。

我国《商标法》并未将混淆规定为商标侵权的要件,但最高人民法院《关于审理商标民事纠纷案件适用法律若干问题的解释》第 9 条第 2 款规定将“易使相关公众对商品的来源产生误认或者认为其来源与原告注册商标的商品有特定的联系”(混淆)规定为认定商标近似的要素。这说明我国司法将误认和关联关系的混淆纳入“混淆”的范畴,从而使商业标识具有较宽的权利范围,体现了对商标权进行宽保护的意图。而且,司法实践中通过对于弹性较大的混淆概念的适用,使扩展商标标识权利的意图得以实现。商标侵权中的混淆误认概念还有新的拓展形式,成为保护商标权的新形态。知名度较高的商品冒用知名度较低商品的商标构成的“反向仿冒”(反向混淆),就是拓展商标权保护的另一类型的典型形态。如在蓝野酒业公司与上海百事可乐饮料有限公司商标侵权案中,法院即以构成反向混淆而认定构成侵权。[②]

---

① David S. Welkowwitz, *Trademark Dilution*: *Federal*, *State*, *and International Law*, BNA Books, p. 4-5.

② 浙江省高级人民法院民事判决书,〔2007〕浙民三终字第 74 号。

当然，当前我国在认定商标侵权时是否在此之外扩展混淆的范围，如是否接受售后混淆、初始关注混淆和联想之类的混淆类型，不是没有争议。但目前司法实践基本倾向于持否定态度。因为，扩张混淆的类型，意味着扩张商标的排斥权范围，强化商标权保护。这首先是看实践中是否有此需求。目前我国商标权保护中，这种需求还不强烈，没必要给予如此强大的保护。如在伟哥商标案中，最高人民法院倾向于不认可售后混淆。该案中，辉瑞产品公司许可辉瑞制药公司使用涉案立体商标，该商标系指定颜色为蓝色的菱形立体商标。被诉侵权的联环公司生产的"甲磺酸酚妥拉明分散片"的包装盒正、反面标有"伟哥"和"TM"字样，"伟哥"两字有土黄色的菱形图案作为衬底；盒内药片的包装为不透明材料，其上亦印有"伟哥"和"TM"、"江苏联环药业股份有限公司"字样，药片的包装有与药片形状相应的菱形突起。药片为浅蓝色、近似于指南针形状的菱形，并标有"伟哥"和"TM"字样。由于被诉产品形状与主张权利的立体商标近似，本案处理过程中曾讨论过是否承认售后混淆问题，但最终没有接受售后混淆。最高人民法院裁定认为："本案中，联环公司生产的'甲磺酸酚妥拉明分散片'药片的包装有与药片形状相应的菱形突起、包装盒上'伟哥'两字有土黄色的菱形图案作为衬底，但消费者在购买该药品时并不能据此识别该药片的外部形态。由于该药片包装于不透明材料内，其颜色及形状并不能起到标识其来源和生产者的作用，不能认定为商标意义上的使用，因此，不属于使用相同或者近似商标的行为。"①当然，一旦进一步加大商标权保护的问题变得很突出，确有扩张混淆概念的需要，再考虑扩张其范围。尤其是当前信息网络的发展等为商标权保护带来了新问题，是否有必要在网络环境下的商标权保护中引进初始混淆等标准，值得进一步研究。

（三）注册商标的强保护与未注册商标的弱保护

我国《商标法》主要是保护注册商标的，偶尔旁及一下未注册商标的保护，如《商标法》第13条对于驰名的未注册商标的保护、第31条对于在先使用并具有一定影响的商标的保护，这些主要是基

---

① 最高人民法院民事裁定书，〔2009〕民申字第268号。

于阻止他人抢注的角度。未注册商标的民事保护主要由《反不正当竞争法》有关知名商品特有名称、包装装潢的规定来承担。我国有独特的商标注册制度,而且在注册商标与未注册商标之间采取鼓励商标注册和强保护注册商标的态度。“从发展看,应当引导和鼓励经营者将其商标申请注册,以增强自我保护手段,避免发生纠纷或者发生纠纷后也易于处理”①。注册商标强保护体现在以下几个方面:首先,商标注册具有授权属性,不以此前的实际使用为前提和基础,而且,商标一旦获准注册,就在核定使用的商品上具有专有使用权,并排斥他人在相同类似商品上使用相同近似商标;即使注册后未实际使用,法律仍然预留这些权利。例如,在属于注册商标核定使用范围的商品上,不能因为注册商标人尚未实际使用,而因其他人实际使用了,就认可该实际使用,或者反而以该他人的实际使用限制注册商标权人的权利范围。其次,注册商标的效力范围及于全国,而不是局部地区,也即不限于其实际使用的地区。这也是法律为注册商标预留的使用空间。最后,注册商标的核心权利是恒定的,在注册时已经确定,不因为注册之后的转让或者受让而缩小和受限。核心权利的范围是什么?这就是《商标法》第56条规定的在核定使用的商品上使用核准商标的专用权。核定商品上的核定商标,显然包括基本相同的商标,如简单变换一下字体的商标(由简体字变为繁体字,或者以其他方式改变一下字体)。在此之外的排斥权范围可以有伸缩和弹性,即在类似商品上禁止他人使用相同或者类似商标,或者在相同商品上禁止他人使用近似商标,均具有相对性和弹性,排斥权范围取决于多种弹性因素,如知名度和显著程度等。

《反不正当竞争法》对于知名商品特有名称等的保护,性质上是对未注册商标的保护,相对于《商标法》对于注册商标的保护而言具有补充性。实践中要妥善处理未注册商标与注册商标之间的关系,主要是权利冲突的关系。首先,是否承认善意在先使用商标的抗辩。在商标侵权诉讼中,注册商标能否对抗在先使用的相同近似商标,也即被诉商标能否以在先使用为由进行不侵权抗辩,实践中

① 全国人大常委会法制工作委员会民法室编著:《〈中华人民共和国反不正当竞争法〉释义》,法律出版社1994年版,第14页。

存在不同认识。由于法律对此并无明文规定，加上该问题涉及我国注册商标如何进行定位，最高人民法院始终持慎重态度。2012 年年底出台的司法政策根据《商标法》第 13、15 条和第 31 条的立法精神，开始正式明确在先使用商标人对于在后恶意抢注商标的侵权抗辩："注册商标权人的注册商标属于复制、模仿或者翻译他人未在中国注册的驰名商标、抢注被代理人或者被代表人的商标或者以不正当手段抢注他人已经使用并有一定影响的商标，被诉侵权的在先商标使用人以此为由提出抗辩的，应当予以支持。"①无论是根据相关立法精神（借鉴商标授权程序中保护在先未注册商标的条件和精神），还是根据寻求救济者须有干净之手的公平原则，这些在先使用抗辩都不会引起多少争议。问题在于注册商标并非恶意抢注在先使用的相同近似未注册商标，只是发生了巧合，在后商标经核准注册之后，在先未注册商标是否还可以继续使用，或者能否对抗在后注册商标权？对此至少有三种不同看法。一是认为为体现鼓励商标注册的立法精神，体现注册商标强保护及维护注册商标在国内市场使用上的统一性，防止相关公众混淆，应当不允许在先使用商标继续使用和进行侵权抗辩；二是认为既然在先使用是善意的，不允许使用或者不侵权抗辩不公平；三是折中观点，即允许在原使用范围内使用和不侵权抗辩。这些观点各有道理，在法律尚无规定的情况下，该问题尚不突出，情况也比较复杂，表态的时机和条件尚不成熟。该问题最好留给立法去解决。当然，在先使用商标必须首先构成商标，如必须具有一定的影响或者构成知名商品特有名称等；除另有规定外，达不到此种要求的标识不符合未注册商标的保护条件。其次，与在先注册商标相同近似的未注册商标，不能以构成知名商品特有名称等为由而与在先注册商标相冲突和抗衡。注册商标具有排斥相同类似商品上的相同近似商标的法律能力；在后商标不能因为无视在先注册商标的存在而进行的在后使用等，反而构成知名商品特有名称等，亦不能因此产生法律上的权利。例如，明知相同类似商品上有相同近似商标，仍然强行使用，甚至在因与该在

---

①　最高人民法院《关于充分发挥知识产权审判职能作用推动社会主义文化大发展大繁荣和促进经济自主协调发展若干问题的意见》（法发〔2011〕18 号），2011 年 12 月 16 日发布。

先注册相同近似而被驳回商标注册申请的情况下，仍一意孤行，继续使用与在先注册商标相冲突的商标，即使因使用和宣传而扩大了相关商标的知名度，也不能产生知名商品特有名称等权利；否则会冲击商标注册基本制度，纵容和助长市场竞争中的弱肉强食。我有在先注册商标，你本来就不能再注册了，你能否通过强行实际使用和制造影响去“跑马占地”，反而挤占他人的在先注册商标？答案显然是不言自明的。禁止此种已有一定影响的在后商标的使用，是否剥夺了它的贡献，会不会不公平？我的回答是咎由自取，明知法律上的不能为而为之，对于不利后果应该早有预见，不应该抱侥幸心理，当然应当承担由此带来的法律风险。最后，基于商标权的独立性和地域性原则，此处使用的在先在后显然都是在中国境内的使用和注册先后。

（四）专有使用权领域的强保护与排斥权领域的弹性保护

商标权即我国《商标法》规定的“注册商标专用权”，可划分为两大部分，即专有使用权和排斥权。前者是在核定使用的商品上使用核准注册的商标的权利；后者是禁止在相同类似商品上使用相同近似商标的权利。侵入商标权人商标权核心领域的，即在相同商品上使用相同商标的，应当给予注册商标强保护，如不再考虑混淆因素（或推定混淆）；除此之外，则给予弹性保护。司法政策指出：“正确把握商标权的专用权属性，合理界定权利范围，既确保合理利用商标资源，又维护公平竞争；既以核定使用的商品和核准使用的商标为基础，加强商标专用权核心领域的保护，又以市场混淆为指针，合理划定商标权的排斥范围，确保经营者之间在商标的使用上保持清晰的边界，使自主品牌的创立和发展具有足够的法律空间。未经商标注册人许可，在同一种商品上使用与其注册商标相同的商标的，除构成正当合理使用的情形外，认定侵权行为时不需要考虑混淆因素。”[①]商标权的专有使用权应该是客观的和固定的；但排他权是相对的和弹性的，具有一定的主观性，需要根据商标的具体情况决定是强保护还是弱保护。

---

① 最高人民法院《关于当前经济形势下知识产权审判服务大局若干问题的意见》（法发〔2009〕23号），2009年4月21日印发。

（五）知名度高低和显著性强弱与商标权保护强弱的关系

商标权的保护强度是与知名度和显著性相关的。司法政策指出："认定商品类似和商标近似要考虑请求保护的注册商标的显著程度和市场知名度，对于显著性越强和市场知名度越高的注册商标，给予其范围越宽和强度越大的保护，以激励市场竞争的优胜者，净化市场环境，遏制不正当搭车、模仿行为。"①

例如，在中粮公司与嘉裕长城公司商标侵权案件中，最高人民法院二审判决指出："对于在特定市场范围内具有驰名度的注册商标，给予与其驰名度相适应的强度较大的法律保护，有利于激励市场竞争的优胜者、鼓励正当竞争和净化市场秩序，防止他人不正当地攀附其商业声誉，从而可以有效地促进市场经济有序和健康地发展。尽管在现代汉语中'长城'的原意是指我国伟大的古代军事工程万里长城，但中粮公司第70855号'长城牌'注册商标中的'长城'文字因其驰名度而取得较强的显著性，使其在葡萄酒相关市场中对于其他含有'长城"字样的商标具有较强的排斥力，应当给予强度较大的法律保护。据此，可以认定嘉裕公司使用的'嘉裕长城及图'商标与中粮公司第70855号'长城牌'注册商标构成近似。嘉裕公司所称中粮公司第70855号'长城牌'注册商标中的'长城'二字本身作为商标没有显著性，其'嘉裕长城及图'商标与中粮公司的第70855号'长城牌'注册商标不构成近似的主张不能成立。"②该判决给予知名度较高的商标以较宽范围的排斥力，显然符合商标保护的政策导向和客观实际。

相反，如果注册商标的显著性不强而又没有建立较高的知名度，其保护强度就是很弱的。如在侵犯"维纳斯"注册商标权纠纷案中，最高人民法院二审判决指出，"从商标的显著性考虑，'维纳斯'作为罗马和希腊神话中女神的称谓和著名雕塑的固有含义，弱化了其作为瓷砖商标的显著性，上诉人谊来公司未提供证据证明因其大量宣传和使用而使'维纳斯'与其瓷砖商品间建立了更为特定的联系"③。由

---

① 最高人民法院《关于当前经济形势下知识产权审判服务大局若干问题的意见》（法发〔2009〕23号），2009年4月21日印发。

② 最高人民法院民事判决书，〔2005〕民三终字第5号。

③ 最高人民法院民事判决书，〔2004〕民三终字第2号。

于“维纳斯”作为注册商标在显著性上的先天不足，又没有因为知名度而得以弥补，所以对其采取了弱保护的态度。

（六）用好灵活的法律标准落实强保护与弱保护

庞德教授在其《法哲学导论》中指出：“人们从行为、关系和情势中产生的合理期待，都要靠法律落到实处。”[①]在上述情形下我们为什么能够做到强保护和弱保护？这是因为我们可以靠法律将其落到实处，尤其是划定权利范围的商业标识近似、商品类似和知名度等标准具有较大的伸缩余地，有根据情况进行强保护和弱保护的法律空间和基础。运用这些法律标准，特别是用好用足这些不确定或者裁量性的法律标准，如商品类似和商标近似的弹性把握，知名度与保护范围，混淆因素的具体把握，就可以实现上述保护目的。只要新出现的一些行为明显具有不正当性，只要我们善于把握法律精神和灵活运用裁量性规范，总能够在现有的裁量性规范中找到规制不正当行为的依据，做到“魔高一尺，道高一丈”。

例如，针对恶意抢注较为严重的情形，可以通过适当扩大类似商品的范围而强化已注册商标在关联商品上的排斥力，可在商标异议或者评审程序中，对于类似商品的判断不限于相同类似商品分类表的分类，在关联商品上适当扩展对于他人在先知名商标的保护[②]；可以适当降低一些驰名商标的认定门槛，扩展具有较高知名度的商标的跨类保护；还可以以没有实际使用意图遏制大批量不正当注册商标行为。在商标侵权案件中，在保护具有知名度的商标时，可以按照有关司法解释的精神，适当放宽近似商标或者类似商品的判断标准，也即商标权的排斥力与其知名度成正比例，尤其是驰名商标

---

① ［美］卡多佐：《司法过程的性质及法律的成长》，北京出版社2012年版，第146页。

② 最高人民法院《关于充分发挥知识产权审判职能作用推动社会主义文化大发展大繁荣和促进经济自主协调发展若干问题的意见》第20条规定：“充分考虑商标所使用商品的关联性，准确把握商品类似的认定标准。认定商品类似可以参考类似商品区分表，但更应当尊重市场实际。要以相关公众的一般认识为标准，结合商品的功能、用途、生产部门、销售渠道、消费对象等因素，正确认定商标法意义上的商品类似。主张权利的商标已实际使用并具有一定知名度的，认定商品类似要充分考虑商品之间的关联性。相关公众基于对商品的通常认知和一般交易观念认为存在特定关联性的商品，可视情纳入类似商品范围。”

的跨类保护使商标权的相对权属性大大减小。

在商标侵权的判断上，商标近似的判断直接涉及商标权的范围，但商标近似的构成涉及多种复杂的情况。商标法意义上的近似是指足以产生市场混淆的近似，而不仅仅是构成要素上的近似性。也即构成要素上的近似必须符合足以产生市场混淆的要求，或者说达到足以产生市场混淆的程度，才可以构成商标侵权意义上的近似。2013 年《商标法》第 57 条第 1 项规定的“与其注册商标相同或者近似的商标”中的近似商标，就是构成此处所谓的商标法意义上的近似商标。之所以有这样的要求，是因为只有达到这样的近似程度，才可能给商标的标识性造成市场妨碍。如司法政策所说，“妥善处理商标近似与商标构成要素近似的关系，准确把握认定商标近似的法律尺度。认定是否构成近似商标，要根据案件的具体情况。通常情况下，相关商标的构成要素整体上构成近似的，可以认定为近似商标。相关商标构成要素整体上不近似，但主张权利的商标的知名度远高于被诉侵权商标的，可以采取比较主要部分决定其近似与否。要妥善处理最大限度划清商业标识之间的边界与特殊情况下允许构成要素近似商标之间适当共存的关系”。①

例如，在“红河红”商标侵权纠纷一案中，最高人民法院再审判决认为：“云南红河公司使用‘红河红’商标的行为是否侵犯‘红河’注册商标专用权，需要判断‘红河红’商标与‘红河’注册商标是否构成侵犯注册商标专用权意义上的近似商标。”“判断是否构成侵犯注册商标专用权意义上的商标近似，不仅要比较相关商标在字形、读音、含义等构成要素上的近似性，还要考虑其近似是否达到足以造成市场混淆的程度。为此，要根据案件具体情况，综合考虑相关商标的显著性、实际使用情况、是否有不正当意图等因素，进行近似性判断”。“就本案而言，被申请人的‘红河’注册商标中的‘红河’是县级以上行政区划名称和知名度较高的河流名称，不是臆造词语，作为商标其固有的显著性不强，且被申请人始终未能提交其持续使用‘红河’商标生产销售商品的证据及能够证明该商标信誉的

---

① 最高人民法院《关于充分发挥知识产权审判职能作用推动社会主义文化大发展大繁荣和促进经济自主协调发展若干问题的意见》（法发〔2011〕18 号），2011 年 12 月 16 日发布。

证据，没有证据证明该商标因实际使用取得了较强的显著性。‘红河红’商标经过云南红河公司较大规模的持续性使用，已经具有一定的市场知名度，已形成识别商品的显著含义，应当认为已与‘红河’商标产生整体性区别。以一般消费者的注意力标准判断，容易辨别‘红河红’啤酒的来源，应认为不足以产生混淆或误认，而且，由于被申请人的商标尚未实际发挥识别作用，消费者也不会将‘红河红’啤酒与被申请人相联系。此外，由于云南红河公司的住所地在云南省红河州，在其使用的商标中含有‘红河’文字有一定的合理性；从云南红河公司实际使用在其产品的瓶贴及外包装上的‘红河红’商标的情况来看，云南红河公司主观上不具有造成与被申请人的‘红河’注册商标相混淆的不正当意图。鉴于此，综合考虑本案中‘红河红’商标与‘红河’注册商标的字形、读音、含义以及二者的显著性程度和知名度、商标实际使用情况等相关因素，本院认定二者不构成近似商标，云南红河公司使用‘红河红’商标的行为未侵犯被申请人的‘红河’注册商标专用权”①。该案综合考虑涉案商标的特殊性，运用混淆标准，给予“红河”商标弱保护。

我国《商标法》第 13 条虽然对驰名的注册商标的保护以“误导公众，致使该驰名商标注册人的利益可能受到损害”为构成要件，而没有采取纯粹的反淡化思路，但可以通过对该要件进行宽松的解释，适当扩展其范围，加大保护力度。如能够使相关公众在一定程度上（而不是很轻微的联想）与驰名商标联系起来，而对于驰名商标造成淡化识别性、贬损其形象等不利影响，可以认定为“误导公众，致使该驰名商标注册人的利益可能受到损害”。

三、商标司法中内与外的关系

当今是一个全球化的时代，经济、科技和文化的发展与全球化已经密不可分。知识产权保护深受全球化的推动和影响，我们在知识产权保护中需要强化全球化思维，适应全球化发展的需要。内与外的关系主要涉及知识产权保护的地域性与全球化的关系。地域性是知识产权的基本特性，知识产权的保护受主权或者司法管辖权

---

① 最高人民法院民事判决书，〔2008〕民提字第 52 号。

的约束,只能在本国司法区域内保护自己的知识产权,自己的知识产权也只能在本国司法区域内受保护。这也是《保护工业产权巴黎公约》(以下简称《巴黎公约》)等确立的原则。但是,经济全球化的加深,为一些涉外知识产权保护带来了新课题,需要我们具有更多的世界眼光和进行更多的全球化考量。商标司法面临同样的问题,需要我们准确把握和妥善处理地域性与全球化的关系:一方面,我们在商标司法中仍需坚持地域性原则,或者说要以地域性为原则,在考量全球化的同时,不要过分夸大全球化因素,不能把全球化等同于知识产权保护的无国界化;另一方面,需要根据商标司法的实际,适当强化全球化思维和考量全球化因素。

(一)商标权保护的地域性原则

商标权具有地域性(territoriality),即商标仅在其注册的地域范围内具有效力。当然,地域性有时还包括在商标知名或者驰名的地域范围内具有效力。[①] 这里主要从前一种意义上讨论商标权的地域性。

商标的地域性原则至少有两个方面的内容。首先,商标权的获得是以国与国之间的相互独立为基础的。如果企业欲以特定商标在多个国家销售商品或者服务,就需要按照这些国家各自的法律获取商标权。一国的商标只能在该国有效。其次,商标权的保护是以各国国内法为基础的。在特定国家的商标权保护,必须以该国的国内法为基础。[②] 地域性在包括商标权在内的国际知识产权制度中占有重要地位。

商标的地域性是与独立性密切相关的,独立性是商标权地域性的结果和表现。[③]《巴黎公约》第 6 条确立的是商标独立性原则(the principle of the independence of trademark),即商标在各成员方之间的申请、注册和保护都是相互独立的,“一个商标一旦在本联盟一个

---

① “商标具有地域性。它仅在其注册的地域内有效,或者如果没有注册,仅在其驰名的地域内有效。即便是欧共体商标,也仅在欧共体内有效”。WIPO, *The Enforcement of Intellectual Property Rights:A Case Book*(2005).

② Yu, P. K., *Intellectual Property and Information Wealth: Copyright and Related Rights*, Praeger Publishers(2007).

③ NPD Carvalho, *The TRIPS Regime of Trademarks and Designs*, Kluwer Law International(2006).

国家注册,就取得了独立性,不受在包括原属国在内的其他国家类似注册的命运的影响”。[①] 特别是,该条第 3 项是指,一项商标一旦获准注册,并不当然受其他国家对于相同商标的类似注册作出的决定的影响。这种类似注册的放弃或者撤销并不当然在其他国家获准注册。该商标的有效性只能依据各有关成员方的立法确定。[②] 这说明,具有独立性的是商标,而不是商标的注册。独立性表现为登记上的独立性,但其实质则是权利的独立性,在一个成员方取得的注册商标权利并不当然及于其他成员方。[③] 亦如美国联邦巡回上诉法院所说,“地域性概念是商标法的基础;商标权只能根据该国家的制定法制度而存在”。[④] 根据地域性原则,商标在其获得注册或者在法律上被承认为商标的各个主权地域内,被视为具有各自独立的存在。[⑤]

与地域性或者独立性原则相反的是“普遍性理论”(universality thoery);它认为不论商标使用于世界各地的哪个地方,商标均标识同样的来源。但是,普遍性原则并未获得国际社会的承认。如美国《不正当竞争重述》(第 3 版)指出:“商标必然识别原始制造者的普遍性原则的前提未被我们的国内法所采纳。”[⑥]亦如美国学者 McCarthy 所说,“巴黎公约压根就没有创设一种哪怕有一点‘世界商标’或者‘国际商标’味道的商标。相反,它承认了商标的地域性原则,即商标只是根据各个主权国家的法律而存在”。[⑦] 非但如此,地域性原则还被作为阻止“真品”的平行进口(或者灰色市场进口)依据,如被许可使用外国制造商商标的美国进口商,往往根据“‘地域性’原则”支持其在美国独享商标权。正如纽约联邦法院法

---

① [奥地利]博登浩森:《保护工业产权巴黎公约指南》,汤宗舜等译,中国人民大学出版社 2003 年版,第 58 页。

② WIPO, *Intellectual Property Reading Material*, p. 244.

③ Nuno Pires de Carvalho, *The TRIPS Regime of Trademarks and Designs*, Kluwer Law International(2006).

④ Person's Co. Ltd. v. Christman [900 F2d 1565(Fed. Cir. 1990)].

⑤ Thomas McCarthy, *McCarthy on Trademark and Unfair Competition* (4th Edition), New York: Thomson Reuters(2012).

⑥ Restatement(Third) of Unfair Competition § Comment f(1995).

⑦ J. Thomas McCarthy on Trademarks and Unfair Competition § 29:25(4ed 2002).

官 Leval 在一起灰色市场进口案件中所说,“自从霍姆斯的判决[in A. Bourjois & Co. v. Katzel,260 U. S. 689,67 L. Ed. 464,43 S. Ct. 244,26 A. L,R. 567(1923)]以来,普遍性原则衰退了,已经普遍地为 Bourjois 案所根据的‘地域性’原则所替代。该原则承认,商标根据各个国家的法律具有独立的法律存在,其恰当的法律功能并不必然是指示商品的来源或者制造商(尽管这是其附带的功能),而是象征着国内商标持有人的国内声誉,以便消费公众可以根据其连贯性的预期而依赖其所有人赢得的商标声誉,且商标所有人可以确信其声誉(商标的价值)不会因被他人在国内的商业使用而受到损害”。①

多个世纪以来,大多数国家都承认法律适用与其主权所及的地域之间的关系。如果去国外,都知道要遵守所在国家的法律。例如,正是基于这种观念,美国最高法院认为,美国立法推定在美国境内有效,除非法律另有规定。知识产权法亦是如此。从政治层面看,之所以强调法律的地域性,是因为立法机关只应对其主权范围内的公民和企业负责。从历史上看,知识产权是由具有特定领土的各个国家授予的,其效力只及于其领土范围。为获得有效保护,权利人只能分别在其认为具有必要的国家获得权利。国际知识产权制度是以各个国家为基础的,这恰恰是 19 世纪后期《巴黎公约》和《伯尔尼公约》的谈判和缔结时的世界政治秩序的逻辑结果。当时,国家在其领土内的主权是构建国际法律和政治秩序的至高无上的原则。当今在很大程度上仍是如此。

地域性原则完全可以导致同一个商标在不同的国家识别着不同的商业来源。在经济全球化的当今,这种状况会给商标所有人造成困境。例如,跨国界的广告宣传可能使不同国家的不同所有人的商标之间产生冲突。如拜尔(BAYER)阿司匹林案中,在美国拥有 BAYER 商标的美国公司起诉德国拜尔公司,指控其构成反向假冒,即德国拜尔公司在美国的宣传行为可能使美国公司的客户误认其产品为德国拜尔公司的。当然,美国联邦第二巡回上诉法院认为,禁止德国拜尔公司在所有能够进入美国的广告中使用“拜尔”商标,是

① Osawa & Co. v. B & H Photo,589 F. Supp. 1163,1171,223 U. S. P. Q. 124,130 (S. D. N. Y. 1984).

不适当的。该案涉及的是少量流入美国的德国杂志 Der Spiegel，其中有拜尔广告，但该杂志针对的不是美国市场。该法院强调，在美国获取禁令救济，那种指向国外的广告必须在美国具有“相当大的”影响，即“尽管国会无意使兰哈姆法被用作损害外国公司的外国商标的利剑，但确实使该法被用作防止对于美国商业具有重大商标损害性影响的外国使用行为……在当今全球化经济的情况下，外国电视广告通过卫视可以在美国看到，但并非可能在美国消费者中产生某种混淆的外国公司的行为均能够通过地区法院禁令的域外效力给予禁止”。①

当前，一些区域性国际组织建立了某些知识产权的统一授权制度，特别是欧盟已逐渐摆脱对于地域性的严格依赖，已形成了一些知识产权的联盟层次的授权和管理；但地域性在国际知识产权制度中的根基地位并未根本性地改变。欧盟的制度变化毕竟具有其特殊性；因为它已形成类似于准联邦的政治体，具有与此相适应的统一的法律原则和制度。也有些国家的法院主张知识产权（主要是商标权）的域外效力，如美国第十一联邦巡回上诉法院的判决（Babbitt Electronics 案）曾认为，权利人可以就其在其他国家和地区遭受的损害主张权利，但这种主张和法理是有争议的，且很少被接受。尽管存在这些挑战，但并未动摇地域性原则的基础地位。无论世界知识产权组织（WIPO）下的条约，还是世界贸易组织（WTO）下的条约，均未创设一种超国家的知识产权保护制度。这些条约都立足于确立最低标准，统一或者拉近国家和地区的知识产权法律地域性原则是各国普遍承认的。如美国第五巡回上诉法院指出：“毫无疑问，外国的使用不能在美国创设商标权利。”“同样毫无疑问的是，‘当在美国的商标权利正在美国法院被诉时，外国法院有关当事人各自商标权利的判决是与此无关和不予采纳的’”②。美国法院有的判例指出③：“对于美国公司就美国注册机构管理的域名提起

---

① McCarthy，*McCarthy on Trademark*，Thomoson/West，p. §29：21-22.

② Fuji Photo Film Co. v. Shiohara Shoji Kabushiki Kaisha，745 F. 2d 691，599，225 U. S. P. Q. 540，546（5th Cir. 1985）.

③ Barcelona. Com Inc. v. Excelentisimo Ayuntamiento De Barcelona，189 F Supp 2d 367（ED Va 2002）［USA］.

的该诉讼,要求适用美国法律,这是与我们的商标法现在立足的地域性基本原则相符合的。美国和西班牙均早就加入了保护工业产权巴黎公约。《兰哈姆法》第 44 条(《美国法典》第 1126 条)将巴黎公约转化入美国法律,但只是'按照美国法律赋予外国公民与该公约有关实体条款一致的权利'。""本案有关的实体条款是《巴黎公约》第 6 条第 3 项,即通过规定'在(巴黎)联盟的一个成员国注册的商标,应视为独立于在其他成员国注册的商标,包括其来源国',实施地域性原则。正如一个杰出的评论所解释的,'巴黎公约即使连稍像"世界商标"或者"国际注册"那样的东西都没有创设。相反,它承认商标的地域性原则,即一项商标只能根据各个主权国家的法律而存在。'"[①]"根据经由兰哈姆法第 44 条转化成美国法律的地域性原则,美国法院不支持旨在行使只是根据外国法律而存在的商标权的诉讼"[②]。

商标权利在美国的在先性,只能取决于在美国的在先使用,而不取决于在世界任何其他地方的在先使用。在国外的在先使用并不构成美国的在先使用。如其判例所说,"商标在其他国家的在先使用不能创设普通法保护的任何权利";"在美国之外的商标活动,包括使用、注册或者许可,对于在美国的权利享有无关紧要";"原告在国外的商标使用'与其在美国创设商标权利的努力没有关系'";"地域性概念是商标法的基础……在美国之外的活动对于在美国创设商标权利并无用处,这是一项基本规则";"在其他国家的在先使用通常不予考虑"。同样,如果因不使用而被认定为抛弃商标,也是根据在美国的使用情况确定,而不考虑在国外的使用情况。[③]

商标在国外的在先使用,并不使其所有人能够在美国主张专有的商标权利而对抗在外国人进入美国市场之前使用近似商标的美国人。如其判例所说,原告对英国企业的商标和外观设计的复制,在其对他人的诉讼中不适用不干净的手的抗辩。[④] 在 1990 年

---

① J. Thomas McCarthy McCarthy on Trademark and Unfair Competition §29:25(4 ed 2005).

② WIPO, *The Enforcement of Intellectual Property Rights: A Case Book*(2005).

③ J. Thomas McCarthy McCarthy on Trademark and Unfair Competition §29:2(4 ed 2005).

④ Bulk Mfg. Co. v. Schoenbach Products Co., 208 U. S. P. Q. 664 (S. D. N. Y. 1980).

"Person"案的判决中，美国联邦巡回上诉法院认为，一个美国游客在日本看到一个用在服装上的"PERSON's"商标，回国后开始在服装上使用该商标。当时，该商标只在日本使用，在美国也不是声誉卓著的驰名商标。该法院认为，该美国人在美国申请注册该商标并不存在欺诈，其在美国境内的使用先于日本公司，因而不支持日本公司撤销该商标的请求。该法院适用的是商标的地域性原则，即"地域性概念是商标法的基础；商标权只能根据该国家的制定法制度而存在"。据此，在美国，该美国人是在先使用者；而即使日本公司在世界其他地方是在先使用者，但在美国是在后使用者。

再如，在"FASHION CAFE"案中，Impressa 于 1987 年在意大利开设一家时尚咖啡（FASHION CAFE），也在访问美国时向礼品和时尚用品业的人分发过 T 恤衫、明信片和钥匙链，但未在美国餐馆使用。1993 年，Buti 在迈阿密开设一家 FASHION CAFÉ，并打算许可更多的餐馆使用。两家发生诉讼。第二巡回上诉法院认为，Impressa 在美国促销一家美国之外的经营活动，不能在美国创设服务商标权和获得在先权。在美国没有提供实际餐饮服务，就不享有权利。

当然，在美国外国驰名商标受到更强的保护。如果只在外国使用的商标在美国非常知名，其声誉众所周知，美国就承认其合法权利。如果美国的在后使用者使用与该驰名商标近似的商标，就足以产生市场混淆。有人认为这种情形属于地域性原则的例外，而另有人认为在美国驰名的情况下已通过广告和获得声誉而确立了在先权，不属于地域性规则的例外。

（二）我国商标权保护的地域性原则

我国的商标权具有地域性，我国司法政策和判例明确承认这种地域性。例如："在中国境外取得的企业名称等，即便其取得程序符合境外的法律规定，但在中国境内的使用行为违反我国法律和扰乱我国市场经济秩序的，按照知识产权的独立性和地域性原则，依照我国法律认定其使用行为构成商标侵权或者不正当竞争。"①无论

① 最高人民法院《关于当前经济形势下知识产权审判服务大局若干问题的意见》（法发〔2009〕23 号），2009 年 4 月 21 日发布。

是在商标授权还是商标侵权认定中,地域性原则均具有重要意义。

例如,《商标法》第 13 条第 1 款规定的驰名的未注册商标,必须是在中国境内驰名的商标。即使在中国境外驰名,但在中国境内不驰名的,也不能根据在中国境外驰名的事实而按照该条款规定给予保护。这种规定显然是符合《巴黎公约》有关规定精神的。我们在起草有关驰名商标司法解释时,曾提出过认定驰名商标以在中国境内驰名为必要,但可以考虑在境外驰名的事实;在征求有关权威机关意见时,被认为在现行商标法上没有依据。的确,按照商标权的地域性原则,不应当考虑境外驰名的事实。

再如,《商标法》第 32 条规定的"他人已经使用并具有一定影响的商标",只能是在中国境内在先使用并具有一定影响的商标。在中国境外在先使用并具有一定影响,倘若尚未在中国境内使用,在中国境内即不具有商标权益,就不宜按照《商标法》第 32 条规定给予保护。有人认为,如果在中国境内抢注了此类外国商标,可以按照《商标法》第 44 条第 1 款有关"其他不正当手段"的规定给予保护。这种主张显然抵触该法第 32 条规定的精神。

如果中国或流入中国境内的媒体对于境外商标有少量的宣传,或者仅仅是宣传报道境外的商标情况,也不足以认定在中国境内进行了商业使用。例如,在株式会社良品计画与商标评审委员会等商标异议复审行政纠纷案中,株式会社良品计画主张其在中国境内在先使用"无印良品"商品,主要证据是在中国境内的"定牌加工"及有关杂志对于其无印良品在日本、中国香港特别行政区等地的报道。如《商业研究》1999/11 总第 211 期的文章《浅谈消费者的"反名牌"倾向及其启示》,文中提及 20 世纪 70 年代末以来,分别在日本和中国香港地区兴起的无印良品公司和无印良品连锁店;文章《海外特色商店拾趣》提及"无印良品"专卖商店;文章《"无印良品"走俏香港》。上述文章均未涉及"无印良品"商标在中国内地的使用。一审、二审判决及最高人民法院再审判决均认定,此类介绍虽然可以使部分公众知道境外有"无印良品"品牌,但并不构成在中国境内的商标使用。如再审判决指出:良品计画提供的证据只能证明 2000 年 4 月 6 日之前良品计画的"無印良品"商标在日本、中国香港特别行政区等地宣传使用的情况以及在这些地区的知名度情况，并不能证明"無印良品"商标在中国内地实际使用在第24类毛巾等商品上并具有一定影响的事实。同时认为，商标的基本功能在于商标的识别性，即区别不同商品或服务的来源，因此商标只有在商品的流通环节中才能发挥其功能。二审法院认为良品计画委托中国内地厂家生产加工第24类商品供出口，且宣传、报道等均是在中国境外，不属于《商标法》第31条规定的"已经使用并有一定影响的商标"符合商标法的立法原意。① 这也否定了定牌加工中的商标使用在中国境内的商标使用意义。

当然，如果法律另有特别规定，有时对于地域性问题会有所突破。例如，《商标法》第15条规定的禁止代理人或者代表人抢注商标问题，法律并未将被抢注人的商标在先在中国境内已经在先使用并具有一定影响作为法律要件；即使被抢注的商标并未在先在中国境内作其他使用，也未具有一定影响，按照上述规定仍然予以保护。这显然是为了履行《巴黎公约》的义务而给予的特殊保护。这种对于地域性的特别突破，是为了实现落实条约规定的特殊立法意图。

（三）适当考量全球化因素

在商标权保护中，地域性仍然是基本原则，但在必要时也可以考虑经济全球化的实际。当然，考虑国外的事实或者因素不能与我国法律规定的基本精神相抵触，要符合政策导向。近年来，我们在认定商标、商号的知名度上考虑了国外因素，降低了保护门槛，加大了对外国知名商标、商号的保护；在裁判商标侵权等案件上，有时也考虑相关商标在其他国家注册和使用的情况。如本文提及的鳄鱼案、费列罗巧克力案等。

首先，根据全球化的需要适当降低国外商标的保护门槛。在商标授权确权以及商标、商号等保护中，尽管保护在先外国商标需要以在我国使用并具有一定影响为前提，但考虑我国需要树立负责任大国的形象，仿冒国外商标也不是促进我国经济发展的路径选择；因而在反抢注等方面我们有必要适当加大对于国外商标的保护力度，在与我国发展目标一致的前提下适当维护全球品牌和市场的统一性。例如，通过展览会、广告、商业谈判等进入中国市场的，可以

① 最高人民法院行政判决书，〔2012〕行提字第2号。

认定为已在中国在先使用；参考国外商标在外国具有知名度的事实，适当降低有一定影响的证明标准，等等。

其次，在驰名商标等认定和保护中考虑国外知名度的事实。对于国外商标认定为驰名商标、知名商品特有名称时，可以根据案件事实考虑其在国外知名度的事实。例如，在费列罗巧克力案中，二审判决主张对商品知名状况的评价应根据其在国内外特定市场的知名度综合判定，不能理解为仅指在中国知名的商品。最高人民法院再审判决认为，“反不正当竞争法所指的‘知名商品’是在中国境内具有一定的市场知名度，为相关公众所知悉的商品。在国际已知名的商品对在中国境内取得一定市场知名度具有优势，但其特有名称、包装、装潢的保护仍应以在中国境内为相关公众所知悉为必要。所主张的商品或者服务具有知名度，通常系由在中国境内生产、销售或者从事其他经营活动而产生。认定知名商品，应当考虑该商品的销售时间、销售区域、销售额和销售对象，进行任何宣传的持续时间、程度和地域范围，作为知名商品受保护的情况等因素，进行综合判断；也不排除国外已知名的因素”。[①] 这是最高人民法院首次在涉及商业标识争议的案件中，明确表态认定知名度可以考虑国外已知名的因素，但也不同意二审判决“根据其在国内外特定市场的知名度综合判定”的观点，因为这是将国内外因素等量齐观了，而再审判决只是将国外因素作为一种辅助性考量因素。知名商品特有名称本来就是未注册商标，这些精神显然是适用于其他商标权保护的。

再次，一些商标侵权认定考量了商标的国际沿革及国际市场格局等。如（法国）拉科斯特公司与（新加坡）鳄鱼国际公司侵犯商标专用权纠纷一案中，最高人民法院二审判决在认定诉争商标是否构成侵权时，根据被诉商标在中国境外使用和沿革的历史，认定“鳄鱼国际公司之行为不同于刻意模仿名牌奢侈品的假冒行为，其主观上并无利用拉科斯特公司的品牌声誉，造成消费者混淆、误认之故意”；从相关国际市场看，双方诉争标识在亚洲部分国家和地区已经长期形成共存和使用的国际市场格局，“双方诉争标识在亚洲部分

---

① 蒙特莎（张家港）食品有限公司与天津经济技术开发区正元行销有限公司不正当竞争纠纷案，最高人民法院发布的第十批指导性案例47号〔2015〕。

国家和地区已经不至于产生市场混淆而可以共存，这足以表明诉争商标在构成要素上的近似性并不必然构成混淆性近似，并不必然导致其不能共存”。[①] 该案将诉争商标在国内外市场上的关联性，作为认定是否侵权的重要考量因素，显然是以全球视野裁判案件的范例。如果孤立地看待有关诉争商标，则会导致不公平的后果。

最后，国内出口型产品的商标的特殊保护考虑。外向型（以出口为主要目的）企业，其在中国注册的商标用于出口产品的，倘若国内其他经营者使用相同近似商标并向同一目的国出口，在境外引起混淆的，笔者认为仍可认定其构成商标侵权，而不能以未在中国境内产生混淆为由不认定侵权。这显然是出于政策的考虑，即鼓励外向型企业的对外贸易，且此类损害后果也及于国内企业，其情况是与定牌加工中商标意义上的使用行为的认定不同的。

四、商标司法中主观性与客观性的关系

在商标司法中，一些法律标准的适用，往往既依据客观因素，又依据主观判断。例如，在适用商标侵权判定的混淆性近似标准时，认定市场混淆采取足以产生混淆的主观判断标准，但有客观因素支撑主观判断时，通常要更加重视客观因素。如已经形成足以区分市场的市场格局，则可以认定不构成混淆。认定是否具有恶意往往可以通过意图分析而进行，但有表明恶意的行为（包括可以参考事后的关联行为），要重视客观行为在恶意认定中的重要性。

（一）以拟制的客观标准解决主观标准问题

一些法律标准的适用，往往既依据客观因素，又依据主观判断。主观的东西既然不能避免，就是必要的；但能够以客观的东西作为补救或者补充，那自然再好不过。寻求主观标准的客观化，特别是以拟制的方式确定一个可资参照的抽象的客观标准，是减少主观标准主观性的重要方式，同时为社会树立一般性的行为标杆。在知识产权审判中，这些标准同样是常用的，如专利司法中经常参照相同技术领域的普通技术人员标准及判断创造性时的商业成功标准，商标司法中认定市场混淆、过错时经常参照的相关公众、合理人标

---

① 最高人民法院民事判决书，〔2009〕民三终字第3号。

准,都是典型的例子。

例如,认定构成侵权行为的过错,其本身是一种主观标准,是对行为人主观状态的要求。但是,主观性标准的具体认定不应过于随意和不可捉摸,同时也需要树立一种一般行为标准,因而过错的认定又走向客观化,如根据“合理人”、一般人(中等智力和经验的同类人)之类的抽象的客观化标准认定过错。虽然这种标准在实际执行中仍然会存在一些问题,但却是一种能够体现导向性的不得已的次优选择,明显优于探寻各个行为人实际主观状态的不可捉摸的标准。如富勒所说,“就过错之证明而言,法律面临着一道无解的难题。如果我们将一项客观标准——也就是传统的‘理性人’标准——适用于某一特定被告,我们就显然有可能向他强加了他不可能达到的要求,因为他的教育和禀赋可能使这种标准超出了他力所能及的范围。如果我们换个方向来思考,并且提出这样一个问题:我们面前的这个人,由于他所具有的各种个人局限和怪癖,是否根本达不到本来应该达到的要求,我们就会陷入一种危险的探寻,在其中,所有做出客观判断的能力都将丧失。这种探寻要求同情地体会他人的生活。非常明显的是,阶级、种族、宗教、年龄和文化上的差异会阻碍或扭曲这种体会。其结果是,虽然一种超然的正义标准注定有时会显得过于苛刻,但一种试图探测和把握私人世界之疆域的体贴的正义标准却在情在理都无法做到不偏不倚。法律不知道任何可以帮助它超越这种矛盾处境的魔法。因此,它不得不踏上一条不确定的中间道路,在处理某些涉及明显能力不足的案件时放宽适用理性人标准,并且即使在这种情况下也尽力用一般化的语言来为这些特例给出定义”。[①] 我们在商标侵权判定时,认定行为人是否尽到了合理人的注意义务,或者根据拟制的一般人标准考量是否足以产生混淆,就是以客观化的方式解决主观性较强的问题。

(二)商标近似、市场混淆与市场格局的关系

在认定争议商标是否足以产生市场混淆或者能否共存时,已经客观产生的市场格局是一种重要的客观依据。商标是一种市场标识;它不仅仅是由文字、图形等构成的一种符号,更重要的是凝结了

---

① ［美］富勒:《法律的道德性》,郑戈译,商务印书馆2005年版,第85页。

实际使用者的商誉,且往往代表的是一种市场格局或者市场格局的划分。具有划分和切割市场格局意义的商标,说明已经能够与其他商标区分开来,所代表的是一种客观的物质存在;在决定是否撤销或者认定是否侵权时应当格外慎重,不能从概念出发和搞本本主义,不能闭门造车和想当然,不能搞理想化的人为切割。

例如,在"散列通"与"散利痛"两个商标争议案中,1982 年罗须公司的"罗氏"和"SARIDON"商标被核准注册。1987 年 11 月 12 日,西南药业公司与罗须公司签订关于散利痛片在中国生产、销售的协议,约定"乙方愿意以甲方的注册商标〈SARIDON〉散利痛,用中国原料在中国生产、推销、售卖和批发这种镇痛药。协议有效期三年,至 1991 年 12 月 31 日期满"。1992 年 3 月 17 日,西南药业公司申请"散列通"商标,1993 年 2 月 28 日被核准注册,核准使用商品为第 5 类西药。1999 年 7 月 30 日,罗须公司对该商标提出撤销申请,认为西南药业公司注册"散列通"商标违反诚实信用原则,以复制、模仿、翻译等方式将他人已为公众熟知的商标进行注册,侵犯了罗须公司的在先权利。此案可称为"散列通"案。罗须公司于 1996 年 8 月 12 日申请注册"散利痛"商标,2000 年 10 月 14 日被核准注册,核定使用商品为医药制剂。西南药业公司于 2001 年 4 月 16 日对该商标提出撤销申请,其主要理由是"散利痛"为药品的法定名称和通用名称。此案可称为"散利痛案"。1988 年"散利痛"药品名称被收入四川省地方标准、1995 年被收入上海市地方标准,收入药品标准的名称属于通用名称。2001 年 12 月 31 日,国家药品主管部门发文停止使用地方标准、将有关地方药品标准上升为国家药品标准时,未将"散利痛"纳入国家标准,而将"散利痛片"作为相应药品的曾用名称过渡。但在 1988 年至 2001 年期间,"散利痛"名称实际上并未被普遍使用。在该两个案件中,当事人互相提出撤销申请。经最高人民法院最终审查,均未予撤销。[①]

在该两个案件中,尽管仅就标识本身或其构成要素而言,无疑具有近似性,但"散列通"商标是在"散利通"药品名称进入地方药

---

① 最高人民法院行政判决书,〔2009〕行提字第 1 号;最高人民法院驳回再审申请通知书,〔2007〕行监字第 111-1 号。

品标准期间注册的，当时进入地方标准的药品名称为通用名称，不能援引为对抗“散列通”商标注册的在先权利；且在申请撤销时“散列通”已经实际长期使用并具有较高市场知名度，形成了自身的市场格局。因此，是否撤销该注册商标不仅仅是衡量一个抽象的商标标识是否应予撤销的问题，还关乎如何对待以商标标识为标志所划分、形成和存在的市场格局。而就“散利痛”商标而言，其注册之时虽然属于进入地方标准的药品名称，但当时的地方标准具有不规范性，在2001年进行清理时“散利痛”并未进入国家标准，且考虑该商标确为罗氏公司“SARIDON”中文译名，在适用地方标准期间实际上并未为其他药品生产者使用，事实上并未通用化，根据其实际状态也不宜予以撤销。如此处理的结果是使两个商标相互共存。即便因标识本身的近似性而可能使一些消费者一时分不清楚，但应当容忍其存在，让市场去逐渐区分。最高人民法院在权衡这些商标是否应当撤销时，并不是简单地在比对标识构成要素特点的基础上套用法律条文而进行裁判；而是考量了商标实际使用的状态及其形成过程，考量了因长期使用而在标识背后形成的现实市场格局，在此基础上作出符合实际的合理裁判。倘若仅仅比对标识本身的近似性并简单地套用法律条文进行处理，或许认为“散列通”商标应予撤销或者“散利痛”商标不应注册；即使符合法律的字面规定，这种裁决也是轻率的，必然不符合实际，没能做到透过现象看本质。该两个案件也充分说明，裁判具有极强的个案特殊性，且取决于个案的独特事实。

在圣芳公司与商标评审委员会、强生公司“采乐”商标行政争议案中，强生公司第627498号手写繁体“采樂”文字商标与圣芳公司第1214187号“采乐 CAILE”商标，虽然在标志本身上具有近似性，且产品用途具有类似性，但毕竟属于不同的商品类别，且强生公司曾援引其“采樂”商标，于1998年和2000年两次申请撤销“采乐”注册商标，商标评审委员会均终局裁定驳回其申请。此后，圣芳公司大规模宣传和使用“采乐”商标，形成较大的市场规模；且由于使用“采樂”商标的药品与洗发水具有不同的销售渠道，两个商标可以存在于不同的市场格局之中。对于这种业已形成并以“采樂”“采乐”两个不同的商标的市场格局，应当给予尊重和维护，不能人为地以商标标识本身的近似性而无视客观存在的市场格局，去撤销哪一个注册商标。尤其是，倘若商标注册人因为市场布局的失误，未能抢先进入相关市场，后因自身商标知名度增加而试图将他人从已经立足的相关市场中排挤出去，这更不符合市场竞争的要求。因为经营者应当是理性的，其自身决策的经济后果由自己去承受（自己负责原则），不允许通过法律手段秋后算账或者倒打一耙；否则会出现弱肉强食的不正当竞争局面，也会把司法或者诉讼技巧当作打压竞争对手的工具，这与公平正义是背道而驰的。因此，最高人民法院再审判决指出："由于强生公司自身并未在中国市场使用过引证商标，实际使用人西安杨森公司的采乐酮康唑洗剂作为药品只在医院、药店出售，与普通洗发水在产品性质、生产和销售渠道等方面有着明确的区别，圣芳公司的洗发水产品不可能进入医药流通领域，消费者可以辨别。因此，圣芳公司在洗发水等日化用品上注册使用争议商标，不足以误导公众，不足以损害强生公司在药品商标上的利益，两个商标在药品和日化品的各自相关市场中可以共存。强生公司虽然在药品类别上注册了引证商标，但是其在洗发水等日化品市场并没有合法的在先利益，法律也不会为强生公司在药品上的商标预留化妆品市场。因此，在商评委已有两次终局裁定维持圣芳公司的争议商标注册的情况下，商评委再裁定撤销争议商标没有充分的理由。"①

在鳄鱼商标侵权案中，最高人民法院二审判决更是基于客观存在的国内外市场格局，认定不构成商标近似。二审判决指出："从相关国际市场看，双方诉争标识在亚洲部分国家和地区已经长期形成共存和使用的国际市场格局。从本案已经查明的事实看，鳄鱼国际公司的前身利生民公司于 1951 年 12 月 13 日在 25 类商品上在新加坡注册了相关鳄鱼图形商标。同年 10 月 26 日，利生民公司在 25 类商品上在香港注册了相关鳄鱼图形商标，并于 1953 年进入香港市场。1959 年 4 月 27 日，利生民公司在日本注册了相关鳄鱼图形商标。1969 年，鳄鱼国际公司在日本大阪地方法院诉拉科斯特公司侵犯其鳄鱼图形商标专用权，后两公司在日本高等法院和解后达

① 最高人民法院行政判决书，〔2008〕行提字第 2 号。

成1983年和解协议。该和解协议确认,两公司相关标识在相关国家和地区共存而不致混淆。因鳄鱼国际公司的被诉标识一、二在本案诉讼之前,在相关国家和地区已经注册多年,且已与拉科斯特公司达成了包括被诉标识一、二在内的标识与拉科斯特公司鳄鱼图形文字系列标识共存不致混淆的1983年和解协议,且在该协议未明确列明的韩国、巴基斯坦等国家,拉科斯特公司亦就被诉标识在该两国家相关类别的注册上出具了同意注册的同意函。鉴于此,法院认为,无论是从双方当事人的相关认同和共识还是从相关国际市场实际看,双方诉争标识在亚洲部分国家和地区已经不至于产生市场混淆而可以共存,这足以表明诉争商标在构成要素上的近似性并不必然构成混淆性近似,并不必然导致其不能共存。因双方当事人签订的1983年和解协议列明的适用地域不涉及中国境内,原审判决直接确认其效力不当,但将其作为认定诉争标识可以共存的重要考量因素,亦无不可。""从诉争标识在中国市场的共存和使用情况看,两者在中国市场内已拥有各自的相关公众,在市场上均已形成客观的划分,已成为可区别的标识。本案中,拉科斯特公司产品自1984年始正式进入中国,但数量有限。两公司均是从1994年开始在中国开设专柜或专卖店。根据本案已查明的事实,拉科斯特公司的鳄鱼商标当时在中国并不具有较高的知名度,而鳄鱼国际公司进入中国市场后,其经营规模迅速扩大,仅1995年在上海、武汉、广州、江西、新疆、山东、浙江、江苏、云南、福建等地已开设了85个专卖店或专柜,1996年在辽宁、河北、江苏、山东、安徽等地又开设了89个专卖店或专柜,其知名度和影响力迅速提高,拥有了相对固定的消费群体。与此相比,至1996年年底拉科斯特公司在中国仅有三家专卖店(柜)。此外,鳄鱼国际公司的产品价格与拉科斯特公司产品的价格差距比较明显,两者各自有其不同的消费群体,且两公司商品的销售渠道均为专卖店或专柜且被诉标识一、二在实际使用中还与其他相关标识共同标识其所用商品,由此形成了便于区分商品来源的独特使用状态。这些因素足以表明,被诉标识在其相关市场内已与其各自所标识的商品形成固定的联系,已足以独立地指示其商品来源,不会导致拉科斯特公司的市场份额被不正当地挤占。争议双方在相关市场内已形成相互独立的市场格局,这是足以认定诉争商标能够区别开来的客观基础。综合考虑以上因素,在鳄鱼国际公司使用被诉标识不具有恶意抄袭模仿意图的前提下,这种经市场竞争形成的客观区别,是鳄鱼国际公司在中国境内商业成功的结果,对此应给予法律上的认可和肯定。因此,应当认为被诉标识一、二与拉科斯特公司的注册商标相比虽有近似之处,但相关公众已在客观上将两公司诉争标识区别开来,其共存不足以使相关公众对其商品的来源产生混淆,此其一。其二,商标的实际价值在于区分商品来源,而不是让商标权人简单地独占特定标识符号。在能够实际区分商品来源的情况下,即便被诉标识或其主要构成要素与注册商标具有一定程度的近似性,亦不应当认定其构成侵犯注册商标专用权意义上的近似商标,否则与商标法保护商标权的立法意图相背离。正是基于鳄鱼国际公司的产品已经形成自身的相关消费群体,相关公众已在客观上将两公司的相关商品区别开来的市场实际,本院认为被诉标识一、二与拉科斯特公司请求保护的注册商标不构成近似商标。其三,在侵犯注册商标专用权的具体判断中,将是否足以产生市场混淆作为认定商标近似的重要考量因素,主要是要求相关标识具有不产生市场混淆的较大可能性,并不要求达到任何人在任何情况下均绝对不会误认的程度,认定因复杂的历史渊源和现实状态而具有一定近似因素的相关商业标识是否近似时更应如此。因此,尽管因本案被诉标识一、二在呼叫、图形上具有某些近似元素而不排除某些消费者会产生误认的可能性,但不妨碍其标识本身因上述因素而形成的整体区别性"①。

上述案例都充分考虑了市场格局已经形成等客观情况,而不是简单地按照标识本身的近似性套用法律规则。如果无视客观基础而仅仅对于标识本身的是非曲直进行判断,则可能脱离实际,有违公平。因此,我们必须根据事物本身的属性行事。这说明,如果逻辑演绎式的法律适用显得明显理想化、教条化甚至有严苛化的倾向,法官作出判决时需要求助于事物的本质,而使法律的适用更加符合实际。我们必须从现实出发,而不是从本本出发,不是简单地从抽象的条文出发。

---

① 最高人民法院民事判决书,〔2009〕民三终字第3号。

正是基于商标和商标权本身的性质,以及商标与市场格局的关系,在总结审判经验的基础上,司法政策指出:“加强商标授权确权案件的审判工作,正确处理保护商标权与维持市场秩序的关系。既要有效遏制不正当抢注他人在先商标行为,加强对于具有一定知名度的在先商标的保护,又要准确把握商标权的相对权属性,不能轻率地给予非驰名注册商标跨类保护。正确区分撤销注册商标的公权事由和私权事由,防止不适当地扩张撤销注册商标的范围,避免撤销注册商标的随意性。对于注册使用时间较长、已建立较高市场声誉和形成自身的相关公众群体的商标,不能轻率地予以撤销,在依法保护在先权利的同时,尊重相关公众已在客观上将相关商标区别开来的市场实际。要把握商标法有关保护在先权利与维护市场秩序相协调的立法精神,注重维护已经形成和稳定了的市场秩序,防止当事人假商标争议制度不正当地投机取巧和巧取豪夺,避免因轻率撤销已注册商标给企业正常经营造成重大困难。”①“人民法院在审理商标授权确权行政案件时,对于尚未大量投入使用的诉争商标,在审查判断商标近似和商品类似等授权确权条件及处理与在先商业标志冲突上,可依法适当从严掌握商标授权确权的标准,充分考虑消费者和同业经营者的利益,有效遏制不正当抢注行为,注重对于他人具有较高知名度和较强显著性的在先商标、企业名称等商业标志权益的保护,尽可能消除商业标志混淆的可能性;对于使用时间较长、已建立较高市场声誉和形成相关公众群体的诉争商标,应当准确把握商标法有关保护在先商业标志权益与维护市场秩序相协调的立法精神,充分尊重相关公众已在客观上将相关商业标志区别开来的市场实际,注重维护已经形成和稳定的市场秩序”②。这种司法政策显然符合事物本身的性质的法理。

当然,当前商标授权确权程序复杂和时间冗长,一些商标不能及时授权或者撤销,倘若客观上已形成区分,或者事实上并没有引起市场混淆,应当如何加以处理,确实有两难处境。如果仅因在授

---

① 最高人民法院《关于当前经济形势下知识产权审判服务大局若干问题的意见》(法发〔2009〕23号),2009年4月21日发布。

② 最高人民法院《关于审理商标授权确权行政案件若干问题的意见》(法发〔2010〕12号),2010年4月20日发布。

权期间的实际使用而产生的区分作为判断依据，对于在先申请人或者注册人可能不公平，也不利于遏制投机取巧行为；但完全不考虑，也不符合实际，不符合事物的性质（商标客观上的区别性）。考虑到近似商标和类似商品的界定具有一定的裁量性、主观性和不完全确定性，可以以适当的方式兼顾这种两难处境，作出实事求是的处理。我们可以以申请前的状况为主或者为原则，在确有必要时再考虑授权期间的实际区分情况。对于那些主要不是搭便车结果的情形，可承认实际区分的实际和已实际产生的市场格局。此外，原则上根据申请时的状况考量，并不意味着绝对不考虑授权期间的实际使用和客观区分的实际。如在拉科斯特股份有限公司（LACOSTE）与商标评审委员会、鳄鱼国际公司商标争议行政案中，申请之后的市场区分情况被作为补强的考量因素。最高人民法院指出："原审判决考虑各引证商标知名度是以被异议商标申请日为时间点，以相关公众的一般认识，对二者是否近似作出的判断。至于原审法院关于'从客观情况看，通过12年来的宣传使用，本案被异议商标确已产生了一定的显著性和知名度，与引证商标一、二并存，不会导致消费者对于商品来源产生混淆误认'的认定是原审法院从二者的实际使用情况对被异议商标与各引证商标不构成近似的进一步确认和证实，并非将被异议商标在申请日之后的使用情况作为判断二者是否近似的依据。因此，你公司称原审法院将被异议商标申请日之后的违法使用作为考虑因素进而认定为二者不构成近似商标的申诉理由不能成立。"[①]申请商标注册时知名度不高，实际使用不充分，其排斥力相对较弱。在标志本身具有较大反差的情况下，可以结合是否有客观上的混淆的实际，进行判断。

此外，还有相反的情况，即对于他人已有的市场成果或者市场声誉，通过纯粹的玩弄法律技巧或者投机取巧进行巧取豪夺的商标注册或者抢注，应当充分利用制度资源予以最大限度的遏制。例如，甲企业从事餐饮服务，开业不久即生意兴隆，其字号很快具有一定的知名度，甲企业也以其字号销售其生产的食品；而处于同一地区的乙在相应的食品上申请注册与甲企业字号相同的商标，当时乃

① 最高人民法院驳回再审申请通知书，〔2009〕行监字第121号。

至以后并未实际使用。倘若甲的服务与乙申请注册商标指定的商品之间有交叉或者关联，特别是在甲企业同时生产相应食品的情况下，应当充分考虑甲字号实际使用和知名度高而乙企业未实际使用等客观实际，据此进行必要的利益衡量，注意防止乙通过在商品上注册商标的方式攫取甲企业的市场成果。即便甲企业当时的知名度不是太高，而以乙提出注册申请之后的知名度作为佐证或者印证，也应当予以综合考虑，以切实保护知名品牌和遏制以纯粹的法律技巧进行巧取豪夺的行为。《商标法》也应以适当的方式奖励正当的商业成功。

（三）正确对待实际混淆的证据

在商标侵权判断时，混淆可能性是重要的判断要素。但是，我们对于混淆可能性是有量化要求的，这就是我们通常所说的“足以产生市场混淆”。这首先意味着并不要求有实际混淆的证据。这是因为，实际混淆的证据很难获取，而在我国通过市场调查等方式认定是否实际混淆还缺乏成熟的相关制度和环境；即便有实际混淆的证据，还要考察实际混淆人是否达到一般人的智力水平和经验水平，这是一个复杂的问题；当前社会诚信还有不少问题，实际混淆的证据是否伪造等还需要查明。正是由于具有这些复杂的因素，我们需要更加看重以拟制的一般人标准，看待是否足以产生市场混淆。我们在起草反不正当竞争法司法解释时，曾经试图加重实际混淆证据的权重，但后来考虑到这些复杂因素，最终放弃了[①]。其次，这是一种较大可能性的要求。既然足以产生市场混淆需要依靠主观标准判断，至少在抽象概念上应当提高可能性的比重，因而“足以”代表着较大的可能性，而不是只有一定的可能性。

此外，是否具有恶意往往可以通过意图分析而进行，但有表明

① 如最高人民法院《关于审理不正当竞争民事案件若干问题的解释（草稿）》（2007 年 1 月 11 日）曾赋予实际混淆实例较强的证明力，如“原告有证据证明存在实际造成购买者混淆、误认的事例的，一般可以认定已实际造成混淆、误认”（2005 年 4 月稿）。但后来还是删除了，主要是“考虑以投诉信等方式证明实际混淆往往难以查证，且在当前社会环境下容易鼓励当事人制造假的投诉等。而且，即使发生实际混淆，混淆人的个体能力（如识别能力）仍需认定。因此，不简单地赋予其较强的证明力”。参见孔祥俊：《商标与不正当竞争法：原理和判例》，法律出版社 2009 年版，第 741-742 页。

恶意的行为时,要重视客观行为在恶意认定中的重要性。

五、商标司法中一般性与特殊性的关系

社会生活丰富多彩,司法面对的案件形形色色;裁判除需依据法律规定外,还需要根据案件实际,具有很强的个案色彩。诚如《法国民法典》起草者所说的,“那些没有纳入合理立法范围内的异常少见的和特殊的案件”,“那些立法者没有时间处理太过于变化多样的、太易于引起争议的细节”,以及“即使是努力预见也于事无益,或轻率预见则不无危险的一切问题”,均留给判例去解决。正是由于诸如此类的原因,在一般的法律规定之下,法院会裁判出各式各样的案件,在裁判中经常需要妥善处理一般与特殊、原则与例外等关系。实践中会有各种情况各异的裁判;简单地以某种一般性标准或者一种裁判模式衡量法院的裁判,都是不符合司法实际的。“历史或者习惯、社会效益或无法让你抗拒的正义情感,有时候或许渗透在法律的精神当中”①,都可能影响裁判。在商标司法中,同样需要处理好一般与特殊、原则与例外等关系,确保裁判符合实际。这里以一些典型情况加以说明。

(一)商标近似与商标构成要素近似

在通常情况下,商标近似是根据音、形、义之类的构成要素进行判断的,但特殊情况下据此判断会不符合实际;因此,实践中提出了商标近似和商标构成要素近似的概念,为那些构成要素近似而又不适宜认定为近似商标的特殊情形留下空间,寻找到依据。

为此,司法政策指出:“妥善处理商标近似与商标构成要素近似的关系,准确把握认定商标近似的法律尺度。认定是否构成近似商标,要根据案件的具体情况。通常情况下,相关商标的构成要素整体上构成近似的,可以认定为近似商标。相关商标构成要素整体上不近似,但主张权利的商标的知名度远高于被诉侵权商标的,可以

---

① [美]卡多佐:《司法过程的性质及法律的成长》,张维编译,北京出版社 2012 年版,第 20 页。苏力译为:“历史或者习惯、社会效用或某些逼人的正义情感,有时甚或是对渗透在我们法律中的精神的半直觉性领悟,必定要来援救焦虑不安的法官,并告诉他向何方向前进。”参见[美]本杰明·卡多佐:《司法过程的性质》,苏力译,商务印书馆 2005 年版,第 24-25 页。

采取比较主要部分决定其近似与否。要妥善处理最大限度划清商业标识之间的边界与特殊情况下允许构成要素近似商标之间适当共存的关系。相关商标均具有较高知名度,或者相关商标的共存是特殊条件下形成时,认定商标近似还应根据两者的实际使用状况、使用历史、相关公众的认知状态、使用者的主观状态等因素综合判定,注意尊重已经客观形成的市场格局,防止简单地把商标构成要素近似等同于商标近似,实现经营者之间的包容性发展。”商标构成要素近似而不构成商标近似(近似商标)的情形必须是特殊的,需要有特殊的和正当的事由,不能成为随意使用的托辞。

(二)近似商标的善意共存

商标权保护的总体司法政策是尽量划清商标之间的界限,为创立品牌留足法律空间[①],但特殊情况下的商标共存又是必不可少的。如何处理尽量划清商标的界限与商标的共存之间的关系,避免商标去留处理上的任意性或者避免给人产生法院任意处置的印象,需要以有说服力的理论和可操作的法律标准为支撑,妥善处理最大限度划清商业标识之间的边界与特殊情况下允许构成要素近似商标之间适当共存的关系。尤其是,针对一些近似商标系非主观恶意原因形成,但其权利人往往有一心打掉对方商标的你死我活心态,我们以包容性增长理论,解决善意使用商标之间的共存问题,即如果相关争议商标均具有较高知名度,或者相关商标的共存是特殊条件下形成时,认定商标近似还应根据两者的实际使用状况、使用历史、相关公众的认知状态、使用者的主观状态等因素综合判定,注意尊重已经客观形成的市场格局,防止简单地把商标构成要素近似等同于商标近似,实现经营者之间的包容性增长。

近年来法院依据这种理论,妥善解决了特殊情况下一些商标的善意共存问题。本文提到的鳄鱼商标侵权案、“散利痛”和“散列通”商标行政案等,均属于此类情形。如最高人民法院在鳄鱼商标侵权案的二审判决中指出:“侵犯注册商标专用权意义上的商标近

---

① 最高人民法院《关于当前经济形势下知识产权审判服务大局若干问题的意见》第6条关于“完善商标司法政策,加强商标权保护,促进自主品牌的培育”部分指出:“既以核定使用的商品和核准使用的商标为基础,加强商标专用权核心领域的保护,又以市场混淆为指针,合理划定商标权的排斥范围,确保经营者之间在商标的使用上保持清晰的边界,使自主品牌的创立和发展具有足够的法律空间。”

似应当是指混淆性近似,即足以造成市场混淆的近似。由于不同案件诉争标识涉及情况的复杂性,认定商标近似除通常要考虑其构成要素的近似程度外,还可以根据案件的具体情况,综合考虑其他相关因素,在此基础上认定诉争商标是否构成混淆性近似。诉争商标虽然在构成要素上具有近似性,但综合考量其他相关因素,仍不能认定其足以造成市场混淆的,不认定其构成侵犯注册商标专用权意义上的近似商标。就本案而言,在拉科斯特公司主张权利的注册商标中,其鳄鱼头朝右,嘴巴大张,躯干及尾部上布满块状鳞片或装饰有横向条纹,其中第 213407 号注册商标鳄鱼图形下还显著标有 LACOSTE 文字;鳄鱼国际公司使用的被诉标识一、二中的鳄鱼头朝左,被诉标识一中的鳄鱼图形躯干上的鳞片呈立体状,被诉标识二中的鳄鱼图形整体颜色为黄绿色或黄色,嘴巴张开露出红色,躯干上有斜向排列的条纹。被诉标识一、二与拉科斯特公司的系列注册商标相比,其均为鳄鱼图形,具有一定的近似性,但被诉标识一、二中的鳄鱼头部朝向、体型、鳞片、颜色均与拉科斯特公司主张权利的鳄鱼图形不同。特别是双方之间的诉争商标在相关市场中具有特殊的形成历史和发展历程,有特殊的使用和共存状况,在本案中认定诉争商标是否构成侵犯注册商标专用权意义上的近似商标,既不能割裂各自形成和发展的历史,又不能无视相互之间的共存过程和使用状态,否则,就难以作出公平合理的裁判。因此,就本案诉争商标具体情况而言,在认定其是否近似时,仅仅比对标识本身的近似性是不够的,还必须综合考量鳄鱼国际公司的主观意图、双方共存和使用的历史与现状等因素,结合相关市场实际,进行公平合理的判断。”“根据被诉标识一、被诉标识二与拉科斯特公司请求保护的注册商标在构成要素上的比对,以及双方的发展历史和共存状况及其他相关因素,本院亦认定被诉标识一、被诉标识二与拉科斯特公司请求保护的注册商标不构成侵犯注册商标专用权意义上的混淆性近似,不足以对拉科斯特公司的注册商标造成损害。因此原审法院关于鳄鱼国际公司在被诉侵权产品 1-8 上单独使用‘鳄鱼图形’的行为,亦不侵犯拉科斯特公司的注册商标专用权的认定结论并无不当”①。

---

① 最高人民法院民事判决书,〔2009〕民三终字第 3 号。

（三）特殊情况下对于一定混淆的容忍

世界本来就是不完美的；我们可以将完美作为理想和追求目标，但不能简单地作为行为标准。在事情本已不完美的情况下，让法官去塑造完美，常常会脱离实际。尽管“以市场混淆为指针，合理划定商标权的排斥范围，确保经营者之间在商标的使用上保持清晰的边界，使自主品牌的创立和发展具有足够的法律空间”是主导的司法政策[①]，但在任何情况下使所有的商标都能够保持清晰的边界，无疑是一种理想化的状态。特别是对于一些具有复杂的历史渊源的商业标识，有关当事人对于相关商标和品牌的创立和发展都做出了贡献，加之还可能具有法律、政策等变化的其他原因，法院在处理有关商标纠纷中就应当进行公平合理的处理，即便相关商业标识的和平共处不可避免地会产生一定程度的市场混淆，但使其和平共处而不是你死我活。如“张小泉”剪刀注册商标与企业名称字号冲突纠纷，就属于这种情况。法院根据二者使用的历史和现状，公平合理地裁定其共存，并对上海“张小泉”的具体使用作适当的限制[②]。这种处置不可能将两者在市场上完全清楚地划分，但作“你死我活”的处置更不符合历史和现状，更不公平，所以这种退而求其次的处置还是符合实际和实事求是的。上述鳄鱼商标侵权案、“散列通”与“散利痛”商标案[③]，也均典型地反映了这种思路。

（四）公共利益的特殊保护

公共利益或者公共秩序具有优位性，裁判必须维护公共利益和公共秩序。公共利益或者公共秩序是选定裁判思路的重要考量因素。尤其是，按照常规性审判思路裁判案件会产生不符合公共利益或者公共秩序的结果时，就需要改变常规性思路，选择另外的思路进行裁判。

---

①　最高人民法院《关于当前经济形势下知识产权审判服务大局若干问题的意见》（法发〔2009〕23 号），2009 年 4 月 21 日发布。

②　最高人民法院《关于对杭州张小泉剪刀厂与上海张小泉刀剪总店、上海张小泉刀剪制造有限公司商标侵权及不正当竞争纠纷一案有关法律适用问题的函》（〔2003〕民三他字第 1 号），2003 年 11 月 4 日发布。

③　最高人民法院行政判决书，〔2009〕行提字第 1 号；最高人民法院驳回再审申请通知书，〔2007〕行监字第 111-1 号。

例如，鉴于撤销三年不使用商标并不具有惩罚性，通常情况下，法院在审理撤销三年不使用商标的案件中对于使用证据的把握是宽松的，甚至对于撤销决定作出后产生的使用证据也予以接受，并可以情势变更为由改变撤销决定。但是，如果所涉商标不予撤销涉及公共利益或者公共秩序，而又再无其他法律途径解决，则需要改变常规性思路，从严把握商业使用的证据。

如在申请再审人韦某建与被申请人天丝医药保健有限公司（以下简称天丝公司）、国家工商行政管理总局商标评审委员会（以下简称商评委）商标撤销复审决定行政纠纷一案中，最高人民法院裁定指出："关于撤销复审商标是否符合商标法立法本意的问题。《商标法》第四十四条第（四）项规定，注册商标连续三年停止使用的，由商标局责令限期改正或者撤销其注册。韦廷建主张该制度也就是商标三年不使用撤销制度是为了鼓励商标的使用，防止浪费资源，且在本案中，复审商标从系争三年期间持续使用至今，具有了市场声誉，使用复审商标的商品已具有了较大市场规模，形成了相关公众群体。本院认为，商标三年不使用撤销制度的确有鼓励商标使用，防止浪费商标资源的立法目的，因此为实现该制度的价值，在确有实际使用或实际使用意图的情况下，可以酌情从宽掌握使用标准，尤其是可从证据及证据标准、情势变更等方面进行适当从宽把握。但是，商标立法的相关目的是相互协调的，如果维持商标的结果导致与相关商标基本上无法区分，从而涉及公共利益和消费者权益保护的，就要适当从严把握该制度。从本案的实际情况来判断，复审商标与天丝公司的'红牛+REDBULL'及'红牛+REDBULL+斗牛图'两个商标极其近似且关联程度极高。而且，天丝公司的红牛品牌，经过多年的广泛宣传和使用，其红牛产品在同类商品中已经具有较高的知名度，在相关领域已经具有广泛的影响，其红牛商标已经通过各种途径为相关公众熟知，韦廷建使用复审商标生产红牛饮料，势必导致与天丝公司生产的相关产品相混淆。为维护公共利益和防止消费者混淆，也有必要适当从严把握韦廷建对于复审商标的使用事实。据此，本院对韦廷建关于撤销复审商标不符合《商标法》第四十四条第（四）项立法本意的主张不予支持。"①

① 最高人民法院行政裁定书，〔2011〕知行字第28号。

该案涉及的两个“红牛”商标一个注册在营养液上，一个注册在饮料上，但这只是对于商品的一种专业性分类，在市场上都是以饮料的形式出现的，消费者很难进行区分。在无法寻求其他法律救济的情况下，法院从维护公共利益出发，通过严格掌握撤销三年不使用商标的证明标准等，撤销其中的一个商标（被请求撤销的商标知名度较低）。该裁判实际上是为了维护公共利益，选择了非常规性审判思路，进行了异于一般情形的特殊处理。

对于“红牛”商标案的裁判，我想到了卡多佐的一段话：“有时候遵循先例所带来的结果恰好与社会正义相违背，甚至会产生无情无义或是很荒诞的结果。而法律也时常以老学究的姿态显现，它毕竟不能回应社会现实。在这些关键时刻，法官最好要比它们表现出对灵活性的更加崇尚，通过在各种方法中的正确抉择来作出判决。”[①]在本案中，如果拘泥于认可形式化的商标使用行为，按照常规的做法或先例放宽商标使用标准，就会产生这种荒诞的结果。毕竟本案有特殊的事实，如两个商标核定使用的商品虽有专业上的划分，但这种划分究竟是非常老学究味的，现实生活中不会完全按照这种商品类别的专业性划分进行市场区分和选择；除了这种特殊情况导致两家商标必然产生市场冲突外，一家商标恰恰是驰名的，而另一家本身却是籍籍无名，这种知名度上的悬殊必然加剧这种市场冲突；由于上述因素的存在，两者并存必然是有害社会公众利益的，因而攸关公共利益。这种个案的特殊情势和逼人的正义感，使我们不得不对此案进行符合实际和实事求是的处理。这种处理虽然是基于个案的特殊事实，但处理的最终依据是公平正义和公共利益，这是一般性和普适性的依据，或者说又在自己的终点上由特殊回到了一般，由不对称回归到对称。“每每出现新的问题，公平、正义就会带领人们去解决，但是在解决问题的过程中又会发现，正义和公平原本与对称和秩序是一致的，甚至是对称和秩序的源头”[②]。

---

① ［美］卡多佐：《司法过程的性质及法律的成长》，张维编译，北京出版社 2012 年版，第 127 页。

② 同上注，第 140 页。

(五)妥善处理原则性与灵活性的关系

由于社会关系的复杂性,法律在作原则规定的同时,又必然有例外规定;在确立适用于一般情况的规则的同时,又允许特殊情况的存在。在法律适用中,法官既需要通过适用原则规定来维护统一性,又需要通过例外规定或者认可例外情形而灵活处置。没有原则和原则规定,就没有秩序;而没有例外规定和特殊对待,就没有灵活和具体情况下的公平。正如美国学者比克尔所说,“没有一个良好的社会能够是不讲原则的;也没有一个富有生机的社会是完全被原则支配的”。在绝对多数情况下,“需要同时考虑两个要求:指导性原则与权宜的妥协”。① 在法律适用中我们必须妥善处理好一般与特殊、原则与例外的关系,实现原则性与灵活性的统一。

一般与特殊、原则与例外在任何时候都是避免不了的。从本质上讲,两者都是为了维护公平;但两者都要有“度”,超过“度”都会走向它的反面而导致不公平。就法律适用而言,强调一般情况下的一致性,是为了维护一般公平,即确保同类情况同等对待,同样案件同样裁判。但是,情况和事实是复杂多样的,如果绝对地作法律标准上的“一刀切”,无视一些特殊情况,同样也会导致不公平,因而需要例外和特殊。如司法政策所言,“裁判既要做到同等情形同等对待,在裁判中实现法律的一般正义,又要注意不同情形不同处理,确保具体案件的处理公平合理。个别正义是看得见和摸得着的,是活生生的现实”。②

一般与特殊、原则与例外的存在,表明了法律适用、案件裁判及实际问题处理的路径和方法的多样性,也表明善用方法对于妥善解决问题的重要性。在实践中我们有时可以感到,一些律师出于由利益所决定的立场,有时会抓住某种典型的路径不放,僵化地以此作为一律化的衡量标准;一些年轻法官受阅历和经验的局限,往往习惯性地寻找或者假定某种路径的权威性;某些学者从纯粹的学术视

---

① [美]亚历山大·M. 比克尔:《最小危险的部门——政治法庭上的最高法院》,姚中秋译,北京大学出版社 2007 年版,第 66-67 页。

② 曹建明:《求真务实锐意进取努力建设公正高效权威的知识产权审判制度——在第二次全国法院知识产权审判工作会议上的讲话》,载中国法院网,https://www.chinacourt.org/article/detail/2008/03/id/290923.shtml。

角,偏好某些路径的理想化。他们在选择或者评价法律路径时,有时会抓住一点不及其余,容易单线条或者简单化地看问题,对于一些必要的灵活处置不能理解、不能接受或者加以指责。例如,对于本文提及的“张小泉”剪刀案、“散利痛”和“散列通”商标行政案等,曾有人将法院根据历史因素等裁判争议商标之间的共存,简单地理解为“和稀泥”;曾有人对于“鳄鱼”商标侵权案中朝向不同的单条鳄鱼商标不认定为近似商标表示不解①。卡多佐曾经结合他的心路历程描述过类似的场景。他说:“我记得早年我做执业律师的时候,我总是倾向于去求助权威的支持,只要权威的东西足以使我相信它们并无不妥,我便会将它套用到我正在办理的案件上面,而不会非常留意它的准确度究竟如何。我乐于盲从如下一种观念,即只要某些可作为依据的东西与个案具有关联,且的确很适用,法院就应当毫不犹豫地按照这些东西的逻辑行事。即使我的这种盲从让我遭遇了困难和挫折,我都痴心不改。但是,一次又一次的惨痛经历,我所期盼出现的结果一次又一次地落空,都告诉我,它们并没有按照我的意愿指示的道路前行。尽管如此,我依然天真地以为,它们不过是迷路了,或由于疏忽看错了路旁的指示标志;或者它们还在不知所向地游逛着,还缺乏坚定地闯入未知大陆进行探险的精神。”“但当我做了法官以后,再在不得已的情况下面对同样的问题时,它们所展现给我的面貌已经是全新的了。我这才发现,交织于其中的创造性因素居然是如此之大,路途中原来分布着很多岔路口,路旁的指示标志也并非完整,而这一切都远远在我的想象之外”②。的确,面对复杂的裁判对象,在评价或者选择裁判路径时,我们需要多个角度进行衡量,多考虑一些复杂的因素。裁判固然可以影响甚至引导社会生活,但首先要根植于现实生活关系,不能脱离生活实际,否则,会成为无源之水无本之木。而且,面对多种路径和方法,我们要比较各种方法的优劣和效果,没有哪一种方法

① “鳄鱼”商标侵权案二审判决前,我们曾组织十位知名知识产权专家进行过研讨和论证,专家们一致认为不应当认定为构成侵权。这说明大多数学者是很注意从实际出发和实事求是的。

② [美]卡多佐:《司法过程的性质及法律的成长》,张维编译,北京出版社 2012 年版,第 122-123 页。

一定是最高的或者优先的,关键是哪一种方法更契合手头的案件。我们“必须警惕如下观点,即认为总有一条原则在这些原则中居于至高无上的地位,它永远都优先于其他原则;如认为逻辑原则就一定要永远服从历史原则,或历史原则就一定要永远服从于习惯原则,或所有的原则一定要服从于构成社会福利原则的正义或功利等因素。就算是说社会福利是最后的‘试金石’并无不妥,但是‘确定性和秩序本身也是在我们责任范围内须寻找的关乎福祉的因素’”。①

一般与特殊、原则与例外的关系的存在,要求我们保持必要的批判性思维。温家宝总理在“两院”院士大会上的讲话(2012年6月11日)中讲道:“学术研究要鼓励争鸣,因为只有争鸣,才能激发批判思维的产生。批判思维是现代社会不可缺少的精神状态,是一种独立思考精神,它不迷信任何权威,只尊重真理和规律;不盲目接受任何一种观念和经验,而是经过认真的比较和分析,根据当时与当地的实际,取其有用成分,除其过时或不适宜的部分。批判思维是创造的基础,没有批判,不可能有创造。”司法裁判不同于学术争鸣,但同样需要批判思维。作为审判依据的法律原则和规则有其确定性的一面,也有其不确定性的另一面。甚至有人指出,“确定性只可能发生在那些非常少见的甚至几乎不存在的事例中,或者你只能期待它发生在上述事例中。原则或先例是因探索或然性而产生的结果。原则或先例因此产生之后,终其一生都烙有作为源头的或然性烙印。它们的实质是临时性的假定,它们的出生伴随着疑惑和剧痛,它们的产生过程中伴随着各种可能形成原则的东西之间的相互竞争,表现较好的将胜出,从而被法律所确认。如果有人一定要从作为前提的这种相对的短暂的源头推导出绝对的、永恒的结论,也就难免最终遭遇被反抗的命运而希望落空”②。我们不能说原则和规则是变幻莫测的,那会使司法具有太多太大的不确定性和神秘性,不符合司法的属性;但原则和规则确实具有一定的甚至较大的不确定性。所以要求我们对

① [美]卡多佐:《司法过程的性质及法律的成长》,张维编译,北京出版社2012年版,第134页。

② 同上注,第129-130页。

于原则和规则的适用必须保持必要的批判思维,保持一定的灵活性,勇于打破权威和破除迷信,避免僵化和教条化。运用好特殊和例外,就是使一般和原则更加符合实际,更加有效地解决实际问题,及时摒弃不合时宜的先例和做法。

需要指出的是,代表着灵活处置的特殊和例外情形需要严格把握,不能做宽泛的和随意的适用。“法院不是不着边际的‘流浪者’,可以随心所欲得出变幻莫测的这个结论或者那个结论”①。对于例外情形如果做过于宽泛的掌握,例外也就不成其为例外,就会破坏原则,就会扰乱一般秩序。商标司法中的上述特殊和例外情形,均需要从严把握和从严适用,不能作任意化的适用;否则会引起法律标准的混乱,会导致人们无所适从,会违背公平正义。

我们可以根据实践情况,归纳出一些把握特殊和例外的正当理由。前述几种情形就是典型的事例。当然,由于案件情况的复杂多样性,我们不可能穷尽和固化所有的具体情形。实践中仍会有许多特殊情况和问题需要我们甄别和抉择。因此,确定这些正当事由常常是一个难题。如卡多佐所说,“我们需要承认某些时候有例外是允许的,关键是要确定控制其尺度的原则。这一原则是应该从我们自己的内心深处去寻找或是从理想的模式中去寻找呢?是应该从历史中去寻找,让那些在历史中并未得到认可的侵权行为概莫能外地予以否定吗?还是应该从当前的社会需要,从‘社会生活的迫切需求’中去寻找它?标准究竟是来自形而上学的观念,还是其他历史依据,或是鲜活的社会生活需求?对这些问题的回答不同,司法判决的结果也会不同。棘手的问题往往是因为想当然地认为有一种方法居于最高位置,是因为想当然地认为应当接受一种方法带给我们的真理或只是表面上的真理,以至于认为根据无须其他方法对其再进行比对与验证真伪。我们不应当对牢固于我们头脑中的形而上学的观念或者历史论据过度崇拜,反而对鲜活的社会生活需求视而不见,在将历史和理性

① ［美］卡多佐:《司法过程的性质及法律的成长》,张维编译,北京出版社2012年版,第116页。

作为典范的想象中,我们不可能从中获得社会生活需求的感知”。[①]这说明,确定适用例外的方法不是固定的,不能是想当然地居于最高位置的方法;我们不能有先验的方法崇拜,而更要看重鲜活的现实生活需求。无论如何,作特殊或者例外处理,必须有正当的理由。这些事由可能根据各种具体情况进行具体确定,有的可能是历史考量,有的是现实生活的迫切要求,有的可能是现实的公平正义要求,但归根结底要由公平正义来衡量。

六、商标司法中形式与实质的关系

(一)形式司法与实质司法的复杂性

一般来说,按照对待制定法的态度(司法观)的不同,我们可以划分出形式性的司法与实质性的司法。前者是坚持法律适用的外观性和法律依据的至上性,拒斥对法律依据背后的实质性理由的探究;后者则是不拘泥于法律依据的外部表现形式,而更倾向于对法律依据背后的实质性理由的探究,并且可以借口实质性理由的正当性而背离法律依据的表面规定。与此相适应,形式司法遵循的是一种形式推理;实质司法坚持的是一种实质推理。如阿蒂亚所说,“如果需要对一条制定法进行解释,形式推理就会要求解释者将自己限制在那条制定法的字面中。实质推理则会引入各种各样的附随问题,包括(但不限于)在制定法的字面意思之外寻求立法原意的可能”。就形式性依据而言,“它们通常并不直接求助于实质性依据,即便实质性依据当时明显地存在于手头的法律之中。举例说,一条规则可能整合入了某些实质性依据,但当它作为行动的依据运作时:它仍然是独立自主的,即便那些实质性依据当时并不适用,甚或指向一个完全相反的结论”。[②] 就实质性依据而言,法律“仅仅提供了表面的依据,而这些依据并不比潜在于它们中间的实质性因素更重要”。[③] 法律依据背后的实质性因素,是指政治的、经

① [美]卡多佐:《司法过程的性质及法律的成长》,张维编译,北京出版社2012年版,第132-133页。

② [美]P. S. 阿蒂亚等:《英美法中的形式与实质——法律推理、法律理论和法律制度的比较研究》,金敏、陈林林、王笑红译,中国政法大学出版社2005年版,第6页。

③ 同上注,第21-22页。

济的、道德的、习俗的及其他社会的因素。

司法实践中，究竟应当采取形式司法还是实质司法，是一个很复杂的问题，需要根据个案的情况进行确定，且实践中往往不乏争议。例如，在广受关注的美国苹果公司与深圳唯冠公司有关 IPAD 商标转让纠纷案中，2009 年 8 月，IP 公司向英国唯冠公司提出收购唯冠集团在各国登记注册的所有 IPAD 商标。英国唯冠公司答复要将洽谈事宜转交给中国的同事。之后，自称为"唯冠"员工的某某，使用深圳唯冠公司的电子邮箱，与 IP 公司以电子邮件形式继续洽谈 IPAD 商标转让事宜。其间，双方谈妥将包括深圳唯冠公司的涉案两个商标以及台湾唯冠公司在其他国家注册的八个商标共十个商标以 3.5 万英镑的价格转让。2009 年 12 月 23 日，台湾唯冠公司与 IP 公司签订商标转让协议，约定转让标的为十个 IPAD 商标，转让对价 3.5 万英镑。协议签订后，IP 公司向台湾唯冠公司支付了对价款，并在 2010 年 2 月将十个 IPAD 商标转让给苹果公司。之后，苹果公司要求变更涉案两个商标的权属时，深圳唯冠公司以其没有签订转让协议，台湾唯冠公司无权处分为由，拒绝过户，遂引发诉讼。一审法院认为转让协议是台湾唯冠公司签订的，对深圳唯冠公司没有约束力，也没有构成表见代理，故判决驳回了苹果公司等的诉讼请求。该案经二审法院调解，双方达成协议，圆满解决了纠纷。

显然，该案中，深圳唯冠公司确实未在转让合同上签章，不是合同当事人，转让合同对其不具有拘束力，一审法院据此裁判更多是遵循了这些形式考量的因素。原告之所以提起诉讼，显然是认为深圳唯冠公司实质上参与了谈判，且相关公司具有密切关系，董事长为同一人，因而主张实质上转让成立，应诚信履约。学者也对此展开讨论，大体上无外乎这些形式思路和实质思路的分歧。笔者非常赞同本案的调解解决，在此无意对于本案从法律上应当如何处理妄加揣测，因为案件毕竟未进入二审判决，未形成法律上是非曲直的最终司法判断；只是借此案说明，由于当事人协议行为本身的不规范性，加上《商标法》对于注册商标转让有特殊要求，致使该争议的处理必然会有形式思路与实质思路的法律争论，两条思路可能导致不同的裁判方向和结果。而且，不论选择哪一种裁判方向，都有其道理,也都会充满争议。调解的成功无疑使双方通过再一次博弈而重新安排了未了的协议,弥补了难以充分兼顾双方利益的裁判结论的不足,至少从了结争议的角度看是圆满的;但所涉法律问题仍然发人深思,仍然为人们留下探索和遐想的空间,当然也为今后的经营者规范商标行为提出了警示。

(二)商业标识权利冲突中的实质性司法

对于企业名称与在先注册商标之间的权利冲突纠纷,法院大体上经历了不予受理、有条件受理和全面受理三个阶段。其间是以不同的理论依据为支撑的。如不予受理阶段的理由主要是,经合法注册的企业名称,不经行政程序撤销即不得通过民事诉讼认定侵权。全面受理阶段的理论依据是经行政注册程序产生的民事权利仍然是民事权利,直接认定使用行为构成侵权无法理上的障碍,即为追求实体公平而采取的"揭开企业名称注册的面纱"。如"有工商登记等的合法形式,但实体上构成商标侵权或者不正当竞争的,依法认定构成商标侵权或者不正当竞争,既不需要以行政处理为前置条件,也不应当因行政处理而中止诉讼"①。可见,理论与认识紧密联系,理论认识的转变和深化,使实践发生了根本性转变。之所以采取实质司法的思路,直接否定形式上合法而实质上违法的行为,乃是源于"如果实质内容失去正当性,个人不能通过形式获利"的原则,也即"一方不得以牺牲别人的利益为代价获得不正当的利益"。从实质上说,凡称其为权利的,必然是合法产生的;非法获取的利益只能是一种事实,不能成为法律上的权利。例如,非法使用他人享有权利(如著作权)的商业标识,尽管可以获得由此带来的利益,但这种利益是非法的;非法使用人无法维持这种利益(不具有维持力),因为一旦权利人主张权利,就可以否定或者剥夺非法使用人对这种利益的享有。

(三)兼顾程序正义的同时侧重实体正义

程序正义与实体正义也属于形式与实质关系的重要方面。总体上说,这些年来程序正义受到了较大的关注和重视。但是,在不

---

① 最高人民法院《关于当前经济形势下知识产权审判服务大局若干问题的意见》(法发〔2009〕23号),2009年4月21日发布。

同的法律领域,对于两种正义的把握可能有所差别。例如,在刑事诉讼领域,程序正义具有更为突出和重大的价值;而在民事领域,实体正义则受到更多的关注。行政领域似乎介于两者之间,但情况有些复杂。

在商标司法中,处理实体与程序的关系在商标授权确权行政案件中较为突出。近年来商标司法的总体态度是,程序既有其独立的法律价值,又必须以实体问题的解决和实体公正的实现为取向和终极目标。实体公正既是程序运行的目标和指向,又需要以程序公正为支撑和保障。既要高度重视程序公正,防止忽视程序公正片面追求实体公正;又要以实体公正为依归,防止司法机械。当事人因行使程序权利的瑕疵而可能影响其重大实体权益,甚至可能导致其丧失救济机会且没有其他救济途径的,可以根据案件具体情况给予补救机会。例如,新证据的接受就是据此办理的。此外,司法政策强调注重商标授权确权争议的实质性解决,避免陷入不必要的程序重复,搁置实体问题和回避矛盾。例如,对于商标是否应予注册、是否应当撤销等能够作出实体性判断的,可以在裁判理由中作出明确的判断,为被诉行政机关重作决定作出明确指引。①

七、商标司法中历史与现实的关系

人类社会是川流不息的;历史是昨日的今天,今天是明日的历史。在有些案件的裁判中,或者在有些情况下的法律适用时,历史的力量会超越其他(逻辑或者纯粹理性的力量),不考量历史因素就不能准确地适用法律和妥当地裁判案件。诚如卡多佐所说,"历史在照亮昔日的同时也照亮了今天,而在照亮了今天之际又照亮了未来"。② 亦如霍姆斯所说,"要理解法律是什么,我们必须了解它以前是什么,以及它未来会成为什么样子。我们必须交替地参考历史和现有的立法理论。但是最困难的工作是要理解,两者在每一阶段

① 最高人民法院《关于充分发挥知识产权审判职能作用推动社会主义文化大发展大繁荣和促进经济自主协调发展若干问题的意见》(法发〔2011〕18号)第23条,2011年12月16日发布。

② [美]本杰明·卡多佐:《司法过程的性质》,苏力译,商务印书馆2005年版,第31页。

如何结合在一起产生出新东西。在任何特定时代，法律的内容，就其本身而论，都完全可能与时人所以为便利的东西严丝合缝；但是它的形式和机理，以及它在多大程度上能够导致我们所希望达到的效果，则极大地依赖于过去”。[①] 商标司法同样如此，有些法律适用和案件裁判必须考虑历史，“一页历史抵得上一卷逻辑”（霍姆斯语）。[②]

（一）宏观思路上的历史把握

我国改革开放初期，抢注商标或者搭车模仿行为较为多发和突出，这是我国市场经济发展初期的产物，对于这一段历史我们要客观地和实事求是地看待。我们现在要为品牌发展创造较大空间，要营造良好贸易投资环境和树立负责任大国形象，需要加大遏制商标抢注和制止商标侵权的力度。但是，对于改革开放初期造成的商标注册状况，我们不能简单地以今天的眼光来衡量，不能以今天的严格标准“秋后算账”；对于今天的抢注或者不正当搭车模仿行为，也不能以改革开放初期的标准进行放纵。如在一起涉及“苹果”文字及图形的商标行政案件中，境外公司在服装类商品上的相关商标注册和使用时间长，已达到驰名商标程度，它以该驰名商标为依据主张撤销一家境内公司在皮具商品上的相关商标；但境内公司在皮具商品上使用相关商标已有较长时间和较大规模，在皮具商品上还有其他类似的在先商标。客观地说，境内公司有搭车模仿境外公司商标的历史和行为。对于是否撤销境内公司的争议商标，不能不考量我国改革开放初期的历史；如果不考虑那一段历史，仅仅考虑境内公司的搭车模仿成长历史，撤销其争议商标不无道理；但割裂历史而去“秋后算账”，不是实事求是的态度，也不符合双方共存的现实状态。因此，我们还是采取了尊重历史的思路。

在对待我们发展历史的问题上，当前要特别防止“道德劣势”心

---

① ［美］小奥利弗·温德尔·霍姆斯：《普通法》，冉浩等译，中国政法大学出版社2006年版，第1页。

② New York Trust Co. v. Eisner，256 U. S. 345，349（1921）（Opinion for the Court by Holmes，J.）.

理。这是一种妄自菲薄和自我矮化的不健康心理。[①] 不久前读到一段很有意思的文字:"有些人将其(TRIPS 协定)理解为人类道德规范的体现,本人则将其理解为各国利益博弈的结果。将 TRIPS 协定解释为人类道德规范已经远远超出了 TRIPS 协定的本来含义,是受了某些发达国家官员或专家的误导而形成的错误解释。受此误导,我国政府和民间在对待知识产权问题上,总是不自觉地将自己置于道德劣势的地位,从而削弱了我国的谈判地位。实际上,无论是从实践上看还是从理论上看,TRIPS 协定都是各国利益博弈的结果,而非对人类社会道德正义追求的结果。""从实践上看,TRIPS 协定是各国参与贸易自由化或经济全球化、追求交易各方利益共赢的结果,而非对人类社会道德正义讨论的结果。从理论上看,知识产权本来就是各国的立法主体法定的特许权,是各国追求本国整体利益最大化的结果"。这段话发人深思。商标司法有时亦受到"道德劣势"心理的困扰。

在裁判一些涉外商标案件时,我感到有的法官似乎自觉或不自觉地受到了"道德劣势"心理的困扰,尤其是涉及一些认定是否构成不正当搭车("傍名牌")、恶意抢注及其他涉及撤销注册商标的案件中,究竟如何认定不正当意图(恶意)以及如何确定不正当意图的权重等,有时受"道德劣势"心理影响,不能正确把握法律标准。或许在"道德劣势"心理的影响下,有时对于认定不正当意图持较为严苛的态度,较为看重不正当意图的权重,甚至总觉得有些国内注册人先天不干净、喜欢模仿人家,对于相关侵权行为的认定或者相关商标的撤销下重手。有些人甚至习惯于占据道德高地,先入为主和不分青红地进行指责,动辄扣上"恶意抢注"之类的帽子。因此,我

---

① 这与近代以来我国积弱积贫导致的文化心理弱势一脉相承。如钱穆先生所言:"中国文化是世界上绵延最久展扩最大的文化,只以五千年来不断延绵不断扩展之历史事实,便足以证明中国文化优异之价值。近百年来的中国,不幸而走上一段病态的阶段。这本是任何民族文化展演中所难免的一种顿挫。又不幸而中国史上之一段顿挫时期,却正与欧美人的一段极盛时期遭遇而平行。国内一般知识分子,激起爱国忧国的热忱,震惊于西洋势力之咄咄可畏,不免而对其本国传统文化发生怀疑,乃至于轻蔑,而渐及于诅骂。因此而种种空洞浅薄乃至于荒谬的国史观念,不胫而走,深入人心。然而此种现象,亦依然还是一时的病态,并没有摇动到中国传统文化之根基。"参见钱穆(1895—1990年,著名历史学家):《历史教育几点流行的误解》,载《北京青年报》2012 年 7 月 6 日。

们需要正视此类问题,要按照法律标准,客观、中立和实事求是地分析和处理这类现象,既要有效遏制真正的恶意抢注或者商标侵权,又不要进行泛道德化的考量而放大道德因素,去作扩大化处理。

知识产权规则和保护具有道德的成分,更具有功利的因素。知识产权国际规则更是利益博弈的产物,甚至是政府乃至私人企业(利益集团)推进经济利益的产物,是以规则的形式追求私人企业利益最大化的结果,主导或者推动条约谈判的政府无非是其私人利益集团的代言者。在知识产权保护与国际贸易和投资关系日益紧密的现代,知识产权国际规则的制定更是如此。[①] 当然,对待或者处理知识产权问题,应当立足于法律规定,纳入法律轨道。我国知识产权制度设计主要是建立在激励理论之上的;而且,无论是履行条约义务还是主动加大知识产权保护力度,显然是为了更好地创造贸易、投资和创新环境的需要,归根结底是为了促进我国经济、社会和文化的发展。对于外国权利人给予一视同仁的保护,同样是为了促进上述目标的实现。商标司法会适当地考量恶意因素,但不能泛泛地作为道德的卫道士。无论国内外,都是根据本国发展的需求确定保护态度,这本身也都是奉行功利政策的表现。如果我们简单地从道德角度考虑问题,把道德问题置于太高的地位,在裁判案件时过于注重泛道德化的考量,很可能不符合知识产权保护的实际,也会与保护知识产权的目标南辕北辙。因此,保护知识产权必须是在我国法律框架之内,必须符合我国法律规定,不能超越我国法律。

尤其是,要正视我国改革开放 40 余年的历史进程。我国是后发国家,有了改革开放 40 余年的快速发展历程,知识产权保护也是伴随这一历程产生和发展的。改革开放初期有当时的经济社会文化背景和包括知识产权保护在内的法制相对不完善的环境,也就出现了当时抢注、仿冒较多的现象。但是,随着我国经济的快速发展、国际环境的改变以及国内法制的健全,知识产权保护的环境和要求已今非昔比,抢注、仿冒等更没有存在的空间。历史毕竟是连续

---

① [美]苏珊·K. 塞尔:《私权、公法——知识产权的全球化》,董刚等译,中国人民大学出版社 2008 年版,第 3 页。

的，历史也不是虚无的；在这一过程中产生了一些具有历史痕迹的涉外知识产权争议，对这些争议的处理，我们不能割断历史，不能采取历史虚无主义。如果事实完全发生在今天，我们完全可以“大义灭亲”，维护我国负责任大国的形象；但对于毕竟带有历史痕迹的涉外争议，我们就不能理想化地处理，更不能想当然地认为这些商标注册等当然不干净、有劣迹。对此，要区分情况，严格按照现行法律进行处理，该撤销的要撤销，该维护的要维护；防止为人随意贴上的恶意抢注等标签所误导，防止“道德劣势”心理作怪，对于本该保护的权利人的权利不敢理直气壮地进行保护。

（二）个案裁判中的历史因素

裁判方法是多种多样的，历史方法是一种重要的裁判方法。卡多佐指出：“一个原则的指导力量也许可以沿着逻辑发展的路线起作用，我将称其为类推的规则或哲学的方法；这种力量也可以沿着历史发展的路线起作用，我将其称为进化的方法；它还可以沿着社区习惯的路线起作用，我将其称为传统的方法；最后，它还可以沿着正义、道德和社会福利、当时的社会风气的路线起作用，我将其称为社会学的方法。”①采取哪一种裁判方法，显然取决于裁判事项的具体情况；但一旦历史因素应当充分考虑时，就应当优先选用历史方法。

有些案件中的争议有复杂的或者久远的历史原因，争议本身则是现实的或者需要进行现实的解决，这就需要考量相关事实的历史形成和发展过程，以及争议的现状，在此基础上进行公平合理的裁判。为解决一些涉及复杂历史因素的涉商业标识等知识产权案件，我们总结出“历史、现实和公平”的裁判模式。例如，“北京、上海等地法院在审理涉及《乌苏里船歌》、‘张小泉’剪刀、金华火腿等案件中，既遵照法律原则和精神，又考虑历史和现状，对案件作出了公平合理的裁量，较好地实现了两个效果的统一”。② “对于因历史

---

① ［美］本杰明·卡多佐：《司法过程的性质》，苏力译，商务印书馆2005年版，第16页。

② 曹建明：《全面加强知识产权审判工作为建设创新型国家和构建和谐社会提供强有力的司法保障——在全国法院知识产权审判工作座谈会上的讲话》，2007年1月18日。

原因造成的注册商标与企业名称的权利冲突，当事人不具有恶意的，应当视案件具体情况，在考虑历史因素和使用现状的基础上，公平合理地解决冲突，不宜简单地认定构成商标侵权或者不正当竞争”[①]。“对于因历史原因造成的注册商标与企业名称的权利冲突，当事人不具有恶意的，应当视案件具体情况，在考虑历史因素和使用现状的基础上，公平合理地解决冲突，不宜简单地认定构成商标侵权或者不正当竞争；对于权属已经清晰的老字号等商业标识纠纷，要尊重历史和维护已形成的法律秩序”[②]。最高人民法院裁判的“散列通”和“散利痛”商标行政案件、上海市高级人民法院裁判的“张小泉”剪刀案件等，都是从历史和现状出发，考虑了纠纷成因的历史性和复杂性，进行公平合理的裁量。这种“历史、现状和公平”的裁判模式，就是此类案件的基本裁判方法。这些案件涉及的事实认定和法律适用需要历史地看待，不能割断历史，否则就会脱离实际和违背正义。

八、商标司法中共识与尝试的关系

（一）重视沟通和共识

在当代哲学流派中，哈贝马斯倡导了“沟通行动理论”，提出“共识真理论”，即所谓的“真理”已不再是“真理符合论”（内容与实在事物相符）意义上的真理，而在很大程度上是一种共识意义上的真理，也即“交互主体性的真理”。如哈贝马斯所言，“话语真实性的判断标准只能是它的主体间性……当所有人都平等进行对话，并就同一话语对象进行理性的探讨和论证，最后达成共识时，该话语才可被看做是真实的”。[③] 这种理论对于法律哲学也产生了一定的影响。比利时的胡克教授就以此为基础提出了沟通主义的法律观。他认为“沟通是法律合法化来源”。他认为法律的含义和合法性等不是给定的，而是通过规范的供给者与规范的接收者、立法者与司

---

① 曹建明在第二次全国法院知识产权审判工作会议上的讲话，2008年2月19日。

② 最高人民法院《关于当前经济形势下知识产权审判服务大局若干问题的意见》（法发〔2009〕23号）第10条，2009年4月21日发布。

③ ［比］马克·范·胡克：《法律的沟通之维》，孙国东译，法律出版社2008年版，第356页。

法者、司法者与当事人及社会之间的广泛持续的沟通获致的。他认为:“法律本身在本质上也是基于沟通:立法者与公民之间的沟通,法院与诉讼当事人之间的沟通,立法者与司法者之间的沟通,契约当事人之间的沟通,某一审判中的沟通。更显著的是,这一沟通方面现在被认为是处于法律合法化的框架之中:法律人之间的一种合乎理性的对话是‘正确’地解释和适用法律的最终保证。”①这样的沟通论和法律观对于我们也不乏理论上的启发意义,或者说与我们的一些认识和实践有某些相通和一致之处。

法律规则有其确定性的一面,也有其不确定性的另一面。在很多情况下,法律并不必然要按某种含义进行解释,法官也并不必然要选择哪一种裁判选项。法律并不总是能够为具体案件和特定法律争议提供有效的供给,在据以裁判的法律依据并非清晰明确和毋庸置疑时,裁判往往不是只有一种是或非的选项。法官在澄清特定法律规范的含义时,或者确定据以裁判的规则时,往往借助于沟通而达成的共识。在新难案件裁判中,则需要借助其他资源,进行其他沟通,如与专家学者、相关部门及其他有关方面的沟通,通过沟通形成法律解释或者决定裁判选项。尤其是,最高人民法院的司法或者最高人民法院法官的特色性工作方法,就是充满了各种类型的沟通。例如,对于争议较大的法律问题或者广受关注的案件,我们往往征求立法和行政部门以及专家学者的意见,听取社会的反响和呼声,在此基础上进行判断,得出结论。而且,所获得的法律问题结论的确定性程度,往往取决于有关各方达成共识的程度;而在不能完全达成共识时,往往以求同存异的方式先在共识的范围内统一司法标准,对于尚有分歧的部分留待继续探索和总结,条件成熟时再进一步统一裁判标准。这种在沟通基础上的做法多少有点“共识真理论”的味道。这当然反映了法律标准往往是利益衡量的产物,在很大程度上取决于相关主体之间的认识或者共识,具有相对真理性。

沟通的目的是达成理解和共识,使法律解释和裁判结论为当事人和社会所接受。处于沟通位置的司法也就必然是积极性或者能

---

① [比]马克·范·胡克:《法律的沟通之维》,孙国东译,法律出版社2008年版,第358页。

动性司法。裁判本身就是一个选择的过程。如胡克教授所说，就一般性选择而言，涉及法官在消极作用与积极作用、立法者的意志与案件的充分解决、法律的确定性与法律的公平性、一般正义与个别正义之间的选择；就法律的具体解释而言，涉及在立法者的客观意志与主观意志、保守性解释与进取性解释、立法的公平合理性与技术合理性、法律多元主义与法律系统的统一、技术性漏洞与评价性漏洞等之间的选择。这些选择的妥当与否，既需要通过沟通实现，又需要通过沟通检验。这种沟通既涉及法院与当事人之间的沟通，又涉及上下级法院及其他相关法院、法院与其他机关、法院与学者、法院与媒体以及法院与社会群众之间的沟通。通过沟通，法院形成对于法律解释或者漏洞填补等的认识。

商标司法中经常遇到的新难问题，尤其是争议较大的问题，往往都是通过沟通和达成共识解决的。最高人民法院出台司法解释和司法政策的一个重要底线，是有关方面对于所涉内容基本无争议或者达成共识。在日常的司法决策中，我们也经常性地采取沟通和达成共识的方式。例如，《商标法》第 32 条规定的抢注他人在先使用并具有一定影响的商标，是否限于相同类似商品上，前些年在有的案件中争议较大。我们通过与有关部门沟通，达成了限于相同类似商品上的共识。以下提及的“定牌加工”问题，也主要是因为有关方面对于所涉商标使用行为是否构成侵权认识不一，最高人民法院迄今未能作实体性表态。此类例子不胜枚举。

（二）尝试与试验

法律是否具有试验性、尝试性或者探索性？对该问题的回答可能是不同的。在这之间会有两种极端的观点。一种极端的观点认为，“法律是固定的，具有不可塑性；法官对于案件的判决，并非包含着某些具有试探性的猜想，而是对按归纳方式理解的一致性所做的最为接近的表达，具有某种先验性；判决只是一个发现的过程，不应该掺杂任何程度的创造因素”。另一种极端的观点认为，“法律是由一系列孤立的判决组成，没有一般性，而只有特殊性，原则被弃之不用，个案被奉若神明”。在这两个极端观点之间，还有一种中间的观点，即“法律是一个由规则、原则和标准组成的体系，在它们被应用于具体个案时，需要对它们进行梳理、筛选和重塑，并按照某种目的予以适用。这是一种试错的过程，但其本身会产生判决，也会决定它们自我的再生产权利"[①]。在我国，后一种极端观点并不太多，但类似前一种极端观点的看法还是很多的。尽管如此，事实上我们的法律适用同样存在尝试、试验和探索。无论我们是否公开承认或者意识到，事实上都是存在的。

在法律规定不清晰而需要逐渐廓清其内涵或者有两种以上的解释时，或者法律滞后于社会发展的需要时，或者干脆出现法律空白时，法院的裁判就有很强的实验性、尝试性或者试错性，需要探索和创造。在这种情况下，同类案件不同判决（同案不同判）的情形在所难免，也即必然出现法律适用的差异性。尤其是对于达不成共识的争议较大的问题，我们常常是慎重表态，但不排除先在个案裁判中尝试和试验，待条件成熟时再统一标准。"定牌加工"中商标使用行为的定性就是著例。

国外注册商标的权利人委托国内生产厂家生产使用该商标的产品，但该产品全部销往国外而不在中国境内销售，即俗称的"贴牌加工"。倘若在该产品上所"贴"的商标与他人在我国国内注册的商标相同或者近似，是否构成侵权行为？当前实践中对于该问题是有较大争议的。一种代表性观点认为，既然此时使用了与国内注册商标相同或者近似的商标，该使用行为符合 2001 年《商标法》第 52 条第 1 项的规定，构成侵犯注册商标专用权行为。另一种观点认为，这种"定牌加工"中的使用不是商业标识意义上的使用行为，不构成侵权行为。因为，由于该定牌加工商品不是在国内销售，所贴上的商标只在中国境外具有商品来源的识别意义，并不在国内市场发挥识别商品来源的功能，不会在国内市场上具有商标意义，也即对于国内市场而言，这种贴牌行为不是商标意义上的使用，而国内商标权的效力仅及于中国境内，因而不能排斥这种定牌加工中的商标使用。从商标权的标识权属性看，不构成侵权的认识很有道理。

当然，此类行为涉及的具体情况和利益关系复杂，迄今有关方面的观点不尽一致。最高人民法院的司法决策从来都是高度审慎

---

① ［美］卡多佐：《司法过程的性质及法律的成长》，张维编译，北京出版社 2012 年版，第 121 页。

的,非常重视决策当时是否已对特定问题达成共识。在尚未形成共识的情况下,最高人民法院迄今尚未对该问题作出明确的表态,但已经表示关注。如在有关规范性文件中指出:“妥善处理当前外贸‘贴牌加工’中多发的商标侵权纠纷,对于构成商标侵权的情形,应当结合加工方是否尽到必要的审查注意义务,合理确定侵权责任的承担。”①该意见实际上又是未作表态的表态,但还是有态度的,尤其是允许对此类行为的定性和处理进行进一步研究探索;而且,只说到构成侵权的处理问题,言外之意还可能有不构成侵权的情形。的确,该意见出台后,各地法院进行了有益的探索,根据案件的情况认定是否构成侵权。例如,在台山利富服装有限公司与鳄鱼恤有限公司侵害商标专用权纠纷案中,广东省高级人民法院二审判决指出:“利富公司在本案中的行为属于涉外定牌加工行为。关于涉外定牌加工行为是否构成侵权的问题,目前我国法律及司法解释并无明确规定。本院认为,在司法实践中不宜将涉外定牌加工行为一概认定为侵权或不侵权,而应区别案件的具体情况予以处理。”该院在综合考虑被诉侵权人的主观意图、注册商标与被诉侵权商标使用状况等相关因素后,认定被诉侵权商标与鳄鱼恤公司注册商标不足以造成相关公众的混淆、误认,不构成侵害注册商标专用权意义上的商标近似,利富公司的涉外定牌加工行为没有侵害鳄鱼恤公司的注册商标专用权。该判决指出:“利富公司在产品上标注被诉侵权商标的行为,形式上虽由加工方实施,但实质上是基于有权使用被诉侵权商标的日本 Yamato 公司的明确委托,而且受委托定牌加工出口的产品全部销往日本国。因此,被诉侵权商标只能在日本国市场发挥其区别商品来源的功能,日本国消费者可以通过该商标区分商品来源为 Yamato 公司。涉案产品并未在中国市场实际销售,涉案产品的被诉侵权商标并未在中国国内市场发挥识别商品来源的功能,中国国内相关公众不存在对该商品的来源发生混淆和误认的客观基础,鳄鱼恤公司的中国市场份额也不会因此被不正当挤占,其注册商标的商标识别功能并未受到损害。”②这些探索显然是有益

---

① 最高人民法院《关于当前经济形势下知识产权审判服务大局若干问题的意见》(法发〔2009〕23 号),2009 年 4 月 21 日发布。

② 广东省高级人民法院民事判决书,〔2011〕粤高法民三终字第 467 号。

于最后达成共识和统一标准的。

允许尝试的基本情形至少可以分为两种：一种是法律规定的含义或者边界不清晰，经过不断的法律适用过程，试探其边界，进而逐渐地廓清其含义和边界，使其含义和边界逐渐清晰起来，法律的内容逐渐丰满起来，而实践中出现的新情况新问题在此过程中逐步得到解决。另一种是改变已有答案的过程，即本来已有标准答案，但因不合时宜而发生变化的过程，这是法律答案与时俱进和应时而变的过程。与时俱进的发展变化，同样是法律适用的应有之义。当然，在现实的法律适用中，该两种情形很可能是相互交叉和交融的。

既然允许尝试和试验，裁判中先后观点不一也就在所难免。此类法律答案的确定不能做到一步到位，必要时要修修补补和走走停停。在不能一步到位的情况下，个案中的裁判标准不是金科玉律，不是不能撼动；我们要勇于承认它们的局限性，不失时机地加以完善。例如，在撤销三年不使用商标行政案件中，对于违反法律、行政法规规定的商标使用是否能够认定为商标使用行为，最高人民法院曾经在“康王”商标行政案件中持否定态度，后来又在“卡斯特”商标行政案件中持肯定态度，先后的态度发生了改变。在个案裁判中这种先后态度的不同既然不可避免，也就无可厚非，还可以说成是尝试或试验的代价。

新难问题或者争议较大的问题，其本来就没有一致的标准和统一的答案，允许各地法院探索和尝试是必要的和必然的；这是由不一致通向一致的必经阶段和必由之路，是司法的规律，而探索中的标准不一是不可避免的司法代价。对于需要探索的问题作出不同的裁判，恰恰可以把矛盾充分暴露，以便听取不同的社会反映，接受社会效果的检验，帮助形成准确的最终判断。只要有新难问题和较大的争议，这种探索就不可避免，对此也不必不加分析地苛求和指责。所有的法律问题都有明确的答案和一致的标准，那是一种理想状态，并不是现实情况。

九、结语

总而言之，身处最高裁判机关，我们无时不在面对丰富多彩和纷繁复杂的司法难题，无时不在面对司法政策的取舍和裁判选项的选择，无时不在处理抽象与具体、一般与特殊、原则与例外、稳定与变动的复杂关系；其间我们经常会彷徨困惑，常常有心理上的挣扎、冲突、矛盾或痛楚，经常困扰于犹豫与坚决、拘执与圆通、幽暗不明与豁然开朗，此中酸苦诚不足为外人道。本文从矛盾的或者辩证的角度论述了商标司法中的几对对立统一关系，且这些关系几乎连接了商标司法中的所有基本问题；这恰恰说明了我们经常身处矛盾和纠结的境地。当然，这样的司法过程无疑充满了创造性：我们一旦作出选择，往往会开辟出一条新的路径，甚至形成正确与错误的新标准。正如卡多佐对于这种境况的精彩描述，"我发现，创造性因素多得超乎我的想象；曲径分叉司空见惯，路标也若隐若现。""某些案件只有一条路、一种选择。这些法律规定非常明了、非常确定的案件。他们堆积如山，令人乏味。另外一些案件则提供了真正的选择机会——不是一个非此即彼的选择：一个选择被人们认为几乎理所当然的正确，另一个则理所当然的错误，而是一个经过周密权衡的选择，其一经宣告，一种新的正确和一种新的错误（标准）即由此产生。……这儿有两条开放的、通向不同目的地的道路。分叉路口，没有一个为旅行者树起的栅栏，上写'此路不通'。他必须竭尽智力、鼓足勇气，走向这条或者那条路，祈祷他选择的不是埋伏、沼泽与黑暗，而是安全、光明、开阔的坦途"①。我们时常进行这种裁量、取舍和创造。裁判令人纠结不已的复杂案件，进行艰难的选择，更似经历一次难忘的旅程。这既使我们绞尽脑汁和殚精竭虑，又使司法充满了思考之乐，充满了精神上的"魔力"诱惑，充满了

---

① ［美］本杰明·N. 卡多佐：《法律的成长法律科学的悖论》，董炯等译，中国法制出版社 2002 年版，第 34-35 页。另外一种翻译更传神："在某些案件中，只有一条路可走。它们是存在明确而稳定的法律的案子。索然无味的案子可以批量生产。另一些案件提供了真正的选择机会——不是在这样两种裁决之间的选择，一种裁决可以说几乎肯定正确，另一种则可以说几乎肯定错误；而是一种平衡得很好的选择，一旦它被宣布，也就是宣布了一种新的正确和一种新的错误。我当然不是说，即使在这些案件中，选择不存在偏好或任意性。这种平衡是摇摆不定的，不是因为怪念头的侵袭，而是因为理性。作出选择的法官怀着程度不同的坚定信仰，相信自己作出了出色而明智的选择。然而在他的脑海中一直有一种真实的而非名义上的取舍。这里有两条路可行，虽然通向不同的目标。对于履行者而言，路上的岔口没有因其中之一个挂着'禁止通行'标牌的路障而消失。他只能集中自己的才智，鼓起勇气顺着这条路或那条路前进，并祈祷上帝保佑自己不要陷入埋伏、泥沼和黑暗，而是走向安全、开阔地和光明。"

成就感,使我们充满刺激、欢愉并乐此不疲。我们既注重沟通和尊重共识,又敢于担当,不避误解、责难和非议;我们从未将艰难的裁判视为坦途,但同样也未将其视为畏途!正像以色列最高法院院长巴拉克以诗化的语言所描绘的,“裁判不仅是一项工作,也是一种生活方式。这种生活方式并不包括追求物质财富或名声,而是建立在精神财富之上,包括客观与公正地追求真理。裁判不是命令而是理性;不是掌控而是谦逊;不是力量而是慈悲;不是财富而是名誉;不是努力取悦所有人,而是坚持价值和原则;不是向利益集团投降或妥协,而是坚决维护法律;不是根据一时的兴致而是根据根深蒂固的信念与基本价值坚定地作出判决”。[①] 这是一种令人悠然神往的裁判境界。

---

① [以]巴拉克:《民主国家的法官》,毕洪海译,法律出版社 2011 年版,第 105 页。

第六篇　“互联网条款”对于新类型网络服务的适用问题

——从“通知删除”到“通知加采取必要措施”①

摘　要：“通知删除”规则率先确立于《信息网络传播权保护条例》,《侵权责任法》(已失效)“互联网条款”将其扩展为“通知加采取必要措施”,并使其广泛适用于一般网络侵权领域。《电子商务法》知识产权保护条款又有相应的规定。随着互联网技术和商业模式迅速发展,新类型网络服务层出不穷,在适用“通知删除”等规则中不断产生新问题和新争议。除另有特别规定外,新类型网络服务应当适用《侵权责任法》(已失效)第36条规定的“通知加采取必要措施”,其中“必要措施”的界定具有开放性和灵活性,“必要措施”的妥当性取决于与特定网络服务的匹配性,可以根据网络服务提供者的具体情形,以利益衡量的方式确定相应的具体措施。个案中应当根据新类型网络服务的特性以及产业发展需求等情况,合理权衡特定网络服务与“必要措施”的适应性,妥善确定应当采取的“必要措施”。“必要措施”的文义与立法目的并不违

① 原载《政法论丛》2020年第1期。

和，并无以目的性限缩解释等方式填补漏洞的必要性。

关键词：网络服务提供者；新类型网络服务；通知删除规则；通知加采取必要措施；侵权责任

《侵权责任法》（已失效）第36条“互联网条款”以及《电子商务法》和《信息网络传播权保护条例》（以下简称《信息保护条例》）有关条款，构成了我国网络侵权责任的重要规则体系，其中所采用的“通知删除”及“通知加采取必要措施”，无疑是网络环境下制止侵权和保护权利的重大“发明”。但是，互联网技术和商业模式日新月异，不断衍生出新类型网络服务，新类型网络服务必然在技术和服务属性上具有独特性，因其独特性而会在实践中经常提出能否将既有网络侵权责任规则适用于新类型网络服务的问题。比如，杭州互联网法院和北京知识产权法院在有关信息网络传播权案件中对于小程序平台服务和阿里云服务器租赁服务的定性与法律适用的裁判，引起了较大关注。一个突出的问题是，新类型网络服务因在技术和服务上的特殊性，而能否纳入现行法律规则的调整，或者是否构成现有规则适用上的例外。这些裁判对此进行了诸多有益的探索，提出了很有见地的观点，其裁判结论都有其道理。当然，这些问题涉及现有法律规则能否及如何适用于新型网络服务提供行为的一般思路和方法问题，很有研讨的价值。本文无意评判这些裁判本身的是非，只是就其提出的“互联网条款”的一般性适用问题，加以探讨。

一、问题的提出

小程序平台服务和云存储租赁服务是近年来出现的新类型网络服务，“杭州刀豆网络科技有限公司诉长沙百赞网络科技有限公司等侵害作品信息网络传播权纠纷案”①（以下简称“微信小程序案”）以及“阿里云计算有限公司与北京乐某卓越科技有限公司侵害作品信息网络传播权纠纷上诉案”②（以下简称“阿里云案”）的裁

① 杭州互联网法院民事判决书，（2018）浙0192民初7184号。

② 北京知识产权法院民事判决书，（2017）京73民终1194号。

判，均提出了“通知删除”等网络侵权法律规则对于小程序平台服务及云服务器租赁服务的适用问题。这些新类型服务的法律定性及“通知删除规则”的可适用性等问题，核心是新类型网络服务是否及如何适用“通知删除”等规则的问题。

（一）“微信小程序案”：限缩解释法律与新类型网络服务适用除外

在“微信小程序案”中，杭州刀豆网络科技有限公司（以下简称刀豆公司）依法享有《武志红的心理学课》作品的信息网络传播权等权利，长沙百赞网络科技有限公司（以下简称百赞公司）未经许可，擅自通过其所有并经营的微信小程序“在线听阅”“咯咯呜”“回播”提供该作品的在线播放服务。刀豆公司认为百赞公司构成侵权，并认为腾讯公司作为微信小程序的平台管理者，对小程序内容具有审核的义务，对百赞公司侵权构成帮助侵权，应立即删除涉案“在线听阅”“咯咯呜”“回播”三个侵权小程序，并与百赞公司共同承担赔偿责任。腾讯公司认为，腾讯公司提供的小程序服务是一种移动页面接入技术服务，其性质属于基础性技术服务，并非一般意义上的网络服务提供者。小程序平台不存储小程序开发者具体服务内容，并非信息存储服务空间，小程序上的内容由开发者直接向用户提供，小程序平台技术上无法针对实际由开发者提供的具体服务内容采取处理措施。小程序服务的基础性技术服务属性决定了腾讯公司无法做到一般网络服务提供者所能采取的删除、屏蔽等必要措施。刀豆公司依据腾讯公司公示的开发者信息得以直接起诉百赞公司，腾讯公司作为仅为页面接入提供基础性技术服务的主体，已经公示了页面开发者即内容提供者的主体信息，不存在侵权意图和过错。因客观技术原因和法律规定，腾讯公司并不具有删除侵权内容的义务，不应承担侵权责任或整体下架涉案小程序的责任。

该案一审判决认为，微信小程序平台服务不属于《信息保护条例》规定的四类网络服务，但类似于《信息保护条例》中的自动接入、自动传输服务，属于基础性网络服务，基础性服务不应适用《侵权责任法》（已失效）、《电子商务法》和《信息保护条例》规定的“通知删除”规则，应当限缩解释《侵权责任法》（已失效）第36条第2款“通知删除”规定中的“网络服务提供者”，使其与《信息保护条例》规定相一致。据此,该判决认为微信小程序平台服务不适用“通知删除”规则,有关下架涉案小程序的诉讼请求不予支持。

该案一审判决对于小程序网络服务的法律属性及责任定位作出了较多的一般性论述,其中涉及《侵权责任法》(已失效)、《电子商务法》和《信息保护条例》的适用关系,涉及诸多一般性结论。例如,首先,《侵权责任法》(已失效)第36条第2款“通知删除”规定中的“网络服务提供者”,是否应当根据《信息保护条例》规定精神进行限缩解释,而仅适用于信息存储空间和搜索链接服务?其次,本案微信小程序平台服务是否只能类推网络自动接入传输服务,而不适用“通知删除”规则?是否还可以做其他类推,或者无须类推而直接适用《侵权责任法》(已失效)第36条第2款?最后,“通知删除”规则与裁判中的民事责任承担是什么关系?当事人在自我救助时的“通知删除”规则在诉请法院裁判时是否继续适用?诉诸法院时的停止侵权与“通知删除”规则是什么关系?这些问题都是适用《信息保护条例》、《侵权责任法》(已失效)和《电子商务法》中的突出问题。

(二)“阿里云案”裁判的灵活解释适用路径

在“阿里云案”①中,www. callmt. com 网站提供《我叫 MT 畅爽版》IOS 版、安卓版下载及游戏充值服务,该网站经营人侵害了乐某卓越公司该游戏著作的复制权、发行权、信息网络传播权。乐某卓越公司通过 whois 域名查询系统、域名备案系统,均未查询到 callmt. com 网站的经营人相关信息。经调查发现,《我叫 MT 畅爽版》游戏内容存储于阿里云服务器,并通过该服务器向客户端提供游戏服务。乐某卓越公司两次致函阿里云计算有限公司(以下简称阿里云公司),要求其删除侵权内容,并提供服务器租用人的具体信息,但《我叫 MT 畅爽版》游戏内容仍一直存储于阿里云公司服务器上。乐某卓越公司请求判令阿里云公司断开链接并停止为《我叫 MT 畅爽版》游戏继续提供服务器租赁服务,并将储存在其服务器上的《我叫 MT 畅爽版》游戏数据库信息提供给乐某卓越公司等。

① 北京知识产权法院民事判决书,(2017)京73民终1194号。

该案一审判决认为，阿里云公司仅是将服务器租赁给他人使用，租用人直接上传需要存储的内容，无须通过阿里云公司审核，并非是信息存储空间服务。《侵权责任法》（已失效）第36条针对所有网络服务的提供者。阿里云公司作为服务器提供商，虽然其不具有事先审查被租用的服务器中存储内容是否侵权的义务，但在他人重大利益因其提供的网络服务而受到损害的时候，其作为服务器服务的提供者应当承担其应尽的义务，采取必要的、合理的、适当的措施积极配合权利人的维权行为，防止权利人的损失持续扩大。这类措施不仅仅包括删除涉嫌侵权的作品、内容，也包括向相关服务器租用人询问相关情况、将权利人的投诉材料转达被投诉的服务器租用人，并根据租用人的反应采取进一步的必要措施①。

该案二审判决认为，《信息保护条例》规定了各类网络服务及其制度安排，但阿里云公司提供的云服务器租赁不同于《信息保护条例》规定的信息存储空间、自动接入、自动传输和自动缓存服务，不适用《信息保护条例》规定的“通知删除”规则。阿里云公司属于《侵权责任法》（已失效）第36条规定的网络服务提供者，适用其“通知加采取必要措施”规定。阿里云公司提供的是云服务器租赁服务，其对云服务器中运行的软件系统和存储的具体信息内容无法直接进行控制，在技术上不能针对具体信息内容采取“删除、屏蔽、断开链接”的措施。基于云服务器租赁服务的技术特点，阿里云公司所能采取的与“删除、屏蔽、断开链接”相同效果的措施是“关停服务器”或“强行删除服务器内全部数据”。鉴于信息服务业务类型不同以及权利人主张权利内容不同，阿里云公司若仅根据权利人通知即采取后果最严厉的“关停服务器”或“强行删除服务器内全部数据”措施，有可能给云计算行业乃至整个互联网行业带来严重的影响，并不适当，也不符合审慎、合理之原则。即使接到有效通知，阿里云公司亦非必须采取“关停服务器”或“强行删除服务器内

---

① 该一审判决认为，“阿里云公司对于乐某卓越公司的通知一直持有消极态度，从乐某卓越公司第一次发出通知，到诉讼中阿里云公司采取措施，阿里云公司在长达八个月的时间里未采取任何措施，远远超出了反应的合理时间，主观上其未意识到损害后果存在过错，客观上导致了损害后果的持续扩大，应当承担相应的法律责任”。参见北京知识产权法院民事判决书，（2017）京73民终1194号。

全部数据”的措施，而应当基于通知内容所能提供的信息及根据该信息所能作出的一般性合理判断，采取与其技术管理能力和职能相适应的措施。对此，转通知可以成为合格通知场景下阿里云公司的必要措施①。

该案一审判决认为阿里云服务器租赁不属于存储空间服务，但属于《侵权责任法》(已失效)第 36 条规定的网络服务，阿里云公司接到侵权通知之后需要采取的措施，不仅仅包括删除涉嫌侵权的作品、内容，也包括向相关服务器租用人询问相关情况等。二审判决虽主张阿里云公司不属于《信息保护条例》列举的网络服务，而属于《侵权责任法》(已失效)第 36 条规定的网络服务，但其采取的必要措施应当与服务属性等相适应。鉴于阿里云服务器租赁服务一系列特性，不适宜采用“关停”“强制删除”之类的措施，而可以采取转通知之类的措施。二审判决并未限缩解释《侵权责任法》(已失效)第 36 条第 2 款的“网络服务提供者”，而是通过以具体的利益衡量合理解释“必要措施”，确定与所涉服务相适应的“必要措施”的方式，进行法律适用。

(三)两个案件提出的问题

以上案件分别涉及微信小程序平台服务和云服务器租赁服务，两者均属于近年来互联网技术和商业发展所出现的新类型网络服务，但两个案件的判决在新类型网络服务适用“通知删除”规则上，采取了不同的法律适用路径和方法。“微信小程序案”判决通过将微信小程序平台服务类推适用接入传输服务，而采取限缩《侵权责任法》(已失效)第 36 条“通知删除”规则适用范围的漏洞填补方法，使此类新类型服务排除于“通知删除”的适用。“阿里云案”则没有因为服务器租赁服务之新类型，而排除于现有“通知删除”规则的适用，但因该类服务的特殊性，而通过解释“通知删除”规则的方式，解决了“通知删除”规则的适用问题。两个案件针对的具体网络服务虽然不同，但两个裁判法律适用路径的差

① 该案因乐某卓越公司向阿里云公司发出的通知不符合法律规定，属于无效通知，二审法院认为阿里云公司就其出租的云服务器中存储侵权软件的行为，在本案中不应承担侵权责任。参见北京知识产权法院民事判决书，(2017)京 73 民终 1194 号。

异所反映的是新类型网络服务在适用“通知删除”规则上的一般思路和方式的差异。

新技术、新商业模式和新业态必然不断产生新类型网络服务,法律规则不可能针对每种具体网络服务类型的出现而进行新的修订,因而也就会不断地提出如何以现有规则调整新类型网络服务问题。就现行法律规定而言,“通知删除”规则是互联网时代出现的权利保护和侵权责任规则,该规则的适用面临特殊而具体的问题,上述两个案件的不同裁判方法足以说明这些问题的复杂性,也说明其适用问题仍值得深入探讨。

二、“通知删除”规则的由来和发展

我国网络服务提供行为引起的网络侵权中的“通知删除”规则,借鉴了“美国数字千年法”(DMCA),最早出现于《信息保护条例》规定之中①,在此基础上又形成《侵权责任法》(已失效)第36条“互联网条款”,再后来的《电子商务法》又针对电子商务中的知识产权保护作出规定,由此形成了我国网络侵权中的一般与特殊相结合的“通知删除”体系。

(一)“通知删除”规则的缘起、定位和精神

“通知删除”规则是互联网时代版权保护的产物,首创于“美国数字千年法”。该法是1976年美国版权法制定以来最为全面的修订,且“可能在美国版权法史上代表了最为剧烈的变革”②。该法的重要内容是限制在线服务提供者(online service providers)对于在线侵权行为的责任③。根据该法规定,在网络服务提供者满足特定

---

① 实际上,在《信息网络传播权保护条例》之前,国家版权局、信息产业部《互联网著作权行政保护办法》(2005年4月29日发布)已在先规定著作权人发现互联网传播的内容侵犯其著作权时的通知移除、反通知恢复的规则。只是该办法是层级较低的部门规章。

② Gillespie, Tarleton. *Wired Shut: Copyright and the Shape of Digital Culture* Cambridge, MA: MIT Press, 2007.

③ 该法由权利管理和限制责任两项基本制度所构成,两者构成美国数字版权法迄今最为重要的组成部分。See Bill D. Herman, *The Fight over Digital Rights*, Cambridge University, 2013, p. 38.

条件时,可以对其用户的侵权行为不承担责任[①],即豁免其损害赔偿和限制对其进行禁令救济[②]。这些条件包括不知道侵权行为、根据请求及时去除侵权材料以及公布据以发送去除侵权材料请求的网络服务提供者的联络渠道[③]。此种满足特定条件即予以免责的规定,就是“美国数字千年法”所谓的避风港制度。

“美国数字千年法”本身是保护权利与限制侵权责任的利益妥协的结果,即一方面是版权所有人的要求,另一方面是互联网产业的关切。版权所有人认为在线服务提供者从其用户的侵权活动中谋利,所以应当承担保护的成本。互联网产业则寻求免责,且争取确立一种增强“在线版权侵权责任确定性”的制度。“美国数字千年法”是两种利益妥协的产物[④]。与此相适应,“权利管理电子信息”[digital rights management(DRM) systems]与“避风港”构成其制度框架[⑤]。“通知删除”(notice and take-down)规则是“美国数字千年法”确立的限制网络服务提供者侵权责任的避风港制度中的一个环节。该规则要求,在线服务提供者接到权利人的侵权通知以后,应当删除存在于其系统之上的侵权材料,或者断开存储侵权材料的网址。“通知删除”规则严格界定了通知的要求和程序,以此为在线服务提供者提供制止侵权请求的指导。此外,该规则还进一步要求在线服务提供者终止重复侵权人的账户[⑥],应法庭要求披露侵

---

① See Bill D. Herman, *The Fight over Digital Rights*, Cambridge University (2013), p. 47-48.

② See Frankel. *The Evolution and Equilibrium of Copyright in the Digital Age*, Cambridge University Press, 2014, p. 34.

③ See Herman, B. D., *The Fight over Digital Rights*. Cambridge University Press, 2013, p. 47-48.

④ See Bill D, Herman, *The Fight over Digital Rights*, Cambridge University Press, 2013, p. 39.

⑤ 正如美国唱片业协会主席 Holary B. Rosen 在国会立法作证时所言,该规定“代表了确立互联网领域新规则的历史性成就,平衡了版权人与互联网产业的合法需求和关切”。DMCA 的重要推动者 Holleyman 认为保护技术措施与避风港的配对组合(pairing),“使我们获得了技术时代发展所需要的平衡”。See Bill D. Herman, *The Fight over Digital Rights*, Cambridge University, 2013, p. 48.

⑥ See USC. § 512(i)(1)(2000). See Frankel, *The Evolution and Equilibrium of Copyright in the Digital Age*, Cambridge University Press, 2014.

权人的身份[①]以及禁止干涉权利人采取的标准技术措施。显然，限制在线服务提供者侵权责任是围绕一整套法律要求展开的，在充分保障权利人的前提下规定了在线服务提供者在符合条件时的免除责任，其中，“通知删除”本身是与免除责任相配套的快速及时保护权利的一个环节。

值得注意的是，“美国数字千年法”最初主要是强版权保护的支持者(strong copyright advocates)积极推动的，立法过程中又加入了互联网产业的利益诉求，最终达成了反规避技术措施与避风港制度的妥协和平衡，但相对而言其对于权利保护的取向更为强烈。“通知删除”规则就是利于权利人及时保护权利和制止侵权的重要设计，初衷是为了更快捷更方便地保护版权权利，而且，出于免除侵权责任的考量，在线服务提供者在接到通知后具有快速删除侵权材料的足够积极性[②]。鉴于网络上的信息海量以及适当限制网络服务提供者责任的需要，其立法本意是促成网络服务提供者和版权所有人之间的合作，以便于有效减少网络版权侵权[③]。

当然，我国《信息保护条例》的制定也参考借鉴了欧盟 2000 年《电子商务指令》[④]。该指令受“美国数字千年法”的影响，并结合欧盟实际而制定。它的四个支柱之一是平台(the hosting platform)的责任豁免，即平台不知道材料非法或者知道后迅速移除或者断开非法材料(通知删除)(notice and takedown)，即可免责。欧盟法院在解释该免责条件时进行了区分，即豁免责任的是纯粹被动和中立的服务，而主动的服务不能豁免[⑤]。该制度的目标是使所有私人参与方为安全的互联网共负责任，即受害人看到非法材料时应当通知平

---

① See USC. § 512(h)(2000). See Frankel. *The Evolution and Equilibrium of Copyright in the Digital Age*. Cambridge University Press, 2014.

② See Bill D. Herman, *The Fight over Digital Rights*, Cambridge University Press, 2013, p. 38–49.

③ See Congress, U. S., House Report 105–551, 1998, Part Ⅱ, at 54.

④ See Directive 2000/31 of the European Parliament and of the Council of 8 June 2000 on certain legal aspects of information society services, in particular electronic commerce, in the Internal market, OJ [2000] L 178/1.

⑤ 欧盟法院在多个判决中进行如此划分，如 Case C–236/08 to C–238/08 Google France v. Louis Vuitton, EU:C:2010:159。

台经营者,而平台经营者在其知道时即应移除或者屏蔽任何非法材料。这种机制是公权力裁决机制的有效补充[①]。

(二)《信息保护条例》对于"通知删除"的初始规定

我国《著作权法》规定了信息网络传播权[②],但对其保护问题未作进一步的规定,而授权国务院制定保护办法[③]。国务院据此制定了《信息保护条例》。《信息保护条例》着重借鉴"美国数字千年法"等域外法,在权利保护和侵权责任上,对网络服务提供者的侵权责任进行了重点规定。其中,"通知删除"规则是《信息保护条例》对于权利保护和责任限定创设的重要制度。

首先,《信息保护条例》主要通过第 14 条至第 17 条以及第 24 条构建了信息网络传播权保护的"通知删除"制度。该制度包括"通知删除"的适用对象[④]、接到通知后的处置[⑤]、删除的恢复[⑥]以及

---

① See Buiten, M. , A. D. Streel, M. Peitz. , Rethinking Liability Rules for Online Hosting Platforms, CRC TR 224 Discussion Paper Series(2019).

② 参见《著作权法》第 10 条第 1 款第 12 项规定:"著作权包括下列人身权和财产权:……(十二)信息网络传播权,即以有线或者无线方式向公众提供,使公众可以在其个人选定的时间和地点获得作品的权利……"

③ 参见《著作权法》第 64 条规定:"计算机软件、信息网络传播权的保护办法由国务院另行规定。"

④ 参见《信息网络传播权保护条例》第 14 条规定:"对提供信息存储空间或者提供搜索、链接服务的网络服务提供者,权利人认为其服务所涉及的作品、表演、录音录像制品,侵犯自己的信息网络传播权或者被删除、改变了自己的权利管理电子信息的,可以向该网络服务提供者提交书面通知,要求网络服务提供者删除该作品、表演、录音录像制品,或者断开与该作品、表演、录音录像制品的链接……"

⑤ 参见《信息网络传播权保护条例》第 15 条规定:"网络服务提供者接到权利人的通知书后,应当立即删除涉嫌侵权的作品、表演、录音录像制品,或者断开与涉嫌侵权的作品、表演、录音录像制品的链接,并同时将通知书转送提供作品、表演、录音录像制品的服务对象;服务对象网络地址不明、无法转送的,应当将通知书的内容同时在信息网络上公告。"

⑥ 参见《信息网络传播权保护条例》第 16 条规定:"服务对象接到网络服务提供者转送的通知书后,认为其提供的作品、表演、录音录像制品未侵犯他人权利的,可以向网络服务提供者提交书面说明,要求恢复被删除的作品、表演、录音录像制品,或者恢复与被断开的作品、表演、录音录像制品的链接……"第 17 条规定:"网络服务提供者接到服务对象的书面说明后,应当立即恢复被删除的作品、表演、录音录像制品,或者可以恢复与被断开的作品、表演、录音录像制品的链接,同时将服务对象的书面说明转送权利人。权利人不得再通知网络服务提供者删除该作品、表演、录音录像制品,或者断开与该作品、表演、录音录像制品的链接。"

通知错误的赔偿责任等环节。《信息保护条例》第14条至第16条是从正面对于“通知删除”的程序和规则作出的规定,并未规定网络服务提供者由此产生的免责和归责问题。从《信息保护条例》的明文规定看,第22条和第23条蕴含了与此相关的免责和归责问题。例如,《信息保护条例》第22条第5项将“在接到权利人的通知书后,根据本条例规定删除权利人认为侵权的作品、表演、录音录像制品”规定为信息存储空间服务提供者的免责条件之一,该规定的反面解释即可作为归责事由,即接到通知后未删除的,可能要承担赔偿责任。同样,《信息保护条例》第23条关于搜索或者链接服务提供者接到权利人的通知书后断开链接即不承担赔偿责任的反面解释,则为归责事由,即接到通知后未断开链接的,应当承担赔偿责任。

其次,《信息保护条例》第14条规定了“通知删除”规则对于“信息存储空间或者提供搜索、链接服务的网络服务提供者”的适用问题,即明文规定的适用对象是“信息存储空间或者提供搜索、链接服务的网络服务”。而且,《信息保护条例》第22条和第23条与“通知删除”相关的免责和归责的规定,显然与第14条规定的适用对象相对应。

《信息保护条例》第20条规定的网络自动接入、传输服务和第21条规定的自动存储服务,并未涉及“通知删除”的适用问题,即未将其明文列入“通知删除”的适用范围。《信息保护条例》之所以对此类网络服务未设“通知删除”的规定,是因为《信息保护条例》所规定的“通知删除”仅指“删除”和“断开”,这些措施针对于这些网络服务要么客观上不能,要么是法律上不能。所谓客观上的不能,乃是客观上不存在“删除”或者“断开”的可能性(可实施性或者施展空间),法律不能强人所难。法律上的不能则是因实现特定的法律目标而不适宜删除或者断开特定网络服务,即法律上的不宜。这些网络服务更多是因为法律上的不宜,而未必是技术受限等客观上的不能,即上述网络服务未必不可以在技术上采取断开措施,但因此类服务的网络基础服务等属性,简单地适用“通知删除”会妨碍基础性的网络服务,在更大程度上不利于网络产业发展。例如,系统缓存是网络服务提供者为提高网络传输效率、加快服务对象获取其他网站消息的速度而采取的一种技术手段。网络服务提供者为便于服务对象使用其网络浏览工具获取其他网络服务对象提供的信息,通常对服务对象浏览的其他网络服务提供者的信息进行分析,将通常浏览的其他网络服务提供者的信息复制到本网站上,然后快速提供给服务对象。缓存行为和缓存的版权材料并非不能通过技术手段禁止和删除(如"关停服务器"或"强行删除服务器内全部数据"),但法律之所以不予禁止,是为了实现提高网络传输效率的法律调整目的,即出于法律调整目的的需要而不能予以禁止和删除。

法律上的不能(不宜)在确定网络服务的归类和"通知删除"规则的适用上具有特殊价值。例如,在"阿里云案"中,二审判决从技术原理①、监管归类等角度分析了云服务器租赁服务与信息存储空间服务的区别,其中既有客观上的事实判断,又有评价性的价值判断,但事实判断归根结底服从于价值判断,并为价值判断服务。这是因为,《信息保护条例》第 22 条规定的"网络服务提供者为服务对象提供信息存储空间"本身是模糊概括的规定,本来就可以进行开放性的宽泛解释,并可以概括地适用于立法当时尚不存在的新类型信息存储空间服务之中。云服务器租赁服务虽然有其技术上的特殊性,但将其解释于信息存储空间服务之内也并非违反其字面含义。而且,对于云服务器租赁而言,即便删除特定内容存在技术上的困难,但断开服务在技术上能够实现,即是否采取断开措施不是技术上考量的范畴,而是基于法律调整目标的考量。如果考虑云服务器租赁服务具有极为严格的安全保护、保密和隐私保护等产业发展要求,一旦违反此类产业便会遭受灭顶之灾,那么这些考量主要

---

①　二审判决以较大篇幅论述"阿里云公司提供的云服务器租赁服务不同于信息存储空间服务"以及"不同于《信息网络传播权保护条例》规定的自动接入、自动传输和自动缓存服务"。例如,云服务器租赁服务与信息存储空间服务属于性质完全不同的服务。首先,在技术特征层面,云服务器租赁服务提供者有技术能力对其出租的云服务器进行整体关停或空间释放(强行删除服务器内全部数据),却没有技术能力对存储在其出租的云服务器中的具体内容进行直接控制。其次,在法律法规规定和行业监管层面,按照主管部门对电信行业的准入和监管分类标准,云服务器租赁服务与信息存储空间服务属于不同的监管类别,颁发不同的许可证照。参见北京知识产权法院民事判决书,(2017)京73 民终 1194 号。

不属于技术上的不能,而是法律上的不宜。因法律上的不宜而将其排除于信息存储空间服务之外,则是价值判断和法律调整的结果。因此,不允许权利人采取自我救济性的“通知删除”,更多是为了避免“通知删除”的随意性并为了维护基础性的网络服务秩序。这并不意味着此类网络服务在技术上根本不能采取“删除”“断开”措施。

再次,是网络服务的技术分类与法律调整分类之关系。网络服务是通过技术支撑和实现的,网络服务也是根据技术进行分类的。但是,技术可以作为工具,在技术作为工具时,法律并不简单地禁止工具,即技术本身是中立的①。法律调整则立足于法律目的之上,法律为实现特定的调整目的而允许或者禁止一些技术的使用行为,即管制的立足点仍是行为,而不是技术。例如,版权法通常只管制复制等行为,但并不管制复制等技术。在《世界版权公约》(WCT)以及《世界表演和录音制品公约》(WPPT)缔结过程中,美国作为这些公约的主要推动者曾建议禁止规避行为及用于规避的工具,但最后通过的公约只禁止规避行为,并不要求规避工具或者服务②。《信息保护条例》第20条至第22条对于符合条件的网络服务提供行为,即便客观上帮助了用户的侵权,但出于实现网络传输效率的法律调整目的,法律也不予禁止此类行为,以维护技术中立。但是,在不符合法定条件时,利用网络技术实施的此类行为,便会丧失技术中立性,对其帮助行为不予免除侵权责任。

《信息保护条例》对于网络服务通常不采取技术意义上的分类和界定,而采取法律意义上的分类,并按照行为特征进行界定,以确保调整对象的弹力性,便于实践中灵活适当地进行把握。例如,《信息保护条例》第21条未采用“系统缓存”“缓存”术语,而是以描述原理的方式对此作出规定,即“网络服务提供者为提高网络传输效

---

① 例如,《信息网络传播权保护条例》第20条、第21条和第22条规定的自动接入、自动传输、自动存储和信息存储空间服务都是基于相应的互联网技术,但只有在符合条件时才符合技术中立的要求,才不构成侵权和承担赔偿责任,不符合条件时则可能构成利用相应的技术实施侵权行为。

② See Herman, B. D., *The Fight over Digital Rights*, Cambridge University Press, 2013, p. 42.

率,自动存储从其他网络服务提供者获得的作品、表演、录音录像制品,根据技术安排自动向服务对象提供”,也即网络服务提供者可根据预先设计的计算机程序,将从其他网络服务提供者网站上获取的作品、表演、录音录像制品存储于本网站的外部存储器上,并根据预先设计的技术安排,向服务对象提供[①]。《信息保护条例》第 22 条规定“网络服务提供者为服务对象提供信息存储空间,供服务对象通过信息网络向公众提供作品、表演、录音录像制品”,其中“信息存储空间”是一个法律概念,可以根据法律调整目标进行适当的界定。例如,“阿里云案”二审判决将“信息存储空间服务”界定为:“网络服务提供者为服务对象提供信息存储空间,供服务对象通过信息网络向公众提供作品、表演、录音录像制品。根据服务对象、服务内容、服务方式的不同,当前实际运营的信息存储空间服务主要包括:综合性门户平台(含网站、APP 等)、电子商务平台、媒体平台、社交平台、云盘、网盘等。”[②]仅就字面含义[③]而言,将云服务器租赁纳入信息存储空间亦无不可,但出于法律调整上的不适宜,也可以将其排除在外。纳入或者排除都是基于法律调整的需要,须服从于法律调整目标。

进言之,对于网络服务提供行为的定性和归类,可以以技术原理为基础,但最终要回到法律调整的目标和需求之上,作法律意义上的界定和分类。如在“微信小程序案”中,从技术原理上看,小程

---

① 参见张建华主编:《信息网络传播权保护条例释义》,中国法制出版社 2006 年版,第 80-82 页。

② 北京知识产权法院民事判决书,(2017)京 73 民终 1194 号。

③ 参见张建华主编:《信息网络传播权保护条例释义》,中国法制出版社 2006 年版,第 83-84 页。据《信息网络传播权保护条例》起草者介绍,信息存储空间“实际是指可以永久存储信息的计算机外部存储器的容量”,“实践中,有些网络服务提供者控制或者经营多台可以连接到互联网上的服务器,这些服务器的磁盘空间很大,除自己使用外,仍有大量存储空间可以向服务对象提供”。提供信息存储空间主要有以下形式:(1)“向他人出租或者免费提供磁盘空间,供不具有独立开办网站能力的组织或者个人通过网络向公众提供信息,营造虚拟的单位网站或者个人主页。这些虚拟网站或者个人主页由使用者自己‘经营’、自己提供信息,网络服务提供者一般不予干预,类似现实世界出租房屋的情况。”(2)网络服务提供者利用这些磁盘空间开辟公共论坛、网络聊天室等公共交流平台。(3)“网络服务提供者利用这些磁盘空间向服务对象有偿或者免费提供存储服务,存储服务对象的作品、表演、录音录像制品等,如建立家庭相册,提供对象将自己的照片数字化后上传到网络服务提供者提供的磁盘空间中”。

序是一组基于移动端的网页页面，涉及架构和接入两方面。其中，架构是指小程序开发者使用平台提供的框架、组件、接口等完成小程序页面的搭建；接入则是小程序开发者通过小程序提供的连接服务直接向用户提供其页面和内容。小程序面向用户接受请求指令，然后通过开发者域名向开发者服务器发送该指令，服务器接到指令后提供服务器中存储的内容。该案一审判决基于小程序开发者提供的是网页页面的架构与接入服务，认定其性质类似于自动接入、自动传输服务①。微信平台提供的小程序架构和接入技术是认定此类网络服务法律属性的重要依据，但该服务的定性既要考虑已有法定服务类型的技术特征，又要考虑对其如何进行法律调整更为适宜。法律上的考量在此更具有决定性意义。

（三）《侵权责任法》（已失效）第36条对于“通知删除”规则的扩展

《侵权责任法》（已失效）第36条被称为侵权责任的“互联网条款”，它吸收借鉴了信息网络传播权保护立法。该条对于“通知删除”等作出如下规定：“网络用户、网络服务提供者利用网络侵害他人民事权益的，应当承担侵权责任。网络用户利用网络服务实施侵权行为的，被侵权人有权通知网络服务提供者采取删除、屏蔽、断开链接等必要措施。网络服务提供者接到通知后未及时采取必要措施的，对损害的扩大部分与该网络用户承担连带责任。网络服务提供者知道网络用户利用其网络服务侵害他人民事权益，未采取必要措施的，与该网络用户承担连带责任。”就“通知删除”而言，该法首先是适用于“网络用户利用网络服务实施侵权行为的”情形，且适用于所有“网络服务提供者”，对网络服务的具体类型未作区分。其次，将《信息保护条例》中的“删除”“断开”扩展为“通知加采取必要措施”，即“删除、屏蔽、断开链接等必要措施”，显然有别于《信息保护条例》穷尽式列举的“删除”“断开”措施，即由《信息保护条例》中的“通知删除（断开）”转化为《侵权责任法》（已失效）中“通知加采取必要措施”。“必要措施”的多样性和概括性，显然是为了适应网

---

①　“微信小程序案”一审判决对于小程序技术原理有详细分析，参见杭州互联网法院民事判决书，（2018）浙0192民初7184号。

络服务多样化和动态发展性的需要[①]。“删除、屏蔽、断开链接”是比较典型、常见、彻底和严厉的及时制止侵权的措施,但同时也是严厉的制止措施,如果有些网络服务不适合采取如此严厉的措施,则可以采取其他适合的措施。这就为必要措施的解读留有余地。最后,《信息保护条例》规定了包括“通知删除”与“反通知”“恢复”在内的规则体系,而《侵权责任法》(已失效)只是规定“通知加采取必要措施”。这既可能是因为侵犯信息网络传播权的相对单纯性与一般性网络侵权的复杂性之间的不同有关,也可能是出于立法的简约之需。

据参与立法者解读,就《侵权责任法》(已失效)第36条规定的“必要措施”而言,“根据所提供的技术服务的类型不同,不同类型的网络服务提供者在接到侵权通知后所应承担的义务也应当有所区别。对于提供信息存储空间、搜索、链接服务的网络服务提供者,其在接到侵权通知后,应当对侵权信息采取删除、屏蔽、断开链接等必要措施;对于提供接入、缓存服务的网络服务提供者,其在接到侵权通知后,应当在技术可能做到的范围内采取必要措施,如果采取这些措施会使其违反普遍服务义务,在技术和经济上增加不合理的负担,该网络服务提供者可以将侵权通知转送相应网站。由于所有网络信息都必须经由接入服务进行传输,很多权利人都会要求接入服务提供者删除侵权信息,如果不对此类服务提供者采取必要措施的义务进行必要的限制,可能会妨碍网络产业的正常发展。”[②]据此,“必要的措施”应当是与相应的网络服务相适应的措施,是否

① 参见北京知识产权法院民事判决书,(2017)京73民终1194号:“《侵权责任法》第36条第2款则在《信息网络传播权保护条例》针对具体网络服务提供者规定的‘通知—删除’规则基础上,针对更广泛的网络服务提供者和服务类型规定了‘通知加采取必要措施’规则。该规定对网络服务提供者接到权利人的有效通知后应当采取的防止侵权扩大的必要措施采取了开放性态度,既考虑到权利人主张著作权、商标权或人格权等权益的性质和侵权判断难度不同,也考虑到网络服务提供者可能不仅限于提供‘信息存储空间服务’和‘搜索、链接服务’,接到有效通知后简单采取移除措施或其他等效措施,有可能会对提供其他性质服务的网络服务提供者或其用户的合法利益造成不当损害。”

② 王胜明主编:《〈中华人民共和国侵权责任法〉条文解释与立法背景》,人民法院出版社2010年版,第153页。

相适应要根据网络服务特性、产业发展需求等进行衡量和确定[①]。而且,根据上述立法精神和遏制网络侵权的实际,虽然“删除、屏蔽、断开链接等必要措施”是一种列举加概括的规定,但未必解释为“等”中的措施要达到与“删除、屏蔽、断开链接”程度相当,而可以解读为其属于这些列举性措施以外的其他必要措施。

例如,“阿里云案”二审判决认为,“通知加采取必要措施”规则既明确了网络服务提供者的责任界限,不使其承担过高的注意义务,又为权利人提供了快速获得救济的渠道。这一规则对于平衡权利人、网络服务提供者和网络用户的利益发挥了积极作用。在规则的实施中,既要维护该规则对于网络环境下知识产权保护的基本价值,又要注意该规则对网络用户产生的重大影响,防止权利人滥用该规则妨碍正当日常行为。特别是在该规则对网络服务提供者的必要措施采取了开放性规定的情况下,如何针对不同的侵权投诉场景匹配合理的必要措施就显得尤为重要。对此,应正确界定网络服务提供者的责任,在具体的争议场景中,根据实际情况认定网络服务提供者是否采取了必要的措施。根据《信息保护条例》、《侵权责任法》(已失效)等法律规定,结合司法和行业实践,可以将必要措施分为以下两大类:第一类是收到合格通知后,网络服务提供者应当采取的能够及时阻止侵权行为的措施,包括删除、屏蔽、断开链接等。第二类是网络服务提供者收到合格通知后,基于主张权利本身

---

① 如“阿里云案”二审判决所言,《侵权责任法》(已失效)第36条第2款“所针对的是一切发生在网络上的侵权行为。事实上,由于所主张权利的性质不同,网络服务提供者的技术能力、监管责任、对侵权行为的知晓程度、对侵权行为所能采取的措施等也应不同。因此,应结合案件的具体情形适用上述规定。具体到本案,本院将根据前述法律规定,考虑乐某卓越公司主张的权利、涉案云服务器租赁服务的技术特征、服务提供者的技术能力和相关行业监管规则,进一步分析、评价本案中乐某卓越公司向阿里云公司发出的通知是否符合法律规定、阿里云公司接到合格通知后应当采取的必要措施以及应当承担的相应的法律责任。以本案所涉云服务器租赁为例,由于服务对象运营的网站和应用、提供的内容或服务均依托于其承租的云服务器,联络提供云服务器租赁服务的网络服务提供者可能比联络承租云服务器的侵权人更加便利,权利人可能都会选择通知提供云服务器租赁服务的网络服务提供者,并要求关停提供侵权内容的云服务器,如果不对提供云服务器租赁服务的网络服务提供者采取必要措施的义务进行必要的限制,可能会妨碍网络产业的正常发展。因此,《侵权责任法》(已失效)第36条第2款规定的必要措施应当不限于删除、屏蔽或者断开链接,也包括其他形式的必要措施。”参见北京知识产权法院民事判决书,(2017)京73民终1194号。

的特征，或基于网络服务提供者的特殊性质，其并不需要也不能够通过采取删除等措施进行免责，而可以采取其他措施来达到免责条件。“必要措施”应遵循审慎、合理的原则，根据所侵害权利的性质、侵权的具体情形和网络服务提供者的技术条件、能力等加以综合确定。《侵权责任法》(已失效)第36条对网络服务提供者接到权利人的有效通知后应当采取的必要措施采取了开放性规定，为行业治理和司法实践提供了探索空间①。在上述“必要措施”确定的利益考量中，云计算行业的发展需求具有更为重要的权重，也是更为重要的法律调整目标和政策目标，其重要性甚至超越技术可行性。

（四）《电子商务法》对于“通知删除”规则的再发展

《电子商务法》结合电子商务平台经营的实际，规定了以多个环节保护知识产权的“通知加采取必要措施”规则系统，包括通知、通知后的处置、反通知和不侵权声明以及所采取措施的终止等。首先，该法结合电子商务实际，将必要措施规定为“删除、屏蔽、断开链接、终止交易和服务等必要措施”②。其次，该法对于通知有提供“初步证据”的要求，即该法第42条规定的“通知应当包括构成侵权的初步证据”。“初步证据”的要求表明，电子商务平台经营中运用“通知加采取必要措施”规则需要适当的慎重。它既是对于权利人发出通知的附加义务，又使电子商务平台经营者采取措施时需要考虑是否有初步证据，而不是无条件地及时采取措施。这种规定可以理解为其与知识产权的可进攻性有关。与物权等财产权相比，知识产权可以用作竞争的工具，如滥用权利损害竞争对手。滥用“通知删除”规则可能会被用以损害竞争对手和损害竞争秩序。最后，《电子商务法》特别创设了提交不侵权声明及权利人不寻求救济时的终止所采取的措施③。

---

① 北京知识产权法院民事判决书，(2017)京73民终1194号。

② 《电子商务法》第42条第1款规定：“知识产权权利人认为其知识产权受到侵害的，有权通知电子商务平台经营者采取删除、屏蔽、断开链接、终止交易和服务等必要措施……”

③ 参见《电子商务法》第43条规定：“平台内经营者接到转送的通知后，可以向电子商务平台经营者提交不存在侵权行为的声明。声明应当包括不存在侵权行为的初步证据。电子商务平台经营者接到声明后，应当将该声明转送发出通知的知识产权权利人，并告知其可以向有关主管部门投诉或者向人民法院起诉。电子商务平台经营者在转送声明到达知识产权权利人后十五日内，未收到权利人已经投诉或者起诉通知的，应当及时终止所采取的措施。”

(五)自我救济的定位:“通知删除”与“通知加采取必要措施”之比较

“通知删除”与“通知加采取必要措施”是一种自我救助措施,相当于一种“非诉”自我解决争议的途径。它是适应网络环境下权利保护的特殊性,根据实际需求设计的自我解决争议方式。首先,它有效地平衡了权利人与网络服务提供者之间的利益。互联网上有海量信息,但又不能让网络服务提供者对于用户上传的内容负主动审核监管之责,为此便应设计一种依靠当事各方互动合作,并以网络服务提供者为中介解决争议和遏制侵权的路径。其次,该程序中的权利人和被通知侵权人都是自称和被称的,并未经法院裁判确定,所以争议的解决依靠当事人是否接受,在当事人不能接受时,其功能仅止于此,只能另寻其他路径解决争议。最后,网络服务提供者承担的是程序角色,不是争议的裁决者和“法官”,不应该承担判断是否侵权的实体职能。

《信息保护条例》中的“通知删除”规则更注重权利人与服务对象之间利益的平衡和对等,以及更注重网络服务提供者的中立性,更符合该制度的法律定位。根据《信息保护条例》第 14 条至第 17 条的规定,权利人的“通知删除”与服务对象的“书面说明”和“恢复”是对等的,即权利人提交符合条件的通知即可得到“删除”和“断开”,而服务对象提交要求恢复的声明后即可得到“立即恢复”。通知后的删除断开与提交声明之后的立即恢复,体现了权利人与服务对象之间的利益平衡和对等,也更符合“通知删除”的自我救济属性。这是因为,此时的所谓的权利人和侵权人都不是最终确定的,且应当允许当事人之间自行决断,法律不宜作偏袒性处理。虽然符合条件的通知和声明都需要提供“初步证明材料”,但更应该理解为这是让权利人和服务对象慎重行事,而不应该让网络服务提供者承担更多的是否侵权的实质性判断。网络服务提供者不宜更多地充当双方之间是否侵权的“法官”,以此确保网络服务提供者的中立性、强化其程序性角色和减少网络服务提供者的不必要风险,从而更符合“通知删除”制度设计本应有的便利性和效率性,也符合该制度功能的有限性。

与《信息保护条例》规定的“通知删除”相比,《电子商务法》规定的“通知加采取必要措施”规则具有不平衡和不对等性。根据《电子商务法》第42条和第43条的规定,权利人提交符合要求的通知之后,平台经营者即应及时采取必要措施,并转送通知。但是平台内经营者提交符合条件的不侵权声明之后,平台经营者只是将该声明“转送发出通知的知识产权权利人,并告知其可以向有关主管部门投诉或者向人民法院起诉”,不是像《信息保护条例》规定的那样立即终止所采取的必要措施,而是“在转送声明到达知识产权权利人后十五日内,未收到权利人已经投诉或者起诉通知的,应当及时终止所采取的措施”。该规定首先设定了15日的等待期,其是否符合保护实际仍值得考量。这是因为,首先,与物权等民事权利相比较,知识产权除具有财产性外,还可以用作主动进攻竞争对手的竞争工具性。例如,利用“双11”等特殊的销售节点,以投诉方式达到先下架竞争对手的商品等方式,即便竞争对手在短时间内丧失经营资格,却因网络经营的特殊性而产生了很难恢复“元气”的严重后果,致使滥用权利和造成恶性的市场竞争的现象发生。其次,主张权利和被主张侵权都不是基于像司法裁判那样的权威性裁决,而是基于当事人的主张,在通知和反通知的相应处置上则更应该体现双方当事人之间的平等和对等,没有理由因不平等和对等而使对方处于不利地位。最后,《电子商务法》虽然规定“因通知错误造成平台内经营者损害的,依法承担民事责任”,以及“恶意发出错误通知,造成平台内经营者损失的,加倍承担赔偿责任”,此类救济貌似达到了双方当事人之间的利益平衡,但法律责任的滞后性、实际救济的不确定性以及救济成本的不确定性,决定了其实际效果无法与提交不侵权声明之后的及时恢复相比肩。换言之,事后法律责任的救济虽然理论上是平衡和完美的,但实际效果并不对等。况且,“通知加采取必要措施”毕竟是一种简单便捷的自我救助措施,即便有“初步证据”的限制,也只是对当事人自我救济施加的有限约束,而实际中则更应该注重双方当事人利益本身形式上的平衡和对等。《电子商务法》“通知加采取必要措施”的规定虽然倾向于维护权利,但毕竟在自我救助阶段所谓的权利和侵权都是初步的和假定的,都是出于当事人的判断而不是权威性的判断,加之知识产权的竞争工具性和市场进攻性,易于在电子商务环境下被滥用,因此理论上的完美不能导致实际上的公平。当前电子商务实践中“通知加采取必要措施”被大量滥用，已引起较大关注和争议，足以说明该制度有必要进行重新检讨[①]。

与《电子商务法》和《信息保护条例》规定相比，《侵权责任法》（已失效）是一般法和上位法，其“通知加采取必要措施”只是规定了“通知”和“采取必要措施”，没有反通知和恢复的后续规定，其制度本身是不平衡和不完整的，不是一个完整的和闭环的法律系统，其不完善性是显见的。

三、“通知删除”规则对于新类型网络服务的适用

随着互联网技术和商业模式的日趋发达，新商业模式必然会层出不穷，已有法律仍会一如既往地以各种方法概括地适用在新类型网络服务中，既会有常规的法律适用路径，也会遇到需要特别处置的情形。当然，在法律适用的对号入座中仍经常会遇到新情况和新问题。“微信小程序案”和“阿里云案”均涉及新类型网络服务，且涉及现有“通知删除”和“通知加采取必要措施”规则适用于新类型网络服务的一般思路和方法问题，且不同规则之间的适用关系又错综复杂，有必要进一步加以厘清。

（一）“通知删除”和“通知加采取必要措施”规则的适用关系

就网络侵权责任而言，《侵权责任法》（已失效）、《电子商务法》和《信息保护条例》构成一般法与特别法、旧法与新法以及上位法与下位法相互交织的特殊关系。例如，《侵权责任法》（已失效）是侵权责任的一般法，就《信息保护条例》而言是新法（后法），但又是《电子商务法》的旧法（前法）；《信息保护条例》是《著作权法》授权国务院制定的行政法规，是法律的下位法，但就信息网络传播权保护而言是特别法，包括是《侵权责任法》（已失效）第36条及《电子商务法》知识产权条款的特别法；《电子商务法》知识产权条款是适用于电子商务领域的特别法，也是《侵权责任法》（已失效）的后法。这种相互交织的关系，决定了在适用一般法优于特别法、后法优于

① 参见万静：《电商知识产权保护新难题待解》，载《法制日报》2019年11月5日，第4版。

前法以及上位法优于下位法时，必须考虑具体的法律适用情形。

就信息网络传播权保护而言，在《信息保护条例》与《侵权责任法》（已失效）和《电子商务法》不抵触的情况下，应当优先适用《信息保护条例》。同时，又考虑到《侵权责任法》（已失效）和《电子商务法》毕竟是上位法和后法，在《信息保护条例》没有规定又确有适用的必要时，可以适用两者的规定，以此作为特别法的补充①。在"阿里云案"中，鉴于云服务器租赁服务不宜纳入《信息保护条例》特别规定的四种服务类型，在确有补充适用的必要时，可以适用《侵权责任法》（已失效）第36条的规定。例如，既然《侵权责任法》（已失效）第32条第2款采取了"通知加采取必要措施"的规定，且其适用于所有网络服务提供者，在云服务器租赁服务不宜纳入《信息保护条例》规定的四类网络服务时，可以适用《侵权责任法》（已失效）第36条"通知加采取必要措施"的规定，并根据其服务属性等确定哪种具体措施构成必要措施。

（二）新类型网络服务法律适用例外及限缩解释法律的慎用

在"微信小平台案"中，一审判决基于微信小平台基础性服务的特殊性，认定其不宜归入现有"通知删除"规则的适用范围，应当限缩"通知删除"规则的适用，将其排除于"通知删除"的适用之外。该判决依据如下推理和步骤适用限缩解释。

首先，该判决根据《信息保护条例》规定，将不适用"通知删除"规则的自动接入服务和自动传输服务定性为基础性网络服务，并据此得出基础性网络服务不适用"通知删除"规则的结论，再以该结论为前提，进一步依据小程序技术原理，认定"腾讯公司对小程序开发者提供的是架构与接入的基础性网络服务，其性质类似《信息保护条例》第20条规定的自动接入、自动传输服务"，且"与直接存储或控制第三方内容的网络服务不同，腾讯公司未存储开发者小程序的数据且亦无法进入开发者服务器查看或处理相关内容，其客观上难

① 参见《立法法》第88条规定："法律的效力高于行政法规、地方性法规、规章。"第92条规定："同一机关制定的法律、行政法规、地方性法规、自治条例和单行条例、规章，特别规定与一般规定不一致的，适用特别规定；新的规定与旧的规定不一致的，适用新的规定。"第94条第1款规定："法律之间对同一事项的新的一般规定与旧的特别规定不一致，不能确定如何适用时，由全国人民代表大会常务委员会裁决。"

以对小程序内容作出审核”,因此,“刀豆公司提出腾讯公司违反审查义务构成帮助侵权应承担赔偿责任的诉请不能成立”。该案一审判认为,《侵权责任法》(已失效)第 36 条对网络服务提供者的范围及类型未作区分,但从《信息保护条例》第 20 条至第 23 条的规定看,网络服务提供者包括网络自动接入或自动传输服务提供者、缓存服务提供者、信息存储空间服务提供者、搜索或链接服务提供者四种类型。因提供的服务内容不同,不同网络服务提供者对网络信息内容进行编辑、控制的能力存在很大差异。其中网络自动接入或自动传输服务应属于基础性网络服务[①]。基础性网络服务提供者通常无法审查用户上传内容,对侵权内容的判断识别能力很弱,甚至无法准确地删除侵权内容或者切断与侵权内容有关的网络服务。其呈现的无差别技术性和被动性等属性决定了其应与后两种类型网络服务提供者承担不同的责任。为此,《信息保护条例》对其责任认定作出了区分。根据《信息保护条例》第 20 条规定,在未选择及改变传输内容、未改变传输对象的情况下,不承担侵权赔偿责任。而未选择及改变传输内容、未改变传输对象系法律意义上的自动接入或自动传输服务的应有之义,由此,该条款实质直接免除了自动接入或自动传输服务提供者的侵权责任。因而,《信息保护条例》在

---

① “相对于信息存储空间服务、搜索或链接服务(以下简称后两种类型网络服务),首先,基础性网络服务系根据不特定类型服务对象指令自动提供技术服务。基础性网络服务本身不主动参与信息的处理,信息接入/传输由服务对象发起,由基础性网络服务的固有技术设置接收处理,服务对象可以进行任何互联网增值服务或应用,其系被动处理传输信息;而后两种类型网络服务是面向特定的用户群体以及具体的应用场景提供网络服务,系主动处理传输信息,其服务对象仅能根据已有的应用场景开展相关的互联网增值业务。其次,因基础性网络服务是一种自动接入(传输)等服务,故该网络服务提供者并不直接接触服务对象提供的信息,自然不具备审核、干预信息内容的能力和条件;后两种类型网络服务须对服务对象提供的信息进行审核,且该网络服务提供者可根据平台内容或营运策略选择信息内容,进行管控处理。最后,从处理能力看,基础性网络服务无法对服务对象提供的信息内容进行具体处理,其处理的客体是作为整体的信息载体数据或信息传输通道,而非细分到每一个具体信息项目的内容。后两种类型网络服务虽然自身不生产信息内容,但其处理的客体能够具体到每一个信息项目本身,且能够选择、改变、分类、控制信息内容,即有能力定点处理相关信息内容。而从收费方式来看,基础性网络服务收取的是技术服务费,与接入的具体信息内容没有直接关联;而后两种类型网络服务是根据提供服务内容类型及数量等进行具体收费,与具体信息内容直接相关。”参见杭州互联网法院民事判决书,(2018)浙 0192 民初 7184 号。

设定“通知删除”规则时，并未将此类服务提供者列入适用范围①。

其次，该判决根据《信息保护条例》规定精神，设定了适用“通知删除”规则的前提条件，即网络服务提供者能够判断特定内容并可以及时有效遏制侵权行为，即有能力定点处理相关信息内容（定位清除），并据此限定适用《侵权责任法》（已失效）第36条“通知删除”规则的网络服务提供者，采取了限缩解释法律的路径。该案一审判决认为，《信息保护条例》第14条“通知删除”规则的适用主体是针对能够判断特定内容是否侵权且可以及时有效遏制侵权行为的信息存储空间或者搜索、链接服务的网络服务提供者，并不包括前述的网络自动接入或自动传输服务提供者和自动缓存服务提供者。“删除”的对象为存储于网络平台的侵权内容和侵权内容链接，而不是具体的侵权用户或链接所指向的侵权网站。事实上，无论是《信息保护条例》《电子商务法》，还是相关司法解释，所有与“通知删除”有关的规定，其中最核心的处理措施都是删除或者屏蔽侵权内容（链接），而非直接停止信息的自动接入、传输或缓存等。因此，根据上述法律规定及权利义务相一致原则，将《侵权责任法》（已失效）第36条“通知删除”规则中“网络服务提供者”做目的性限缩解释，与《信息保护条例》相关规定保持一致，既具有技术和法理基础，也符合立法目的及正当性要求。换言之，《侵权责任法》（已失效）第36条“通知删除”规则中“网络服务提供者”应解释为提供信息存储空间或者搜索、链接等服务的网络服务提供者，不应包括自动接入或传输等基础性网络服务的提供者②。

最后，该案一审判决似乎未将《信息保护条例》中的“通知删除”与《侵权责任法》（已失效）中的“通知加采取必要措施”区分开来，只是笼统地对“《侵权责任法》（已失效）第36条‘通知删除’规则中‘网络服务提供者’做目的性限缩解释”，将第36条“通知删除”中“网络服务提供者”解释为《信息保护条例》第14条规定的四类网络服务提供者。《侵权责任法》（已失效）第36条规定的是“通知加采取必要措施”，其中包括“删除、屏蔽、断开链接”，不知该判

① 杭州互联网法院民事判决书，（2018）浙0192民初7184号。

② 同上注。

决此处所谓第 36 条“通知删除”仅指其中的“删除”，还是包括“屏蔽、断开”等措施。

该判决所称基础性网络服务，并不是一个法律概念，似乎也不是一个标准的和确切的技术和商业概念。如果简单地认为基础性网络服务不适用“通知删除”规则，是否过于绝对和是否符合实际，值得斟酌和需要慎重[①]。这首先是因为小程序平台与小程序本身的关系不尽相同，小程序本身也有不同类型，存在需要区别对待的问题。其次，小程序的“断开”或者“下架”符合商业实际。《腾讯小程序平台运营规范》第 5. 5、5. 6 条关于“行为规范”规定，“微信小程序不得侵犯他人名誉/商誉/隐私/肖像，也不得侵犯他人知识产权，否则，将根据违规程度对该小程序侵权的内容清空直至下架处理”。这也应该是平台服务提供者与小程序经营者之间的约定。既然清空和下架已成为商业实际，平台经营者也采取了如此做法，司法没必要认定这些措施不适宜。

《侵权责任法》(已失效)第 36 条第 2 款规定的“网络服务提供者”与“必要措施”不存在文义与立法目的上的不协调，缺乏限缩解释的现实需求和法理基础。

其一，《信息保护条例》第 14 条“通知删除”规则的适用范围限定于四类网络服务提供者，这既与信息网络传播权保护的需求有关，又受当时存在的网络服务类型的局限。但是，新类型网络服务

---

① 参见百度百科：基础电信业务，载百度百科网，https://baike. baidu. com/item/基础电信业务；百度百科：增值电信业务，载百度百科网，https://baike. baidu. com/item/增值电信业务。例如，根据有关电信规程，电信业务可分为基础电信业务和增值电信业务。前者是指提供公共网络基础设施、公共数据传送和基本话音通信服务的业务。后者是指利用公共网络基础设施提供附加的电信与信息服务业务，有时也称为增强型业务，其实现的价值使原有基础网络的经济效益或功能价值增高。在电信基础服务中有网络接入业务，即以有线或无线方式提供的、与网络业务节点接口(SNI)或用户网络接口(UNI)相连接的接入业务。网络接入业务在此特指无线接入业务、用户驻地网业务。在电信增值服务中有因特网接入服务(ISP)，即利用接入服务器和相应的软硬件资源建立业务节点，并利用公用电信基础设施将业务节点与因特网骨干网相连接，为各类用户提供接入因特网的服务。用户可以利用公用电话网或其他接入手段连接到其业务节点，并通过该节点接入因特网。因特网接入服务业务主要有两种应用，一是为因特网信息服务业务(ICP)经营者等利用互联网从事信息内容提供、网上交易、在线应用等提供接入互联网的服务；二是为普通上网用户等需要上网获得相关服务的用户提供接入互联网的服务。

毕竟不断出现，对于新类型网络服务显然不能简单排除于“通知删除”的适用。况且，《侵权责任法》（已失效）第36条除将“通知删除”扩展为“通知加采取必要措施”外，还将其适用对象扩展为所有的网络服务提供者，其目的是适应网络服务类型的复杂性和多样性。尤其是，《侵权责任法》（已失效）为上位法和新法，在《信息保护条例》第14条的刚性规定不足以应对新类型网络服务，而又有必要以《侵权责任法》（已失效）第36条进行调整时，应当充分发挥该法的补充适用功能，以更好地应对网络服务的新发展。

其二，“通知删除”规则的解释要全面。“通知删除”显然只是一种概称和简称，《信息保护条例》中的“通知删除”是指“删除”和“断开”，即“删除该作品、表演、录音录像制品”，及“断开与该作品、表演、录音录像制品的链接”。《侵权责任法》（已失效）第36条第2款更是将《信息保护条例》中的“通知删除”扩展为“通知加采取必要措施”，包括“删除、屏蔽、断开链接等必要措施”。在这些措施中，将“删除”解读为“定位清除”有其道理，但定位清除毕竟只是对应于必要措施中的“删除”，而不是对应于其他措施。以更适应于“删除”措施的“定位清除”来限定和解读“删除”以外的必要措施，并据此限缩解释其他措施的适用，似乎属于自设适用前提和作茧自缚，其道理并不充分。

其三，缺乏限缩解释“网络服务提供者”的法理基础。法律的目的性限缩解释乃是因为法律文义的范围超越其目的，包含了不应当包含的事项，如果不折不扣地按照文义适用，会导致适用结果背离规范目的。目的性限缩就是将不符合立法目的的内容排除出去，保留符合目的的部分，以此填补法律的“例外漏洞”①。《侵权责任法》（已失效）第36条第2款未划分网络服务提供者，显然是与其对“必要措施”规定的方式有关，即以宽泛的网络服务提供者，对应于宽泛的必要措施，以非类型化的网络服务提供者非精准地对应于灵活多样的必要措施。也就是说，以多样化对应多样化和以灵活性对应于灵活性，本身就是其立法意图和调整方法。毕竟新类型网络服务层出不穷，以过于刚性的类型化规定和解释限定网络服务提供者与必

① 孔祥俊：《法官如何裁判》，中国法制出版社2017年版，第428页。

要措施的关系,反而未必符合法律调整的实际需求,不如开放性解释适用一般规定更有余地和更为符合实际,即对于新类型网络服务,可以根据其客观上的特性和法律调整的需求,决定是适用删除、屏蔽和断开还是其他措施。因此,《侵权责任法》(已失效)第36条第2款“通知删除”规则不存在法律漏洞,只存在对号入座的常规性适用问题,不存在目的性限缩的漏洞填补问题。

就平台内经营者的小程序而言,其类型多样、情况复杂,在适用“通知加采取必要措施”时可能需要根据具体情况区别对待,不能等同划一,即应当根据小程序的特性决定其应当采取的相应措施,此处“相应”即为“必要”。例如,根据小程序服务平台与小程序的运行关系,可以区分为跳转性平台服务与依托性平台服务。有些小程序仅仅是通过小程序服务平台进行直接跳转,跳转后即完全进入小程序的网络服务页面,小程序本身具有独立的构造,此类小程序平台服务更接近网络接入服务。有些小程序是依托小程序服务平台以播放、展示等方式提供服务,其网络服务提供行为没有脱离微信小程序服务平台,此时比较接近链接或者深度链接。像微信小程序平台中设置的“京东”小程序,微信小程序平台更多是提供纯粹的接口式跳转服务,跳转之后在“京东”小程序内部形成“京东”与“京东”内的经营者之间的关系,此时就未必应让腾讯小程序平台承担“断开”之责。以“微信小程序案”为例,一审判决固然根据其技术和服务特性而将微信小程序平台服务归入自动接入传输服务,但类比接入服务似乎不是唯一的选择。根据该案所涉微信小程序服务提供方式的特点,将其类比于链接服务也未尝不可。该案百赞公司通过其所有并经营的微信小程序“在线听阅”“咯咯呜”“回播”,在微信小程序平台上提供该作品的在线展示和播放服务,即小程序上的内容由开发者通过平台服务完成向用户的提供和播放,但作品又存储于平台内经营者的服务器,小程序平台技术上无法针对实际由开发者提供的具体服务内容采取处理措施。如果将微信小平台接入服务类比链接服务,也并非没有道理。该案微信小平台接入更类似于为微信小程序提供一种深度的链接。而且,链接中的链接服务提供者通常也不能对于被链接网站上的内容进行直接的“定位清除”。但《信息保护条例》并不因此而认为不能断开链接,反而认为恰恰可以断开链接。因此,"微信小程序案"中的小程序平台服务并不必然类推接入服务,至少就本案的微信小程序平台服务与平台内经营者的关系而论,其性质更接近于链接服务,适用《侵权责任法》(已失效)第36条"通知加采取必要措施"中的"屏蔽"或者"断开"亦无不可。甚至不必将微信小平台服务归入接入服务或者类比其他法定服务类型,完全可以将其作为独立的服务类型,依照《侵权责任法》(已失效)第36条衡量采用"屏蔽""断开"等哪一种措施更为合适。类比或者类推固然可以增加法律适用的确定性,但更为重要的还是衡量客观上的可能性与法律调整效果的妥当性。

综上所述,《信息保护条例》第14条"通知删除"规则对应的处置措施是"删除作品"或者"断开链接",是列举性的,而非开放性的,其适用主体限于特定类型的网络服务提供者。《侵权责任法》(已失效)第36条"通知加采取必要措施"中的必要措施则是列举加概括的规定,即"删除、屏蔽、断开链接等必要措施",但其适用主体是网络服务提供者,而不是特定类型的网络服务提供者。以"微信小程序案"为例,首先要衡量其是否适用《信息保护条例》第14条规定的"通知删除"规则,包括是否属于该条规定的网络服务提供者。在不能归入这些服务类型时,再考虑适用《侵权责任法》(已失效)第36条第2款,而该条款规定的"通知加采取必要措施"可以开放性适用,尤其是在适用于新类型网络服务时,应当根据网络服务的属性决定是否适合哪一种必要措施。"必要措施"规定的开放性和概括性,显然是出于面对类型复杂和不断出现的新类型服务的需要,未见其有限缩解释的必要。比如,"微信小程序案"可否裁判微信小程序平台服务提供者承担删除或者断开之责,关键在于衡量该平台服务在客观上和法律取向上是否适宜采取删除、断开等措施,而并无限缩解释《侵权责任法》(已失效)第36条第2款"网络服务提供者"的必要。如果小程序内容均存储于开发者服务器,小程序只是通过开发者域名作为端口与开发者服务器之间进行通信,小程序平台技术上无法触及开发者服务器内容,致使平台无法精准删除开发者服务器中侵权内容,只能说明这一情况客观上不适用"删除"措施,但仍可以衡量其是否适用"屏蔽、断开"等措施。例如,采取"断开"措施在技术上不存在障碍,只是需要衡量是否适宜。

该案一审判决指出,“如一定要屏蔽侵权信息,腾讯公司技术上可采取的措施只有彻底关闭通信端口,切断用户与开发者之间的联系通道,即彻底删除小程序,但一律彻底删除小程序并非法律规定的‘采取必要措施’所追求的‘定位清除’效果”①。但是“定位清除”不是适用“断开”措施的前提条件,显然不能因为不符合“定位清除”要求而不能适用“断开”措施。判断是否适用“断开”措施要衡量是要符合法律调整意图以及对于权利保护采取何种取向等因素,这是利益衡量的结果。

(三)现有规则开放性解释适用的常态性

“阿里云案”二审判决没有因为云服务器租赁服务的特殊性和新类型,而将其排除于《侵权责任法》(已失效)第 36 条“通知加采取必要措施”的适用之外,而是在肯定该条适用于所有网络服务提供者的前提下,通过对“通知加采取必要措施”的解释,确定该规则如何恰当地适用于该案阿里云服务器租赁服务。

首先,“阿里云案”二审判决首先肯定了《侵权责任法》(已失效)的可补充适用性。该判决认为《侵权责任法》(已失效)与《信息保护条例》构成一般法与特别法的关系,涉及网络著作权侵权时,应注意优先适用《信息保护条例》。网络民事侵权行为涉及著作权(信息网络传播权)的,应当优先适用《著作权法》《信息保护条例》等法律法规和司法解释。《侵权责任法》(已失效)第 36 条作为一般性条款,只有在没有特别法能予以适用的情形下,才可根据被诉侵权行为侵害的具体权利性质、被诉具体侵权行为等,谨慎适用。具体到个案中,应当根据个案的性质考虑是否适用《侵权责任法》(已失效)第 36 条。由于本案中乐某卓越公司就其软件作品主张信息网络传播权,故应当首先适用《信息保护条例》及相关司法解释,进而考虑阿里云公司是否属于《信息保护条例》第 20 条至第 23 条规定的四类网络服务提供者。如认定阿里云公司不属于《信息保护条例》第 20 条至第 23 条规定的四类网络服务提供者,且《信息保护条例》及相关司法解释无一般性规定,再考虑适用《侵权责任法》(已失效)第 36 条。

① 杭州互联网法院民事判决书,(2018)浙 0192 民初 7184 号。

其次,“阿里云案”二审判决认为云服务器租赁属于《侵权责任法》(已失效)第36条规定的网络服务提供者。阿里云公司提供的云服务器租赁服务不同于信息存储空间服务、自动接入、自动传输和自动缓存服务,与搜索、链接服务具有明显差异,但属于《侵权责任法》(已失效)第36条规定的网络服务提供者。

最后,“阿里云案”二审判决对于“通知加采取必要措施”进行解释,并据此确定如何在云服务器租赁服务中进行适用。阿里云公司提供的是云服务器租赁服务,其对云服务器中运行的软件系统和存储的具体信息内容无法直接进行控制,在技术上不能针对具体信息内容采取“删除、屏蔽、断开链接”的措施。基于云服务器租赁服务的技术特点,阿里云公司所能采取的与“删除、屏蔽、断开链接”相同效果的措施是“关停服务器”或“强行删除服务器内全部数据”。网络服务提供者通过租用云服务器建立并向网络用户提供的信息服务业务类型多种多样,包括门户网站、视听网站、电子商务平台、社交平台、信息存储和发布平台及各类应用软件平台。如果阿里云公司在接到权利人合格通知的情况下,即必须采取前述措施,则其措施的效果将是直接停止网络服务提供者通过该云服务器进行的全部互联网活动。这与信息存储空间服务提供者根据权利人通知提供的信息,确定并清除具体网页、图片、视频的性质和后果是完全不同的。对于网络服务提供者而言,“关停服务器”或“强行删除服务器内全部数据”的严厉程度远超过“删除、屏蔽、断开链接”,是互联网领域可以采取的最严厉措施之一。鉴于信息服务业务类型不同,以及权利人主张权利内容不同,阿里云公司仅根据权利人通知即采取后果最严厉的“关停服务器”或“强行删除服务器内全部数据”措施,有可能给云计算行业乃至整个互联网行业带来严重的影响,并不适当,不符合审慎、合理之原则。考虑到阿里云公司提供的云服务器租赁服务的技术特征,即使接到有效通知,阿里云公司亦非必须采取“关停服务器”或“强行删除服务器内全部数据”的措施,而应当基于通知内容所能提供的信息及根据该信息所能作出的一般性合理判断,采取与其技术管理能力和职能相适应的措施。在不适合直接采取删除措施的情况下,转通知体现了网络服务提供者“警示”侵权人的意图,从而在一定程度上有利于防止损害后果扩大,可以成为“必要措施”,从而使网络服务提供者达到免责条件①。

显然,该案二审判决认为阿里云服务器租赁服务是《信息保护条例》明文规定的网络服务类型以外的服务,但适用《侵权责任法》(已失效)第36条关于“采取删除、屏蔽、断开链接等必要措施”的规定。鉴于阿里云服务器租赁的特殊性,不适用使其采取删除、断开之类的措施,而仅令其采取转通知之类的措施即符合必要措施的要求。该判决并未因为阿里云服务器租赁服务的特殊性和新类型,而将其排除于《侵权责任法》(已失效)第36条的适用之外,而是通过灵活解释“通知删除”规则的方式,解决了阿里云租赁服务对于该规则的适用问题。

《侵权责任法》(已失效)第36条是网络侵权行为的一般法,且其并未对网络服务提供者进行区分,其“通知加采取必要措施”的规定适用于所有网络服务提供者,法律并未规定例外。该规定在适用对象上之所以能够具有广泛性,应当与其规定的“通知加采取必要措施”的灵活性有关,该灵活性足以保障其能够适应网络服务行为的多样性和复杂性。因此,《侵权责任法》(已失效)第36条“通知加采取必要措施”规定具有开放性,可以适用于各类新类型网络服务行为。正如“阿里云案”二审判决那样,通过恰当的法律解释,便足以解决新类型网络服务的适用问题。限缩解释法律是填补法律漏洞,在法律适用上是不得已而为之,不是一种常态的法律适用。鉴于《侵权责任法》(已失效)第36条第2款本身的开放性、概括性和灵活性,只存在恰当的法律解释问题,未见其具有填补法律漏洞的必要。

(四)自我救济中的“必要措施”与裁判救济中的停止侵权方式之差异

“通知删除”是一种独立的和简便的自我救济程序②,不同于裁

① 北京知识产权法院民事判决书,(2017)京73民终1194号。

② 北京知识产权法院民事判决书,(2017)京73民终1194号,“这一规则的立法本意是,建立网络服务提供者配合通知发送人维权的法律机制,促使其与权利人合作,以便有效地制止网络侵权行为的扩大;同时考虑通知的侵权指称不一定属实,因而要求通知必须符合一定条件,并规定了错误通知的法律责任;此外还设计了‘反通知’程序,允许被指称侵权的用户提出恢复被删除的内容或链接的要求,且网络服务提供者因错误通知而删除内容的行为可以免除对网络用户的违约责任”。

判构成侵权后作为停止侵权实现方式的“断开”“删除”等措施。换言之,“通知删除”规则中的“删除”“断开”等必要措施,应当与民事责任中的停止侵权方式区别开来。尽管都可以称为“删除”“屏蔽”“断开”等,但它们既可以是自我救济中的“通知删除”或者“通知加采取必要措施”,又可以成为裁判中可以采用的民事责任方式。“微信小程序案”未见当事人之间的“通知删除”互动事实,一审判决论述的却是自我救济中“通知删除”规则的适用,而其所解决的却是裁判中的责任方式问题,裁判理由与裁判主题似乎有所脱节。“阿里云案”涉及诉讼之前的“通知删除”问题,二审判决讨论和解决的都是自我救济中的“通知加采取必要措施”的适用问题。

“通知删除”和“通知加采取必要措施”,是网络侵权责任中创设的自我救济制度,即适应网络环境和网络侵权的特殊性,通过设置此类自我救助措施,为当事人提供一种快速的救济路径,以简便快捷地解决一大批网络侵权争议。“通知删除”和“通知加采取必要措施”是以网络服务提供者为中间环节,通过权利人和涉嫌侵权人之间的互动,自行解决其侵权争议。其中,“删除”或者“必要措施”都是自我救济的具体形式,不是法律责任,但其与此后可能发生的法律责任有关。例如,若网络服务提供者应当采取必要措施而未采取,一旦涉嫌侵权人构成侵权,就应当就扩大的损失承担连带责任。

裁判中的民事责任则是裁判认为构成侵权时所采取的制裁方式,其前提是法院已认为构成侵权行为,而决定是否采用“删除”“断开”等停止侵权行为的方式。认定构成侵权而需要判令停止侵权行为的,“删除”“断开”“屏蔽”都可以成为停止侵权行为的具体方式。如在“微信小程序案”中,原告诉讼请求中的“下架涉案小程序”,已与自我救济中的“通知删除”规则适用无关,裁判却是以较大篇幅论述“通知删除”规则的适用问题。

四、结语

《侵权责任法》(已失效)第 36 条与《电子商务法》知识产权条款、《信息保护条例》构成一般法与特别法、上位法与下位法以及新法与旧法之间的错综复杂的关系,在法律适用中应当妥善处理特别法优先适用与一般法补充适用等法律适用关系。《信息保护条例》中的“通知删除”规则，在《侵权责任法》(已失效)和《电子商务法》中已发展为“通知加采取必要措施”规则，尤其是《侵权责任法》(已失效)第36条第2款将适用主体扩展为“网络服务提供者”的同时，又相应地将必要措施进行了弹性扩展，由此增加了法律适用的灵活性，需要根据网络服务提供行为与必要措施相适应的原则，妥善恰当地确定个案中与平台服务特性相适应的必要措施。“通知加采取必要措施”规则具有足够的包容性和概括力，不存在法律文义与立法目的不对称问题，在适用中无须通过目的性限缩等方式，只需通过恰当的法律解释和个案的具体利益衡量便可进行涵摄和适用。法律调整追求的是一般正义，且能够适用于法律文义所覆盖的特殊、新类型案件，特殊、新类型通常并不构成法律上的例外。目的性限缩解释和例外处置都是法官“造法”或者漏洞填补的体现，必须是审慎而为或者不得已而为之。

第七篇　论信息网络传播行为[①]

在网络环境下的著作权(俗称网络著作权[②])保护中,信息网络传播行为的界定是一个基本问题,涉及信息网络传播行为与作品、表演、录音录像制品的提供行为(可以简称为内容提供行为、作品提供行为或者提供行为,为行文简便,下文所称的作品提供行为包括作品、表演和录音录像制品的提供行为)和网络服务提供行为之间的关系。三者关系的准确划定,是确立信息网络传播主体的法律定位和责任关系的基础。当前司法实践中,在有关信息网络传播行为的界定中,存在较多的混乱认识,有必要进一步探讨和澄清。

一、流行界定及其由来

在我国司法实践中,对于信息网络传播行为有不同理解,在判决中曾有不同认定。例如,多数案件中并未将链接等网络服务提供行为认定为信息网络传播行为,但亦有一些案件中将链接行为[③]、信

① 原载《人民司法》2012 年第 7 期。

② 一些地方法院的指导性文件使用诸如此类的称谓。如北京市高级人民法院《关于审理涉及网络环境下著作权纠纷案件若干问题的指导意见(一)(试行)》、山东省高级人民法院《关于审理网络著作权侵权纠纷案件的指导意见(试行)》。这些指导性文件均使用“网络著作权”称谓。

③ 孔雀廊公司诉联丰公司、上海移动公司案,上海市第二中级人民法院民事判决书,(2009)沪二中民五(知)终字第 4 号。

息存储空间提供行为[①]等作为信息网络传播行为。但是,当前流行的界定已不再将链接等网络服务提供行为作为信息网络传播行为。

(一)流行的界定方式

当前流行的观点认为,信息网络传播行为仅限于在信息网络环境下提供作品的行为,而"提供"则是将作品上传至或者以其他方式置于向公众开放的网络服务器中。除此之外的提供服务行为均不属于信息网络传播行为。简言之,信息网络传播行为就是将作品等上传至或者以其他方式置于向公众开放的网络服务器中的行为。这又被称为初始提供行为。

例如,北京市高级人民法院《关于审理涉及网络环境下著作权纠纷案件若干问题的指导意见(一)(试行)》(本章以下简称《北京高院指导意见》)[②]第 2 条所作的界定,就很具有代表性,即"信息网络传播行为是指将作品、表演、录音录像制品上传至或以其他方式将其置于向公众开放的网络服务器中,使公众可以在选定的时间和地点获得作品、表演、录音录像制品的行为""将作品、表演、录音录像制品上传至或以其他方式置于向公众开放的网络服务器中,使作品、表演、录音录像制品处于公众可以在选定的时间和地点下载、浏览或以其他方式在线获得,即构成信息网络传播行为,无须当事人举证证明实际进行过下载、浏览或以其他方式在线获得的事实"。山东省高级人民法院《关于审理网络著作权侵权纠纷案件的指导意见(试行)》(本文以下简称《山东高院指导意见》)[③]第 19、20 条分别指出:"判断是否构成直接信息网络传播行为,通常以传播的作品、表演、录音录像制品是否由网络服务提供者上传或以其他方式置于向公众开放的网络服务器上为标准";"未经许可,将数字化品上传或以其他方式将其置于向公众开放的网络服务器中,构成直接侵犯信息网络传播权的行为"。

---

① 北京金点声画文化有限公司诉上海全土豆网络科技有限公司案,上海市浦东新区人民法院民事判决书,(2009)浦民三(知)初字第 85 号。

② 北京市高级人民法院《关于审理涉及网络环境下著作权纠纷案件若干问题的指导意见(一)(试行)》(京高法发〔2010〕166 号),2010 年 5 月 19 日发布。

③ 山东省高级人民法院《关于审理网络著作权侵权纠纷案件的指导意见(试行)》,2011 年 1 月 6 日发布。

与此相适应，为作品等在网络上的传播提供技术服务的行为，不被认定为信息网络传播行为。如《北京高院指导意见》第3条指出："网络服务提供者为服务对象提供自动接入、自动传输、信息存储空间、搜索、链接、P2P（点对点）等服务的，属于为服务对象传播的信息在网络上传播提供技术、设施支持的帮助行为，不构成直接的信息网络传播行为。"这里的表达方式虽然是"不构成直接的信息网络传播行为"，但结合相关条文理解，此处表达的似乎就是不构成信息网络传播行为，而似乎并非含有"构成间接的信息网络传播行为"的意蕴。如该指导意见第4条进一步规定："网络服务提供者的行为是否构成信息网络传播行为，通常应以传播的作品、表演、录音录像制品是否由网络服务提供者上传或以其他方式置于向公众开放的网络服务器上为标准""原告主张网络服务提供者所提供服务的形式使用户误认为系网络服务提供者传播作品、表演、录音录像制品，但网络服务提供者能够提供证据证明其提供的仅是自动接入、自动传输、信息存储空间、搜索、链接、P2P（点对点）等服务的，不应认为网络服务提供者的行为构成信息网络传播行为"。该条又从反面对其使用的信息网络传播行为概念进行了澄清和界定，直接否定了提供自动接入、自动传输、信息存储空间、搜索、链接、P2P（点对点）等网络服务的信息网络传播行为的属性，也没有将此类行为认定为间接的信息网络传播行为。《山东高院指导意见》第21条也有类似规定，即"仅为服务对象提供自动接入、自动传输、信息存储空间、搜索、链接、P2P（点对点）等服务的，属于为服务对象在网络上传播信息提供技术、设施支持的帮助行为，不构成直接的信息网络传播行为。"

实践中之所以对信息网络传播行为作如此复杂的界定和划分，是与相关侵权行为的认定（构成）与责任的承担密切相关的，即通常是将这种界定和划分作为认定单独侵权与共同侵权以及直接侵权与间接侵权的基础，也就是说，上述信息网络传播行为是直接的和单独的侵权行为，而此外的行为充其量可以构成间接的（参与、教唆或者帮助）、共同的或者连带的侵权。例如，《北京高院指导意见》第14条和第15条规定就体现了这种意味，即"提供信息存储空间、搜索、链接、P2P（点对点）等服务的网络服务提供者通过网络参与、教唆、帮助他人实施侵犯著作权、表演者权、录音录像制作者权的行为,并有过错的,承担共同侵权责任。”(第14条)“提供信息存储空间、搜索、链接、P2P(点对点)等服务的网络服务提供者构成侵权应当以他人实施了直接侵权行为为前提条件,即第三人利用信息存储空间、搜索、链接、P2P(点对点)等服务传播作品、表演、录音录像制品的行为系侵犯他人的信息网络传播权的行为。”(第15条)

(二)流行界定的由来

我国《著作权法》*、《信息网络传播权保护条例》及相关司法解释均未使用“信息网络传播行为”这一术语,更没有对其进行界定,但这一术语在近年来的司法实践中却发展成为常用语。考证其由来,可能有以下情形。首先,“信息网络传播行为”一词应当来自《著作权法》所规定的“信息网络传播权”,即既然该权利被称为“信息网络传播权”,与此相对应的行为顺理成章地被称为“信息网络传播行为”。其次,对于“信息网络传播行为”的内涵界定应该来源于《著作权法》第10条第1款第12项对于信息网络传播权的规定,即“信息网络传播权,即以有线或者无线的方式向公众提供,使公众可以在其个人选定的时间和地点获得作品的权利”。此处的“信息网络传播”与“提供”相对应,就行为特征而言,“信息网络传播行为”也就被认定为与“提供”对应,“提供”可以顺理成章地被解释为“将作品、表演、录音录像制品上传至或以其他方式将其置于向公众开放的网络服务器中”,而将相关的网络服务提供行为归入“提供”行为之中,似乎不好接受。[①]

从司法实践看,我国法院的判决很早就不将搜索、链接等网络服务提供行为作为传播行为。如2000年12月北京市第二中级人民法院在刘京胜诉搜狐爱特信公司著作权纠纷案的判决中指出:“本案双方当事人提交的公证文件载明,当显示器上出现‘《唐吉可

---

* 本篇《著作权法》皆为2010年版《著作权法》。——编者注

① “根据《著作权法》第10条规定的‘信息网络传播权’的定义可以推出,受该权利控制的‘信息网络传播行为’,是指‘以有线或者无线的方式向公众提供作品,使公众可以在其个人选定的时间和地点获得作品的行为’。”参见陈锦川:《网络环境下著作权审判实务中的几个问题》,载《法律适用》2009年第12期;王迁:《网络环境中版权直接侵权的认定》,载《东方法学》2009年第2期。

德》[西班牙]塞万提斯刘京胜译'页面时,该页面的地址栏中并不是搜狐网站的地址,而是其他网站的地址,这一事实证明,被告提供的只是分类搜索引擎链接服务。被告网站仅是利用这种链接技术,将用户引导到提供信息内容服务的网站。从直观的表象上看,访问者是通过被告网站上网,并浏览到信息,被告是信息提供者。但是从技术角度讲,被告网站仅是提供了搜索服务的工具,引导用户利用这个工具到其他网站或网页上去浏览相关的信息。此时这些信息并未存储在被告的服务器上,而是在上网用户自己的计算机内,临时生成被链接网站所载信息内容的临时复制件。因此,被告提供链接服务并不是将原告作品直接上载的复制行为,也不是传播。"①此处显然是将复制与传播联系起来,认为非复制的技术服务不构成传播。可见,这种观念在司法实践中由来已久。

那么,究竟是否可以将"信息网络传播"与"提供"画等号?该问题涉及相关侵权行为的认定和归责基础,很有探讨的必要和意义。

二、作品提供行为与网络服务提供行为

(一)信息网络传播行为的二分法:作品提供行为与网络服务提供行为

我国著作权法、行政法规和司法解释从不同的角度对于信息网络传播权及其对应的侵权行为作出了规定。在理解适用相关法律规定和界定信息网络传播行为时,关键在于如何恰当地解读这些相关规定及其相互之间的关系。换言之,相关法律规定已客观地放在那里,应当以更加契合于适用和解决实际问题为标准,而对其进行更加合理和好用的解读。在解读中,要综合考虑法律条文、相关理论(甚至国外的法理)以及妥当性,而不能抓住一点不及其余。

对信息网络传播行为应当作广义的理解,即包括作品的提供行为与其他信息网络传播行为,而其他信息网络传播行为则是以其技术、设施提供网络中间性服务的行为,是提供(上传)作品等内容以外的网络服务提供行为,是一种提供服务而非直接提供作品等的行为。以下如无特指,所称网络服务均指提供网络中间服务行为,即相

---

① 北京市第二中级人民法院民事判决书,(2000)二中初字第128号。

当于西方国家惯称的“internet intermediaries”或者“intermediaries”。

（二）与2000年司法解释有关分类的关系

2000年12月公布的最高人民法院《关于审理涉及计算机网络著作权纠纷案件适用法律若干问题的解释》（本文以下简称《网络著作权司法解释》）（已失效）依据《民法通则》（已废止）的相应规定，尤其是共同侵权的规定，规定了网络服务提供者的相应归责问题。该司法解释将网络服务提供者承担责任的基本情形区分为两种：一种是参与、教唆和帮助侵权行为，即“网络服务提供者通过网络参与他人侵害著作权行为，或者通过网络教唆、帮助他人实施侵害著作权行为的，人民法院应当根据民法通则第一百三十条的规定，追究其与其他行为人或者直接实施侵权行为人的共同侵权责任”；另一种是内容服务提供者明知或者应知侵权的共同侵权责任，即“提供内容服务的网络服务提供者，明知网络用户通过网络实施侵犯他人著作权的行为，或者经著作权人提出确有证据的警告，但仍不采取移除侵权内容等措施以消除侵权后果的，人民法院应当根据民法通则第一百三十条的规定，追究其与该网络用户的共同侵权责任”。此处“提供内容服务的网络服务提供者”有时又被简称为内容服务提供者，但从对其责任的规定来看，其显然首先是网络服务提供者，只不过所提供的内容是用户上传的，而不是网络服务提供者自身上传的，因而仍然是运用其网络传播技术提供网络服务，如信息存储空间服务。

起草司法解释时，对网络服务提供者进行类别划分的背景是，“根据提供网络服务内容的不同，网络服务提供者可分为连线服务提供者和内容服务提供者，前者指仅提供连线、接入等物理基础设施服务的网络服务提供者，后者指提供大量各类作品、新闻等信息内容的网络服务，包括BBS（电子公告板）、Newsgroup（邮件新闻组）、聊天室等有关内容服务的网络服务提供者等”[①]。上述司法解释遵循了该两种基本分类，并根据这种分类规定了不同网络服务提

① 蒋志培：《人民法院对网络环境下著作权的司法保护——如何理解和适用最高人民法院关于网络著作权纠纷案件的司法解释》，载沈仁干主编：《数字技术与著作权：观念、规范与实例》，法律出版社2004年版，第208页。

供者不同的责任要件等。例如,该司法解释第 4 条规定似乎是针对所有的网络服务提供者的(也可能主要针对连线、接入等设施服务的提供者),即“网络服务提供者通过网络参与他人侵害著作权行为,或者通过网络教唆、帮助他人实施侵害著作权行为的,人民法院应当根据民法通则第一百三十条的规定,追究其与其他行为人或者直接实施侵权行为人的共同侵权责任”。该司法解释第 5、6 条则为提供内容的网络服务提供者专门设定了责任规则,这意味着适用第 5、6 条规定的情形不再适用于第 4 条规定的情形,即前者已从后者中脱离出去。该第 5、6 条规定分别为:“提供内容服务的网络服务提供者,明知网络用户通过网络实施侵犯他人著作权的行为,或者经著作权人提出确有证据的警告,但仍不采取移除侵权内容等措施以消除侵权后果的,人民法院应当根据民法通则第一百三十条的规定,追究其与该网络用户的共同侵权责任”“提供内容服务的网络服务提供者,对著作权人要求其提供侵权行为人在其网络的注册资料以追究行为人的侵权责任,无正当理由拒绝提供的,人民法院应当根据民法通则第一百零六条的规定,追究其相应的侵权责任”。

本文所称的作品提供行为不同于上述司法解释规定的提供内容服务的网络服务提供行为,即不再是提供用户上传内容服务的网络服务提供者,如信息存储空间服务提供者,而是以上传等方式直接提供作品的人,包括网络用户和上传作品的网络服务提供者。在这种划分的基础上,凡是为他人提供的作品提供网络传播技术服务的网络服务提供者,本质上都属于网络服务提供者,包括自动接入、信息网络存储空间、自动缓存、搜索、链接等网络服务提供者,本质上都是提供网络传播技术的,都属于此类网络服务提供者。

实践中既有用户提供作品的情形,又有网络服务提供者直接提供作品的情形。例如,当前所谓的“视频分享网站”既有由网站自行提供影视作品的情形,又有为“用户上传视频内容”提供服务的行为。当然,实践中还有些视频分享网站除为用户上传内容提供服务外,同时还自行提供影视作品,从而兼具作品提供者与网络服务提供者的身份[①]。在自行提供作品的情况下,就该行为本身而言,网站是作品提供行为的实施者,在法律性质上与用户提供作品的行为无异,只不过其除此之外还兼为网络服务提供者,但仅就其作品提供行为而言,已不再对其同时作网络服务提供者的定性,即因其不是为用户上传内容提供服务,而不再属于上述司法解释所称的“提供内容服务的网络服务提供者”。在为“用户上传视频内容”提供服务的情况下,网站则属于网络服务提供行为之列,如其提供的是信息存储空间服务。正是由于互联网经营者经营方式的复杂化和综合化,司法实践中需要根据信息网络传播行为的具体性质进行定性和判断,而不是以互联网经营者自称的服务属性进行判断。如,浙江省高级人民法院民事审判第三庭《关于审理网络著作权侵权纠纷案件的若干解答意见》(以下简称《浙江高院民三庭意见》)第19条规定就反映了这种趋势和情形,即对于“是否可以根据网络服务提供者的身份来判定侵权行为的性质”,该意见认为,“随着网络技术的发展,内容服务提供者与网络服务提供者的身份与分工变得越来越模糊,因此在具体案件中,应当根据服务者从事的具体行为和提供的服务内容来判定是否属于侵犯信息网络传播权的行为,而不是简单地根据其身份来判定行为性质”。此处所称的内容服务提供者与网络服务提供者显然指的是上述司法解释的分类,而根据行为性质判断信息网络传播行为的法律属性,反映了司法实践顺应互联网经营模式发展而变化的新趋势。当然,本文采用的作品提供行为与网络服务提供行为的分类,彻底脱离了根据互联网经营者身份定性其行为的做法,完成了从“身份”标准到“行为”标准的彻底转变。

(三)网络服务提供行为的信息网络传播属性

总体上说,作品提供行为固然是信息网络传播行为中的核心行

---

① 例如,奇艺网、乐视网等网站是采取网站全部自行提供视频的经营模式,但这些网站通常并不自称“视频分享网站”;土豆网、56网等突出强调其“视频分享”性质,其中“用户上传视频内容”是其重要的服务内容。但在后者对其视频分享网站的介绍中,除了用户上传外,还包括网站自行提供及自行制作等内容。这反映了当前互联网从业者走向综合经营的趋势。参见刘晓春:《网络服务提供者损害赔偿责任要件的反思与重构——以视频分享网站为例》,载张平主编:《网络法律评论》(第12卷),北京大学出版社2011年版,第5页。

为或者起始环节,但网络服务提供行为同样是网络传播的重要环节,仅仅将信息网络传播行为限定于提供行为,不符合网络传播的实际,有悖法律规定的精神,也无助于有关问题的理解和解决,将导致运用上的不便利。

作品通过信息网络传播的环节较多,仅仅是初始提供行为还是不够的。直接提供行为开启了作品的网络传播,但提供行为以外的传播环节同样构成信息网络传播行为。自动接入和传输、自动存储、提供信息存储空间以及搜索链接等网络服务行为,要么使作品的传播成为可能(如提供接入服务),要么为已处于被传播状态的作品提供传播的便利或者扩大其传播范围。如果说提供作品属于原始传播,提供上述网络服务的行为则属于继发传播,无论如何,它们无疑均属于信息网络传播的必要环节或者组成部分,称其为信息网络传播行为并无问题,或者说不能将其从信息网络传播行为中排除出去。换言之,这些行为虽然不属于原始提供行为,但不能说不是传播行为。信息网络传播行为是一个大概念,包括但不限于作品的提供行为。即便说法律从权利的定义角度界定了信息网络传播行为,但这种界定不是封闭性规定,不能理解为穷尽了所有的信息网络传播行为。

网络服务提供者显然是网络传播的主体,即虽然他们提供的是网络技术服务,但如果没有他们的网络传播技术和行为,他人提供的作品显然无法在信息网络上进行传播,这些网络技术服务显然是信息网络传播的重要环节,将网络服务提供者提供服务的行为纳入信息网络传播行为之内,符合信息网络传播的实际。网络服务提供者的传播行为与作品的提供行为当然是有区别的,著作权法首先遏制侵权的提供行为,这是由于提供行为的著作权法意义似乎更大。但从实际意义上看,网络服务提供者毕竟是信息网络传播的中枢,网络环境下的著作权保护规则主要是围绕网络服务提供行为设定的,界定网络服务提供者的责任恰恰成为保护信息网络传播权的中心问题,实践中法律问题更多的是出现在网络服务提供行为上,如围绕网络服务提供者如何承担责任问题,产生了较多争议和案件,构成了信息网络传播权保护中的热点和核心问题。而且,信息网络的兴起和发达毕竟是信息网络技术引发的,信息网络服务提供者是信息网络世界的重要主体,将其行为排除于信息网络传播行为之外,既不符合法律实际,更不符合信息网络传播实际。围绕网络服务提供者及其提供行为设置一整套规则体系和责任体系,恰恰是应对网络环境下著作权保护的特殊需求的产物,而作品提供行为的侵权责任问题在网络环境下反而并不具有太多的法律上的特殊性。

网络环境下的著作权保护是著作权保护在网络环境下的延展,相关的保护制度主要是围绕网络服务提供者的法律地位和责任承担设计的。一方面,网络用户不计其数,让著作权人追究侵权的网络用户的民事责任,不具有可行性;另一方面,让网络服务提供者对于他人的侵权行为适当承担侵权责任,对于保护著作权和适当约束网络服务提供者的行为确有其必要性,但承担的责任不宜过重,否则会使网络服务提供者不堪重负,不利于信息网络产业的发展。网络著作权保护的法律规则主要是出于平衡两者关系的需要而设计的,其中网络服务提供者承担和免除责任是网络著作权保护制度的重要核心。

三、划分两类行为的法律和法理依据

概括地说,从词语来源来看,作品提供行为的称谓可以说直接源于《著作权法》第10条第1款第12项界定"信息网络传播权"中的"向公众提供",该提供显然是直接提供行为,而网络服务提供行为可以认为直接源于法律所使用的"网络服务提供者"一词,从行为主体看是"网络服务提供者",而从行为本身角度看,则是"网络服务提供行为"。这足以表明,提供行为与网络服务提供行为的称谓和划分具有直接的法律依据,具有规范性。相反,当前流行的"信息网络传播行为"的称谓及界定反而不具有充分的法律依据。对此,可以从以下几个方面加以分析。

(一)《著作权法》:积极权能与消极权能的不同意蕴

2001年10月27日修订的《著作权法》第10条第1款第12项将"信息网络传播权"作为一项专门的权利类型,纳入著作权的范围,并将其界定为"以有线或者无线的方式向公众提供作品,使公众可以在其个人选定的时间和地点获得作品的权利"。该规定至少有三个突出的特点:(1)在原封不动地保留修订前的该法该条规定的著作权各项具体权利的基础上,单独增加了这一项权利。如果仅从形式上看,信息网络传播权与原已存在的复制权、广播权等权利具有明确的区分,属于相互独立而不能重合的不同类型的权利,但实际上却无法回避与原有权利的交叉重叠问题。信息网络传播权与原有著作权专有权利的关系基本上有两种情形:一种是将原来的相关权利吸收进来,如吸收了部分复制权等;另一种是与原来的相关权利相互独立,构成并存关系,如广播权与信息网络传播权在概念的界定上有交叉或者难以区分,但广播权的范围已经固定化,原已属于广播权的权利内容不再与信息网络传播权有交叉和重合,即使概念上不能区分清楚,也将原有权利排除于信息网络传播权的范围之外。(2)该条对信息网络传播权涉及的传播手段(技术手段或者技术载体)只是规定到"有线或者无线的方式",此外还对公众获得该被传播作品的方式进行了限定,除此之外未再提出更为明确的要求,如未明确地规定通过互联网等网络进行传播。(3)该条引进了"提供"一词,将其作为信息网络传播行为的特征或者表现形式。这些特点与实践中界定一些网络传播行为是否属于该权利的调整范围直接相关。

《著作权法》是从积极权能的角度对于信息网络传播权进行界定的,而信息网络传播行为则是一种客观的传播过程和状态,对二者不能作等值的置换或者简单的对应,即不能简单地从信息网络传播权的界定中获取信息网络传播行为的定义,以信息网络传播权的定义框定信息网络传播行为属于法律上的误读。

《著作权法》第 10 条第 12 项首先是从专有权的角度进行规定的,即正面规定了著作权人的专有权利是"以有线或者无线的方式向公众提供,使公众可以在其选定的时间和地点获得作品的权利"。该规定界定了此项著作权专有权的范围和特征。该项是从积极权能即权利人主动行使权利的角度界定信息网络传播权的,而对于消极权能即排斥他人侵权的权利的规定,则主要通过侵权责任的规定体现出来。该法第 48 条第 1、3、4 项规定,未经著作权人(表演者、录音录像制作者)许可通过信息网络向公众传播其作品(表演、录音录像制品)的,应当承担民事责任。就行为特征而言,这些规定使用了“通过信息网络向公众传播”的措辞,而没有使用向公众提供的表述方式,是否可以理解为“通过”(“通过信息网络向公众传播”)的范围比“提供”(“向公众提供作品”)的范围更宽一些?也就是说,除上传或者将作品至于网络上的行为属于通过信息网络传播行为外,提供缓存、存储空间、搜索链接等服务的行为是否也属于通过信息网络传播行为?显然可以进行如此的界定。因为,从技术和事实的角度来看,提供信息存储空间、搜索链接等网络服务行为,均属于信息网络传播的重要环节和组成部分,缺少这些环节,信息网络传播将无从进行。就侵权行为的角度而言,侵犯著作权的行为从来都有两种基本形态,即未经许可直接行使著作权(专有权)的行为,以及为侵犯专有权提供辅助的行为(如通过提供技术等为侵权行为提供帮助或者教唆等)。前者为直接侵权行为,即直接介入著作专有权范围的侵害行为,具体到信息网络传播权保护,就是未经许可提供他人作品的行为构成直接侵权,即行使信息网络传播权的常态是权利人自己或者授权他人上传作品等,他人未经许可擅自上传他人作品,属于违法行使他人信息网络传播权,构成直接侵权行为;后者为间接侵权行为,即本身并非擅自行使他人的信息网络传播权,未直接进入他人专有权范围,只是通过为直接侵权提供技术或者其他帮助等的行为对他人著作权造成妨害,构成外围的侵权行为,具体到信息网络传播权保护,就是网络服务提供者对其帮助、教唆行为承担间接侵权责任。在网络著作权保护中,国内外立法事实上就是如此设计具体制度的。《著作权法》第 10 条第 1 款第 12 项对于信息网络传播权的规定显然只着眼于界定专有权的角度,并非界定侵权行为的角度,因而如果将其中的“提供”行为与网络传播行为画等号,必然会以偏概全,是不妥当的。

因此,如果从积极权能与消极权能双重角度进行界定,完全可以将“信息网络传播权”界定为“通过信息网络向公众传播其作品”的权利,此中既包括专用权,又包括排斥权。排斥权本质上也是排斥他人擅自传播的权利。相应地,信息网络传播行为就可被理解为既包括作品提供行为,又包括网络服务提供行为。

(二)行政法规的分解式规定

鉴于网络环境下著作权保护问题较为复杂,许多具体问题还需要进一步调查研究,所以《著作权法》授权国务院另行制定信息网络传播权的保护办法。[①]《信息网络传播权保护条例》就是由此而来的授权立法。该条例具体界定了信息网络传播权的范围。

《信息网络传播权保护条例》第 2 条规定:"……除法律、行政法规另有规定的外,任何组织或者个人将他人的作品、表演、录音录像制品通过信息网络向公众提供,应当取得权利人许可,并支付报酬。"根据该规定,除法律、行政法规另有规定外,通过信息网络向公众提供作品等,须经权利人许可。该条例第 6 条等规定了法定许可和合理使用的情形。该条例第 18 条规定了侵权行为的类型,其中第 1 项规定的是基本侵权行为,即"通过信息网络擅自向公众提供他人的作品、表演、录音录像制品"的行为,该条其他各项规定是在此基础上的延伸性保护。该条例第 18 条第 1 项规定针对的是有关"提供"的侵权行为,涉及的是直接侵权行为,而未涉及网络服务提供行为的侵权问题。但在该条之后,该条例第 20、21、22、23 条针对四大类网络服务提供行为,规定了"不承担侵权责任"的情形。通常而言,免责情形都是针对符合特定条件的行为,将其从侵权行为中豁免出来的,至少也应当是有被认定为侵权行为的情形存在,而将某些情形豁免侵权责任。鉴于此,这些涉及免除侵权责任的自动接入传输、自动存储、提供信息存储空间、提供搜索链接行为,客观上是在传播侵权作品的,可能会被认为是侵权行为。《信息网络传播权保护条例》对此已进行考虑,但也只是从豁免责任的"避风港"制度的角度进行了规定。从这种意义上说,应当认为这些网络服务提供行为属于信息网络传播行为,之所以在法律上可以认定此类行为构成侵权行为或者需要豁免责任,都是基于其网络传播行为属性。倘若这些行为压根不属于网络传播行为,《信息网络传播权保护条例》大可不必将其纳入规范范围。也正是因为这些行为不属于提供作品的行为,法律又为其另外建立了责任制度。例如,《信息网络传

---

① 参见全国人大常委会法制工作委员会编:《中华人民共和国著作权法释义》,法律出版社 2002 年版,第 56 页。

播权保护条例》是从"避风港"的角度涉及网络服务提供者的侵权责任的[①]，而最高人民法院《关于审理涉及计算机网络著作权纠纷案件适用法律若干问题的解释》则将涉及网络服务提供行为的侵权归入参与、教唆和帮助行为之中，从正面规定了侵权构成。因此，无论是从网络提供行为的客观属性上看，还是从其所涉侵权行为的规定进行反推，均可以认为网络服务提供行为属于网络传播行为的范畴。

因此，可以认为，《信息网络传播权保护条例》对于信息网络传播行为进行了分解式规定，即第 18 条第 1 项规定了擅自提供行为，以及第 20 条至第 23 条规定了提供网络服务行为。前者对应于《著作权法》对于积极权能界定中的"提供"行为，属于直接侵权的范畴；后者则是在此基础上的扩展，涉及未进入著作专有权而只是造成外部妨害的行为，因而只能归入间接侵权行为之列。无论是"提供"行为还是网络服务提供行为，均属于信息网络传播行为，即在外延上信息网络传播行为要比"提供"行为大。

作品提供行为和网络服务提供行为均属于信息网络传播行为，信息网络传播行为是上位概念，作品提供行为和网络服务提供行为则是该上位概念之下细分的类型，法律在此基础上确定了归责情形。下定义是危险的，尤其是在规范性文件中对于争议较大的问题下定义要审慎，除非不得已，否则不要轻易地去下定义，而直接规范相应的具体行为即可，最好把定义问题留给学术去探讨，并保持相关行为的可塑性和开放性，使其能够适应和接纳新情况新问题，而不因为事先确定的定义而作茧自缚，甚至把大门关上。当然，在下定义必不可少和不可避免时，也只能以尽可能减少争议的方式下定义。

（三）与条约规定及其解读的关联关系

我国《著作权法》在界定信息网络传播权的概念时使用的"向公众提供作品"，显然直接源于 WCT 第 8 条中的"the making available to the public of their works"（向公众提供作品）。有人经常

---

① 该条例也有从承担责任的角度的规定，如第 23 条有关"明知或者应知所链接的作品、表演、录音录像制品侵权的，应当承担共同侵权责任"的规定。

将我国信息网络传播行为的规定向世界知识产权组织的互联网条约追溯,在条约及其缔结过程中寻找依据,或者说寻找权威性依据。如有人指出:“如何理解‘提供作品’行为,《著作权法》以及《信息网络传播权保护条例》中均未予具体规定,但因该规定系来源于WCT,且我国《著作权法》的规定原则上不会高于WCT的保护标准,故我们可以从WCT的相关文件中窥其一斑。在缔结WCT的外交会议记录中,针对草案第十条(WCT第8条)有如下记载,‘重要的是提供作品的初始行为,至于服务器空间、传播的链接、传输设备以及信号的路由选择,则是无关紧要的’。[①] 因外交会议的记录对于条约的解释具有极高的权威性,因此,我们可以合理认为,该条款中的‘提供’行为,应指‘最初’将作品置于网络中的行为。对于提供信息存储空间、链接以及接入设备等技术服务的行为,虽然亦会对作品等的传播起到一定作用,但因其均非提供作品的初始行为,因此,不属于‘提供作品’的行为”[②]

将上述条约规定的提供行为理解为初始提供行为,恰恰是与我国《著作权法》对于信息网络传播权的界定相一致的。只不过显然并不能据此得出信息网络传播行为就是初始提供行为的结论。

当然,条约正式文本之外的只言片语,能否为我们界定国内法有关规定是否达到那么权威的程度,这本身就是值得研究的。界定国内法有关规定时不是不可以参考条约的缔结资料,而是要客观地、实事求是地和具体问题具体分析地看待它们,不必人为地拔高其权威性。例如,上述条约缔结资料强调“初始行为”重要,其他网络服务行为无关紧要,但实际上在网络著作权保护中网络服务提供行为恰恰是更为重要的,是问题的聚焦点。

WCT第8条的议定声明第一句指出:“不言而喻,仅仅为促成或者进行传播提供实物设施不致构成本条约(WCT)或者伯尔尼条约意义下的传播。”该议定声明并未豁免所有使传播成为可能的行为,而只是豁免了通过提供“实物(物理)设施”使传播成为可能的

---

① 《WCT》外交会议记录第204页。转引自[匈]米哈依·菲彻尔:《版权法与因特网》,万勇、相靖译,中国大百科全书出版社2009年版,第350页。

② 北京市第一中级人民法院课题组:《网络著作权司法保护的调研课题报告》(最高人民法院2010年重点调研课题)。

行为。但是,"实物(物理)设施"(physical facilities)的含义很不清晰,最可能指的是电信公司和网络服务提供者提供的硬件基础设施(hardware infrasture),正是这些人主张通过了该议定声明。链接之类的数字路由代码(the digital rerouting code)并不包括在内。①

对于上述声明的背景和含义,菲彻尔先生的解读是:"议定声明的上述内容是显而易见的,因为,如果某人实施了一种并非为本条约规定的权利直接包括的行为,他显然不承担该权利所涵盖行为的直接责任。至于根据具体情况,他可能还需基于其他责任形式而承担责任,如参与责任或者替代主任,则是另外的问题。而且,责任问题非常复杂;在每个国家,特定案件的裁判需要基于大量的制定法和判例法。因此,知识产权领域的国际条约都不包括责任问题,这是明智的和正确的。WCT(以及 WPPT)也遵循了这种惯常做法。"②"外交会议非正式谈判当时的情况清楚地表明,该议定声明的作出是代表互联网服务提供者和电信公司的非政府组织积极游说的结果。它们希望在两个条约的正文,或者至少在议定书中作出一些规定,以确保限制互联网服务提供者和电信公司因享受其服务的用户实施侵权行为而承担的责任。它们在这方面并未成功,上述议定声明并未言及责任问题,尤其是没有言及它们特别想施加一些限制的参与责任、替代主任之类的责任形式。"③

可见,WCT 第 8 条议定声明表明要豁免网络服务提供者的直接责任,而并未涉及间接责任。"该议定声明清楚地表明,就'向公众传播权'而言,诸如因特网服务提供者之类的电信中间运营商不能承担直接侵权责任④。但是,该议定声明并未排除间接侵权责任。"何况,它又是标榜责任中立的,即对于网络服务提供者如何承担责任并未作任何要求,而留给各成员方自行解决。在我国,那种

① See David Vaver & Lionel Bently, *Intellectual property in the New Millennium*, Cambridge University Press, 2004, p. 242-243.

② Migaiy Ficher, *The law of Copyright and the Internet*, Press, 2002, p. 509. 中译本参见[匈]米哈依·菲彻尔:《版权法与因特网》,中国大百科全书出版社 2009 年版,第 74、729、743 页。

③ 同前注①。

④ See WIPO National Seminar on Digital Technology and the New WIPO Treaties, August 22, 1997, WIPO/CNR/97/1, p. 7.

将信息网络传播行为等同于提供行为的主张，其实际意义无非是将网络服务提供行为从直接责任中排除出去，但将提供行为与网络服务提供行为同归于信息网络传播行为之下，不但不与划分二者的责任相矛盾，反而更为便利，更利于明确其责任基础。因此，我们不必以刻意解读条约的方式，仅抓住条约的只言片语，甚至试图想当然或者望文生义地赋予条约明确清晰的含义，以此解读我国国内法上的概念划分。何况，条约规定不清楚或者难以界定的地方，有时恰恰是其无意作出清晰明确规定的之处，是打算留给各个成员方去界定的。此时我们无须煞费苦心或者煞有介事地非要给条约的规定明确一个含义，再以此匡正或者解读国内法中的争议问题。

四、划分标准：法律标准与技术标准之辨

当前对于信息网络传播行为的流行界定是“将作品、表演、录音录像制品上传至或以其他方式将其置于向公众开放的网络服务器中”，即其判断标准是否“将作品、表演、录音录像制品上传至或以其他方式置于向公众开放的网络服务器中”，于是就有了所谓的认定信息网络传播行为采取服务器标准的说法。例如，上海市第一中级人民法院为承担最高人民法院重点调研课题所撰写的《关于信息网络传播权纠纷案件若干问题的规定（建议稿）》（以下简称《上海一中院建议稿》）第 2 条将“信息网络传播行为”界定为：“信息网络传播行为是指将作品、表演、录音录像制品上传至或以其他方式将其置于向公众开放的网络服务器中，使公众可以在选定的时间和地点获得作品、表演、录音录像制品的行为。”其在说明中指出：“对于网络传播权行为究竟是采用用户感知标准还是服务器标准，学界有争议，本条采用服务器标准。”

与此相应的是所谓的用户感知标准，即以用户是否感觉到由网络服务提供者提供作品作为判断是否构成信息网络传播行为的标准，即便并未存储在网络服务提供者的服务器上，只要用户感觉到作品系由网络服务提供者提供，即认定其行为构成信息网络传播行为。

当然，上述信息网络传播行为就是本文所称的作品提供行为。使用本文的分类概念，就是作品提供行为的认定究竟应当采取服务

器标准还是用户感知标准,或者说作品提供行为与网络服务提供行为的划分究竟采取服务器标准还是用户感知标准。

服务器标准是一种纯粹的技术标准或者事实标准,即以是否置于网络服务提供者的服务器上作为判断是否构成作品提供行为的标准。这种标准虽然非常清晰和便于认定,但其局限性很明显。首先,它不能涵盖提供行为的所有情形。除上传系作品提供行为的主要方式外,作品提供行为还有多种其他方式,以服务器标准界定作品提供行为会有不周延的问题。所以,实践中法院在坚持服务器标准的同时,还总是以例外情形作为补充。如《山东高院指导意见》第24条规定:"信息虽未存储在其服务器上,但网络服务提供者对信息的上传、修改、删减等行为可以控制的,可以认定其直接实施了信息网络传播行为。"一些合作行为等被认定为提供行为,也属于此种情形。其次,它可能因技术发展而丧失存在基础。它毕竟是一种对于法律标准的技术式表达,即以技术方式作为法律标准的表达方式,且可能因为技术的革新而失去存在基础。例如,倘若有更高的信息网络传播技术使服务器的使用无关紧要,初始提供作品不需要经过服务器,此时就不再需要通过服务器进行判断,或者说服务器标准不再是判断作品提供行为的唯一标准或者基础标准。可见,问题的实质不在于作品是否置于服务器之中,而在于是否以上传或者其他方式将作品置于使公众可以通过信息网络获取的状态。此外,实践中还有第三方将作品存储于网络服务提供者的服务器中的行为,如存储在信息网络存储空间服务提供者的服务器中,此时网络服务提供者并不构成提供行为。原因就在于,此时是由第三方实施存储行为的。

用户感知标准则具有较强的主观色彩和不确定性,未抓住行为的本质和未能准确体现著作权法律标准的精神实质,也与信息网络传播行为涉及的责任分配制度不相匹配,如可能不适当地扩展网络服务提供者的责任范围,损及互联网产业的正常发展,不利于贯彻一些政策取向,因而本质上也不是反映行为法律本质属性的标准。

作品提供行为与网络服务提供行为的划分可以考虑技术因素,但归根结底要回到法律标准上来,以法律标准进行衡量,即必须基于法律特征和法律本质,符合法律调整的需求。既然划分作品提供行为与网络服务提供行为旨在解决有关著作权保护问题，其划分标准应当回到著作权这种专有权的意义上来，即必须是一种著作权法意义上的划分标准。从积极的角度说，就是以是否构成直接行使信息网络传播权这种专有权的行为进行判断，凡将作品置于信息网络之中而使其处于公众可以获得的状态，无论是单独行为还是共同行为，都属于行使著作专有权的行为，构成作品提供行为，否则，仅仅是对置于信息网络中的作品进行再传播或者提供传播便利的网络服务提供行为，均不是行使著作专有权的行为。从消极的或者侵权的角度说，只有擅自将他人作品置于信息网络之中的行为，才直接进入他人专有权的范围，构成对于他人信息网络传播权的直接侵害，而通过网络服务行为对于他人信息网络传播权的妨害，充其量只是有关著作权保护的外围行为，在其妨碍著作专有权的保护时，只能构成间接侵权。这就是作品提供行为与网络服务提供行为在著作权法意义上的本质区别。总之，是否属于提供行为，应当以是否构成对于著作专有权的行使或者直接侵犯为标准进行判断。在这种意义上，我们可以将这种划分标准简称为专有权标准。

在著作权法意义上，法律、行政法规使用“提供”“网络服务提供者”之类的概念，实际上已经对于提供行为与网络服务提供行为做出了准确而清晰的界分，我们不能把网络服务提供行为纳入“提供”行为之中。

法律标准必须以事实为依据，受制于事实，但必须主导事实的定性。这决定了法律标准必须是超越事实存在状态的价值性或者评价性标准。法律标准与事实标准都可能存在不清晰的地方，但两者的不清晰是不一样的。法律标准的不清晰，可以通过价值取向或者导向来解决，即在法律定性上左右为难、模棱两可或者模糊不清时，要看哪一种定性更符合法律意义上的价值取向或者导向，以此进行决断。例如，将某些行为归入提供行为或者网络服务提供行为难以决断时，首先要根据行为对权利的损害程度进行判断，如达到直接和严重的损害程度的，可以归入提供行为；其次要根据是加重行为人的责任还是减轻其责任的取向或者导向进行定性，因为提供行为与网络服务提供行为分别对应着直接侵权行为和间接侵权行为，意图加强权利保护时就归入提供行为，意图减轻网络服务提供者的责任时就归入网络服务提供行为。这种划分和澄清并不一定是科学与不科学的问题,很可能是一种政策选择问题。事实不清的问题则需要根据证据规则解决,如提供行为的推定,就是解决事实问题的规则。当然,如果法律标准需要建基于事实标准之上,事实标准应当尽可能清晰,不清晰的事实标准可能导致法律标准的不确定和操作困难。例如,上述《山东高院指导意见》第 24 条规定的"信息虽未存储在其服务器上,但网络服务提供者对信息的上传、修改、删减等行为可以控制的,可以认定其直接实施了信息网络传播行为","对信息的上传、修改、删减等行为可以控制"就很难在事实上进行把握,而将其限定为"进行编辑、选择等以决定是否发布"之类的行为,也即以"能够决定是否发布"作为判断标准,既符合损害的程度,又易于把握和区别。

五、两种行为划分的制度建构意义

作品提供行为与网络服务提供行为的二分法,是建构网络环境下著作权保护规则体系的基石。这种规则体系就是围绕提供行为与网络服务提供行为而展开和建构的。因此,在网络著作权保护中,这种行为的二分法具有重要法律意义。

(一)是划分直接侵权与间接侵权的根基

将信息网络传播行为区分为作品提供行为和网络服务提供行为,对于构建网络环境下著作权保护的责任体系具有基础性意义。无论是否在法律上明确承认,网络环境下著作权侵权的责任体系是由直接侵权与间接侵权构建的,两类侵权分别对应了作品提供行为与网络服务提供行为。在区分两种行为的基础之上,首先产生了直接侵权责任与间接侵权责任的区分,直接侵权责任对应作品提供行为,而间接侵权责任对应于网络服务提供行为。

作品提供行为直接行使了著作专有权,行为人当然要承担严格的侵权责任。网络服务提供者促成了作品在网络环境下的传播,为促进网络传播和信息网络产业的发展,网络服务提供者显然不能动辄追究,但对于网络服务提供行为也需要适当加以约束。约束的基本办法是为网络服务提供者制定尊重著作权的行为规则(如"通知与删除"规则),或者要求其尽到一定的保护著作权的注意义务,而追究其侵权责任则是基于其网络服务提供行为的可责性,即从主观意图进行着手的,如为其设定过错标准,便要求其具有过错。对提供行为与网络服务提供行为不加区分或者区分不科学,就会模糊信息网络上的著作权侵权关系,要么不利于著作权保护,要么不适当扩张了网络服务提供者的责任范围。

过错问题首先是直接侵权责任与间接侵权责任的基本分界线。围绕间接侵权责任,法律又设定了一系列体现特定利益平衡关系和价值取向的法律规则,如"通知与删除"规则、限制网络服务提供者侵权责任的"避风港"规则、有利于减轻网络服务提供者责任的过错标准(所谓的"红旗标准")等。

(二)是利益平衡和政策导向的依托

网络环境下的著作权保护涉及著作权人、网络服务提供者和公共利益的平衡,其规则体系的构建应当体现这种利益平衡。尤其是,信息网络产业是一种新兴的朝阳产业和基础性产业,是现代经济的重要增长点,但信息网络技术日新月异,不能完全把握信息产业的发展方向,信息网络环境下的著作权保护必须反映这种实际,要为信息网络产业的发展留下适当的宽松空间,否则会不适当地禁锢和妨害信息网络产业发展,因此,促进信息网络技术创新和保护信息网络产业发展是利益平衡的重要支点。为适应网络环境下著作权保护的特殊需要和信息网络产业发展的实际,无论是欧美国家还是我国,都设定了一整套适应信息网络环境的特殊的著作权保护规范体系。无论具体的表现形式如何,这些规则体系首先是从区分提供行为与网络服务提供行为开始的,在此基础上特别围绕网络服务提供行为规定了免责条款、"通知与删除"规则、过错认定规则、互联互通规则等,既吸收了侵权法的一般法理,又采纳了"功利"性或者政策性的规则,反映了网络环境下著作权保护的特殊需求。

(三)为网络服务新领域的法律适用提供了一般性的指引和导向

信息网络环境下的技术和商业模式创新是非常活跃的,法律不可能预见所有的网络服务活动,不可能为网络服务新领域随时提供量体裁衣式的新规则,但创新领域的法律适用新问题和新类型纠纷层出不穷,司法必须及时进行调整。作品提供行为与网络服务提供行为的“二分法”思路，为解决网络环境下著作权保护的新问题廓清了路径。

作品提供行为与网络服务提供行为及其分别对应的直接侵权和间接侵权，仍然是调整网络服务新领域的基本法律思路和分析方法，在此基础上构造的法律规则体系对于网络服务新领域仍然具有延伸适用或者类推适用的价值和作用。例如，《著作权法》将信息网络传播权界定为提供行为，使“提供”行为具有极强的适应性，可以涵盖立法时尚不存在而随着新技术发展所出现的新的作品提供方式，如网络快照提供行为。《信息网络传播权保护条例》第 20 条至第 23 条规定的网络服务提供行为既未涵盖所有的网络服务提供行为，亦未涵盖所有的可能承担间接侵权责任的情形。随着实践的发展，已经并必然会出现新的网络服务类型，如已经出现的点对点(P2P)等服务，这些行为仍可构成信息网络传播行为，对其涉及的侵权责任，仍应考虑网络著作权保护特殊的利益平衡需求，按照相应的侵权行为规则认定。例如，对于提供网络服务过程中不可避免的作品提供行为，如网页快照等的提供行为，如果按照著作权侵权的严格归责，可能不利于信息网络技术的创新和发展，可以适应信息网络产业发展的特殊需求，适用“三步检验法”确定是否归入合理使用的范畴，以豁免一些必要的和有益的作品提供行为，促进信息网络技术和产业的发展；对于法律、行政法规未特别规定“避风港”的新类型网络服务提供行为，在过错判断等方面可以参照其他网络服务提供者承担责任的构成要素进行确定。

第八篇　论网络著作权保护中利益平衡的新机制[①]

网络环境和网上传播的特殊性和复杂性，使网络著作权（下文将根据语境的不同将著作权与版权混用）保护涉及的利益平衡更复杂、更特殊、更敏感和更突出。准确地认识网络著作权保护中的利益平衡、恰当地进行制度设计并通过正确的法律适用确保其实现，都是网络著作权保护中最重要和最基本的问题。本文对这种利益平衡机制试作初步的探讨。

一、网络著作权保护中利益平衡的新转向

利益平衡是著作权保护中的永恒话题，平衡的中心点是如何激励创作和创新[②]。但是，激励创新和创造的中心点并非一成不变，而是随着时代的发展而不断发展变化着。网络技术和互联网产业的发展，催生了网络环境下著作权保护的新机制。

就传统著作权保护中的利益平衡而言，其基本立足点在于如何激励创作；就现代著作权而言，如

---

① 原载《人民司法》2011 年第 17 期。

② 如美国最高法院 Breyer 大法官在 Grokster 案判决附带撰写的意见中所指出的，“宪法本身就强调了版权在促进‘有用艺术’中的关键性作用。没有人会对‘奖励作者或艺术家起着鼓励向公众释放其创造性天才产品的作用’持有异议。” See Metro－Goldwyn－Mayer Studios Inc. v. Grokster，Ltd. 545 U. S. 913（2005）.

何激励商业发展和科技创新又成为其重要关注点。保护著作权的重要意图是鼓励创造和创新,但对于著作权的过分保护则又会走向它的反面,即限制创造和创新。这是一个悖论,恰恰又是需要利益平衡的根本原因,也是利益平衡的基点和轴心。

就传统著作权而言,其基本上关注于促进文学、科学和艺术作品的繁荣,保护著作权是为了激励作者的创作积极性,而适当地限制著作权,又是为了创作者有更好的可资利用的创作空间、基础和源泉。诚如英国作家卢瑟福所说,“科学家不是依赖于个人的思想,而是综合了几千人的智慧”[①]。其他创作亦然。

但是,在现代社会,著作权与商业的联系更加紧密[②],它与经济和科技密切相关,既成为塑造新的商业模式和促进科技创新的重要纽带,又成为其重要约束和激励力量。对于著作权的保护已超越了传统意义上的文学、艺术和科学作品的创作,而直接与经济发展和科技创新相关联,与此相适应,利益平衡的重要支点转换成了如何促进商业发展和科技创新,商业发展和科技创新成为利益平衡的热议话题和重要考量意图。诸如计算机软件、数据库、网络环境下的著作权保护等,都是充分展现这些新型利益平衡的新领域。与传统著作权保护与生俱来的“阳春白雪”“温文尔雅”“象牙塔”之类的“书卷气”相比,这一新领域的利益平衡充满了市场气息和商业杀机,再次显示了经济发展需求的催动力、杀伤力和不可抗拒性,也充分展现了著作权法功利性或者实用主义的一面。如在索尼案中,美国最高法院认为法律从未预料到这种“利益交织”的情况。因为在廉价和高质量的家用复制设备出现之前,个人消费者复制作品的能力极其有限,不太可能严重威胁版权人利益,所以版权人在以往的诉讼中都是针对商业性复制,很少将矛头指向为个人使用目的进行少量复制的个人消费者,更不曾起诉印刷机、复印机、照相机之类的

---

① 贺年主编:《世界经典名著妙语》,内蒙古人民出版社 2003 年版,第 269 页。

② “版权原本意在保护诸如图书、绘画和音乐作品之类的文化创作物。但是,过去二十余年来,在录制娱乐(音乐、电影、电视)、图像游戏和软件行业,版权已经具有像最经常用的保护创新的手段那样的商重要性。商业活动日益增强的全球化,伴随数字化日益广泛的影响,对于版权产业提出了新的挑战和提供了新的机会。”See Lee Davis, *Globalisation, Digitisation and the Changing Role of Copyright*, in Macmillan, Fiona, eds. ,New Directions in Copyright Law, Volume2, Edward Elgar Pub, 2005, p. 79.

复制设备的制造商和销售商。但是,录像机的出现,使个人消费者可以轻松地在家中复制自己喜欢的电影,由此触动了原有的利益格局,如可能影响电影公司的出租市场,还可能因为消费者使用“暂停”“快进”功能跳过广告而影响广告商对电视台的赞助,由此减少版权人的收入。这使版权人感到有必要控制消费者复制作品的行为,但起诉个人消费者有客观上的困难,因而试图通过追究索尼公司的间接侵权责任而获得救济。可见,这场所是背后的利益关系错综复杂,是复制设备家庭化的高科技时代引发的试图重新调整利益格局的法律纷争。[①]

当然,著作权保护与产业发展的联系从来都是密切的,著作权法律制度要么是由产业推动的,要么反映了产业的声音和利益。例如,英国早期版权法是由出版商推动发展和变革的。美国版权法奉行实用主义(功利主义),其法律发展变革无处不有产业的身影,更是产业利益直接作用的结果。“在美国著作权的政治圈内,通过相互冲突的利益集团之间达成共识而完成立法,已经成为主导性方法。”[②]例如,美国著作权的每一次随技术发展而通过立法进行的扩张,无不与代表著作权所有人的产业推动直接相关,而合理使用等制度的发展无不与使用作品的相关产业的推动相关。例如,电影公司与录音录像制等产业的较量,塑造了相关版权制度。美国一直坚持版权保护的手续要求,尤其是印制条款,是其迟迟不能加入《伯尔尼公约》的重要原因,而这背后是由于印刷商和装订商工会等强大的院外游说集团自 1922 年起就开始一再反对作出让美国著作权法符合《伯尔尼公约》要求的努力。以作者权文化为标志的欧陆国家,在高度强调作者权的同时,也自降标准,为产业发展留出空间。例如,作者权理论有两项原则:其一,只有有血有肉的自然人作者,而不是像电影公司或者唱片公司这样的法人,才具备著作权保护的资格;其二,某一作品欲获得某种保护,必须真正是创造性

---

① “‘索尼案’实际上是在复制设备走向家庭的高科技时代,版权人试图限制个人消费者的复制行为,以及与设备制造商和销售商分享利益的第一场法律诉讼。”参见王迁:《网络环境中的著作权保护研究》,法律出版社 2011 年版,第 161 页。

② [美]保罗·戈斯汀:《著作权之道——从谷登堡到数字点播机》,金海军译,北京大学出版社 2008 年版,第 148 页。

的,能够显示出“作者人格的印记”。它们对于创造性采取高门槛,录音制品或者电台、电视台的广播可能缺乏构成作者权所必需的创造性的个人因素,但这些国家毕竟需要培育它们自己国内的唱片业和广播事业,并且想给予它们某种知识产权保护,为此,它们创设了“邻接权”这种知识产权制度。“邻接权观念的演变过程是缓慢形成的,最初提出这项原理是为了填补由严苛的作者权理论所造成的空隙,到后来却成为保护主义故意编织的一个谎言。它肇始于照相术,这是对作者权文化提出挑战的第一项技术。欧洲人最终巧妙地解决了关于这些以技术手段所产生的图片是否属于‘作品’的问题,方法就是称摄影师为作者,认定在照片上存在他人的人格印记。电影也被归入了作者权的范围,只是证明起来稍费劲一些。录音制品最终把欧洲的立法者逼到了问题的墙角边上。表演者和录音棚内的音乐师可能属于所谓作者的这一撮人。但是,录音制作者权和录音技师又是什么呢?实时直播的电台电视台广播,尽管它们编辑制作过程中需要创造性,但也似乎被安置在作者权的殿堂之外了。解决的办法是宣布,在录音制品和广播节目上所存在的权利,根本就不是作者权,而是邻接权。”[①]可见,产业发展和产业利益在著作权保护和发展中的重要作用。

在新的著作权保护领域,传统的著作权保护理论和法律标准有了与时俱进的新突破,如在计算机软件、数据库等著作权保护中,对作品的创造性(原创性)标准和可版权性或许有了新解读,计算机软件被作为文字作品保护,而未必作为符合传统原创标准的数据库或者被作为作品进行保护,或者比照保护著作权的方式进行保护;原本在立法意图和制度设计上泾渭分明的著作权与专利权等其他知识产权,在其相互界限和立法政策等方面有了新的交叉和模糊,一些著作权裁判将促进科技创新这种原本属于专利权的固有元素纳入了新型著作权保护中的利益衡量之中,一些专利法原则被用于著作权领域(如通用产品原则等)。网络著作权保护就是代表这种新机制和新动向的新领域,促进技术创新和商业模式发展成为其利益

① [美]保罗·戈斯汀:《著作权之道——从谷登堡到数字点播机》,金海军译,北京大学出版社2008年版,第152、158-159页。

平衡的重要支点。

例如,美国最高法院判决的索尼(Sony)案和Grokster案都是在当代新的技术背景下平衡版权保护与技术创新之间的利益关系的经典判例,这些判例均昭示了平衡此类利益关系的新转向,不仅成为美国版权法领域中的里程碑式的判例,而且产生了广泛的国际影响。特别是,美国最高法院在索尼案中率先将技术问题的考量纳入版权保护领域,为技术发展开辟避风港,所确立的规则被广泛地称为技术时代的"大宪章"。索尼案规则是一项使革新者豁免非其控制事项的责任的大承诺。[①] Grokster案则是在数字技术环境下对索尼案规则进行了再诠释,建立起新的利益平衡机制。

美国最高法院在Grokster案的判决中开宗明义地指出,"通过版权保护支持创造与通过限制侵权责任促进技术革新,这两种相互竞争的价值之间的紧张关系是本案的主题"。"两种价值之间存在的紧张关系是本案的主题,对版权材料的数字传播从未像今天这样威胁着版权人,因为每一份复制件都与原件一模一样,复制很容易,而且许多人(尤其是年轻人)使用文件分享软件下载版权作品。对此类软件使用的程度可能使公众直接进入对版权政策的辩论。有迹象表明使用诸如Grokster的软件复制音乐和电影的便捷性助长了对版权保护的蔑视。当本案呈送到我们面前时,有人认为这些担忧被其他不同的疑虑所抵消了,即不仅对侵权者,而且基于软件的非法用途潜能对软件的散发者施加责任会限制有益技术的进一步发展。"[②]而该案"(原告)米高梅公司和许多法庭之友都指出上诉法院判决的错误在于:打破了在通过版权保护支持创造追求与通过限制承担版权侵权责任而在新通讯技术发展中促进技术创新这两种价值之间的合理平衡。对于文艺的保护越多,技术创新越可能被

---

① See Lital Helman, *Pull too hard and the ope may break: on the secondary liability of technology providers copyright infringement*, Texas Intellectual Property Law Journal (2010).

② 该案判决在此处的注释指出:"但这些价值相互之间的排斥性不应被夸大。一方面技术创新者,包括那些编写文件分享计算机程序的人,可能希望(获得)对其作品的有效版权保护。另一方面创造性作品通过改进后技术的广泛传播也可能产生新作品或为刚刚起步的艺术家带来观众。" See METRO-GOLDWYN-MAYER STUDIOS INC. v. GROKSTER, LTD. 545 U.S. 913(2005).

压抑；对版权法的实施就是在维持平衡中（对版权法的）运用”。[①]

在索尼案中，美国最高法院借用专利法上的“通用产品规则”，解决了涉科技创新领域的版权保护利益平衡问题。该案判决认为，“通用产品原则”适用于版权法时，“必须在版权所有人有效而非仅为象征性的法定垄断权保护的合法需求与其他人在实质性非相关领域自由从事商业活动的权利之间达成平衡”。因此，“销售复制设备，就像销售其他商业产品一样，如果该产品广泛地用于合法的、不受反对的目的，就不构成间接侵权。”在 Grokster 案中，Breyer 大法官在其撰写的意见中对于 Sony 案规则进行了如下阐述，“索尼案的规则，正如我所解释的那样，向企业家们提供了他们所需要的不会因为给市场带来了有价值的新技术而承担版权（侵权）责任的保障。”“索尼案的规则是清楚的。这种清晰度允许那些能够具有实质性非侵权用途的新产品开发者事先知道，提供他们的产品将不会导致巨额经济责任。”“索尼规则强烈地保护着新技术。这一规则有意使法院难以在涉及新技术的情形中认定间接责任。它确定法律将不会对提供具有双重用途技术的人施加版权（侵权）责任（他们本身并没有从事未经许可的复制），除非所涉产品将几乎只能被用于侵犯版权（或除非他们积极地引诱侵权行为）。索尼案因此承认版权法并不意图压制或者控制新技术的产生，包括（也许特别是）那些有助于更有效地和更广范围地传播信息和思想的人。因此，索尼案规则保护了录像机、打字机、磁带录音机、复印机、计算机、磁带播放机、光盘刻录机，数字视频录像机、MP3 播放机、互联网搜索引擎，以及 P2P 软件。”“索尼案规则注意到了在面对涉及的技术问题时，法官（的能力）是有局限的。法官没有特定的技术能力去回答有关目前或未来技术可能性或商业前景的问题，而专业技术人员、工程师和风险投资者自己之间可能存在极端严重的分歧，不同的答案还可能取决于关注的对象是开发阶段的产品还是销售阶段的产品。例如，考虑是否可以在 Grokster 软件中附加一种可以过滤

---

① “The tension between the competing values of supporting creativity through copyright protection and promoting technological innovation by limiting infringement liability is the subject of this case.” See METRO – GOLDWYN – MAYER STUDIOS INC. v. GROKSTER, LTD. 545 U. S. 913(2005).

掉侵权文件的设备的问题。米高梅公司告诉我们这是非常容易做的事,几家制造和销售过滤技术(的公司)提交的法庭之友也是这么说。Grokster 公司说这样做根本不是容易的事,而且在任何情况下都没有一种有效的解决方案,几名明显没有利益关系的计算机科学教授也同意。法官应该相信哪一种观点?索尼案说法官无须进行判断①。

美国最高法院判决不厌其烦和小心翼翼地界定所涉侵权的构成要素,字里行间均充分体现了划清认定侵权与不妨碍商业发展和科技创新的界限和意图,可谓用心良苦,这些判决是在当代社会背景下平衡相关利益的裁判范例。

新的利益平衡考量都是在传统利益平衡格局中破土而出的,它既可能带有传统利益平衡的气息,又可能是脱胎换骨的。就网络著作权保护中促进科技创新和经济发展的利益考量而言,在传统的合理使用等之外突出强调这种利益平衡,显然更多地具有脱胎换骨的成分和色彩。这种新型的利益平衡一方面产生了革命性效果,赢得了技术时代"大宪章"之类的赞誉;另一方面也难免有与传统利益衡量有关的异议和反对。正如对于索尼案适用的技术中立规则(通用商品规则),在美国国内也有少数学者对此持批评态度。一项主要的批评意见认为,最高法院不应基于专利法与版权法之间的"历史亲缘关系"(均源于美国宪法的规定),而根据专利法的原则解决版权问题。根据版权法上的合理使用、缺乏对原告造成商业损害的证据等,也可以解决同样的问题。援引专利法上的通用商品原则,忽视了专利法与版权法的关键差异,包括其立法目的、立法史上的差异,以及该原则对各自法律的广泛的产业影响。"专利法寻求促进技术革新……而版权法寻求促进文化和社会进步,对于技术性的传播应持更为谨慎的态度,特别是在技术有促进广泛的作品盗版的威胁时。""通用商品原则在 1976 年制定版权法时并未被引进到该法之中,这暗示着故意忽视了该原则。"也有人批评最高法院判决的措辞宽泛,使该原则的适用范围仍然模糊不清,即将"实质性非侵权用

---

① METRO-GOLDWYN-MAYER STUDIOS INC. *v.* GROKSTER, LTD. 545 U.S. 913(2005).

途”简单地界定为“商业上重要”,及对于合理使用的拙劣界定,使技术避风港作用微弱。同时,该判决交叉使用“间接责任”和“替代责任”,导致了将索尼案规则适用于替代责任时的混淆。其结果是,第七巡回上诉法院认为索尼案规则既适用于间接责任,又适用于替代责任,而第九巡回上诉法院认为其仅适用于间接责任。[①] 其实,就与版权密切相关的科技创新和商业发展领域而言,版权对于科技创新和商业发展具有重大的促进和制约作用,甚至成为相关科技创新和商业模式的基础,界定版权保护的强度和政策直接关乎科技创新和商业发展,因此,在利益衡量中将促进科技创新和商业发展纳入考量范围也就是顺理成章和势所必然了,这是版权保护本身引发的问题,是专利法鞭长莫及的。但是,此类问题与专利解决的问题具有类似性,借用专利法中的相应规则有其恰当性,符合类似问题用类似规则解决的原则。因此,无论索尼案规则在具体运用中有多少局限和问题,但其宣示的原则精神在版权的新领域依旧是革命性的。

对于新的科技经济背景下出现的新的著作权保护利益平衡,我国相关著作权立法有所体现。例如,《信息网络传播权保护条例》较为明显地借鉴了美国等网络著作权保护立法经验,在有关避风港等规则中引入了这种利益平衡。我国法院在适用这些规则时,尤其是在处理法律界限不清或者模棱两可的问题时,更需要依靠这种利益平衡的指引,确保相关问题的妥善解决。只有在司法决策和判案中站在这种利益平衡的新角度、新高度和新层次上进行把握,以价值衡量的本质去认定眼花缭乱的现象,透过现象看本质及通过本质为现象定性,才能确保法律适用和司法决策的效果,避免头痛医头脚痛医脚,使规则的适用流于浅层化、机械化和简单化,才能够消除迷茫和困惑,做到心中有数和处乱不惊。倘若平衡不恰当,要么会使版权保护受到不应有的伤害,要么会妨碍正当商业发展和科技创新。

可见,在现代社会,促进产业发展和科技创新或许不是所有版

---

① See Lital Helman, *Pull too hard and the ope may break*: *on the secondary liability of technology providers copyright infringement*, Texas Intellectual Property Law Journal(2010).

权问题的重要立足点,但在与商业化息息相关的版权领域,却是利益平衡的一个重要支点和中心话题,成为研究相关规则、制度的理念和精神。

二、网络著作权保护中利益平衡的新格局

(一)三种利益架构的平衡机制

传统著作权保护主要涉及著作权人与社会公众之间的利益平衡,而网络著作权保护则涉及著作权人、网络服务提供者及社会公众三者利益之间的平衡,网络服务提供者成为利益衡量的重要环节。其中,就后两者而言,对于网络服务提供者的利益考量涉及互联网产业的发展,对于社会公众利益的考量涉及网络资源的公共使用、公共创新空间、言论自由等公共利益。当然,这些利益格局的构造直接涉及著作权保护的边界(或者说应予保护的“度”)、互联网产业的发展空间及公共利益的保障。这些利益的具体架构及其相互之间边界的划定应当通过法律规则的设定和适用而实现。只有具有清晰明白的法律架构和权益边界,才能够使著作权人有合理的权利预期,使网络服务提供者避免动辄得咎,使社会公众有享受公共信息资源的充分自由,从而使三方各得其所和避免纷争。

在网络环境下,网络服务提供者是信息网络传播的中枢,是连接版权人、用户及公众的桥梁和媒介,在网络传输中具有举足轻重的作用。这一新的经营主体和法律主体成为相关权利义务关系的连接点。数字传播技术的运用和发展大大提升了单个用户传播侵权复制品的能力,且用户的行为具有隐蔽性,这些用户是版权侵权行为的重要推手和始作俑者,但又容易溜掉或者没有赔偿能力,如美国最高法院在 Grokster 案的判决中所说,“通过向所有的直接侵权人行使版权来有效地保护版权人的作品几乎是不可能的”;而网络服务提供者客观上为大量分散的用户的网络传播行为提供了便利条件,在许多情况下难辞其咎,成为被追究责任的对象。权利人提起诉讼更多的是针对网络服务提供者而不是用户,而网络服务提供者承担的基本上是间接侵权责任。而且,之所以将间接责任视为一种有效的执法机制,其原因主要有三个:首先,以起诉网络服务提供者的方式替代起诉无数未知的直接侵权行为人,是一种更为有效节约

成本的诉讼机制(a more cost-effective mechanism for litigation),即起诉一个间接侵权人比向直接侵权人提起大量诉讼更为有效,至少从理论上说,起诉这样一个间接侵权人可使起诉无数未知的用户不再有必要性,可起到以一石击杀无数“侵权之鸟”的作用。其次,它可以从间接侵权人的口袋中获取有效的补偿。最后,它可以将潜在的间接侵权人当作防护侵权人的“守门人”。“守门人”或通过完善技术以阻止侵权(如过滤版权内容),或用从用户那里收取的费用补偿侵权人和阻止侵权。① 这种特殊的网络环境造就了网络著作权保护的特殊利益平衡机制。

无论是世界知识产权组织的互联网公约②,还是各国关于网络著作权保护的国内立法,在将著作权保护引入互联网领域的同时,又对于网络著作权的保护进行了一定的限制。诸如,WCT 序言在强调加强版权保护的同时,指出“有必要按《伯尔尼公约》所反映的保持作者的权利与广大公众的利益尤其是教育、研究和获得信息的利益之间的平衡”③。其中,平衡的核心和枢纽是如何对待网络服务提供者及其背后的互联网产业的发展。这就出现了一种独特的现象,即有关立法均缘起于如何在网络环境下有效保护著作

---

① See Lital Helman, *Pull too hard and the ope may break: on the secondary liability of technology providers copyright infringement*, Texas Intellectual Property Law Journal (2010). “为什么权利人选择对于侵权行为不负直接责任的因特网中间商而不是实施侵权行为的最终用户提起诉讼？权利人基于多种原因而主张间接侵权。他们之所以起诉中间商,是因为中间商对于这些行为起着信息的和进入的门户的作用,对他们提起诉讼比起诉个人用户在成本上更划算。他们起诉中间商未能防止或者付出足够的努力阻止利用其设施和服务实施侵权活动洪流。他们起诉是因为中间商从‘侵权活动’中赚钱和以侵犯他们的权利为代价谋利。正如欧盟版权指令解释的,‘在数字环境的许多情况下,中间商的服务可能越来越多地被第三人用来实施侵权活动,这些中间商处于终结这些侵权活动的最佳位置’。” See Daniel Seng, *Comparative analysis of the national approaches to the liability of internet intermediaries*, WIPO study (2010), www. wipo. int/copyright/en/internet_intermediaries.

② 即《世界知识产权组织版权条约》(WCT)及《世界知识产权组织表演和录音制品条约》(WPPT)。

③ 条约的制定者(外交会议)是先通过条约的实质性条款,再通过序言的。因此,更应将序言视为各代表团在外交会议的最后发表的具有总结性质的宣言,是对各代表团此前“讨论、谈判以及取得共识的内容进行‘反向工程’的结果”。序言是条约约文的组成部分,同时也是解释条约的基础。参见[匈]米哈依·菲彻尔:《版权法与因特网》(下册),中国大百科全书出版社 2009 年版,第 599-600 页。

权,但却往往立足在如何划定网络服务提供者的责任界限之上,从而为互联网产业的发展营造一个相对宽松的空间。基本的利益平衡态度是,不能不在网络环境下加强著作权保护,但同样不能不适当地限制互联网产业的创新和发展。

于是乎,尽管世界知识产权组织互联网条约(WCT 和 WPPT)着重强调了著作权的保护,但美国以贯彻这些条约为名制定的《数字千禧年版权法》(DMCA)却通过"避风港"等制度的精心设计,为互联网产业的创新和发展拓出了一片空间。避风港之类的规定就是按照网络环境下版权保护的新需求,所进行的平衡相关利益的一项重要制度设计。如《美国版权法》第 512 条确立的几个避风港,"目的在于平衡版权所有人在互联网上的广泛侵权中需要获取有效救济的需求与服务提供者无需以付出高昂成本进行审查而进行主要为非侵权活动的需求"①。这种立法理念和模式迅速产生了世界性影响,以至于在该领域大多数国家的立法中体现得大同小异,甚至如出一辙,尽管在执行中仍然难以避免差异。

DMCA 立法史清楚地表明,美国网络著作权保护中互联网产业的发展受到了高度关注,摆在了突出位置。诸如,美国参议院司法委员会报告指出:"由于数字作品可以轻而易举地在全球瞬间复制和传播,如果没有防止大量盗版的合理保障,版权所有人在互联网上提供作品就会心存顾忌。为实施条约而进行的立法提供这种保护,为版权作品进行全球在线市场交易创设法律平台。它将促进快捷和便利地通过互联网提供作为美国创造性天才的产物的电影、音乐、软件和文学作品。通过确立强有力的国际版权标准,它也将鼓励现有版权作品以数字形式在非在线全球市场上的继续增长。""与此同时,不澄清其责任,服务提供者将在为扩展互联网的速度和能力进行必要的投资上心存顾忌。在其通常的经营过程中,服务提供者必须从事可能使其承担责任的各种行为。例如,服务提供者仅在互联网上传播信息中,就必须进行无数的电子复制。""1998 年,国会确立了几项额外的版权豁免,这是确保因特网继续运转和增长所

① Paul Goldstein, *Goldstein On Copyright*, 3rd edition, Aspen Publishers, 2005, p. 8-32.

必需的。”

在1998年DMCA中，国会确立了几项“责任限制”（limitations of liability），根据现行法律原则应当认定网络服务提供者承担责任时，可以适用这些限制予以豁免。正如作为DMCA的关键推动者的一位参议员所言：“因特网作为信息高速公路和市场的潜力，取决于其速度和能力。不澄清其责任，服务提供者在为此进行的必要投资上就会望而却步。在其通常的运转过程中，服务提供者必须从事各种使其可能承担版权侵权责任的行为。例如，为在互联网上简单地传输信息，服务提供者必须进行无可计数的电子复制。进行某些电子复制是为了加速信息向用户的传送。”

网络环境下著作权保护涉及的利益平衡，反映了技术发展对于责任体系（格局）的影响。随着技术的进步，通过技术手段实施的侵权行为越来越普遍，如何确定技术提供者的责任变得越来越突出，成为利益平衡的重要领域。法律为从根本上遏制侵权行为，让网络服务提供者对于用户不正当利用其服务进行的侵权承担间接责任，也就成为一项重要的制度选择。① 对于网络服务提供者的行为加以控制，是为了更加有效地保护著作权，但这种控制又是适可而止的，其目的是为互联网产业的发展留下空间。因此，既让网络服务提供者承担相应的责任，又避免使其过重地承担责任，这是网络环境下著作权保护中平衡著作权人与网络服务提供者之间的利益的基本精神。

我国著作权法对于网络著作权的保护仅做出了宣示性的规定，缺乏更为具体明确的法律规则，而授权国务院制定专门的保护办法。《信息网络传播权保护条例》在明确信息网络传播权保护规则的同时，较多地立足于信息网络传播权的限制，如以大量的条文规定合理使用、法定许可以及网络服务提供者免责情形。这些限制性规定恰恰体现或者承载了网络环境下著作权人、网络服务提供者及社会公众之间的利益平衡。凡著作权权利限制之处，均是网络服务提供者和社会公众的自由空间。特别是《信息网络传播权保护条

---

① See Lital Helman, *Pull too hard and the ope may break: on the secondary liability of technology providers copyright infringement*, Texas Intellectual Property Law Journal (2010).

例》关于网络服务提供者责任限制的规定,体现了划清网络服务提供者的法律责任界限、促进互联网产业发展和创新的立法意图。对此我们应当通过准确的法律适用,实现这种立法意图。

(二)利益平衡的双向性

在新的利益平衡格局中,促进科技创新和产业发展固然是一项重要的出发点和立足点,但我们之所以突出这一平衡的支点,首先是因为这是著作权保护新领域的新变化和新特点,而不是强调其高高在上和凌驾于其他支点之上,不是要求抓住此点不及其余,不是因为要促进技术创新和商业发展,就对网络服务提供者的行为听之任之,对著作权保护放松要求。这种利益平衡从来都是双向的,而不是单向度的。这种双向的利益平衡既要为科技创新和产业发展留下空间与提供有效保护,同时又要促进利用技术创新避免侵犯著作权及有效保护著作权,使创新和发展的成果同样由著作权人分享,而不是一味地对于网络服务提供者的行为包容纵容,一味地让著作权人让渡和限缩权利,甚至因互联网的发展和作品传播的便利而给著作权人带来灾难。因此,在网络著作权保护的利益平衡中,我们应当以发展的和动态的眼光看待已有的法律规则,根据科技和经济发展的新需求,在法律适用中不断引入新的考量因素,实现新的平衡。

例如,按照网络著作权保护立法的通例,网络服务提供者对于所传播的作品是否侵权不负一般性的主动审查义务。但是,如果网络服务提供者积极主动地进行审查,或者主动采取过滤等保护著作权的措施,却有助于其免责。Grokster 案将是否采取过滤措施等纳入认定侵权行为的考量因素,就反映了这种新的平衡动向。美国最高法院在该案判决中认定 Grokster 公司侵权意图时,考虑了特别值得注意的被告行为的三个特征,在其第二个特征中指出,“米高梅(本案原告——引注)证明了两家均没有试图开发过滤工具或其他机制以减少使用其软件进行的侵权行为,这显著增强了对(两公司具有)非法目的的证明力。虽然第九巡回上诉法院将被告未能开发这种工具的事实视为是无关紧要的,理由是被上诉人并没有独立的义务去监督其用户的行为,但我们认为该证据凸显了 Grokster 和

StreamCast 公司协助其用户进行侵权的故意”。[①] 这种不简单和不机械地运用不负审查义务的规则的做法，显然有利于鼓励网络服务提供者积极采取预防措施阻止侵权行为。这种做法可以为我国司法实践借鉴。

再如，在适用“通知与移除”规则时，我国法院在坚持有效的通知需要符合法定条件的同时，也根据案件具体情况实事求是地对待不符合条件的移除通知，倘若此类通知虽然因不具体而不符合法律要求，但结合网络服务提供者的技术能力及案件的具体情况，仍然可以将此类通知作为认定构成“应知”侵权的考量依据。司法实践中，一些法院以区分“通知”与“告知”的方式，另辟蹊径地根据告知等因素认定构成“应知”，不失为一种具体平衡利益的智慧性做法。例如在环球国际唱片股份有限公司诉北京阿里巴巴信息技术有限公司歌曲著作权纠纷案中，一审判决指出：“原告曾于 2006 年 4 月 10 日和 7 月 4 日分别向被告发函，告知其侵权事实的存在，提供了有关权利人录音制品信息的网址、含有涉案 9 首歌曲的音乐专辑及演唱者的名称，同时提供了 Beautiful Day 等 7 首涉案歌曲的具体 URL 地址各一个作为示例，要求被告删除与涉案专辑有关的所有侵权链接。被告收到上述函件后，即可以获取原告享有录音制作者权的相关信息及被控侵权的相关歌曲的信息，应知其网站音乐搜索服务产生的搜索链接结果含有侵犯原告录音制作者权的内容。但被告仅删除了原告提供了具体 URL 地址的 7 个侵权搜索链接，怠于行使删除与涉案歌曲有关的其他搜索链接的义务，放任涉案侵权结果的发生，其主观上具有过错，属于通过网络帮助他人实施侵权的行为，应当承担相应的侵权责任。”二审判决指出：“阿里巴巴公司是按照自己的意志，在搜集、整理、分类的基础上，对相关的音乐信息按不同标准制作了相应的分类信息。阿里巴巴公司作为搜索引擎服务商，经营包括音乐搜索服务在内的业务，向用户提供专业的音乐搜索服务并从中盈利，属于专业性音乐网站。综合上述因

---

① 该判决在此处的注解中指出：“在缺乏其他证明意图证据的情况下，如果设备能够具有实质性的非侵权用途，法院将无法仅仅基于未能采取积极措施阻止侵权的事实认定帮助侵权责任。这一结论与索尼案安全港十分接近。”See METRO-GOLDWYN-MAYER STUDIOS INC. v. GROKSTER, LTD. 545 U. S. 913(2005).

素,依照过错的判断标准,阿里巴巴公司应当知道也能够知道其搜索、链接的录音制品的合法性。尤其是在环球公司几次书面告知阿里巴巴公司,其雅虎中国网站上提供的各种形式音乐搜索服务得到的涉案歌曲录音制品均为侵权,并要求阿里巴巴公司予以删除后,阿里巴巴公司更应注意涉案 9 首歌曲录音制品的合法性并采取相应的措施,但阿里巴巴公司仅将环球公司提供了具体 URL 地址的 7 个搜索链接予以删除,而未删除与涉案歌曲录音制品有关的其他搜索链接,阿里巴巴公司怠于尽到注意义务,放任涉案侵权结果的发生的状态是显而易见的,应当认定阿里巴巴公司主观上具有过错"①。根据网络服务提供者删除被诉侵权作品的实际能力等具体情况,将不完全合格的通知作为认定网络服务提供者应知侵权事实的重要考量因素,而不是简单地否定这种通知,显然有利于保护著作权和遏制侵权行为,是一种公平合理地平衡相关利益的具体实例。

又如,在技术中立原则的运用中,对于运用具有多种用途的技术的行为,可以不因此承担责任,但如果利用技术进行侵权或者鼓励侵权,则可能丧失其中立性,需要承担责任。换言之,技术本身的开发和运用并非违法,但利用技术从事违法则是另一回事。要从技术中立的一面看到与此关联的另一面,透过现象看本质,不能为技术的外表所惑。同样,如果商业模式的主要意图是侵权,或者主要建基于侵权活动之上,则不能以技术中立为由免除责任。正如美国最高法院对于 Grokster 案的判决所说,"发布某种工具的人如果有意地强调该工具的版权侵权用途,并有明确的鼓励他人侵权的意思表示或者采取了其他现实步骤鼓励他人侵权,则应对第三人的侵权行为承担法律责任"。技术中立这种以保护技术创新和商业发展为取向的原则,在具体运用中不能绝对化和简单化,而同样需要兼顾网络服务提供者与著作权人的利益。美国的索尼案确立了所谓"实质性非侵权用途"的技术中立规则,但这一规则在以后的判例中有时会被简单化地运用,一些网络服务提供者也总是以此作为护身符,甚至在开发新技术中为试图免责而刻意设计技术上不能控制的

---

① 北京市高级人民法院民事判决书,(2007)高民终字第 1190 号。

系统(如下文提及的 Aimster 案涉及的被诉网络服务系统中的加密技术),但美国主导性的判例显然未被技术问题所左右,在认定是否构成侵权行为时仍然立足于被诉行为的法律特征进行评价。尤其是,在 Grokster 案中,美国最高法院指出,下级法院将索尼案规则看成具有排他的效力是错误的,“索尼案规则是从所提供的产品的使用或者特征中来确定法律上的恶意。但是,如果已有的证据证明有这样的意图存在,那么索尼案从没有要求法院忽略这些证据,该案从不意味着放弃了从普通法中产生出来的过错责任原则”。该案引进了引诱侵权,美国最高法院在澄清何为引诱侵权时指出,“仅仅知道潜在的侵权行为或者仅仅知道实际的侵权使用还不足以承担责任,提供产品的一般行为,例如为消费者提供技术支持或者产品升级,也不足以承担侵权责任。引诱规则是将责任基于有目的、恶意的表示或者行为上,并且因此与提供合法的商业活动无关或者不是阻止有合法前景的创新”。该案被评价为使美国法院脱离被技术牵着鼻子走的被动局面,而又回到了对行为人行为的判断上,即根据主观状态和行为特征进行侵权判断。如果主观上有引诱侵权的故意,客观上其行为对于侵权行为有实质性贡献,那么就按照间接侵权认定其构成侵权。[①] 我国司法实践中也有在侵权判断中过于依赖技术的倾向,有时甚至忽视或者忽略了被诉侵权行为自身的法律特征,而一些网络服务提供者也动辄以技术中立、不能给技术创新造成毁灭性打击等为由进行抗辩,此时需要透过现象看本质,不为“技术”遮望眼,不能为危言耸听的话语所惑,要真正回到法律标准上进行判断,避免技术中立规则被过于宽泛地利用。

网络环境下的著作权保护的历史,在很大程度上就是促进技术创新和商业发展与加强著作权保护之间相互博弈的历史,期间一些经典性判例见证、记载和展现了在著作权人与网络服务提供者之间进行的此种博弈。科技和经济发展总是迅速的,大体上说,每一种新技术和新商业模式的产生,通常都会带来一些新的版权争议,出现一些法律上的新模糊,案件随即会送到法院,法院会作出一些定

---

① 参见吴伟光:《数字技术环境下的版权法:危机与对策》,知识产权出版社 2008 年版,第 133 页。

分止争的里程碑式裁判。总体上说,法院裁判不可能阻挡新技术和新商业模式的滚滚向前,这既有法院审时度势的原因,又因新技术和新商业模式的发展具有不可阻挡性的特性,但良好的司法裁判既会为新技术和新商业模式拓展出法律空间,又会为著作权保护争得一席之地,因而既是著作权的“守护神”,又是科技经济发展的“清道人”。在法院的居中裁判中,充满了这种利益平衡双向性的纠结和争论,也不乏妥善处理这种利益平衡的杰作。

例如,索尼案涉及的是电磁介质的模拟录像技术,而不是数字技术,但已是数字技术的前奏,并由此拉开了内容与技术之间纷争的序幕,以至于由于问题和原理的相同性,索尼案经常为网络环境下版权保护的判例所引用,成为这一领域中里程碑式的先例。在2001年由联邦第九巡回上诉法院裁判的Napster案中,利用P2P传输技术实现MP3文件在用户之间进行交换的Napster(该交换系统的名称),可以帮助用户进行下列行为:(1)允许其他用户复制自己电脑上的MP3文件;(2)搜索其他用户电脑上的MP3文件;(3)通过互联网传输不同用户电脑上的MP3文件的复件。此外,该系统还为用户索引、搜索MP3的功能及其他功能(包括讨论音乐的“聊天室”、提供艺术家音乐信息的目录)提供技术支持,构成间接侵权(帮助侵权和替代侵权),法院发出禁令要求其停止服务,而在法院禁令的压力下,Napster宣告破产。但该案版权人的胜利意味着所涉新技术和新信息传播模式的失败,引起了轩然大波,以至于版权制度再次成为众矢之的。[①] Napster案以后,为接受Napster文件交换系统的教训,其他的P2P网络服务提供者开始尝试设计新的系统以避免承担帮助侵权和替代责任,Aimster就是这样的一家公司。该公司利用美国在线即时传讯系统的文件分享软件,帮助用户通过即时通讯服务进行文件交换。该公司运用加密技术,阻止其用户之外的任何人包括它自己的监控,其目的是使自己确实不知也不应知用户的行为。用户的文件以附件形式传输给即时通信,该公司的服务器从未托管或者传输过这些音乐文件。在2003年的Aimster案

---

① 参见吴伟光:《数字技术环境下的版权法:危机与对策》,知识产权出版社2008年版,第127页。

中，第七巡回上诉法院判决认为对交换文件加密是"故意装瞎"，在版权法中等于知道，故仍构成间接侵权。这种掩耳盗铃的做法，终究未逃脱法院要保护著作权的法眼。2005年由美国最高法院裁判的Grokster案通过引进引诱侵权规则，在索尼案"实质性非侵权用途"规则之上，在技术与版权之间达成了新平衡。该案避开了"实质性非侵权用途"这一避风港，至少在对等传输系统（P2P）环境中再次将系统提供者或者设计者的责任模式的大门打开。特别是根据引诱侵权规则，不对侵权行为进行限制可能证明有非法目的，这实际上暗示了有开发遏制侵权行为发生的工具的义务，即在一定条件下，网络服务提供者也许有义务采取禁止措施。美国其他一些判例对此也表示认可，如在Aimster案中，波斯纳法官在讨论网络服务提供者责任时认为，"即使有互联网络文件分享系统的非侵权使用者存在时，但如果侵权使用是大量存在的，那么作为共同侵权人的服务提供者为了避免其责任，必须表明去消除或者至少减少大量侵权使用对他来说将是不合理的高成本的"①。索尼案之后的上述判例也表明，在互联网技术发展的同时，法院始终在与时俱进地保护版权，即对于版权的保护并未放松，反而通过各种法理为保护版权提供依据。

我国司法实践中也不乏进行双向性的利益平衡的杰作，当然也始终伴随促进科技经济发展与保护权利之间的纠结和争议。这种双向性的利益平衡仍将始终是动态的，且技术创新和商业发展仍将不断地带来利益平衡的新课题，因而要求我们不能凝固僵化地固守已有的平衡标准，既要根据新情况、新形势不断反思和修正已有标准，又要及时考虑新要素。利益平衡的基本态度是著作权人与网络服务提供者之间的利益的统筹兼顾、相互协调和相互平衡，主要体现为以下方面：(1)技术的发展需与著作权保护水平相协调，技术水平越高和商业越发达，对于著作权的保护水平也应当越高，网络服务提供者相应地也应在著作权保护中付出更多的成本或者代价，达到"水涨船高"的效果。(2)网络服务提供者在追求技术创新和商业发展的同时，要善尽保护他人著作权的注意，在技术允许而又不

① In re Aimster, 334 F. 3d 643(7th Cir. 2003).

会过多增加网络服务提供者负担的情况下,要适当加重网络服务提供者保护著作权的注意义务,尤其是在侵权行为较为多发的领域更应如此。要使网络服务提供者成为保护权利的积极参与者,而不是消极的袖手旁观者和对于侵权行为的视而不见者。(3)网络服务提供者在技术创新和商业发展中具有侵权的意图或者行为的,应当承担侵权责任;网络服务提供者纯粹中立的技术创新和商业发展,应当不受侵权责任的困扰。

在双向性的利益平衡中,保护权利与促进创新究竟孰轻孰重,也是一个颇有争议的问题。例如,在美国 Charter 案中,法官们对此进行了讨论和争论,多数意见法官与异议法官意见对立。多数意见法官将网络服务提供者的避风港理解为是一种社会契约的结果,一方面是促进电子商务的发展,免除网络服务提供者对于用户违法行为的责任的需要;另一方面是保护知识产权,减少在线盗版行为的需要,要达到两者之间的平衡。异议法官则认为 DMCA 的主要目的是打击网络盗版行为,免除网络服务提供者为其承担责任的条件是帮助版权人实施版权法,网络服务提供者的义务和责任对于保护版权、消除侵权更为重要,甚至是保护版权权利的唯一可行途径。避风港的目的是鼓励和激励网络服务提供者与版权人相互合作,以此发现和处理网络环境下发生的侵权行为。① 其实,两种观点可以结合起来。保护权利与鼓励发展并重,这与要求网络服务提供者善尽保护义务、促进相互合作是并行不悖的。避风港制度的诞生就是这种利益平衡的结果,网络服务提供者免除责任从来都是有条件的,而根据经济科技发展情况适当加重网络服务提供者的责任,也在一些判例中有所体现,所有这些都是调和这些目标的例证。利益平衡所追求的重要目标则是著作权保护与科技经济发展的互利共赢。我国法院在促进这种互利共赢中已很有收获。2011 年 7 月 19 日,北京百度网讯科技有限公司与国际三大唱片公司(索尼音乐、华纳唱片、环球音乐)在华合资企业签署为期两年的许可协议,国内用户将有望免费下载或在线播放逾 50 万首音乐。三家唱

---

① Inre Charter Communications,393 F. 3d 771(8th Cir. 2005). 参见吴伟光:《数字技术环境下的版权法:危机与对策》,知识产权出版社 2008 年版,第 123 页。

片公司授权百度上传其所有正版歌曲至“百度 Ting”音乐平台，供用户下载和收听，百度将根据在线播放及下载次数，向音乐版权人支付相应报酬①。双方约定共同致力于互联网音乐作品的运营模式创新，以及互联网音乐作品著作权保护模式创新，并就此展开合作。百度公司同意投入一笔款项，用作支持国际唱片业协会（IFPI）的反盗版基金。② 但是，这仅仅是开始，我们更希望在这方面将大有作为和硕果累累。未来还必将充满著作权人与网络服务提供者之间的利益博弈，我们不奢望一劳永逸，但我们希望并相信这种博弈能够不断取得好的结果，在互利共赢上再入新境界。

（三）立法与司法的利益平衡

就法律格局而言，网络著作权保护中的利益平衡涉及立法与司法两个层面。立法进行了一般性的利益平衡，设定了利益平衡的基本法律框架，但并未终结利益平衡，司法仍负利益平衡之责，既需要在裁判案件中进行具体的个别的利益平衡，又需要在法律的总体把握（如制定司法解释和司法政策）中进行一般性的利益平衡。

首先，司法的利益平衡总要保持与时俱进。立法进行的利益平衡具有静态性和凝固性，其利益平衡的格局已经固定在法律条文之中，而司法中的利益平衡则是动态的和发展的，在法律保持相对稳定性的前提下，司法必须不断地适应利益格局调整变化的需要，不断地调整利益平衡标准。例如，网络技术和产业发展迅速，对于新出现的技术和商业模式的法律调整，要么在现有规定中设法对号入座，要么需要另起炉灶。无论哪一种情形，都涉及新的利益平衡。法院在处理涉及 P2P、网页快照等新类型纠纷中，都在利益平衡上进行了很好的探索。

其次，司法的利益平衡需要立法的一般调整与案件中的个别调整相结合。立法中的利益平衡具有优位性，在法律明确规定的情况

---

① 参见王康：《百度为正版音乐“埋单”获认可》，载《中国知识产权报》2011 年 7 月 29 日。该文指出：“与国际三大唱片公司签署授权协议，通过中国音乐著作权协会向词曲权利人支付费用。近段时间，百度在网络音乐正版化方面动作频频，一直以来为人所诟病的版权问题取得了突破性的进展，也有望为国内网络音乐发展长期面临的版权问题寻求一个有效地解决途径。”

② 北京市高级人民法院民事调解书，（2010）高民终字第 1699 号。

下，司法必须服从，但立法毕竟不可能事无巨细、完美无缺和随时而变，在立法中的利益平衡不能满足实践发展的需求时，需要司法发挥能动性和创造性，弥补法律的不足，使法律与时俱进。在具体案件的裁判中，主要是那些涉及法律界限不清的疑难复杂和新类型案件的裁判中，利益平衡是裁判的中心问题，决定着裁判的方向和结果。这种利益平衡既需要依据立法目的和法律精神，又需要结合网络环境的新发展和新变化。

（四）利益平衡的局限性

衡量政策与规则好坏的标准是其成本与收益的比较。尽管法律已通过具体规则达成利益平衡的意图，但这些规则究竟能够达到多大的满意程度，仍然是很难评估和断定的问题。而且，总体上说，著作权保护中的利益平衡就是一个很难量化的问题，很难用确切的利益与成本比较的方式确定。如果对于著作权保护较弱，我们很难确切地说出会对创作影响到何种程度；如果加强保护，我们同样很难说网络服务提供者能够得到明显的发展促进，以及公众的言论自由等公共利益受到多大影响。当然，虽然我们以量化的方式确定利益平衡方式及其利弊，但我们在确定利益平衡规则时还是有依据的，如实践和经验可以经验规则的效用，各方利益的妥协也是平衡利益的重要途径。特别是在规则的适用中经常调适，也是确保利益平衡适当的重要保障。

三、利益平衡中理念与规则的关系

（一）理念与规则的一般关系

网络著作权保护中的利益平衡涉及理念和规则两个层面。当然，理念、理论、立法目的等大体上是同一层面的东西，为行文上的便利，本文对于这些词语有时是交叉使用的，但主要以“理念”一词代表这一层次的概念。总体上说，理念是规则的指引和向导，规则是理念的体现和落实。

理念具有统领作用。曹禺先生曾说过：“一个剧作家应该是一个思想家才好。一个写作的人，对人，对人类，对社会，对世界，对种种大问题，要有一个看法。作为一个大作家，要有自己的看法，自己的思想，有自己的独立见解。不然，尽管掌握了很多的、很丰富的生活积累,但他没有一个独立见解,没有一个头脑来运用这些东西,从中悟出一个道理,悟出一个主题来,那还是写不出深刻的作品。”资料或者材料只有用一个思路作为统领,才具有创造性意义。材料本身不一定新鲜,但在此基础上得出一个新思想,或者用来说明、论证一个新思想,这些材料的运用也就会具有脱胎换骨的创造性意义。如果没有一个新鲜的思想作为主导,就只能是一种资料的堆积,就没有创造性。就网络著作权保护及其涉及的利益平衡规则而言,已经存在的规则需要按照特定的思想和理念来驾驭和把握,需要创设的规则(如填补法律漏洞和空白),也需要以特定的思想和理念作为指引,无论是运用规则还是创设规则,首先都必须澄清思想和理念。对于相同的规则,如果以不同的思想和理念作为指引,其运用结果就会判然有别。这些规则就像曹禺先生所说的素材和生活积累,而理念和思想是统领这些规则、决定这些规则的适用方向和效果的主导和灵魂。我们或许都明了已经确定的法律规则,但如果不能准确地把握规则背后的理念和思想,在规则的具体运用中,尤其是遇到模棱两可的情况时,就可能不能准确地理解和把握这些规则,不能确保这些规则的正确适用。因此,在网络著作权保护中,要注意从思想和理念的角度研究和把握相关制度和规则。

理念是靠规则落实的,规则是落实理念的工具和桥梁。如果不能选择恰当的规则来落实,再好的理念也只是空中楼阁和幻影。下文将要研究的“避风港”等规则,都是落实网络著作权保护利益平衡理念的具体规则。在这些规则的具体运用中,还会出现各种纷繁复杂的现象,这些现象都是在理念的指导下纳入规则来衡量,然后做出法律属性的判断。

如在 Grokster 案中,美国最高法院对于所涉行为侵权属性的认定,典型地体现了利益平衡中理念与规则关系的具体运用。该判决指出,“米高梅公司主张的观点是:考虑到通过 Grokster 和 StreamCast 公司网络获得的作品中 90%都被证明是享有版权的,就两公司目前的行为做出有利于两公司的简易判决过分重视了创新性技术的价值,而过分忽略了被两公司软件用户侵犯的版权。假设(下载)剩余 10%的作品是(软件的)非侵权用途,米高梅公司认为这不能成为‘实质性的’,而且本院应当将索尼案规则加以量化,以认定一种‘主要’被用于侵权的产品并不能享受(索尼案规则)。Grokster 和 StreamCast 公司在答辩中引用了他们的软件被用于复制公共领域作品的证据,并指明了那些实际鼓励复制的版权人。他们认为即便使用他们的软件侵权在今天是主要用途,非侵权用途也是显著的,而且还会增长”。美国最高法院同意“米高梅公司的观点,即上诉法院错误地适用了索尼案规则,上诉法院解读的用于限制间接责任的索尼案规则远远超出了索尼案规则(本应)适用的范围”①。该案直接涉及将相关利益的平衡点放在何处的问题,即上诉法院更多地关注技术创新,对于被告公司的行为过于宽容;而最高法院把平衡点调整到适当加强保护版权人利益方面,认为“当清楚地(语言)表述或采取的其他促使侵权行为的积极措施证明一个人是为了达到促进版权侵权用途的目的而提供设备的,此人应当为由第三方使用该设备导致的侵权行为承担责任”。此处是以间接侵权责任的方式约束被告行为,而适用间接责任所附加的这些条件,恰恰是为了平衡两种价值所设定的“度”,这些条件是一种调节器,决定着鼓励技术创新与保护版权之间的法律界限。可见,价值之间的平衡是靠法律因素的具体把握来实现的。

索尼案是限制间接侵权责任适用的,它禁止基于以下情况认定间接侵权,即设计或销售的产品能够用于实质性合法用途,但仅从销售者知道其事实上用于侵权就推定其具有引起侵权行为的意图。在 Grokster 案中,第九巡回上诉法院将索尼案的解读限定于,只要产品能够用于实质性合法用途,就绝不能认定生产者对于第三方的侵权性使用承担间接责任。按照这种宽泛的解读,即使设计和销售以外的证据证明促成侵权性使用的实际意图,也认为销售者不承担责任,除非销售者“在促成侵权时具体知道侵权行为(specific knowledge of infringement),且未根据该信息采取行动”。该法院就是据此认定被告两公司不承担侵权责任,即不能证明两公司在缺乏中心服务器的情况下,其软件能够使其知晓特定的非法使用。

但是,如果另有足以认定侵权的行为,则仍可根据行为人的意

---

① METRO-GOLDWYN-MAYER STUDIOS INC. v. GROKSTER, LTD. 545 U.S. 913(2005).

图和行为特征认定构成侵权。正如美国最高法院在 Grokster 案的判决中所说,“我们采纳这一原则(引诱侵权规则),认定那些以促使用于侵犯版权为目的而销售设备的人,应当为由此导致的第三方侵权行为承担责任,只要其目的被清楚地表述或者鼓励侵权的其他积极措施所证明。我们当然没有忘记不能扰乱商业秩序或者抑制兼具合法和非法的可能用途的技术的发展。因此,正如尽管录像机制造者知晓其设备可用于侵权,索尼案也没有认定其故意引诱(侵权),仅仅知晓可能的或者实际的侵权用途在此并不足以使销售者承担责任。产品销售所附带的常规行为,如向消费者提供技术支持或产品更新,本身也不会导致责任。相反引诱(侵权)规则将责任建立在故意的、有过错的(语言)表达和行为之上,因此并没有损害合法的商业或者抑制具有合法前景的创新。”①“本案与索尼案有显著的不同,依据索尼案做出有利于 Grokster 和 StreamCast 公司的判决是错误的。索尼案针对的诉讼请求是:(只要)在销售一种可具有合法和非法用途的产品时知晓一些用户非法使用产品,就应承担责任。该案通过认定产品能够具有的实质性合法用途可阻止对过错的推定和由此对他人非法行为的间接责任,在(版权)保护和创新的利益之间达到了一种平衡。”②在此,法院基于“故意的、有过错的(语言)表达和行为”,认定不适用技术中立,而构成侵权,显然强化了对行为的法律评价,由此树立了利益平衡的新标准(引诱侵权标准),体现了司法对于相关利益关系所进行的审时度势和与时俱进的调整。

可见,理念和目的是靠制度和规则支撑的,只有设计恰当的制度和规则,才可以确保理念和目的落到实处。理念是灵魂,制度和规则是框架和躯壳。为特定理念和目的而设计的制度和规则,必须按照符合理念和目的的精神来理解、判断和把握,确保其恰如其分地付诸实施。脱离开理念和目的,尤其是在遇到疑难复杂和新出现的情况时,对于制度和规则的实施就可能会茫然无措。

例如,对于深层链接涉及直接侵权还是间接侵权(又说是否构

---

① METRO-GOLDWYN-MAYER STUDIOS INC. v. GROKSTER, LTD. 545 U.S. 913(2005).

② Ibid.

成信息网络传播行为)，有所谓的服务器标准与用户感知标准之分。论者多从技术层次解读该问题，如以是否在服务提供者的服务器上存储涉案作品作为认定其是否构成信息网络传播行为的依据；或者认为只有将作品上传到向公众开放的服务器，才能使作品处于“能够为公众获得的状态”，而包括深层链接在内的链接只是扩大了作品传播范围，并非新的传播行为。其实，无论是服务器标准还是用户感知标准，本质上还是利益衡量和政策考量的结果，即是加重还是减轻网络服务提供者的责任。如果试图强化著作权保护，采取用户感知标准并无不可；如果试图减轻服务提供者的责任或者使服务提供者的责任界限更加清晰，促进搜索链接技术及互联网产业的发展，采取服务器标准更为合适。至于是否存储在被告(服务提供者)的服务器上，或者是原始传播还是继发传播，这并不是根本的判断标准，是为根本的判断标准即利益衡量服务的，其无非是实现这些利益平衡的工具和手段，背后还是要考量如何更利于实现权利保护与促进经济发展之间的平衡。前者为本，后者为末。

再如，在以直接获利作为判断是否构成侵权行为的一项要件的情况下，将涉及何为直接获利的标准的宽与严的问题。实践中网络服务提供者获利的方式主要有两种：一种是网络服务提供者向用户收费，如按照时间、流量、内容等标准进行收费，这是一种直接获利的方式；另一种是网络服务提供者免费向用户提供网络服务，但在网站页面或者在线播放的窗口上存在公告，这是一种间接获利的方式。早期互联网服务直接向用户收费的情况较为常见，现在通常是采取后一种方式。如果将网站为他人做广告当作直接获利的方式，会产生两个问题：一是在立法上承认直接获利和间接获利的区别，但司法实践中基本上(甚至全部)是直接获利，立法上的区分在实际中变成形同虚设；二是现实中的相关网络服务提供者基本上(甚至全部)不能进入避风港。① 究竟如何认定获利标准，是从宽还是从严把握，归根结底还是要考虑要达到什么样的法律效果和目的。如果从加强权利保护的角度考虑，可以放宽获利标准，让网络

---

①　参见冯刚：《网络服务提供者请求损害赔偿责任的构成要件和免责条件》，载北京市高级人民法院编：《网络著作权审判实务研讨会发言材料》(2009 年 11 月 17 ~ 18 日)，第 11 页。

服务提供者更多地承担责任;如果从促进网络产业发展的角度考虑,可以从严把握获利标准,如将间接获利的方式排除出去。在这种基本理念和目标确定之后,再在此基础上确定一些兼顾性的规则。例如,如果采取严格的直接获利标准,不妨将那些主要以提供侵权作品为主要内容或者主要获利途径的网络服务提供者的广告获利纳入直接获利之列,否则,不将其作为直接获利对待。

总之,网络著作权的保护是在利益平衡的机制之下实现的,而利益平衡的理念和精神是依靠具体化为法律标准的法律制度设计及法律标准具体适用中的准确把握来实现的。这些制度设计和法律标准的把握必然体现特定的利益平衡理念、意图、精神和原则,而该制度设计的有效实施和法律标准的准确把握必须以这些理念、意图、精神和原则为指引,如法律标准把握的高与低、宽与严等必须以此为指导,特别是在侵权与否的认定难以决断时,最终起决断作用的往往就是这些理念等。诚如卡多佐所说,这些理念等层面的东西,会"指导法律思维,左右法官意志,在平衡产生动摇时决定疑难案件的结果";这些东西"尽管非常隐蔽,实际却是最终的裁决者。它会接受一套主张,修正另一套主张,否决其他主张,甚至被作为终审法庭留意待用"①。实践中我们或许对于一些法律标准或者规则耳熟能详或者经常适用,但如果不能从理念等高度把握它们,在适用中可能会失去准确的方向,就可能导致法律适用的支离破碎和杂乱无章,把握不了法律规则及其涵摄具体案件中的有机联系,做不到法律适用和案件裁判的浑然一体,或者在层出不穷的新情况新问题面前陷入不知所措的境地。相反,如果能够从理念等高度进行把握,就能够在一些新情况新问题的判断中做到万变不离其宗,确保法律适用上的逻辑严密和一以贯之,并能够从容应对新情况新问题。因此,我们必须从法律理念、精神等高度认识和把握具体的法律规则,使法律规则为特定的目的服务,把法律规则用足用活,用出精彩和创意,而不能孤立地、简单地和机械地看待规则。

---

① [美]本杰明·N.卡多佐:《法律的成长,法律科学的悖论》,董炯、彭冰译,中国法制出版社2002年版,第17页。

（二）落实平衡理念的规则体系

为实现网络著作权保护中的利益平衡，有关立法设定了一系列特殊规则。这些规则主要有以下几项。

一是"避风港"规则，即网络著作权保护立法对于免除网络服务提供者赔偿责任的行为和条件做出了专门规定，符合这些情形和条件时即受"避风港"保护，不承担赔偿责任。这是在著作权法有关合理使用、法定许可之类的传统免责事由之外，根据网络著作权保护实际确立的新的免责事由，是对于传统免责事由的拓展，是保护互联网产业发展的重要制度设计。"避风港"规则体现了技术中立原则，其最重要的功能是明确在哪些情况或者条件下网络服务提供者可以不承担责任，从而增强了互联网经营活动的可预见性，使网络服务提供者可以放心大胆地从事技术创新和经济活动，在侵权指控上避免遭受突如其来的打击。

二是间接侵权的定位。不符合"避风港"规则的免责条件并不意味着当然要承担责任。在不能进入避风港进行保护时，网络服务提供者是否及如何承担责任，需要根据其行为性质和相应的侵权规则确定。网络服务提供者除擅自提供作品而构成直接侵权、承担严格责任外，若只是提供网络技术服务的，充其量构成教唆、帮助之类的辅助性侵权行为，适用过错归责，只对其过错行为承担责任。特别是在法律明文规定"避风港"规则适用范围的情况下，法定范围以外的网络技术服务提供行为（如 P2P 服务）是否承担责任，则更应按照教唆、帮助等一般侵权行为规则进行认定，并按照合理使用的规则衡量是否有责任豁免事由。这些责任只是因他人侵权行为而涉及的间接侵权责任，因间接侵权在主观过错和行为特征（如教唆、帮助等）上有特殊要求，而限制了追究网络服务提供者责任的范围和条件，实际上对于网络服务提供者又增加了一层保障，减轻了其相应的责任。

三是降低了注意义务和过错要求。有关立法和司法对于网络服务提供者承担间接侵权责任的过错又有特殊规定或者要求。首先，要求网络服务提供者对于特定的侵权行为具体地知情（"具体知情"），而不是一般性地知道相关侵权状况，如不能根据相关领域的侵权行为较为严重即认定其知道或者应当知道。当然，在特殊情况下也可能将一般侵权状况作为认定是否知情的考虑因素之一。其次,认定"应知"或者"有合理理由应当知道"时,采取"红旗标准",即只有侵权事实或者情形非常明显,才可以如此认定。该标准大体上相当于严重过失。最后,网络服务提供者对于作品是否侵权不负事先审查义务。

四是采取"通知与移除"规则。该规则是网络服务提供者与著作权人利益妥协的结果,是平衡两者之间的利益关系的重要规则,当然也体现了促进两者之间进行合作的精神。网络服务提供者原则上只有在著作权人通知有第三方侵权行为而不及时删除时,才承担责任,除此之外的过错归责只是该规则的补充。

五是强调权利人的自我保护。对于权利人为保护权利采取的技术措施,法律应给予保护。但是,如果权利人对其在网络上提供的作品,未通过技术措施给予保护,则将进入互联互通的领域,网络服务提供者就可以搜索和链接等。这是平衡权利、网络产业发展和公众利益的规则。

这些体现网络著作权保护中的利益平衡的特殊规则,在我国网络著作权保护立法中均有所体现,在适用有关规定时,尤其是在有关行为的定性模棱两可时,应当立足于上述利益平衡的理念和精神,作更为符合这些平衡理念和精神的认定。

(三)理想与现实的差距

理想与现实总会有这样那样的差距,中国如此,外国也不例外。我们经常会以理想的眼光看待我们不熟悉的法律制度,往往会简单化地给它们下结论。特别是我们有时有个非此即彼式的看事物的习惯,对于国外的法律、判例和法理有时就是这么看待的。其实,任何事物都有其复杂性和多面性。例如,国外的法律看起来很严格,如严格保护版权,但实际适用中可能会有所缓和。相反的情况也有。笔者与美国的一些专家学者交流时,他们说,即使法律受利益集团的推动,对于版权保护的规定看起来很严格,但法院在适用时也可以予以缓和。外国的判例也是如此。如我国学界介绍索尼案及其阐述的技术中立规则时,往往很看重技术中立规则,认为这一规则也是清晰的,但在美国,一些学者对该规则持批评态度,该规则本身也有许多问题需要澄清,各个法院在适用该规则时也会有分歧。网络服务提供者责任问题事实上的不清晰，已经在美国社会导致两种截然不同的反应。一种是过于注重保护版权（保护过度），即使在没有必要的情况下也要从版权人那里获得许可，而只要侵权性质不确定或者不清晰，就会把用户上传的内容移除。另一种是逃避方式，主要是在 P2P 领域，继续我行我素地擅自使用他人有版权的材料，而使权利人主张权利或者提起诉讼复杂化或者增加成本，其通常的手段是分散化或者移往国外操作等。前一种情形扭曲了版权人与用户之间的传统的平衡，而后一种情形减弱了遏制侵权行为的制度的实效。[①] 因此，即使看起来很好的制度设计或者立法目的，在实际适用中也很可能打折扣或者不理想。

当然，在认清事物的复杂性和多面性的同时，更重要的是看清其主流价值、基本方向和主导方面。对于版权保护中的利益平衡及利益平衡的规则，我们首先要分清其基本精神和价值，在贯彻基本精神和价值时，还要结合具体情况，最大限度地实现其精神和价值。例如，在网络著作权保护的利益平衡中，我们可以赞同技术中立规则，但对于该原则的适用不能机械和简单化，而更多的是从原则精神上进行考量，在具体适用中应根据具体情况进行具体分析。实践中有人想当然地认为这样的原则是非常清晰的，可以简单地套用。实际上，这些原则可以作为宏观指引，但具体适用不能单纯化和简单化，不能作为教条。

总之，我们虽然不能把法律精神、法律价值和法律规则的付诸实施理想化，但至少通常应当将承载理想的这些精神、价值和规则作为理想来追求，我们应当坚持不懈地追求这些能够促进进步的理想。在网络著作权保护的利益平衡中，对于主导利益平衡的精神、价值和规则，我们应当持这种态度。

（四）利益平衡及其规则落实的司法概括

近年来有关网络著作权的案件在全部知识产权案件中占有较大比重，人民法院在十余年的审判中也已积累较为丰富的经验，各级法院要高度重视总结审判经验，最高人民法院也在总结各地审判

---

① See Lital Helman, *Pull too hard and the ope may break: on the secondary liability of technology providers copyright infringement*, Texas Intellectual Property Law Journal (2010).

经验的基础上抓紧起草审理网络著作权案件的司法解释。随着网络传播技术的日新月异和商业模式的不断创新，网络著作权保护中的新情况新问题层出不穷，需要加强研究探索，不断统一认识和统一法律适用标准。为此，最高人民法院在总结多年来审理网络著作权案件的经验的基础上，提出“妥善处理保护著作权与促进信息网络产业发展和保障信息传播的关系”。根据法律规定、有关法理和审判经验，最高人民法院对于处理三种关系提出了以下基本思路：“要准确把握法律、行政法规和司法解释有关网络环境下著作权保护的精神实质，特别要准确把握权利人、网络服务提供者和社会公众之间的利益平衡，既要加强网络环境下著作权保护，又要注意促进信息网络技术创新和商业模式发展，确保社会公众利益。正确把握作品、表演、录音录像制品提供行为与网络服务提供行为的划分，妥善处理有关网络服务提供者免责与归责、‘通知与移除’规则与过错归责、网络服务提供者侵权过错与一般侵权过错的差别等关系。凡网络服务提供行为符合法定免责条件的，网络服务提供者不承担侵权赔偿责任；虽然不完全符合法定的免责条件，但网络服务提供者不具有过错的，仍不承担侵权赔偿责任。要根据信息网络环境的特点和实际，准确把握网络服务提供行为的侵权过错认定，既要根据侵权事实明显的过错标准认定过错，不使网络服务提供者承担一般性的事先审查义务和较高的注意义务，又要适当地调动网络服务提供者主动防止侵权和与权利人合作防止侵权的积极性。要维护‘通知与移除’规则的基本价值，除根据明显的侵权事实能够认定网络服务提供者具有明知或者应知的情形外，追究网络服务提供者的侵权赔偿责任应当以首先适用‘通知与移除’规则为前提，既要防止降低网络服务提供者的过错认定标准，使‘通知与移除’规则形同虚设；又要防止网络服务提供者对于第三方利用其网络服务侵权消极懈怠，滥用‘通知与移除’规则。”①

这是近年来最高人民法院首次对于网络环境下著作权保护中的利益平衡关系及各类规则的具体适用进行的系统明确的表态。

---

① 《最高人民法院关于充分发挥知识产权审判职能作用　推动社会主义文化大发展大繁荣和促进经济自主协调发展若干问题的意见》，载《人民法院报》2011 年 12 月 21 日。

第九篇　论互联网平台反垄断的宏观定位

——基于政治、政策和法律的分析①

摘　要：反垄断法的定位取决于其独特的价值、目标和功能。反垄断法自始即具有重大的政治经济使命，可以成为有着宏大价值目标和强大经济调整功能的“超级法”。互联网产业在资本、技术和商业模式上的独特性，使平台易于触角广泛和无序扩张，具有反垄断的高关联度。互联网平台反垄断首先要在宏观价值上拓展思路和提高站位，又要积极寻求恰当的法律和经济的技术性路径。互联网平台反垄断不能轻言和盲从当今美欧的表面趋势，不汲汲于引领潮流和贡献经验，趋势之下可能掩盖着不同的利益诉求，而要一切服从和服务于我国数字经济的实质性发展利益，既要及时、积极和到位，又要适时、适度和谦抑，并始终以促进我国互联网产业创新发展和提升国际竞争力为目标。互联网平台反垄断应当坚持法治进路，可以构建相应的规则体系，并确保客观、中立和理性，防止非理性和情绪化。

关键词：反垄断法；互联网平台；政治定位；政策分析；法治进路

---

① 原载《比较法研究》2021年第2期。

一、引言

当前如火如荼的数字经济使反垄断法遭遇新挑战和产生新问题，美欧等众多国家都在积极开展反思和应对，互联网平台反垄断成为反垄断法的国际前沿领域。2020 年 12 月以来，中央发出“强化反垄断和防止资本无序扩张”的号令，[①]国务院反垄断委员会发布《关于平台经济领域的反垄断指南》(2021 年 2 月 7 日)，阿里巴巴集团涉嫌实施垄断行为被立案调查(2020 年 2 月 2 日)，北京知识产权法院受理字节跳动公司诉腾讯公司滥用市场支配地位案(被称为“互联网平台反垄断第一案”)。[②] 这些事件具有标志性，预示我国互联网平台反垄断序幕已经拉开，将为我国反垄断书写浓重的一笔。当然，也有消极看待反垄断的声音。[③]

无论是传统的领域还是前沿的领域，反垄断法从来都有两个进路，即宏观进路与微观进路。宏观进路体现的是政治和政策的分析判断，微观进路侧重于经济的和法律的技术方法运用。反垄断天然地具有宏观价值，首先以政治和政策为主导。[④] 宏观进路通常考量

---

① 2020 年 12 月 11 日中央政治局会议提出“强化反垄断和防止资本无序扩张”。2020 年 12 月底召开的中央经济工作会议将“强化反垄断和防止资本无序扩张”列入 2021 年要抓好的重点任务。反垄断问题引起全社会的广泛关注和热议，互联网平台的反垄断问题成为焦点。中央提出“强化反垄断”的任务之后，各有关部门进行积极响应和安排部署。2021 年伊始国家市场监督管理总局发出第 1 号处罚决定，先声药业集团有限公司因滥用市场支配地位被处以 1.007 亿元罚款。参见国家市场监督管理总局国市监处行政处罚决定书，(2021)1 号。

② 北京知识产权法院民事案件受理通知书，(2021)京民 73 民初 189 号。

③ 有的学者指出，“由于传统经济学有关垄断的定义是错误的，反垄断法所反的所谓垄断行为，许多恰恰是真正的竞争行为，所针对的常常是最具竞争力的公司。”“反垄断法中的“垄断”概念混淆了不同的事物，如把强力保护的垄断地位与竞争中形成的优势地位都归于“垄断”，把对竞争的限制与竞争归于一类，把竞争和垄断搞混了，导致了错误的结论。”参见张维迎：《从 3Q 大战看反垄断法面临的难题》，载微信公众号“经济学原理”2021 年 1 月 26 日。

④ 例如，“纵观整个历史，反托拉斯概念一直享有政治与民众的广泛支持，但对于具体政策应该如何则从未达成同样的共识。”“起初，在这个过程诞生了对法律的形式主义解释，置有关公司与产业的经济学于不顾。另一股力量是产生反托拉斯法的民粹主义(populism)与不应干预私有企业的强烈信念之间的矛盾。这个矛盾贯穿了反托拉斯的整个历史，间接地导致政策随着当前潮流或对某些商业行为看法的变化而转移。”但是，20 世纪 60 年代之后的几十年，反托拉斯引入经济学革命，“产业组织经济学已在反托拉斯政策制定的几乎所有阶段都起着重要作用”。参见[美]J. E. 克伍卡、L. H. 怀特编著：《反托拉斯革命——经济学、竞争与政策》(第 5 版)，林平等译，经济科学出版社 2014 年版，导言第 1–2 页。

反垄断的多元价值目标,注重把握反垄断的总体方向和走势,在此基础上决定具体的实施路径。如美国诺贝尔经济学奖获得者斯蒂格利茨在评价美国反垄断历程时所说,在美国反垄断的“古典时期”,[①]“反垄断法确实在美国发挥了作用。大型企业遭受了冲击,以垄断市场为目的的兼并行为受到了限制。但在随后的几十年里,法律的事业被交到了一群律师和保守派经济学家手中,他们缩小了反垄断权力的行使范围。这些人不关心市场势力对美国经济以及民主社会带来的严重负面影响,他们只想放任企业和商业利益的自由发展”[②]。美国“古典时期”的反垄断更重视多元价值的“远大目标”,[③]而近几十年发生了以效率取向为主导的经济学分析变革,立足于消费者福利的单一目标,经济学成为反垄断政策的核心,反垄断甚至被视为经济学的延伸,[④]反垄断呈现出技术主义姿态,由此导致反垄断法实施弱化,尤其是无法有效应对当前数字经济反垄断问题,引发美国国会和学界的反思和批判。[⑤] 在法律有重大转向时,宏观定位居于掌舵的位置,需要首先进行宏观的总体判断,确定宏观基调,然后开展方向性的具体实施,经济的和法律的技术性分析则用于辅助宏观目标的实现。这种总体性的方法论适用于数字经济和互联网平台反垄断。

定位问题是互联网平台反垄断的基本问题,决定其基本走向、作为空间和施行路径。互联网平台反垄断是反垄断的重要领域,其定位首先取决于反垄断法一脉相承的价值与功能,又取决于此类反垄断的各种独特性。鉴此,本文基于反垄断法的历史与现实,拟从政治、政策和法治的三个维度,对当前互联网平台反垄断的宏观定

---

① 美国20世纪70年代以前的反垄断被称为“古典时期”,之后为“法经济学变革时期”。

② 参见[美]约瑟夫·斯蒂格利茨:《美国真相:民众、政府和市场势力的失衡与再平衡》,刘斌等译,机械工业出版社2020年版,第9页。

③ 埃丽斯·琼斯、威廉·E.科瓦契奇、周丽霞:《反托拉斯法的实施盲区:美国竞争政策重大扩张面临的挑战》,载《竞争政策研究》2020年第6期。

④ 参见[美]J.E.克伍卡、L.H.怀特编著:《反托拉斯革命——经济学、竞争与政策》(第5版),林平等译,经济科学出版社2014年版,英文版序第1页。

⑤ 参见美国众议院司法委员会《数字市场竞争状况调查报告》(INVESTIGATION OF COMPETITION IN DIGITAL MARKETS)(2020年10月6日)关于强化反垄断法的立法建议部分。

位进行探讨。

二、反垄断法的政治定位

(一)反垄断的历史反思

现代反垄断法诞生于19世纪末叶,经历了20世纪迂回曲折的发展,21世纪以后又面临波澜壮阔的信息革命,进入了互联网时代。正如美国反垄断学者所言,“每个时期都提出了有关支配企业、并购、合谋行为、纵向一体化、掠夺性定价、捆绑的效应以及其他问题。而每个时期都有反映那个时期目标与理解的反托拉斯政策来回答反托拉斯问题”①。进入数字经济时代以来,网络科技行业迎来了数十年未有之大变局,网络平台的反垄断又成为新焦点。互联网及平台经济既延续着反垄断的历史传统,又带来了反垄断的新问题。但是,解决当前问题不仅不能抛弃历史,反而经常需要回归历史,这是因为历史总会有惊人的相似,历史问题时常会成为现实问题。比如,美国众议院司法委员会《数字市场竞争状况调查报告》关于解决当前反垄断法施行目标单一和失之过软的问题,首先建议国会考虑重申反垄断法的最初意图和多重目标。②

互联网产业和平台企业具有规模经济、范围经济和网络外部性的优势,③并获得了市场参与者的交易、结算等众多信息,取得客户和数据的优势。市场主体通过平台进行协调和开展交易,能够实现网络效应最大化,取得极高的市场效率。但是,互联网产业又是一个“高固定成本,低边际成本”的产业,天然地容易造成“赢家通吃”。比如,现有平台企业已经与潜在进入者在市场份额、客户、数

---

① [美]J. E. 克伍卡、L. H. 怀特编著:《反托拉斯革命——经济学、竞争与政策》(第5版),林平等译,经济科学出版社2014年版,导言第1页。

② 参见美国众议院司法委员会《数字市场竞争状况调查报告》(INVESTIGATION OF COMPETITION IN DIGITAL MARKETS)(2020年10月6日)关于强化反垄断法的立法建议部分。

③ 网络和平台“具有规模效益,以网络效应和赢者通吃型市场为特征”。参见[美]埃莉诺·M. 福克斯:《平台,力量与反垄断挑战:对缩小美国与欧洲分歧的审慎建议》,周丽霞译,载《竞争法研究》2020年第5期。另参见John M. Yun, *Does Antitrust Have Digital Blind Sport?*, 5 George Mason University Law & Economics Research Paper Series 16, 20 (2020).

据方面存在巨大的“鸿沟”，它们还在凭借这些优势，通过组建实业风险资本（Corporation Venture Capital，CVC），投资新的企业、孵化新的模式。平台经济的这种“赢家通吃”以及投资并购优势，易于演变为“通吃赢家”并长期维持垄断，就像传统经济中的铁路网、电网等基础设施，一旦占据市场支配地位就可形成长期的垄断，就难以被其他公司较低成本地复制或者绕开。[①] 在互联网产业引领风骚的今天，互联网平台与垄断的密切结合度，[②]使互联网产业和平台成为反垄断的最热点领域，引起举世关注自然不足为奇。

但是，从反垄断的历史长河来看，互联网平台遇到的反垄断问题并非都是新问题。尽管平台反垄断具有技术和经济行为上的新元素，也促使在反垄断法上进行新思考，甚至创制出双边和多边市场、算法共谋等新术语新标准，但其涉及的反垄断基本问题仍具有历史的延续性。比如，反垄断法自其诞生之日起即存在保护竞争者还是保护消费者利益的争论。作为美国制定反托拉斯法重要诱因和针对对象的洛克菲勒石油托拉斯，在面对反垄断指控时就声称其在公司营业的最初 20 年中，通过降低生产销售成本，实际上降低了煤油价格，但其同样的策略也将那些较小的、可以看作低效率的竞争者逐出市场。由此提出在发生此种利益冲突时，反垄断法是保护竞争者的利益，还是保护消费者的利益，以及反垄断法能否在不保护小竞争者们的情况下，完成保护竞争过程的任务的问题。再如，美国反托拉斯法施行初期，西奥多·罗斯福总统曾明确表示对垄断性的新产业阶层强烈反感，但他又是实用主义者而不是激进主义者，认为现代企业是提高生产率和促进社会繁荣的推进器，相信产业集中可以实现规模经济，应当容忍能够为消费者提供公平价格的托拉斯，而将敲诈消费者的托拉斯踢出市场。“罗斯福希望与商界合作而不是对抗，但那些工业资本家们应当懂得谁才是大老板。

---

① 参见吴敬琏：《平台经济与公共政策》，载微信公众号“比较”2019 年 1 月 24 日。

② 有人指出，“竞争从互联网市场中几乎消失”，是以下原因相互作用的结果：互联网市场因其结构而倾向于迅速集中于少数供应商；五巨头一直擅长击败竞争对手从而减少竞争；美国和欧洲监管机构已尝试去协调一致，但尚未找到限制市场势力的正确方法。“网络时代，垄断更快”；“互联网带来了繁荣，也带来了毁灭”。参见［德］阿希姆·瓦姆巴赫、汉斯·克里斯蒂安·穆勒：《不安的变革：数字时代的市场竞争与大众福利》，钟佳睿等译，社会科学文献出版社 2020 年版，第 27-46 页。

大公司必须服从联邦政府。"①当今山雨欲来的数字市场反垄断亦有如此意蕴，其社会背景也似曾相识。诸如此类的问题实际上一直伴随反垄断发展历程，只是不断改变着历史场景。即便对照当今的互联网平台反垄断，仍要回答这些基本问题。反垄断法的具体目标、价值和标准总是因应政治经济和社会条件的变化而变化，但又总是万变不离其宗，在变化中保持其本性。因此，历史从未远去，回顾和反思历史往往可以为解决现实问题提供有益的启示。

（二）反垄断法的政治使命

反垄断法是达成政治使命的工具。反垄断法及其诉讼主要是为了实施公共政策，②是实现经济理想和政治目标的工具。③

美国是反垄断的策源地。④ 在一定要意义上说，美国资本主义发展史就是一部垄断与反垄断的博弈史。美国反垄断法是携带政治使命而来的。⑤ "议会因民众的政治压力而颁布了谢尔曼法"⑥。

---

① [美]加里·L. 里巴克：《美国的反省：如何从垄断中解放市场》，何华译，东方出版社 2011 年版，第 8-9 页。

② 参见[美]戴维·格伯尔：《全球竞争：法律、市场和全球化》，陈若鸿译，中国法制出版社 2012 年版，第 149 页。

③ 如有的学者所说："如果在解释反托拉斯法时摒弃某些政治价值，将会是坏的历史、坏的政策和坏的法律。"这句话是针对一些学者试图说服法院采纳独家的经济学方法时说的。See Robert Pitofsky, *The Political Content of Antitrust*, 127 U. PA. L. REV. 1051(1979).

④ "美国反托拉斯法一直居于竞争法舞台的中心。它常常被称为是反托拉斯法之'父'，被其他国家视为仿效或至少是研究的模板。""美国反托拉斯法也是跨国竞争法制演化的核心。在单边管辖权制度下，它给全球市场竞争提供了基本的规则。""它是世界上第一个在国家法律和经济发展中发挥突出作用的法律。与世界上其他地方的竞争法相比，美国反托拉斯法的经验丰富得多。""美国反托拉斯法的判例以及美国法经济学文献为竞争法提供了非常有价值的信息、远见卓识和理论，这使得外国学者、官员和律师都愿意学习它。""美国反托拉斯法经常被与美国经济的成功连在一起，对于那些试图取得同样成功的国家，这显然增加了它的吸引力。"参见 [美]戴维·格伯尔：《全球竞争：法律、市场和全球化》，陈若鸿译，中国法制出版社 2012 年版，第 128-129 页。

⑤ See Jonathan B. Baker, *The Antitrust Paradigm: Restoring A Competitive Economy*, Harvard University Press, 2019, p. 35-42.

⑥ William Letwin, *Law and economic policy in America: the evolution of the Sherman Antitrust Act*, Chicago, 1981, p. 53-95；[美]戴维·格伯尔：《全球竞争：法律、市场和全球化》，陈若鸿译，中国法制出版社 2012 年版，第 131 页。如谢尔曼参议员所说："如果我们无法忍受一位国王成为一种政治力量，我们也不应忍受一个统治生产、运输和销售任何生活必需品的国王。如果我们不屈服于一位皇帝，我们就不应屈服于具有阻止竞争和确定任何商品价格权力的贸易独裁者。" 转引自李青主编：《中国反垄断十二年：回顾与展望》，中信出版集团 2020 年版，第 625-626 页。

“在一个世纪的大部分时间里,美国反垄断法类同于市场的经济民主”[①]。19 世纪后期,美国面临市场势力不断增强的局面,经济不平等程度日益加剧,国会遂作出回应,颁布《谢尔曼法》等反垄断系列法律限制市场势力的扩张,打击企业和机构滥用市场势力行为。这些法律依据的信念是,“经济权力的集中将不可避免地导致政治权力的集中”。“反垄断政策并非建立在精细的经济分析基础上,它实际上是对社会和民主要求的响应。”[②]而且,“在美国,竞争的基本价值一直被社会广泛认可,并且认可程度很高。正因有了这样的社会和政治价值的基础,竞争法理念才能在这里得到一如既往的支持。它使得反托拉斯在美国赢得了‘宗教’般的地位”[③]。显然,反垄断法的总体目标明确、立意高远。

当时的反垄断法首先是为了解决政治的和社会的问题而设定的。“对市场势力的遏制不仅是经济层面的问题,不只关乎商品的定价权和工资的决定权,还有其他一系列涉及剥削消费者和工人的强权势力。”“市场势力能转化为政治强权。当一个国家的市场势力和财富高度集中时,这个国家就不可能实现真正的民主,这正是美国的现状。”“当这一切反映在社会现实上时,便呈现出另一种更广为人知的结果:强权的反面是人民的无力感。太多的美国人对他们

---

① 转引自[美]埃莉诺·M. 福克斯:《平台,力量与反垄断挑战:对缩小美国与欧洲分歧的审慎建议》,周丽霞译,载《竞争法研究》2020 年第 5 期。

② [美]约瑟夫·斯蒂格利茨:《美国真相:民众、政府和市场势力的失衡与再平衡》,刘斌等译,机械工业出版社 2020 年版,第 69 页。谢尔曼法的“著名宗旨是控制大型托拉斯的力量”。1914 年和 1950 年两次重大立法“扩大了法律的范围,以控制已变得十分猖獗的排他行为,并阻止日益兴起的、被认为对民主构成经济集中浪潮”。95 Cong. Rec. 11486(1949)(众议员伊曼纽尔·塞勒关于《克莱顿法》第 7 条《塞勒-凯弗维尔修正案》的声明),转引自[美]埃莉诺·M. 福克斯:《平台,力量与反垄断挑战:对缩小美国与欧洲分歧的审慎建议》,周丽霞译,载《竞争法研究》2020 年第 5 期。

③ [美]戴维·格伯尔:《全球竞争:法律、市场和全球化》,陈若鸿译,中国法制出版社 2012 年版,第 133 页。实际上自 20 世纪 40 年代,美国最高法院才通过多个判例给予反托拉斯法明确的定位,将其誉为最神圣的美国价值的管家,是“自由企业的大宪章”,“旨在将维护作为贸易规则的自由和不受阻碍的竞争的经济自由的总章程”。See United States v. Topco Assocs. Inc. ,405 U. S. 596,610(1972).“我们国民经济政策的核心早就一直信仰竞争价值”。See Jonathan B. Bakers, *The Antitrust Paradigm: Restoring a Competitive Economy*, Harvard University Press, 2019, p. 35. “没有竞争就没有资本主义”。See Jonathan Tepper, *The Myth of Capitalism* 7(Wiley).

的医疗保险企业、互联网供应商、航空企业、电信企业以及银行机构感到失望透顶，他们对此心怀怨恨却无能为力。这种负面影响充斥着他们的个人生活及美国政治和社会的方方面面。人们总是感到自己别无选择。”[①]垄断源于市场势力，并产生诸多超经济的政治和社会问题，因而注定了反垄断法的多重目标和多元价值，不仅包括保护消费者，还包括保护生产者、企业家、独立企业、开放市场、公平经济和民主理想。[②]

《谢尔曼法》起源于政治需求，首先需要从政治上遏制商业巨头。美国“一直存在对大企业的敌意”。“‘产业集中’或‘大企业’之类的口号具有强大的政治力量。这些术语几乎没有提供任何可操作的规则，却让人联想到某种大、坏、强的事物，政府必须对其加以控制。”[③]当时的商业巨头被认为已对政治构成威胁。经济学家张维迎先生指出，“在美国历史上，反垄断法一直被用来打击富有创造力和成功的公司，如1911年的标准石油公司，1945年的美国铝业公司，20世纪70年代的IBM公司，20世纪90年代的微软公司。这些公司都被指控垄断市场。事实是，从1870年到1897年，标准石油驱使煤油价格从30美分降到6美分；从1880年到1890年，它使石油价格下降61%；它还从石油中开发了300多种不同的副产品。美国铝业使铝锭的价格从1887年的每磅5美元降到1937年的每磅22美分。IBM和微软都是当时最具创造力的公司，是信息技术革命的主要推动力量”[④]。尽管“反垄断法一直被用来打击富有创造力和成功的公司”的断言未必公允，但或许说明，至少当时的反垄断首先并不基于经济效率等原因，而是基于遏制市场势力的政治考

① ［美］约瑟夫·斯蒂格利茨：《美国真相：民众、政府和市场势力的失衡与再平衡》，刘斌等译，机械工业出版社2020年版，第79页。

② 参见美国众议院司法委员会《数字市场竞争状况调查报告》（Investigation of Competition in Digital Markets）（2020年10月6日）关于强化反垄断法的立法建议部分。

③ Herbert Hovenkamp, *Whatever Did Happen to the Antitrust Movement?*, Notre Dame Law Review（2018）.

④ 张维迎：《从3Q大战看反垄断法面临的难题》，载微信公众号“经济学原理”2021年1月26日。互联网平台反垄断也已对消费者福利标准提出疑问，即看似提高消费者福利的行为，未必不能成为反垄断对象。“消费者利益不仅包括花费，还应包括产品质量、品种和创新”。See Lina Khan, *Amazon's Antitrust Paradox*, 126 Yale L. J. 710-805（2017）.

量之上的。

反垄断法的政治使命是通过法律阐释加以实现的,而价值目标的阐释是实现反垄断法政治诉求的重要途径,实体法则在很大程度上是由价值目标塑造的。美国法院的一个关键作用是阐述反垄断法的价值目标,且在作出具体裁判时进行阐释,而不是以抽象形式为之。美国联邦法院在反垄断法施行的一个多世纪中,根据不断变化的条件作出反应,因时而变,发展出基础性的经济、社会和政治价值。这些目标“聚合在一个宽泛的、结构并不那么严密的混合体内”,包括消费者价格水平、公平(特别是对小企业而言)、对竞争者和潜在竞争者的机会公平、经济自由等。或许正是有了这个混合体,“反托拉斯法在政治上通常非常重要”。在20世纪70年代以前的古典时期,“人们通常使用政治修辞及带感情色彩的语言去描述反托拉斯法,这种大陈述便反映了反托拉斯法与政治的共振”①。总体上说,古典时期的反垄断目标虽然在表达上有点混乱,但显然是多元的。20世纪70年代以后的反托拉斯经济学革命为反托拉斯法阐释带来新工具,并用以实现放松管制、经济自由和效率之类的价值目标,其分析方法更为复杂并考量综合效果,而其价值目标则更为明确单一。

美国反垄断法埋下了政治诉求的种子,但将反垄断法寄予政治诉求并非为美国所独有,特别是“二战”后其影响及于欧洲和日本。例如,“二战”后美国占领日本和德国之后,便在当地推行反托拉斯法。“人民普遍认为,卡特尔和高级阶段的经济集中助长了日本军国主义和德国法西斯和军国主义的兴起,而竞争被誉为除掉这些恶果的良方。因此,在战争结束后的那段时期,美国官员要求在这两个国家推行竞争法并要求它们在占领结束时必须发布或者维持竞争法。美国政府还通过培训官员和教育学者来支持这两国新生的竞争法制度。”②“战后初期,美国给一些欧洲国家特别是英国施加了不少压力,敦促他们颁布竞争法。美国及一些欧洲官员认为,竞

① [美]戴维·格伯尔:《全球竞争:法律、市场和全球化》,陈若鸿译,中国法制出版社2012年版,第132-133页。

② 同上注,第61页。“二战”以后美国帮助日本制定反垄断法,其目标被认为是为了削弱日本的垄断财阀,促进经济民主,遏制日本再次发动战争的经济基础。这种立意显然不是一般的法律目标,而是一种宏大的政治目标。

争法是打击经济集中和卡特尔的工具,而正是这后两样东西促成了德国和意大利的法西斯及其他地区的政治和经济弱点。”①

德国20世纪30年代一群律师和经济学家开始系统探讨利用法律保护竞争过程的可能性,希望这样既可以应对魏玛时期的核心弱点(对经济力量的控制太少),又可以处理纳粹造成的不幸(政府对社会和经济生活控制太多),由此形成后来所称的“秩序自由主义”或者“弗赖堡学派”。弗赖堡学派寻求一种保护经济自由,使竞争免受国家和私人力量伤害的途径,并发展了一套更为精致的运用法律实现这一目的的概念,其中竞争法居于核心,因为它提供了保护市场进程的最直接的手段,由此对已发展起来的集权国家重新进行建构和定向。其核心原则是,国家应选择一种基于竞争和经济自由的经济秩序或者体制,并致力于保护这种秩序——以竞争为中心的经济秩序。“国家的这种选择可被视为是通过了一部‘经济宪法’,如同用法律工具来保护政治宪法一样,国家也应该运用法律工具来保护这部经济宪法。竞争法被视为是保护这部经济宪法的核心工具。”②1957年德国《反限制竞争法》是弗赖堡学派推动的结果,且成为了欧洲第一部“现代”竞争法。③“这部法律的指导目标是保护竞争过程不被私人经济力量扭曲。其核心理念是,法律应防止出现偏离弗赖堡学派所称‘完全竞争’(没有企业有足够的力量去操纵价格或其他竞争条件)的情形。”④当然,20世纪60年代,德国面临严峻的国际竞争挑战,原来追求“完全竞争”的理想模式受到阻碍,德国没有能力缔造出足够规模的企业去应对国际竞争,呼吁

---

① [美]戴维·格伯尔:《全球竞争:法律、市场和全球化》,陈若鸿译,中国法制出版社2012年版,第186页。

② “二战”结束后,弗赖堡学派回到德国中心舞台。美国占领当局认同其理念,且其与纳粹党少有瓜葛。其结果是,学派中的很多人受命在德国经济管理体系中担任要职,并试图发展一个迥异于当时德国政治制度的“新德国”。这种思潮的关键支持者是路德维希·艾哈德,他在20年间是德国经济政策制定中最有影响力的人物,直至担任德国总理。参见[美]戴维·格伯尔:《全球竞争:法律、市场和全球化》,陈若鸿译,中国法制出版社2012年版,第187-188页。

③ 同上注,第198页。

④ 同上注,第199页。

采取一种新模式，以增进竞争法的灵活性，减少对稳定的关注。[①] 可见，反垄断法与宏观的政治经济目标总是密不可分。“德国的竞争法模式具有最深的智识基础，也得到了最强力的政治支持。”而且，“它一直有力地影响着欧盟竞争法及许多欧洲国家竞争法的发展”[②]。

“二战”后“经济公平”问题在欧洲高度敏感，成为欧洲国内政治的核心主题，要求国内政府打击企图维持或者加剧不平等经济力量的呼声高涨，竞争观念变得更有吸引力。国内政客通过颁布竞争法，宣扬其减少对消费者剥削和对小企业损害的政治主张。[③] 后来欧洲核心国家开始创制共同体，其初衷是为永久避免发生战争，单一市场和自由贸易被选定为实现路径，但由于成员国的龙头企业尤其是国有企业构成市场力量和市场障碍，欧共体竞争条款被赋予了防止私人力量和特权型企业阻碍经济共同体计划的功能。这显然是一种宏大的政治使命。[④]

综上，政治是经济的集中体现，经济是政治的核心内容，二者互为表里。反垄断法不是一般的部门法，而具有宏大的政治使命和政治目标，旨在对于竞争自由、市场结构和市场运行进行宏观性和基础性的调整，甚至以此传导更为重大的政治使命，因而决定着经济的安全和繁荣。反垄断法的如此定位既是反垄断法与生俱来的本性、天职和使命，同时又可以作为寄予反垄断法的期许和潜能。即便特定时期反垄断法没有在现实中发挥如此作用，但仍是一种“卧龙”和“睡狮”，不排除其天然地具有此种潜质。一旦条件具备和产生现实需求，这种潜能就可以呼之即出和召之即来。

（三）反垄断法的“超级法”属性

反垄断法被称为“经济宪法”，是具有宏大意义的超级法。出于政治或者政策的考量它可以被闲置，但一旦启用即具有超级威

---

① 参见［美］戴维·格伯尔：《全球竞争：法律、市场和全球化》，陈若鸿译，中国法制出版社2012年版，第195页。

② 同上注，第187页。

③ 同上注，第211-213页。

④ 参见［美］埃莉诺·M.福克斯：《平台，力量与反垄断挑战：对缩小美国与欧洲分歧的审慎建议》，周丽霞译，载《竞争法研究》2020年第5期。

力，可以力挽狂澜。这归根结底源于它本身的政治定位。

例如，美国反垄断法被认为与宪法具有近似性，即“具有类似的广泛效力，具有相同的一般发展方式，以及涉及未解决的基本问题”。广泛效力是指反托拉斯适用于广泛的经济活动，涵盖除特别情形外的几乎各种交易。“像宪法那样，反托拉斯法严重影响这个国家的公民的日常事务。”反托拉斯法是由像宪法那样的广泛的禁止和授权所组成的联邦制定法。《谢尔曼法》由此被美国最高法院称为“经济自由的宪章”，并一直将其像宪法条款那样对待。反托拉斯法一般目标是促进竞争，但这只是一种基本政策导向的宣言，这种导向经常不能指导法律条款的具体适用，反托拉斯法的措辞不确定且不断变动，确定“竞争”之类的含义要求回答并未解决的基本问题，除非基于个人价值。[①] “在美国，法官印象中的谢尔曼法是‘经济宪法’，加上美国人对宪法作用的概念，美国法官一直努力使其语言能适应变化了的社会和经济条件。”“联邦法院法官在创造并详述反托拉斯实体法时，会受到各种各样的影响。至少直到晚近，他们还认为其作用之一是代表人民的意愿，并试图在反托拉斯判决中反映自己对社会价值的理解。”[②]

反垄断法影响大企业的行为，首先涉及宏大叙事，有能力驾驭经济结构和市场行为。“竞争领域的决定常常产生深远的经济甚至政治后果。”[③]美国反托拉斯法被联邦法院发展出经济、社会和政治价值，以此作为反托拉斯判决推理的源泉。“在整个古典时期，人们常用政治修辞及带感情色彩的语言去描述反托拉斯法，这种大陈述

---

① See James Mccall, *Sum & Substance of Antitrust* 3-4, (2d 3d., Sum & Substance 1984). “法条过于宽泛，以至于对判决没什么直接意义，谢尔曼法的语言本身只不过是判例法文字支撑点罢了。”参见[美]戴维·格伯尔：《全球竞争：法律、市场和全球化》，陈若鸿译，中国法制出版社2012年版，第135页。

② [美]戴维·格伯尔：《全球竞争：法律、市场和全球化》，陈若鸿译，中国法制出版社2012年版，第135页。谢尔曼反托拉斯法的措辞过于宽泛模糊，无法从其文义中导出具体立法意图，但这又为言人人殊的各种解读留下来空间，其结果导致美国法院和学界对于其立法目的的多种解读，其解读可以服务于各种目的。See Herbert Hovenkamp, *Federal Antitrust Policy: The Law of Competition and Its Practice*, 5th ed., West Academic Publishing, 2016, p. 72.

③ [美]戴维·格伯尔：《全球竞争：法律、市场和全球化》，陈若鸿译，中国法制出版社2012年版，第92页。

便反映了反托拉斯法与政治的共振。"[1]例如，马歇尔大法官于1972年写过如下一段话："总体而言，反托拉斯法，特别是谢尔曼法，是自由企业宪章。对于保障经济自由以及我们的自由企业体系，它们的重要性堪比保护根本的个人自由的权利法案。"[2]"竞争法领域的决定常常产生深远的经济甚至政治后果，往往会影响一国境内竞争的标准、条件和模式，由此对许多国内企业及整体经济造成重大影响。"[3]

美国作为现代反垄断法的创始国，美国国会创制《谢尔曼法》是"在创造一种全新的东西"，立法当时"没有其他模板或经验可供参考或比较，也没有什么学术文章可以提供指引，或阐释可能的选择方案及可能的后果"[4]。美国最先定义了反垄断法，为反垄断法植入了理念和制度的基因和框架。"二战"以后美国通过对德日的战后影响，通过以其政治经济实力为基础的域外管辖和学术交流输出以及各种国际组织和合作，使其反垄断法的理念和制度在世界范围内开枝散叶，发挥独一无二的影响力。当然，美国制度有其独特的国情渊源，其他国家不可能完全复制其制度和经验，但就反垄断法的基本定位、基本架构及基本功能而言，却具有很大程度上的国际共通性。

反垄断法的"超级法"属性，使其具有宏观的调控能力，能够成为国家和政府掌控经济的重要工具，可以影响国计民生的重要走向。[5] 政府拥有的反垄断执法能力，更可以使其具有明确的目标性

---

① ［美］戴维·格伯尔：《全球竞争：法律、市场和全球化》，陈若鸿译，中国法制出版社2012年版，第9页。

② United States v. Topco Associates Inc，405 U. S. 596，610（1972）.

③ "竞争法案件通常涉及大的、有影响力的公司，其利益常与公众利益及/或政治利益相联。因此，竞争法案件就不同于合同法案件这一类私人问题，它涉及无数公众问题，包括就业、经济体各部分的健康、政党的前景及意识形态等。"参见［美］戴维·格伯尔：《全球竞争：法律、市场和全球化》，陈若鸿译，中国法制出版社2012年版，第92页。谢尔曼法颁布后，人们对其能否遏制强大的市场势力心存疑虑，1911年美国最高法院在标准石油公司案［Standard Oil Co. v. United States（1911）］中，将当时公众痛恨的标准石油公司拆分为33家公司，打消了人们对谢尔曼法能否遏制最强大企业的垄断势力蔓延的疑虑。参见［美］欧内斯特·盖尔霍恩等：《反垄断法与经济学》（第5版），任勇等译，法律出版社2009年版，第26页。

④ ［美］戴维·格伯尔：《全球竞争：法律、市场和全球化》，陈若鸿译，中国法制出版社2012年版，第131页。

⑤ "竞争法已成为市场经济的调控支柱"（a mainstay of regulation）。See Anu Bradford & Adam S. Chilton, *Competition Law Around The World From* 1889 – 2010: *the Competition Law Index*, 14(3) Journal of Competition Law & Economics, 393, 432(2018).

和主动性,可以使政府在调控经济和控制市场势力中如虎添翼。

我国反垄断的定位不可能人为地去拔高,归根结底取决于对竞争在我国市场经济体系中地位的追求和认识,取决于如何培育我国的竞争文化和信念。我国反垄断法颁布以来,虽然已通过个别大要案的查处和巨额罚款而初步彰显了威力,但无论是其调整领域还是调整强度,都远没有系统性和宏观性地展现出宏大的政治定位和"超级法"的面貌,还远不是"经济宪法",但这并不妨碍对其从"超级法"的定位和潜能上给予认识和期许。近年来,国内外发展环境剧变,国际国内双循环发展战略的推行以及构建高标准的完善市场体制的深层次要求,尤其是逐步推进由产业政策到竞争政策的转变,以及反垄断民意汹涌和呼声高涨,在此背景下提出"强化反垄断和防止资本无序扩张",当是一种战略性的定位、转变和部署,展示的是国家通过反垄断法调控经济和推进市场化改革的决心和思路,而不是一项简单的经济任务和法律实施部署,因而应该视为将反垄断推到了前所未有的政治和经济位置,将其作为影响国计民生的重要举措,故需要从政治的和宏观的角度认识和把握反垄断法的重要契机。

三、当前互联网平台反垄断的政策分析

(一)反垄断法:政治、政策与法律的调和器

反垄断法是政治、政策与法律的绝佳调和器,也是可以融合这些因素的统一体。反垄断法怀揣宏大的理想,理想是其灵魂。同时,它又通过特定路径方法将理想转化为现实。政治和政策承载了反垄断法的理想,是"道";路径方法则是落实理想的工具,是"术"和"器"。比如,美国反垄断法古典时期的理想是使其发挥经济宪法的作用,特别是追求经济自由和反对市场势力,而法经济学变革时期更为关注不干预主义和市场效率。当然,各个时期的理想都不能脱离当时的政治经济和社会条件。反垄断法则"为管理者和政治领袖提供了既能影响企业的行为,又能与市场的理论和逻辑保持一致的工具"①。

---

① [美]戴维·格伯尔(David J. Gerber):《全球竞争:法律、市场和全球化》,陈若鸿译,中国法制出版社 2012 年版,第 87 页。

反垄断可以基于宏观的政治和政策立意，但又能找到恰当的、扎实的和严谨的法律实现路径。反垄断法“首先而且显然是法律”，但又不同于一般法律。[①] 它与政治和政策的交集深刻，在很大程度上是对政治和经济政策的贯彻。政治和政策定位与法律实施存在互动的关系。反垄断法毕竟是法律，可以以政治和政策进行定位，但须以法律和法治方式加以落实。无论是完全脱离政治和政策的法律还是完全脱离法律的政治和政策，都不切实际。当然，政治和政策在反垄断法施行中的展现程度和方式应时而变，政治和政策总是或明或暗或强或弱地穿梭于反垄断法律实施之中。欧洲有偏政治和政策的时期，但后来更多地转向法律。[②] 美国执法一直有摇摆，其中决定摇摆的是政治和政策，但最终会一统于法律。我国当前已从政治和政策上对于反垄断进行定位和发动，接下来要看反垄断法的具体落实行动。政治和政策代表了选择方法与选择方向，是更为根本层面的取舍，法律则是政治和政策的落实、载体和实现路径。一旦选择了方向和落实到法律，便要按照法律运作。

例如，如斯蒂格利茨所说，美国反垄断法的“古典时期”，反垄断法发挥积极作用，“大型企业遭受了冲击，以垄断市场为目的的兼并行为受到了限制”。但在随后的几十年里，技术主义逐渐占据上风，“一群律师和保守派经济学家”“缩小了反垄断权力的行使范围”，“只想放任企业和商业利益的自由发展”[③]。显然，“缩小反垄断权力”虽然是通过法经济学变革的实现的，但变革却是宏观政治和政策思路改变的反映和结果。透过技术主义的表象，所承载的却是不干预的市场经济理想，技术主义只是实现这种理想的阶段性策略而已。

20 世纪 70 年代开始的反垄断法经济学运动之所以能够大行其

---

① 如美国著名反托拉斯学者 Bork 所说：“反托拉斯首先而且显然是法律；它也是一套不断演化的有关产业组织的经济学理论。”转引自[美]J. E. 克伍卡、L. H. 怀特编著：《反托拉斯革命——经济学、竞争与政策》（第 5 版），林平等译，经济科学出版社 2014 年版，导言第 1 页。

② 参见[美]戴维·J. 格伯尔：《二十世纪欧洲的法律与竞争——捍卫普罗米修斯》，冯克利、魏志梅译，中国社会科学出版社 2004 年版，第 221-222 页。

③ [美]约瑟夫·斯蒂格利茨：《美国真相：民众、政府和市场势力的失衡与再平衡》，刘斌等译，机械工业出版社 2020 年版，第 9 页。

道,首先不是学术推动和方法变革的结果,而源于当时国内外形势变化的要求。竞争环境变化是因,理论和方法的变革是果。学术理论和分析方法的变革是为实现经济变革和政治诉求服务的,法经济学方法只是被认为是恰当的服务目标变革的政策工具。首先,反垄断变革是美国企业遭遇巨大国际竞争压力的产物。此前美国反垄断关注的是国内事务,但20世纪70年代的石油危机刺激了美国经济与外部世界之间的联系,也粉碎了美国反垄断法律和政策可以只关心自身国内效果的梦想。当时美元汇率的变化,既让美国公司在海外的投资取得巨大成功,又促进美国市场的开放及欧洲和日本企业对美投资,使美国汽车等产业在美国市场和国际市场上面临更为激烈的竞争,且因欧洲和日本企业展现了越来越强大的竞争力,使美国公司对于国际竞争倍加敏感和压力。美国产业界抱怨反垄断法给美国企业带来高额成本,使美国企业处于不利的国际竞争地位。因为当时的反垄断执法标准不一,难以捉摸,且执法标准严格,违法行为广泛,使企业承受重大反垄断成本。相比之下,绝大多数外国竞争者要么没有类似的竞争法负担(如日本),要么这种负担不为美国人所知(如德国),美国一些企业尖刻地抱怨反垄断法影响了它们的全球地位,使其在全球竞争中遭受不利,它们感到不公平。这些抱怨促动了美国经济政策变革,逐渐将视角由美国国内转向全球市场竞争,也引发对美国反垄断法及其作用的质疑。其次,法经济学派生逢其时。当时恰逢美国出现了一个研究经济与法律关系的学术流派,且已在几所大学和智库发展了几十年,已发展出比较成熟、能够为反垄断目标和方法提供另一套观念的学术体系。随着国外竞争威胁的与日俱增,这套理论体系和方法逐渐被接受和落地,这就是反垄断的法经济学革命逐渐居于中心地位的动因和由来,其目的和结果是给美国企业在反垄断法上"松绑",放松执法标准、减少违法行为和降低不稳定性,从而降低反垄断压力和成本,使美国公司在国际竞争中轻装上阵。① 最后,是政治因素。里根任美国总统期间发起了"不干涉商业"的政治风潮,对政府"干预"经济

① 参见[美]戴维·格伯尔:《全球竞争:法律、市场和全球化》,陈若鸿译,中国法制出版社2012年版,第152–155页。

表示反感,恰与保守的新古典经济学不谋而合。里根任命了一大批保守派联邦法官,这些人基本上支持法经济学方法。[①] 法经济学变革大大弱化了执法和削弱了竞争。[②] 如美国众议院司法委员会《数字市场竞争状况调查报告》指出,近几十年法院把狭义的"消费者福利"作为反垄断法的唯一目标,将竞争损害的分析限制在主要关注价格和产出而不是竞争过程上,且持有反垄断法的执行不力优于过度强化的立场;美国司法部和联邦贸易委员会狭隘地看待自己的法律权限,并发布对市场势力及其滥用高度宽容的指南,加剧了这种状况。[③]

随着形势的变化,近年来这种状况已引起越来越多的批评和反思,其显现的后果如沃伦参议员所说,当今美国"竞争正在消亡。并购和集中在各个行业中层出不穷。集中威胁着我们的市场,威胁着我们的经济,威胁着我们的民主"[④]。"当代批评中表达得日益强烈的担忧是,20 世纪 70 年代中期以来的发展已经把反托拉斯法的力量耗尽"。执法机关和法院被指责为未能保护竞争和严重损害了经济,形成政策失误。论者将这种失误的原因归结为:忽视美国制定反托拉斯法时追求的平等主义目标,支持以效率为本位的目标框架;司法固守落后的产业经济学观点;联邦执法机构被潜在的执法

---

① 20 世纪 70 年代,美国最高法院以效率和自由的名义,调转了方向。参见[美]埃莉诺·M. 福克斯:《平台,力量与反垄断挑战:对缩小美国与欧洲分歧的审慎建议》,周丽霞译,载《竞争法研究》2020 年第 5 期。

② 当然,美国学界对此仍众说不一。参见 Seth B Sacher & John M. Yun, *Twelve Fallacies of the "Neo-Antitrust" Movement*, Vol. 26 Geo. Mason L. Rew, 5, 5(2019)。关于芝加哥学派的核心思想的归纳,参见 Herbert Hovenkamp, *Federal Antitrust Policy: the Law of Competition and Its Practice*, 5th ed., West Academic Publishing, 2016, p. 85–88。

③ 参见美国众议院司法委员会《数字市场竞争状况调查报告》(Investigation of Competition in Digital Markets)(2020 年 10 月 6 日)关于强化反垄断法的立法建议部分。"几十年来,大多数经济学家都贬低反托拉斯行动,认为只要消费者不是提高价格的牺牲品,反托拉斯就是多余的。但是,我们慢慢警醒,垄断资本主义又回来了——即使其核心产品(如谷歌和脸书的产品)是免费的,也可能是损害性的。" See Jonathan Tepper, *the Myth of Capitalism* 7, (Wiley).

④ 2016 年伊丽莎白·沃伦参议员在新美国的开放市场计划大会上的主题讲话"Reigniting Competition in the American Economy",转引自埃丽斯·琼斯、威廉·E. 科瓦契奇、周丽霞:《反托拉斯法的实施盲区:美国竞争政策重大扩张面临的挑战》,载《竞争政策研究》2020 年第 6 期。

对象俘获而造成执法软弱，反托拉斯执法宽松；司法判决缩小了反托拉斯法的范围。这些不满引起了大范围的讨论，使得重新定位反垄断政策和采取其他政策增强竞争的呼声高涨，尤其是主张对主要科技公司（科技巨头）及农业和制药等支配地位企业的行为施加严格控制。在批评和压力之下，执法机构正在把今后20年变成一个专门针对数字平台采取持续、有效的反托拉斯行动的时代。[①] 当前数字市场反垄断已汹汹而来，预示反垄断的目标和方法正在转变。

我国反垄断法同样怀揣理想，例如，以法的形式和路径建立一种高标准和完善的市场经济体制。当前我国深化改革的重要内涵是深化市场化改革，改善和强化反垄断显然是实现完善市场体制的重要途径。在大数据时代，平台经济成为全球经济发展的最大驱动力，正在深入渗透到经济社会生活的方方面面，正在改变与重塑人们的行为方式、企业的商业模式、行业及市场的业态，甚至正在改变不少传统产品及服务的性质、经济资源配置的方式等。平台经济对整个人类社会经济生活所产生的影响与冲击前所未有。当前垄断尤其是互联网平台垄断广受关注，对于市场经济的正常运行产生了重大影响，且随着超级互联网平台资本扩张甚至对于社会等更为广泛的生活的渗透，引发了对国家安全、经济安全和民生保障等方面的担忧。当前以反垄断遏制市场势力和资本无序扩张，正是反垄断法一展身手的契机。反垄断既能传递和实现政治目标，又将垄断性企业纳入法律轨道，因而可以实现政治、政策与法律的较好契合。我国反垄断的目标应该是多元的，不太可能限于单一目标，政治、政策与法律的结合至关重要。

（二）我国互联网平台反垄断的政策定位

2020年12月11日中央政治局会议首提“强化反垄断和防止资本无序扩张”以后，反垄断问题引起广泛关注和热议，各种声音纷然杂陈，莫衷一是。互联网平台的反垄断问题尤其成为焦点。2020年底召开的中央经济工作会议重提这一议题，将其列入2021年要

---

① 参见埃丽斯·琼斯、威廉·E.科瓦契奇、周丽霞：《反托拉斯法的实施盲区：美国竞争政策重大扩张面临的挑战》，载《竞争政策研究》2020年第6期。

抓好的重点任务之一,并画龙点睛地明确了强化反垄断的 目标、方向和工作要求。特别是会议在提出“要加强规制,提升监管能力,坚决反对垄断和不正当竞争行为”的总态度和总要求的同时,又明确提出“国家支持平台企业创新发展、增强国际竞争力”等要求。这表明,“支持平台企业创新发展”仍是国家的基本定位,同时要求“要依法规范发展”,并将“完善平台企业垄断认定”等明确为平台企业反垄断的工作重点。

与许多新生事物一样,互联网企业的发展经历了先发展后规范的历程。总体上说,在发展之初各种问题还不清晰,需要观察思考,需要留足发展空间,因而需要包容审慎。前些年国家对于互联网企业的监管采取了包容审慎的态度,为互联网企业的发展营造了宽松的环境和足够的空间,赢得了发展时间,使互联网产业一路突飞猛进。时至今日互联网企业日益壮大,数字经济水平迅速提高,发展中的垄断等各种问题日趋暴露,也说明互联网产业正在进入新的发展阶段。中央审时度势,及时发出了强化监管的声音,平台经济从此步入加强监管之下发展和规范并重的新阶段。正如中央所指出的,“反垄断、反不正当竞争,是完善社会主义市场经济体制、推动高质量发展的内在要求。”①

先发展后规范、先宽容后严厉和先混乱后有序,经常是新兴产业发展的重要规律。例如,美国是互联网产业的领先者,当今互联网巨头的早期发展既直接得益于美国对于微软等的反垄断,使像微软这样的垄断者不敢轻易将创新企业扼杀于摇篮之中,但更直接得益于美国互联网产业发展初期的法律变革,如在劳动合同法上的改革,在隐私保护上的放松,在电信法、千禧年版权法中创设的“避风港”制度。这些宽松到宽容的法律氛围直接促成了互联网产业的异军突起和互联网巨头的应运而生。② 但是,在互联网巨头又频频“作恶”的今天,美国又祭起反垄断大旗,一时间多措并举,对平台的

---

① 《中央经济工作会议在北京举行》,载《新华网》2020 年 12 月 18 日。

② 参见 Anupam Chander:《法律如何成就硅谷》,载《智合法律新媒体》2015 年 12 月 20 日。

反垄断又风起云涌。[①]

我国互联网创业初期,对于互联网产业的监管总体上非常宽松。例如,从事搜索业务的互联网企业是 PC 时代互联网产业的代表,这些企业在很大程度上依靠丰富的免费作品资源和宽松的版权保护,低成本赚取了流量,迅速完成原始积累。当时司法解释和行政法规通过及时进行“避风港”等责任和风险限制上的制度创新,为互联网产业兴起撑起必要的“保护伞”。到了移动互联时代,版权运营和版权保护成为重要产业,电子商务突飞猛进,无论是版权保护还是电子商务立法,都逐渐由“避风港”转变到“紧箍咒”,都在不断加重平台责任。到了今天,互联网产业日趋强大,触角渐趋广泛,垄断问题备受关注,如不进行全面规范就会有野马脱缰的风险,因而中央及时发出强化反垄断和制止资本无序扩张的号令。可以说,互联网产业的全面规范和加强监管正当其时。

总体上说,新时期新阶段互联网产业的监管必然呈现以下态势:由更多的“野蛮”生长、自律生长到更多的有序生长;由更多的被动监管到更多的主动规范;由单项的规范到系统的治理;由包容性宽容性的发展为主到监管与发展并重。而且,反垄断法适用于任何行业,互联网产业从来不是法外之地,前些年最高人民法院即依据反垄断法裁判了涉“3Q 大战”的垄断案件。[②] 但是,互联网产业毕竟有反垄断的特殊情况,在其反垄断意义重大的情况下,对于互联网产业可以建立针对性、体系化的规范,进行量身定做的系统性监管。

---

① 2019 年年中,美国众议院开始调查四大科技公司的垄断行为。2019 年年中到 2020 年 7 月,国会举行了若干次小规模听证会。2020 年 7 月 29 日,国会召集亚马逊、苹果、脸书、谷歌四大科技巨头举行反垄断听证会,也是四大公司的 CEO 首次同时出席听证会。2020 年 10 月 6 日,众议院司法委员会正式发布《数字市场竞争状况调查报告》(Investigation of Competition in Digital Markets),报告直指四大互联网巨头的垄断行为。该报告被视为美国国会互联网领域反垄断的开篇。美国司法部、联邦贸易委员会(FTC)和 48 位州检察长已对互联网巨头采取反垄断行动。

② 北京奇虎科技有限公司诉腾讯科技(深圳)有限公司、深圳市腾讯计算机系统有限公司滥用市场支配地位案,参见朱理:《奇虎 360 诉腾讯滥用市场支配地位纠纷案》,载李青主编:《中国反垄断十二年:回顾与展望》,中信出版集团 2020 年版,第 392-403 页。

(三)互联网平台反垄断中的规范与发展

从国际范围看,我国互联网产业独树一帜,甚至在有些方面与美国齐头并进,成为我国的优势产业,但互联网产业的国际竞争依然激烈,参与国际竞争仍需要有更加强有力的国内发展支撑。从国内来看,互联网产业的兴起是技术和产业创新发展的产物,其在发展过程中又不断推动技术、业态和商业模式的创新,甚至正在成为新产业革命的引擎。[①] 无论是国际竞争还是国内发展,互联网产业发展仍是进行时,而不是完成时,互联网产业仍是朝阳产业。同时,进入数字经济时代,网络平台的反垄断又成为新焦点。巨大的市场和发展潜力导致互联网经营者之间的竞争与博弈日渐白热化,平台"二选一"、"大数据杀熟"、算法合谋、扼杀性收购等颇具争议的竞争和经营手段,引发了广泛的关注和讨论。互联网产业发展到一定阶段、一定程度和一定规模,又出现了平台企业遏制创新和竞争、损害消费者福利的情形,对此应当坚决遏制。但是,应当清醒地看到,现在互联网产业出现的垄断问题,仍然是发展中的阶段性问题,仍需要根据发展需求和阶段性特征,通过包括加强监管在内的方式加以有效解决,归根结底仍需要以发展的眼光和方式进行解决,依靠发展进行解决,并且力图在解决中获得更好的发展,而不是遏制其发展。中央对此清楚地指出,反垄断是为了"完善社会主义市场经济体制、推动高质量发展"。中央的明确态度,显然对于纠正当前的一些片面过激的认识应景及时并至关重要。

反垄断法是维护竞争自由、完善市场结构和保障竞争秩序的"经济宪法"。反垄断法有独特的作用方式和调整特性,反垄断的定位和取向从来都需要立足本国发展实际。当下美国和欧盟似乎都对互联网平台巨头挥起反垄断大棒,众多国家都在开展数字经济反垄断议程,[②]但表象之下很可能各怀心事和各有诉求。对当今国际反垄断潮流应当进行深度的背景和原因分析,关注总体趋势之下实

---

① 《2021 中国战略性新兴产业发展报告》显示,我国数字经济规模已达 31.3 万亿元,占 GDP 的比重达 34.8%。互联网产业已成为中国发展新经济的重要力量和支撑。

② 例如,加拿大、法国、德国、英国、荷兰、西班牙、意大利、葡萄牙、澳大利亚、日本等国竞争执法部门,金砖国家、北欧国家等国家间竞争执法部门联合组织,都在就平台经济反垄断问题展开调研,已发布系列重磅报告。

质取向的差异,“看热闹更看门道”,防止轻率地认同某种趋势。

比如,美国反垄断执法经常摇摆不定和时松时紧,也经常充满争议,但总体上还是有效保障了竞争自由。纵观美国反垄断法历史,有一种笼统的印象是,它更像是一把高悬的利剑,规则甚严,但执行中还算宽松。特别是在当今时代,它经常引而不发,时常高高举起轻轻放下,雷声大雨点小,以轰轰烈烈开始,以达成妥协结束。而且,美国已很少通过拆分的极端方式制止垄断。但是,妥协的结果恰恰就是公约数的出现,即以适度的成本叫停了垄断行为和保护了消费者福利,达致各方利益的平衡,最终结果是促进产业的健康发展。[①] 最近美国国会关于数字市场反垄断的高调行动,更像是形成一种反垄断的高压态势,并不产生直接法律效力。鉴于反垄断执法司法的独立性,国会行动对于反垄断法执行走向的具体影响还有待观察,即便会导致执法方向上的转变,也会有传导效应上的时间差,但最终会达成一种多种目标能够调和的结果。美国处于科技创新和产业发展的引领地位,美国的相关法律和执法始终都将促进产业创新发展作为重要考量,互联网产业的发展历程就很典型。

相反,欧盟国家不具有发展互联网产业的天然优势,欧盟国家更像是互联网产业的使用者,而不是产出者。因而欧盟反垄断执法

---

① 美国的反垄断经常是轰轰烈烈开始,以折中妥协结束,最后达成一种利益平衡,给产业发展空间,使竞争更充分,为创新提供宽松环境。1998 年 5 月,美国联邦司法部和 20 个州的总检察长,对当时地球上最有权势的科技巨头微软公司发起反垄断诉讼。这场举世瞩目的官司旷日持久、耗费巨大,横跨克林顿与小布什两届美国政府。微软一度面临像当年 AT&T 一样被拆分的风险。最终,联邦巡回上诉法院在没有推翻初审法院对垄断事实的认定的情况下,与微软就惩罚方式达成和解:微软被强制向第三方软件开发商开放 Windows 操作系统的应用程序接口(API),同时微软不得在 windows 上对安装 Java 设置任何障碍。在司法部与微软达成和解而使微软逃脱被拆分的命运之时,很多人认为政府在科技强权面前妥协了。但这种说法低估了这个跨世纪诉讼的历史意义。此后微软即收敛其扼杀竞争对手等行为,如没有用当年对付网景和 Java 的手段对付谷歌,原因正是出于对反垄断法的忌惮。当年代表网景公司的反垄断律师 Gary Reback 曾说:“正是因为这个反垄断诉讼,才会有现在的 Google。没有别的理由。”微软扼杀网景之后,其 IE 浏览器一度占领 98%的市场份额。初创的谷歌曾经十分担心网景的厄运发生在自己身上。因为任何人要想登陆谷歌的网站,必须先在浏览器的地址栏打入 www. google. com,微软可以有各办法把谷歌“按在地上摩擦”。比如,当你按回车的时候,微软完全可以弹出一个红色窗口,声称“经用户举报,这是一个危险的网站,它会在未经你同意的情况下拿走你的个人数据,并用来盈利”。

给人的印象是，虽然在重罚上不遗余力，但通常是下重手遏制谷歌等美国互联网巨头，[①]且无论如何重罚都不会担心对欧盟互联网产业造成伤害，反而可能为其本土产业谋取适当发展空间。[②] 当然，这只是对欧盟反垄断动因的一种分析。从法律层面上看，欧盟竞争法对于滥用市场支配地位规定的门槛较低，在同样情况下比在美国更容易认定构成垄断行为。[③]

因此，各国互联网产业结构、产业利益和发展需求各不相同，在数字经济反垄断成为重要国际趋势的表象之下，可能掩藏了不同的国家利益目标追求，对此应当注意甄别。我们不能轻言和盲从国际趋势，更应该关注趋势下的实质性国家发展利益，据此进行政策的取舍和执法的定位。就互联网产业利益而言，我国与美国的情形更为接近，[④]在互联网领域的反垄断上应当较多地考虑如何促进产业发展，既强化反垄断又防止伤筋动骨，既加上"紧箍咒"又确保产业活力，确保反垄断的最终目的是促进又好又快的高质量发展。发展一定是反垄断的必然取向。例如，2020 年年底中央经济工作会议显然强调了以发展为主线，以满足人民日益增长的美好生活需要为根本目的。发展是会议的主基调，会议通篇贯穿了要发展和发展好的理念。"立足新发展阶段，贯彻新发展理念，构建新发展格局，以推动高质量发展为主题，以深化供给侧结构性改革为主线，以改革创新为根本动力"，无不以新时期新阶段的发展为立足点和出发点。会议对于各项工作的统筹和部署无不以发展为依归。会议特别强调，"要大力发展数字经济，加大新型基础设施投资力度"。构建新发展格局，"必须构建高水平社会主义市场经济体制"，"促进公平

---

① 欧盟委员会已对谷歌、亚马逊、脸书和苹果（俗称 GAFA）采取反垄断行动。

② 欧盟的如此态度早已有之。例如，21 世纪初，为避免微软被分拆，美国政府与微软达成和解。但是，与此同时，欧盟却重拳出击，以微软滥用 Windows 操作系统市场支配地位等为由，开出其截至当时最大的一笔 4.97 亿欧元罚单，并要求其修改 Windows 操作系统等。欧盟与美国对待微软同样行为的处置态度截然不同，显然很难否认欧盟难免有处罚美国企业不心疼不手软的心态。

③ 参见［美］埃莉诺·M. 福克斯：《平台，力量与反垄断挑战：对缩小美国与欧洲分歧的审慎建议》，周丽霞译，载《竞争法研究》2020 年第 5 期。

④ "中国和美国是世界上两个最大的信息技术消费国，同时也是世界其他地区两个最大的信息技术供应国。"参见［美］布拉德·史密斯、卡罗尔·安·布朗：《工具，还是武器?》，杨静娴、赵磊译，中信出版集团 2020 年版，第 240 页。

竞争,保护知识产权,建设统一大市场,营造市场化、法治化、国际化营商环境"①。反垄断是为了更好地发展,也是为了更好地服务发展。

四、互联网平台反垄断的法治进路

政治和政策在反垄断法的施行中应当限于宏观判断、宏观指导和宏观推动,具体的法律实施和反垄断行动仍需要留给法律分析,尽可能保持法律实施的完整、客观、中立和遵循正当程序。

(一)反垄断的法治走向

反垄断法的法治走向不能徒托空言,而必须通过制度进行落实和加以保障,尤其是由实施体制与实施方法所决定。实施体制和方法也是检验反垄断法治程度的试金石。

反垄断法"首先而且显然是法律"。这是反垄断法鲜明的毫不隐讳的基本法治定位。"竞争法是'法'而不是'规制'。一般情况下,竞争法渗透着法的客观性、稳定性以及方法论特征。有了它,官员们就可以免受这样的控诉:官员们是在主观地运用职权或为一己利益行事。上述情况能在多大程度上发生取决于两点:一是政府自身的特点;二是'法治'原则在这个社会究竟有多大的分量。"②在经济学貌似占据反垄断法核心的场景下,强调"首先而且显然是法律"的论断,具有重要的认识和定位价值。这表明,无论经济学的影响有多大,经济分析终究是实施法律的具体路径和工具,运行在法律的轨道内,所改变的只是法律的实施路径和具体结果。即便颠覆了法律实施的走向和结果,也仍是法律实施的变化,仍是在法治框架内运行,并没有改变法律实施本身的属性。各国反垄断的法治路径不尽一致,但都在向法治靠拢。

例如,美国反垄断有公共执行与私人执行两条基本路径。反垄断执法官员是被政治任命的,因而被期望遵循本届政府的政策目标,其反垄断执法难免在不同程度上为政治影响所左右。例如,在

---

① 《中央经济工作会议在北京举行》,载《新华网》2020年12月18日。

② [美]戴维·格伯尔:《全球竞争:法律、市场和全球化》,陈若鸿译,中国法制出版社2012年版,第87页。

可被视为互联网反垄断先声的微软垄断案中,2000 年美国联邦地区法院裁决将微软公司分拆为两个独立公司,以防止其利用计算机系统上的垄断地位损害竞争,后来因总统更换,微软与司法部达成和解,微软作出停止滥用行为的承诺,换取了避免被分拆的结果。这种政治因素的变换导致了微软反垄断结果的改变。但是,政治因素的影响并不被视为严重的问题,因为人们期望联邦法院会限制政治因素对法律形成的影响,期望法院保护反托拉斯法的完整性和技术性。[①] 当然,经济学革命在反垄断中的成功,也助长了人们对经济分析支撑下的反垄断中立施行的信心。[②] 况且,反垄断私人诉讼在美国反垄断法中居于重要地位。无论是由公共机构提起的反垄断诉讼,还是私人诉讼,最终都是由法院在美国法律的体系中发挥关键作用,因而被认为是法治主导下的反垄断。[③]

哈佛学派、芝加哥学派及后芝加哥学派之类的经济学说,都有其学说上的目标性和体系性,并为反垄断分析提供了近乎主导性的

---

① 例如,尽管美国公众舆论要求以更加激进的反垄断法手段来驯服大型科技平台,但在 2018 年美国最高法院关于俄亥俄州诉美国运通案(Ohio v. American Express)的裁决中,仍强化了其保守主义态度。参见[美]埃莉诺·M. 福克斯:《平台,力量与反垄断挑战:对缩小美国与欧洲分歧的审慎建议》,周丽霞译,载《竞争法研究》2020 年第 5 期。

② 参见[美]戴维·格伯尔:《全球竞争:法律、市场和全球化》,陈若鸿译,中国法制出版社 2012 年版,第 102 页。

③ 美国制定 1890 年反托拉斯法时,立法者曾想到这是在建立一个全新的"制度"或者一种类型的法律,但当时美国联邦政府的规模很小,职能很有限,不太可能完全依赖一个新设的机构去适用新法,因而将这个任务交给已有机构。这意味着法院有责任适用和发展这部法律,并由此为法院在发展反托拉斯法中的中心地位奠定了基础,从而也形成了美国独特的反垄断司法制度和法治。"(谢尔曼法)并不长,语言之稀疏可谓不同寻常,对如何解释这部新法也没有提供任何指引,议会也没有为适用该法而创设新的机构、程序和方法。这部法律的实施依靠诉讼,由普通联邦法院受理,起诉者应为联邦政府,后来也允许私人作为原告提起诉讼。""法官不得不明确该法的目标,创造标准并构建制度。"参见[美]戴维·格伯尔:《全球竞争:法律、市场和全球化》,中国法制出版社 2012 年版,第 131 页。法官在具体案件中的主导作用,如有的论者所说:"一个更为复杂的案件很可能会要求来自经济学家的专家证词。但反垄断案件的适当解决主要取决于被哈佛大学反垄断教授菲利普·阿瑞达所说的'对现实的估计和判断'以及'政策事项'的运用。法官而不是经济学家才最有资格做出这些决定。经济学家在苹果公司邮购销售案件中扮演了适当的角色。经济学家提供的意见在经过鉴别之后才能获得适用。主审法官做出最后的决定。经济学家只是启发了案件的分析,并没有对结果产生决定性作用。"参见[美]加里·L. 里巴克:《美国的反省:如何从垄断中解放市场》,何华译,东方出版社 2011 年版,第 57 页。

经济学语言和工具，有些美国反垄断学者甚至将经济学理论奉为至上（如 Hovenkamp 教授）。[①] 但是，正如有的学者所说，反托拉斯毕竟是“司法至上，也即法律尤其是更高级的宪法至上，法律排在经济学的前列”。“（不管是政府诉讼还是私人诉讼）塑造竞争政策的是法院。”[②]而且，如肯尼迪大法官所说，[③]由于“市场的现实”（“the realities” of the market）及其正义的实现具有复杂性，“司法而不是经济学理论在应对这些复杂性上具有更强的能力”。[④] 法律和司法的逻辑毕竟与学说理论逻辑不同。如在 Eastman Kodak 案中，司法程序的辩论主义以及基于实用主义的、证据的和诉求的合理原则分析结构（the pragmatic，evidence- and argument-based structure of rule of reason analysis），造成法官采纳了与芝加哥学派观点不同的经济解释。[⑤]

德国的反垄断制度设计刻意地强化法治机制，并影响了欧盟竞争法的制度设计。1957 年德国《反限制竞争法》是弗赖堡学派推动的结果，且成为欧洲第一部“现代”竞争法。该法虽由行政机关执行，但最为重要的是采取了“法制”体系，即行政决定的方法和程序是“发展较为成熟的司法方法及程序”，而不是“以国民经济政策考量为基础做决定”。“竞争法是稳定的‘法’——而不仅仅是政策。”[⑥]“联邦卡特尔局的基本职责是解释和适用法律规范，而不是决定或执行具体的政策。这一特点也反映在内部程序中。‘决策部门’的决策程序在很大程度上采用的是司法模式。他们必须使用法院确立已久的法律推理方式来论证决策的正当性。为了强调联邦卡特尔局运作的司法性质以及其置身普通行政体系之外的特殊地

---

① See Herbert Hovenkamp，*The Antitrust Enterprise：Principle and Execution*，Harvard University Press，2005，p. 39.

② D. Daniel Sokol，*Antitrust's Curse of Bigness Problem*，April Michigan Law Review，Vol. 118，1（2020）.

③ See（Kennedy，J. Opinion of the Court）Brooke Group v. Brown & Williamson Tobacco Corp.，509 U. S. 209，263（1993）.

④ David Ramsey，*Antitrust and the Supreme Court*，LFB Scholarly Publishing LLC El Paso，2012，p. 159-160.

⑤ Ibid.，p. 161.

⑥ ［美］戴维·格伯尔：《全球竞争：法律、市场和全球化》，陈若鸿译，中国法制出版社 2012 年版，第 198-199 页。

位,法律规定,办公室所做的决定要受普通法院司法审查的制约(而不是像通常的行政行为那样由行政法院来复审)。司法审查的标准是,联邦卡特尔局是否适当地解释和运用了成文法,而不是像普通行政审查那样,以行政机构是否滥用了自由裁量权为审查标准。总体说来,联邦卡特尔局的行动可被上诉至专门的联邦上诉法院,上诉法院的判决还可再被上诉至联邦最高法院。通常处理竞争法案件的法官都是竞争法界的要人。"①

德国竞争法是"二战"后德国倡导的社会市场经济理念的核心组成部分,其基本思想是,市场是社会的一部分,应服务于社会需要,但社会也负有支持竞争的责任。竞争法是达成这个"使命"的关键。"成文法的语言和结构就是为了适应这个'使命'而设计的。竞争法使用的语言足够抽象,可以为行为提供广泛的指引,同时又足够具体,使得联邦卡特尔局和法院可以成功地解释它们。"②"德国法与欧洲同时期的一些竞争法,如英国法,不同,它关注的重点是行为的经济效果而非其形式特征。这就最大限度地减少了分析时的形式主义,也减少了企业通过操纵立法来逃避法律适用的情形。"③

"二战"后其他欧洲国家虽然开始重视竞争,但起初的几十年普遍采取了竞争的行政管制模式,即竞争规范重行为后果而轻行为特征,重行政裁量而轻法律程序,重政治和政策意愿而轻法律效果,重竞争的工具性而轻法治理性,采取"软性"执法。20 世纪八九十年代以后,逐渐重视"司法化"和法治化。④

法治的突出体现是:反垄断必须依法律进行;反垄断程序具有正当性;行政决定受司法审查;法院在法律解释中居于核心作用。我国反垄断法可用以达成宏观的政治和政策目标,但其施行应当遵循法治路径,强化法治理念和法律方法,特别是尊重反垄断执法的

---

① [美]戴维·格伯尔:《全球竞争:法律、市场和全球化》,陈若鸿译,中国法制出版社 2012 年版,第 190-191 页。

② 同上注,第 192 页。

③ 同上。

④ 参见[美]戴维·J. 格伯尔:《二十世纪欧洲的法律与竞争——捍卫普罗米修斯》,冯克利、魏志梅译,中国社会科学出版社 2004 年版,第 213-222 页。

稳定性、可预见性、正当程序性等实体和程序价值。中央经济工作会议提出的“依法规范发展,健全数字规则”,“完善平台企业垄断认定、数据收集使用管理、消费者权益保护等方面的法律规范”[①],显然充分体现了法治精神、思维和路径。当前社会对于互联网平台反垄断有较高的民众情绪化和似是而非的模糊认识,强化法治治理别具价值。

(二)反垄断的目标主义与技术主义

反垄断的宏观价值目标是决定性的,技术性方法无论多么精密,均以有效实现价值目标为依归,不能舍本逐末。如斯蒂格利茨所说,“反垄断政策并非建立在精细的经济分析基础上,它实际上是对社会和民主要求的响应”[②]。在美国整个反垄断实施过程中,政治利益与经济利益交织,反垄断法的实施力度随之波动和变化。但是,只要经济势力威胁到政治和经济安全,美国政府就会挥起反垄断法的大棒。例如,20世纪初期对于石油等“巨无霸”的分拆,近年来对于互联网巨头的反垄断遏制,都具有深厚的政治经济背景。即便是法经济学革命之后,经济分析对于效率、消费者福利之类目标的锁定,也是为保守的政治经济理想服务。

我国反垄断法既有其宏观的价值目标,又通过特定方法加以落实。反垄断法首先要实现宏观功能,履行管控经济力量的使命,看重的是政治的和政策的因素,重视进行政治和政策上的宏观性把握和判断,旨在维护政治安全、经济安全和保护重大国家利益,以此决定阶段性反垄断的宽严松紧问题。反垄断法又通过法律的和经济的方式实现功能,实现特定的政治经济目标。技术主义不过是反垄断所展现的一种策略和进路,而不是对于反垄断法功能属性的消解。宏观定位决定了反垄断法的具体走向,技术性方法保障其目标价值的有效实现。当然,宏观定位不是随意和任性的,应当是具有相对稳定性和可预见性的“气候”,不是变化多端难以捉摸的“天气”。

---

① 《中央经济工作会议在北京举行》,载《新华网》2020年12月18日。

② ［美］约瑟夫·斯蒂格利茨:《美国真相:民众、政府和市场势力的失衡与再平衡》,刘斌等译,机械工业出版社2020年版,第69页。

美国学者有运动型反垄断法(the movement antitrust)与技术型反垄断法(the technical antitrust)的说法,且认为当今美国反垄断法在追求两者之间陷入了两难的境地,即一方面它追求旨在界定和实施合理经济目标的技术规则;另一方面,一场新反垄断“运动”的政治呼声日益高涨,而这场运动所追求的目标有多种不同界定,如反对产业集中、限制大企业的经济或政治力量、纠正财富分配不均、控制高利润、提高工资或保护小企业。“运动型”的反垄断,表现为政客和大众媒体吁请制定一套力度更强、调整面更广的反垄断法规则,以更好地服务美国经济中的各个选民阵营。运动的参与者往往对经济学缺乏深刻的理解,对竞争政策能够实现的目标抱有极其不切实际的期望,并持有相互不一致甚至不连贯的目标,故相当严重的不信任和偏执随之而来,其中大部分是针对大企业的。技术型反垄断法关注的是反垄断背后的正当程序、经济效率、可操作性和可检验性等问题,并以反垄断法所能合理实现的最佳社会状态的图景为目标,在约束反垄断政策制定机构的现实框架下,依靠证据和专家发展一种实现这些理想状态的方法。实现这些目标的方法可能存在争议,但其目标是融贯的。例如,美国反垄断追求实现的最主要目标是某种效率概念(包括配置效率和生产效率)、程序性正当程序和联邦制。在某些情况下,效率需要与正当程序或联邦制进行权衡。[①] 显而易见,“运动型”与“技术型”显然是具有不同理念和方法的两种平行的反垄断法施行类型,不同于本文所称目标主义与技术主义。目标主义与技术主义不是两种平行的反垄断法施行类型,而是同一反垄断法施行的不同层面和序列,体现的是价值目标与贯彻路径的关系。

在反垄断的目标与技术之间,目标是指针,技术是路径。纵观反垄断法的历史,目标可能是多元和多变的,而路径也是不断发展变化的。技术的发展和发达首先是因应实现目标的需要,需要与目标相匹配,没有脱离目标而发展的纯粹技术性路径。首先,反垄断的技术路径没有绝对的正误之分,但可能有发达与否之别。反垄断

---

① See Herbert Hovenkamp, *Whatever Did Happen to the Antitrust Movement?*, Notre Dame Law Review(2018).

的历史进程中,不同时期的反垄断技术反映了当时的认识和经验,但始终与实现当时的反垄断目标相参照。基于当时的认识和经验而选择的技术,或许对于当时的目标而言是最优的。其次,精细化通常是反垄断技术路径逐渐发达的象征。例如,美国反垄断的古典时期,反垄断的目标和技术路径相对混杂,也使反垄断分析方法和结果可能混乱多变。法经济学革命以后,反垄断的技术进路渐趋统一和纯粹,结果的预见性更强。但是,旅途不是目的地,技术路径最终总以是否符合目的为检验标准。当然,技术路径也具有一定的相对独立性,需要不断反映学术研究和实践经验带来的新认识。

反垄断法施行不能简单采纳某种理论学说。经济学说与反垄断有较高的关联度,理论学说可以为反垄断技术路径提供给养和分析工具,但反垄断执法不宜简单地以特定理论学说为衡量标准,而更注重追求与目标相一致的结果。例如,20 世纪七八十年代美国反垄断政策发生变化,反垄断法的干预性降低,并对当时通行的经济理论更为敏感。这种技术型反垄断法的理论支持主要源于哈佛学派和芝加哥学派,它们最初也有不同的立场,但在 20 世纪 60 年代末和 20 世纪 70 年代开始趋同。[①] 总体而言,芝加哥学派的主张比哈佛学派更自由放任,呼吁减少反垄断干预。芝加哥学派的具体建议得到了学术文献而非判例法的广泛接纳。两个学派存在意见分歧时,联邦最高法院通常采纳哈佛学派的方法。但是,连续三任首席大法官(沃伦·伯格、威廉·伦奎斯特和约翰·罗伯茨)领导下的联邦最高法院,均未对芝加哥学派或哈佛学派本身表达过太多的亲近。[②] "反托拉斯可以不接受芝加哥学派的各种商业行为解释,而采用其他经济方法。"[③]而且,就经济理论进入反垄断施行而言,哈佛学派和芝加哥学派只是在特定历史阶段介入反垄断施

---

① See Richard A. Posner, *The Chicago School of Antitrust Analysis*, 127 U. PA. L. REV. 925, 933 – 36 (1979); see also William E. Kovacic, *The Intellectual DNA of Modern U. S. Competition Law for Dominant Firm Conduct: The Chicago/Harvard Double Helix*, Colum. Bus. L. Rev. 1, 74–75 (2007).

② See Herbert Hovenkamp, *Whatever Did Happen to the Antitrust Movement?*, Notre Dame Law Review (2018).

③ BAKER, "Recent Developement" 655. 转引自 David Ramsey, *Antitrust and the Supreme Court*, LFB Scholarly Publishing LLC El Paso, 2012, p. 161。

行,并非前无古人后无来者,[①]其一定会随着时间的推移而弱化和退场,被新的分析工具替代。“随着经济理论发展,新的经验工具被创造,反托拉斯解释将超越芝加哥学派学说而进行发展。”[②]总之,司法毕竟有司法的逻辑,可以受理论影响和接受理论工具,但并不刻意追求理论,不简单地采纳特定学说。

总之,反垄断的目标可以很宏大,但绝不是宽泛的政治口号和不严谨的论调,而需要不断发展与目标价值更好匹配的丰富的、严肃的和尽可能可检验的技术性方法。这是反垄断法发展进步的必由之路。

(三)互联网平台反垄断的法治构建

互联网平台反垄断必须由法治的理念、制度和方法作为支撑,首先要高扬法律和法治的旗帜,在法律主导下善用各种分析工具,恰当实现反垄断目标。尤其要注重以下方面。

1. 构建互联网平台反垄断的规则体系

互联网平台反垄断适用反垄断的一般规则,但又需要特别界定一些由互联网技术和商业模式产生的独特现象和行为。为增强反垄断的针对性、精准性和确定性,减少对接一般性规则的难度,可以构建互联网领域的反垄断规则和标准,构建相应的话语体系。当前正在进行反垄断法修订,相信会对互联网领域的反垄断问题作出适当的回应,但鉴于反垄断法只解决重要法律界限和标准问题,不可能过于具体,且有些问题还没有充分展开,指望反垄断修订能够提供系统的互联网领域反垄断特别规范估计不太可能。因此,互联网平台反垄断的具体法律标准和话语体系主要由行政执法和司法进行构建。

互联网领域的垄断现象多种多样,这些现象要么因既有垄断行为无法涵盖而需要单独类型化,要么只是在既有规则中找到位置而得到涵摄,前者显然是少见的。平台反垄断的规则构建必须受反垄

---

① 芝加哥学派之前的几十年反垄断施行中,联邦法官践行其自己的反托拉斯政策,并运用当时最有效的经济理论。See Herbert Hovenkamp, *Federal Antitrust Policy: the Law of Competition and Its Practice*, 5th ed., West Academic Publishing, 2016, p. 83-84.

② BAKER, "Recent Developement" 655. 转引自 David Ramsey, *Antitrust and the Supreme Court*, LFB Scholarly Publishing LLC El Paso, 2012, p. 161。

断法框架的约束，主要是解决“对号”问题，不可能自成一体。国务院反垄断委员会《关于平台经济领域的反垄断指南》（本文以下简称《平台反垄断指南》）显然是将反垄断规则在互联网领域进行的具体化，所规定的规则标准既坚持了传统反垄断标准，又结合互联网领域的特点进行了针对性创新，但更多涉及法律标准和行为认定的方向、思路和判断因素，其具体运用仍有较大的模糊性、弹性和裁量性。互联网领域的反垄断大幕刚刚拉开，对于互联网垄断问题的认识还在不断深化，规则和话语的构建只能循序渐进、与时俱进，实事求是从实际出发，不可能贪大求全、盲目冒进。而且，互联网平台反垄断的规则构建无须刻意追求引领国际潮流和急于贡献中国经验，更不宜为追求这些目标而仓促接受不成熟或者争议大的观点。国际效果更多是水到渠成的溢出效应，不应该是主动追求的目标。

2. 保持话语体系的法律性和执法理性

随着以平台为代表的互联网产业迅猛发展，以及互联网经营者之间竞争与博弈的日渐白热化，业界逐渐对于互联网垄断现象进行了归纳，如平台“二选一”“大数据杀熟”“自我优待”“最惠国待遇”等。[①] 这些现象的归纳对于认识行为背后的本质具有价值。“二选一”等媒体术语和社会俗语具有很强的误导煽动性，容易激起社会情绪。但是，现象与性质之间毕竟还有差距甚至“鸿沟”，现象只是认识本质的第一步。尤其是在法律上进行定性时，更要透过现象进行本质性行为界定和法律涵摄，更应该遵循法律逻辑和法律理性。如果使用“二选一”等经济生活俗语及“最惠国条款”等形象说法归纳和表述垄断现象，虽然通俗易懂和便于打通现象与本质的联系，但也显然具有失之准确的风险，因而需要时刻注意法律标准的归位。

反垄断的依法治理是一种理性治理，需要依靠规则和程序，并时刻警惕情绪。尤其是，平台垄断行为的具体构成都具有相应的法律门槛，需要依法认定，不能为眼花缭乱的表象和众说纷纭的说辞

---

① 还有类型多样的归纳，如屏蔽竞争对手或拒绝开放 API 接口、通过平台红包与补贴掠夺竞争平台的客户、以搜索降权为工具打击竞争对手或者要求商家同意捆绑销售、通过设置弹窗、操作必经步骤等捆绑销售产品或服务。这些术语及对现象的归纳因生动形象并经媒体的广泛传播，而被广泛知晓和惯常使用。

所左右。比如,《平台反垄断指南》对于当前常见的互联网垄断行为进行了系统归纳,这些现象确实存在,有些还比较严重,但现象只是起点,能否实际构成垄断行为,仍需进行严谨的深度法律认定,不能取决于笼统概念,须作法律要件的衡量。现象可能是广泛的,实质性构成垄断经常却又未必。从整体上看,即便存在这些现象,也并不表明互联网产业已被垄断行为"沦陷",互联网产业的总体竞争状况是好的,只是要通过遏制其部分垄断行为,使其走向更为健康的轨道。因此,既不能为现象和表象所迷惑,又需要透过现象看本质,最终做到宽严适度、不枉不纵。

3. 保持互联网平台反垄断的客观中立

纵观反垄断立法和施行的历史,反垄断的风口通常与民意汹涌有关。例如,美国《谢尔曼法》因民众的压力而制定,当时几个大型托拉斯运用经济势力迫使竞争对手退出市场,将不公平条款强加给供应商,对消费者抬高价格,使民众强烈愤恨,形成了立法的呼声和政治推动力。[①] 当今美国数字市场反垄断浪潮也与民意汹涌有关。我国当前强化反垄断首先是决策者审时度势后作出的决断,同时也因为客观上存在反垄断民意呼声。但是,无论是政治号召还是滔滔民意,都不能替代法律的理性客观施行,即在反垄断法的施行层面,务必不能为风头和口号所绑架,更需要中立性和稳定性地适用法律,不随意降低反垄断执法标准,不使反垄断范围随意扩大化。法治轨道毕竟是长久之计,是反垄断安身立命之本。

4. 互联网平台反垄断需要保持适当的执法谦抑

基于数据运算和互联网技术应用的数字经济是当今最具活力的经济领域,互联网平台发展迅猛。互联网企业的体量和实力持续激增和集聚,互联网产业发展已进入深水区,其触角广泛,已呈现"强者愈强""赢者通吃"之势,且方兴未艾、前景无限。但是,互联网产业毕竟还很年轻,互联网创新和变化太快,阶段性问题很可能稍纵即逝,既有的理论和实践经常不能提供系统的答案,对其规律性的认识仍有个不断深入和准确化的过程,还不能有完全的认识和

---

① 参见[美]戴维·格伯尔:《全球竞争:法律、市场和全球化》,陈若鸿译,中国法制出版社 2012 年版,第 131 页。

把握。当前反垄断法律框架总体上适用于互联网产业,但互联网产业同样对于反垄断规则提出了新课题,导致具体把握上的困难。[①]如果对其反竞争行为把握不准,制裁了具有促进竞争潜力的行为,就会窒息竞争,损害消费者福利。[②] 在相当一段时间内,该领域的反垄断只能是既要积极,又要适可而止,不能冒进,毕竟创新发展仍是第一要务,要确保发展空间和发展后劲。[③] 我们既要相信执法者与时俱进的智慧和能力,但也希望执法者对于未知和不确定领域保持必要的敬畏。因此,互联网平台反垄断执法应当保持必要的和适当的谦抑。

5. 构建反垄断与反不正当竞争的良性互动

竞争法由反垄断法和反不正当竞争法构成,两者在维护竞争秩序的共同目标之下实现功能互补。反垄断法异常威猛,更多定位于威慑和吓阻,更多的是于关键时候出手,而不是高频率地频繁使用,更不能轻易损伤企业的发展元气。反不正当竞争法则可以对市场竞争行为进行随时随地的频繁调整,充分发挥其作用可以使竞争秩序不断改善和调试,以量变促质变,对于形成垄断有预防作用。中央在“强化反垄断”项下两度同时提出反不正当竞争问题,显然符合两者的功能定位,因而需要高度重视发挥两者的协同作用。

反垄断与反不正当竞争总体上有清晰的法律调整界限,但仍可能有交叉重合之处。例如,《反不正当竞争法》第 12 条禁止“恶意不兼容”等规定,《电子商务法》第 35 条禁止电子商务平台经营者

---

① 美国学者认为,在过去四十多年间,占据主导地位的消费者福利标准不断受到争议,但或许互联网平台正在给反垄断制度带来真正的冲击。美国国会、政府和学界密集出台的数字市场报告等,或许正是发生反垄断变革的重要节奏。See John M. Yun, *Does Antitrust Have Digital Blind Sport*?, 5 George Mason University Law & Economics Research Paper Series 16,20(2020).

② See John M. Yun, *Does Antitrust Have Digital Blind Sport*?, 5 George Mason University Law & Economics Research Paper Series 16,20(2020).

③ 过于严格的反垄断监管也可能抑制创新。按照熊彼特的创新理论,垄断与创新天然联系,没有一定的垄断收益,就不会有创新的动力。技术进步和创新带来的市场影响力或者行业集中度上升,使得创新者获得超额收益,但这与效率的提升相联系。各国对于数字市场的反垄断监管都在审视探索。参见[德]阿希姆・瓦姆巴赫、汉斯・克里斯蒂安・穆勒:《不安的变革:数字时代的市场竞争与大众福利》,钟佳睿等译,社会科学文献出版社 2020 年版,第 6 页。

不合理限制交易等行为，均可能与反垄断法的调整重合交叉，但各自的调整理念、法律后果和市场结果并不相同，特别涉及对于竞争自由空间大小等的后果差异。概言之，对于影响巨大的此类行为，适宜以反垄断法进行遏制，而对于情节不太严重，后果和影响不是太大的行为，不一定要纳入反垄断法进行威慑性惩罚，以留有更多的竞争自由，避免制裁过重。

（四）反垄断法域外适用中的法治与政治

反垄断域外效力既涉及法律问题，又无可避免地涉及国家利益等政治经济问题。“二战”以后美国法院频频使用反垄断域外管辖和放宽管辖事由，以维护美国利益和扩张美国反垄断法的域外影响力，同时也不断遭到国际社会的质疑和反对。但是，无论有多么大的争议，域外管辖都是反垄断无可回避的问题，也是以国家利益为集中体现的强政治相关性的执法领域。在涉及多国竞争执法的同一竞争案件中，各国反垄断机构在作出竞争法决定时通常都会以仅作竞争法评估自许，但结论经常并非如此甚至截然相反。造成这一现象的原因除各国法律及执法裁量因素的常规差异外，也难免有国家利益等因素掺杂其间。[①] 因此，在反垄断法的域外适用中，无论各个国家是否承认，国家利益等政治问题更为突出，法律问题更多是一种说辞或者表象。我国反垄断虽然起步晚，但以巨大的国内市场为后盾，在反垄断域外管辖上具有天然的优势和影响力。在坚持依法开展域外执法的同时，需要善于运用和充分考虑国家利益等因素，灵活掌握管辖标准。

五、结语

反垄断法为遏制资本扩张和市场势力以及保护大众福利而兴起，从其诞生时起就立意高远，并被赋予宏大的政治经济使命。美国是反垄断法的发源地，并在很长一段时期内“一枝独秀”，“二战”后又以其政治经济实力、反垄断域外管辖、发达的法治以及各种国

---

① 2014 年美国商会发布的《中国竞争法执行中的利益博弈：中国反垄断法适用及产业政策的作用》，指责中国反垄断执法存在歧视性申请范围、产业保护、中国知名品牌保护、程序缺陷、第三方秘密角色以及缺乏律师选择权等问题。

际渠道，使其反垄断法产生广泛的国际影响力，有意或者无意地推动了主要国家的反垄断立法和施行。反垄断法的发展与国家的市场信念、市场需求和市场的重要性密切相关。虽然反垄断法在各国的际遇不尽相同，但凡是重要的市场经济体通常都会高度重视反垄断，并赋予其重大使命。我国旨在构建高标准的完善的市场经济体系，并具有广阔的和开放的国内地域市场及纵深产业市场，反垄断法必然具有广阔的发展空间和用武之地，也必然会承载宏大的政治经济使命。当前中央提出的“强化反垄断”和“遏制资本无序扩张”，预示反垄断法将在履行其独特使命中大展身手。

当前互联网经济异军突起独树一帜，成为新一轮产业革命的重要引擎和支撑。互联网资本、技术和产业的独特性，使其易于触角广泛和无序扩张，互联网平台反垄断问题受到了高度关注。网络和平台的规模效益、网络效应和赢者通吃性，使其似乎既有与生俱来的反竞争性，又有明显的促进竞争的优势，是一个多面性的矛盾体，且其具有科技和产业的前沿性，对其竞争性和反竞争性的特点和规律都需要有一个不断深化的认识过程。[①] 鉴于此，互联网平台反垄断既要及时、积极和到位，又要适时、适度和谦抑，首先要有宏大的政治经济站位，并妥善处理反垄断与促进创新发展之间的关系，既适度遏制互联网垄断和资本无序扩张，又始终以有利于创新发展为本位。互联网反垄断毕竟是一项重大的法治事业，必须纳入法治化轨道，进行法治治理，始终确保其行走在法治的大道上。

---

① “高科技/大数据平台一直被打着 BAADD 的烙印——即‘庞大（big）、反竞争（anticompetitive），诱人上瘾（addicative），破坏民主（destructive to democracy）’”。“它们主宰我们的生活，‘窃取’和售卖我们的数据，并利用其平台的力量摧毁或压制竞争对手”。但平台另有一套说辞：它们是新系统的创造者；常常免费提供热门服务；知名度是发明创造的成果，是成功的标志；提出任何反垄断挑战都将抑制创新。另外，这些是数据和消费者保护的范畴。网络和平台的网络效应既取悦了用户（用户获得了更多的“朋友”、供应商或买家），又建立了极高的进入壁垒，强化了自身的市场力量。参见［美］埃莉诺·M. 福克斯：《平台，力量与反垄断挑战：对缩小美国与欧洲分歧的审慎建议》，周丽霞译，载《竞争法研究》2020 年第 5 期。

第十篇　专利侵权判断若干规则的由来与发展[①]

第四次《专利法》修改并未涉及专利侵权判断规则的改变。事实上，专利侵权判断标准主要是通过司法解释和裁判构建和发展的，《专利法》对此始终并无太多的规定。因此，司法对于专利侵权制度的构建至关重要，过去如此，将来也会如此。笔者本人有幸从事十年知识产权审判工作，亲历了一些专利侵权判断规则和政策的确立和发展，遂就几项专利侵权判断规则和政策的确立过程，讲述如下。

一、等同侵权：由中性递进式适用到限制性适用

等同侵权的适用在专利侵权判断中是一个政策性和敏感性较强的问题，用之过严（失之过严）可能会保护不足，用之过宽（失之过宽）会妨碍他人权益和公共利益。

等同侵权源于美国司法中的专利侵权判断，是美国法院创制的专利侵权判断规则。一些美国学者的研究表明，20 世纪 90 年代以来，美国专利侵权的等同原则的重要性迅速下降，甚至有濒于“消亡”的说法。在 2013 年最高人民法院部分知识产权法官与美国联邦巡回上诉法院首席法官瑞德进行的

---

① 本文系回忆性文章，写于专利法第四次修订之际，《知产财经》约请笔者介绍一些亲历的专利司法往事。

专利司法业务交流中，瑞德法官介绍说，15年前专利等同侵权运用广泛，此后联邦巡回上诉法院发表一系列司法意见，尤其是瑞德法官本人发表的意见，使得等同侵权已经很少适用，成为一种例外。笔者问及原因时，瑞德法官回答是，发明人应当从字面上提出权利要求主张，应当承担这种责任，在其撰写权利要求时就应当妥善处理好这一问题，等同侵权会使权利要求不确定，不利于公众，确有必要适用等同侵权时，才可例外地予以适用。

美国一些著名学者对等同侵权的式微进行了经验性分析。艾莉森（Allison）和莱姆利（Lemley）教授认为，等同原则的消亡始于Markman v. Westview Instruments案，该案中初审法官被要求对专利权利要求的范围进行字面解释。Petherbridge教授证明等同原则在该案发生的几年后开始消亡，即在美国最高法院运用该原则裁决Festo案（Festo Corp. v. Shoketsu Kinzoku Kogyo Kabushiki Co.）之后，该案之后等同侵权的适用性降低。David L. Schwartz教授认为联邦巡回上诉法院在Markman案中重塑了专利诉讼，否决了先例并主张专利权利要求的解释应该是由法官决定的法律问题，而不是陪审团决定的事实问题。专利权利要求解释与等同侵权在适用上具有替代性，即一般情况下，法官了解了被诉侵权产品的结构的相关知识之后，就能够对权利要求中含糊不清的文字进行比较宽泛的解释，从而不用再适用等同侵权原则。法官对于权利要求解释的专属权利的明确，使解释的作用大幅提升，等同侵权的重要性迅速降低。[①] 在2013年6月14日最高人民法院知识产权庭部分法官与美国联邦巡回上诉法院首席法官瑞德有关专利司法的交流中，我们曾就美国等同侵权的适用问题进行讨论，瑞德法官指出从15年前开始，等同侵权的适用越来越受限制，成为一种极少情况下适用的例外和特殊情况。他认为这种限制主要是为了维护专利权的确定性，避免公众因专利权利不确定而无所适从。

我国专利侵权判断中的等同侵权主要借鉴自美国专利司法，据说我国在1995年周林频谱仪案中较早地适用了等同侵权，并由

---

① 参见张继宏：《美国等同侵权原则的"消亡"对我国专利侵权诉讼的启示》，载《知识产权》2013年第2期。

2001 年最高人民法院《关于审理专利纠纷案件适用法律问题的若干规定》第 17 条进行了明文规定,即该规定"第一次以规范性文件的形式将等同原则明确为专利侵权判定的一项司法原则"[①]。我国制定司法解释时还特意指出,"等同原则的适用与案件所涉及的具体技术方案等实际情况相关,难以划定统一的标准,因此该规定对等同原则只作了原则性规定,专利等同侵权行为还必须由法官依照程序精心判断"[②]。

我国司法实践一般认为,等同侵权是专利侵权的一项重要判断规则。等同侵权的本意是给予专利权应有的保护,即出于公平考虑,将那些简单改变技术特征、实质上仍使用他人专利的行为纳入侵权之列,防止他人通过简单改变技术特征的方式规避专利侵权。这种初衷无疑是好的和适当的,但操作起来并非易事,因为等同条件的把握具有不确定性,在适用上难以做到统一,很难一定能够做到可丁可卯、恰如其分和不枉不纵,实质公平的目标有时难以完全达到,而且将会损害专利权的可预见性和确定性,加大了公众的行为风险,增加了社会的创新成本。因此,如何把握等同侵权的适用也就成为引人瞩目的专利法问题。就我国而言,摒弃等同侵权是不必要的,仍应发挥其积极作用,但不限制其适用危害更大。对此,应当结合我国创新的需要和实际,参考国外的做法和趋势,尽量限制其适用范围和严格把握适用条件,同时尽量寻求客观性的替代办法,尽量减少其适用的副作用。这是近年来最高人民法院强调适当限制等同侵权适用的重要背景。

在前些年的专利司法实践中,等同侵权通常被作为中性的递进式的专利侵权判断原则。所谓"中性",乃是不刻意作限制性或者宽松式政策导向性的适用,也仅对是否符合等同侵权进行中性的判断,在适用上不体现从严或者从宽适用的政策导向性。所谓"递进式"适用,乃是在专利侵权判断时首先判断是否构成字面侵权,如果不构成字面侵权,则当然地再进一步判断是否构成等同侵权。根据法官适用法律的惯性思维,无论是法律还是司法解释,只要明文规

---

① 参见孔祥俊主编:《最高人民法院知识产权司法解释理解与适用》,中国法制出版社 2012 年版,第 35-36 页。

② 同上注,第 36 页。

定了某种原则或者行为，法官通常都会充分使用该规定，即将条文的事项适用到极限是一种司法常态。等同侵权只是一种构成专利侵权的形态，也是字面侵权的一种适当延伸，国外通常是交给司法裁判进行酌定，不太会将其条文化适用。我国司法解释则直接将其条文化，结果就是使其适用尽可能充分。这种放任性的“中性”适用，有可能使等同侵权的适用范围太宽，特别是在是否认定等同侵权存在余地或者空间的两可情形下，往往会选择认定构成等同侵权，从而事实上使专利权保护范围最大化。这种情形与专利侵权判断天然的政策导向不尽一致。前些年司法实践中已经有无条件充分适用等同侵权的倾向，因而引起了关注。

专利制度与科技创新的关系最为紧密，专利权保护与国家的科技创新需求和发展阶段等国情的关系更为密切。比如，日本法院在涉及等同侵权的利益平衡中一直注重维护公众利益和专利局利益，而不太侧重专利权人利益。原因是，日本长期处于在技术上追赶美欧的状态，日本通过进口先进技术并在此基础上改进技术，成功地促进了工业发展。或者说，日本是集成创新和吸收改造后再创新占主导的国度，原始创新相对较少，等同侵权的适用不太符合日本的创新国情，不利于日本的科技创新。为了给这种改进式创新留下空间，应要求专利文件对于专利范围的界定清晰明白，避免引进等同侵权而导致的不确定。因此，日本法院在很长时期内拒绝在其专利制度内引入等同侵权概念。与此相应，日本专利权人在专利侵权诉讼中也不主张等同侵权，因为日本法院会认为这种主张不属于侵权的情形。一旦法院认为不构成字面侵权，就强调引进等同侵权的不确定性，以此简单地驳回专利权人的侵权诉求。但是，在例外的情况下，有的专利权人能够成功地说服法院将其专利权保护扩展到权利要求语言的字面含义以外。这种例外涉及不认定侵权会导致不公平结果的情形。为获得这种公平的结果，日本法院仍然拒绝使用等同侵权概念，而是根据实质相同规则扩展权利要求语言的字面含义。直至 1998 年，日本最高法院在 Ball Spline（无限滑动用滚珠栓槽轴承）案中明确承认了等同侵权原则，但对于等同侵权的适用设定了严格的条件。[①] 自此,日本法院开始了界定等同的内容和范围这一艰辛的工作。可见,前些年日本司法先是迟迟不承认等同侵权,后来日本判例虽然承认等同侵权,但日本最高法院仍严格限定等同侵权的适用条件,避免过于宽泛的适用而妨碍科技创新。

我国是科技赶超型后发国家,需要更多的科技创新空间,而且,我国各类发明创造情况差别很大,在专利侵权判断上应该有所区别。体现在专利侵权判断上,对于字面侵权的,没有不认定构成侵权的斟酌余地,而对于是否构成等同侵权,则具有相对较大的裁量空间,需要在总体上有所限制,在此基础上还可以区分具体情况。在这种背景下,最高人民法院开始提出适当限制等同侵权适用的司法政策。

例如,2002 年全国法院知识产权审判工作座谈会指出,"在侵权诉讼中,对构成等同技术的,要根据《最高人民法院关于审理专利纠纷案件适用法律问题的若干规定》第 17 条的规定,确认侵权。被控侵权人以公知技术抗辩成立的,应当认可该抗辩理由。"这里对于等同侵权的适用采取了没有政策导向性的中性态度。2003 年全国法院专利审判工作座谈会指出,"专利审判必须坚持适度保护原则","专利审判要做到,不仅要保障专利权人合法的技术垄断权益,也要保障技术市场中技术的自由流动和充分竞争,注意私权与公众利益的合理界定,既要避免保护不力,也要防止权利的滥用"。这里虽然没有提及等同侵权的适用问题,但这种"适度保护"的精神同样适用于等同侵权的适用。

2008 年 2 月第二次全国法院知识产权审判工作会议提出,"要严格按照司法解释规定的条件认定等同特征,必须在'三个基本相同'的客观判断基础上,同时从本领域普通技术人员角度进行显而易见性的主观判断。可以适当考虑专利的创造性程度高低适度从宽或者从窄解释权利要求。"

2008 年 11 月全国法院知识产权审判工作座谈会提出"统筹兼顾知识产权依法保护与适度保护的关系"。特别是"我国是一个发展中国家,虽然已经具备一定的经济实力,但人均国内生产总值还

① See Tsubakimoto Seiko v. THK K. K. ,1630HanreiJiho 32(Sup. Ct. 1998).

很低;虽然科技得到一定发展,一些领域达到国际先进水平,一些领域具备了冲击国际先进水平的能力和条件,但更多领域需要加速发展、迎头赶上;社会主义市场经济体制虽已建立,但需要逐步完善。在知识产权保护中,要将经济技术领域的特点、发展的阶段性特征和发展需求作为重要考量因素,立足于促进我国经济技术的赶超和国家竞争力的提高,善于利用司法政策、自由裁量权和法律适用技术,妥善处理依法保护和适度保护的关系,避免抽象地或者盲目地讲保护,使司法保护既合法,又适度;既能激励科技创新和经济发展,又利于促进知识传播和运用,增进企业利用和创新新技术的能力,拓展发展空间"。这次会议明确提出,"要妥善处理专利侵权判定中相同侵权与等同侵权的关系,适度从严把握等同侵权的适用条件,合理确定等同侵权的适用范围,防止等同侵权的过度适用"。

后来,适度从严把握等同侵权适用的政策被写入了最高人民法院司法规范性文件。最高人民法院《关于贯彻实施国家知识产权战略若干问题的意见》(2009 年 3 月 23 日印发,法发〔2009〕16 号)第 9 条规定:"……不断完善专利侵权判定标准,准确确定专利权保护范围,正确认定专利侵权行为,在依法保护专利权的同时,防止不适当地扩张专利权保护范围、压缩创新空间、损害创新能力和公共利益。严格专利权利要求的解释,充分尊重权利要求的公示和划界作用,妥善处理相同侵权与等同侵权的关系,适度从严把握等同侵权的适用条件,合理确定等同侵权的适用范围,防止等同侵权的过度适用"。

2011 年全国法院知识产权审判工作座谈会进一步提出,"要以加大专利权保护力度为基础,促进我国科技创新能力的提高。要根据专利创新程度、所属技术领域特点和产业政策等,妥善运用权利要求解释、等同侵权等法律标准,依法加大专利权保护强度,推动技术突破和技术创新。要加大对关键核心技术、基础前沿领域和战略性新兴产业的专利权保护,积极推动我国产业结构的战略性调整。对于创新程度高、研发投入大、对经济增长具有突破和带动作用的首创发明,要给予更高的保护强度和更宽的等同保护范围。在加大保护力度的同时,也要注意适应不同技术领域专利权的特点和创新需求,实现宽严适度。""要探索完善等同侵权适用条件,坚持以手段、功能和效果基本相同并且对所属领域普通技术人员显而易见为必要条件，防止因等同原则适用过宽而妨碍创新。对创新程度相对较低的改进发明，一般要适当限制其等同保护范围”。

等同侵权的适用不能仅仅依靠观念和自觉，要尽量形成一些可操作性的规则，通过规则加以落实，并确保法律适用的一致性，减少任意性。前些年，最高人民法院特别强调适当限制等同侵权的适用，尤其是通过司法解释和典型判例，明确和强调通过恰当运用技术特征全面覆盖、禁止反悔、捐献等规则，落实限制等同侵权适用的司法政策和精神。同时，适用等同侵权时也要注意与创新程度相适应。例如，对于全新的、在技术史上未曾有过先例、在某个时期具有科技开创性或者开拓性的重大发明专利，适用等同侵权时可以适当放宽；对于组合性发明或者选择性发明，适用等同侵权时可以适当从严。

当前我国提出了“严格保护”的知识产权政策，但这只是一种整体性的政策导向。知识产权保护的情况毕竟非常复杂，“严格保护”不是“一刀切”和简单机械地加强。知识产权本身是一种私权与公共利益平衡的产物，在内涵和外延上具有复杂丰富的面相，不能简单地用一把尺子丈量。况且，如何界定“严格保护”本身也是一个问题。比如，严格与不严格是对应词，而且是否严格应该有一个刚性标准和参照系，符合标准和规范的保护是严格保护，否则不是严格保护。但是，知识产权制度本身除刚性的标准外，更多的是弹性的因素，所谓严格保护必须基于复杂的具体情况，不是一个态度性的“严格保护”就能轻易解决问题的。而且，“严格保护”可能还涉及历史语境，即相对于以前的保护，现在需要更严格的保护，也即以前的保护不够严格。不过，知识产权保护都有历史阶段性，当时的保护符合当时的标准和规范，就是当时的严格保护，而纵向的历史比较通常只比较保护程度和水平之高低，不存在是否严格问题。因此，“严格保护”必然是相对的，任何时期的知识产权保护都需要考虑科技创新实际和我国的发展需求，都必须考虑各类知识产权的特点，归根结底都必须有利于创新发展。就字面侵权与等同侵权而言，字面侵权更多体现刚性和严格性，等同侵权则需要考虑保护对象的创新高度等情形，考虑对于科技创新的有利性，不是越严格适用越好。

二、侵权而不停止行为

禁令救济在知识产权保护中具有特别的价值,特别是知识产权不同于其他财产权,它是一种市场竞争和市场布局的工具,可以作为市场竞争的攻防武器。禁令则是达成市场竞争、市场布局和删除各方的法律手段。当前我国知识产权诉讼中的禁令救济已被权利人越来越充分地运用,诉前和诉中禁令更是得到了充分的运用。禁令无疑是知识产权保护的重要工具。禁令救济具有两面性,在侵权行为尚未判定时发布禁令更是一把"双刃剑",因而需要符合法定条件并慎重进行利益平衡。即便是裁判构成侵权时给予禁令救济,也需要考量特殊情形,因而出现了判决构成侵权但不停止行为的情形。

2007 年全国法院知识产权审判工作座谈会首次提出构成侵权而不停止行为问题,即"对于一些在诉讼中继续存在的特殊的侵权行为,也要根据案件具体情况,合理平衡当事人之间以及社会公众的利益,考虑执行的成本和可能性,对于判决停止侵权将导致执行结果明显不合理或损害公共利益的,可以适当加重侵权人的赔偿责任而不判决停止有关的销售、使用行为"。2008 年第二次全国法院知识产权审判工作会议进一步提出:"要根据案件具体情况,合理平衡当事人之间以及社会公共利益,如果停止侵权会造成当事人之间的利益的极大失衡,或者不符合社会公共利益,或者实际上难以执行,可以根据案件具体情况进行利益衡量,在采取充分切实地全面赔偿或者支付经济补偿等替代性措施的前提下,可不判决停止侵权行为"。后来这些政策又被纳入了规范性文件和司法解释。最高人民法院《关于当前经济形势下知识产权审判服务大局若干问题的意见》(2009 年 4 月 21 日印发　法发〔2009〕23 号)第 15 条规定:"……如果停止有关行为会造成当事人之间的重大利益失衡,或者有悖社会公共利益,或者实际上无法执行,可以根据案件具体情况进行利益衡量,不判决停止行为,而采取更充分的赔偿或者经济补偿等替代性措施了断纠纷。权利人长期放任侵权、怠于维权,在其请求停止侵害时,倘若责令停止有关行为会在当事人之间造成较大的利益不平衡,可以审慎地考虑不再责令停止行为,但不影响依法给予合理的赔偿。”最高人民法院《关于审理侵犯专利权纠纷案件应用法律若干问题的解释(二)》(法释〔2016〕1号)第26条规定:“被告构成对专利权的侵犯,权利人请求判令其停止侵权行为的,人民法院应予支持,但基于国家利益、公共利益的考量,人民法院可以不判令被告停止被诉行为,而判令其支付相应的合理费用。”与上述司法政策相比,司法解释将不停止行为的事由限于“国家利益、公共利益”,而没有提及“停止有关行为会造成当事人之间的重大利益失衡”等情形。在最高人民法院审判委员会讨论司法解释时,提交的草稿(“送审稿”)规定的措辞是不停止侵权,且起草部门曾经解释不停止行为的情形比较常见,所以要作出规定。当时主持会议的法官问笔者是什么意见,笔者认为停止侵权是原则,不停止行为是例外,只限于特殊情况,而且,不能表达为不停止侵权,只能表达为不停止行为,因为一旦允许不停止行为,便意味着不再处于侵权状态。

那几年最高人民法院和地方人民法院在判决中已采用构成侵权而不停止行为的裁判方式。例如,最高人民法院在一个涉及使用在电站中的技术构成专利侵权的案件中,因考虑电站的使用涉及公共利益,判决不予停止行为。

最高人民法院采纳构成侵权而不停止行为的做法,与当时美国遏制非专利实施主体滥用专利权的做法有关系,即关注了美国最高法院的判例做法,并予以借鉴。

前些年美国对于专利劫道者①和滥用诉讼关注较多,尤其是专利密集的通讯产品领域。为此,美国启动了专利法改革,既包括修改专利法,又包括由最高法院通过判例进行的专利法变革。例如,专利权人试图以请求禁令的方式威胁将下游的生产商逐出市场,以此影响许可协议的谈判,尤其是在专利权利范围为一件利润高且受欢迎的合成产品的一小部分时,禁令的威胁更大。在以累积

---

① 即“patent troll”,我国目前对其称谓的汉译有多个,如“专利流氓”或者“专利蟑螂”等。“troll”的本意是“潜伏于桥下继而突然向吃惊的路人索要过路费的人”。参见[美]丹·L.伯克、马克·A.莱姆利:《专利危机与应对之道》,马宁、余俊译,中国政法大学出版社2013年版,第220页。这种人像“此山是我开,此树是我栽,要想从此过,留下买路财”的劫道者或者劫持者,专利流氓和专利蟑螂之类的翻译似乎不能传达这种含义,其中专利流氓的称谓还有一点这种意思,专利蟑螂的称谓就有点离题了。不过,“专利蟑螂”“专利流氓”之类的称谓虽然不够精确,但也生动形象和入木三分。

性创新为特征、业内大量专利并不实际实施的软件等产业，专利劫持现象更为突出。“软件产业的专利劫持人可以禁令救济相威胁，或者主张远远超过其贡献价值的非常可观的‘合理的’使用费以求和解赔偿，而不管其专利或者提出的宽泛请求有多么无力。由于公司无法承受惩罚性禁令救济或者损害赔偿的风险，于是不得不向专利所有人付费以使之离开，却并没有通过主张坏专利无效或者缩小其过宽的权利要求而使社会受益。”①尤其是，遏制专利流氓(patent troll)的滥诉和专利勒索行为是美国最高法院 2006 年作出 eBay v. MercExchange 案判决的重要背景之一。② 美国最高法院在该案中“叫停专利劫持，判决指出胜诉的专利原告并不总是有权获得禁令。紧随其后，一些地区法院已经开始在原告和被告具有竞争关系的情况下，限制禁令救济，看起来这种做法相当合理。”“如果联邦巡回上诉法院一方面拒绝阻止被告的继续销售同时又决定对上述行为加以惩罚，那就不如发出禁令了。”③

笔者于 2006 年曾经在加州伯克利大学进行研修，其间研究了美国专利法改革以及最高法院 eBay 案判决，很受启发，同时对于国内非专利实施主体将来有可能滥用专利权有所忧虑。这些经历和考虑对于积极推动将侵权而不停止行为纳入知识产权司法，有直接的作用。

构成侵权而不判决停止行为，实际上是利益平衡的选择，所以要妥善地把握适用条件，不能有太宽松的标准和条件。尤其要注意在判决不予停止行为时，通常要给予权利人充分的赔偿。因为，知识产权毕竟是权利人通过其权利获取适当经济回报的权利，权利人对于知识产权的专有权是其与他人缔结有利许可合同条款的基

---

① [美]丹·L.伯克、马克·A.莱姆利：《专利危机与应对之道》，马宁、余俊译，中国政法大学出版社 2013 年版，第 250 页。

② 遏制专利蟑螂之类的滥用专利权行为，是 21 世纪初期美国酝酿专利改革所针对的一项重要内容，国会试图限制赔偿数额、授予法院驳回禁令救济的自由裁量权，但阻力重重。在国会立法举步维艰之际，司法积极回应和作为，eBay 案就是在此背景下应运而生的。参见[美]丹·L.伯克、马克·A.莱姆利：《专利危机与应对之道》，马宁、余俊译，中国政法大学出版社 2013 年版，第 158、160 页。

③ [美]丹·L.伯克、马克·A.莱姆利：《专利危机与应对之道》，马宁、余俊译，中国政法大学出版社 2013 年版，第 40 页。

础,可以使权利人处于缔约的优势地位。构成侵权而不判决停止行为,实质上相当于强制许可,如果赔偿不充分,不仅可能会削弱权利人的缔约谈判地位和能力,还可能鼓励和纵容他人侵权,因为侵权之后能够以较低的赔偿解决问题,省却了获取许可时讨价还价的困难和麻烦。适当地增加赔偿数额,实际上是基于包括许可谈判能力等相关情况的综合考量,乃是对于实际损失的裁量,并不是惩罚性损害赔偿。

三、知识产权保护的比例原则

近年来比例原则在我国的许多法律领域都被频繁提及。笔者本人最早接触比例原则是在最高人民法院行政审判庭工作期间。当时最高人民法院曾经在一个涉及城市规划的行政案件中,依据比例原则改变具体行政行为。而且,比例原则本身源于欧盟公法,我国法理中的比例原则也是借鉴自欧盟公法。正是由于笔者在这一工作经历中对于比例原则的了解,后来在知识产权研究中觉得以比例原则解读知识产权保护,也是恰如其分,因而前些年将其引入了知识产权领域中。

前些年笔者在《知识产权保护的新思维》一书中写道,根据权利状况和保护领域调节保护程度,或许可称为知识产权保护的比例原则。这种原则具有久远的历史渊源。“从18世纪开始,在英国和其他地方出现了两项指导原则:专利应该只授予新的和重要的发明,专利授予的范围应该与发明的大小成比例。”①该原则适用于专利权的保护,且其精神在其他知识产权保护中也具有可适用性。

比例原则要求专利权保护与贡献的相适应。例如,我国专利司法解释规定专利侵权赔偿需要考虑专利的贡献率,标准必要专利许可费的确定有时也需要采取比例原则。尤其是,知识产权具有弹性和不确定性,况且专利等知识产权又是通过行政授权获得的,行政授权存在诸多人为因素,难免不出现授权缺陷或者失误,产生授权问题。这些问题需要在保护中解决,不能坐视不理。知识产权保护

---

① [美]亚当·杰夫、乔希·勒纳:《创新及其不满:专利体系对创新与进步的危害及对策》,罗建平、兰花译,中国人民大学出版社2007年版,第7页。

必须与其权利状况和实际贡献相适应,过宽或者过窄的保护都是不适当的。这些问题也不仅是我国存在的问题,其他国家也同样是存在的。

首先,比例原则应体现为保护应当与权利的特点和属性相协调。知识产权保护强弱需要与权利自身的特点和属性相协调。倘若知识产权保护的强度和范围与权利状况不相适应,要么会因保护不到位而挫伤创新者的积极性,要么会因保护过度而侵占公有领域,使权利人获得不正当利益,妨碍公众创新,助长不公平竞争。这些均将妨碍更多更大的创新,损害的必然是创新机制。

其次,比例原则要求根据法律目的确定权利保护的强弱。对于一些权利的保护强弱要考虑法律目的(立法目的),符合法律目的的要求,不能与立法目的相背离。

最后,知识产权保护要与新经济和新技术的创新发展需求相适应。知识产权保护与知识经济、新商业模式和新技术发展息息相关,新经济和新技术的发展拓宽了知识产权创造、运用和保护的领域,也为知识产权保护带来了新课题。知识产权保护的总体取向是,既在这些领域及时给予和适当加强保护,通过保护激励知识产权的创造和运用,增强经济技术创新和发展的动力,又要区别情况和宽严适度,通过技术中立等规则的正确适用,为新商业模式、新产业和新技术的创新和发展留足空间,有效维护创新机制。

四、“司法定价”:专利侵权赔偿与市场价值挂钩

2018年2月27日中共中央办公厅、国务院办公厅印发的《关于加强知识产权审判领域改革创新若干问题的意见》在“建立体现知识产权价值的侵权损害赔偿制度”部分指出,“坚持知识产权创造价值、权利人理应享有利益回报的价值导向。充分发挥社会组织、中介机构在知识产权价值评估中的作用,建立以尊重知识产权、鼓励创新运用为导向,以实现知识产权市场价值为指引,以补偿为主、惩罚为辅的侵权损害司法认定机制,着力破解知识产权侵权诉讼‘赔偿低’问题”。在此明确了“以实现知识产权市场价值为指引”,正式地将损害赔偿与市场价值挂钩。

将损害赔偿与市场价值挂钩,与前些年(至今仍然如此)着力解

决赔偿难的背景相关。前些年流行的“维权成本高、侵权代价低、赢了官司输了钱”的说法,突出反映了我国司法裁决的赔偿额偏低问题。各级法院一直在努力探索解决赔偿难的问题,采取了一系列举措。在这种背景下,笔者较早在观念上倡导将损害赔偿与市场价值挂钩,以及形成司法与市场的良性互动,并提出了司法定价的概念。例如,笔者曾经在2013年知识产权法研究会的年会上提出,“如果被侵害的知识产权不能得到充分赔偿,知识产权就将成为廉价品。我们要通过提高司法赔偿额,来引导知识产权市场价值的提高。而知识产权市场价值的提高,反过来又将推动司法定价的进一步提升”①。当时提出要深入研究和把握知识产权的市场价值,确定恰当的司法定价基础,并注重导向因素,在司法定价上凝聚更多共识,在此基础上形成符合市场规律和满足权利保护要求的定价机制,再通过司法定价影响市场定价。

2013年笔者在《人民司法》撰文,进一步提出“重视司法‘定价’与市场定价的良性互动”。有关文章指出,加大保护力度就要使知识产权获得应有的市场价值。如果损害赔偿不能反映知识产权的市场价值,就会损害创造创新的积极性,从而扭曲市场竞争和损害资源配置的效率。确定赔偿数额本质上是由司法对于知识产权进行“定价”,这种定价经常参照现实的市场价值(如市场利益或者许可费的损失),也应当如此,而定价的高低反过来又会影响权利的市场价值(包括影响将来的许可费等市场定价),对于权利的市场价值具有逆向导向作用。司法“定价”与市场价值良性的关系应当是,司法确定赔偿时应当认真研究市场价值,尽可能准确反映市场价值,而司法“定价”反过来又能够正确引导市场定价,使市场定价与权利本来的市场价值相符合。只有形成如此良性循环的定价关系,才会使司法与市场良性互动。例如,美国专利等知识产权诉讼很活跃,由此提高了权利的市场价值,市场价值引导司法赔偿,而司法赔偿反过来又推动市场定价。一些企业甚至通过诉讼方式确定赔偿额,为将来许可他人使用确定可资参照的费率标准。② 诉讼与

---

① 参见《专家建议法院判赔与市场价值挂钩》,载《法制日报》2013年11月8日。

② 美国联邦巡回上诉法院首席法官瑞德(Rader)曾于2013年10月中旬在中国人民大学知识产权学院召开的一次座谈会上介绍这些情况。

市场的良性互动关系使美国成为“全球最活跃最有价值的专利市场”①。

此外，考虑到知识产权的无体财产属性及其价值的不确定性，考虑到知识产权损害赔偿的举证困难，赔偿数额的司法“定价”往往具有双重性，即确定性与导向性。前者体现的是事实和证据因素，如根据实际损失、利润损失或者许可费等确定损失数额，需要相应的证据证明，反映的是个案因素；后者体现的是导向或者调适因素，是对于赔偿与知识产权价值关系的总体把握和导向，引导赔偿与市场价值相适应和相促进，它是在事实和证据的基础上的价值平衡和市场提升，源于事实因素而高于事实因素，反映的是总体市场需求。事实因素在所有民事侵权损害赔偿中都有体现，而导向和调适因素则体现了知识产权的特色，体现了它与有体财产损害赔偿不同的理念和方法。提升知识产权的市场价值，必须重视导向和调适因素，通过调适和导向，使知识产权价值和损害赔偿能够达到足以激励创新的程度和预期。倡导和实现导向因素，首先要转变观念和凝聚共识，实现从有体财产观念到无体财产观念的转变，确立与知识产权制度相适应的价值观和损害赔偿观，适当脱离有体财产损害赔偿观念的窠臼，构建具有无体财产特色的损害赔偿体系。其次，赔偿数额不是要一概地或者盲目地提高，为防止知识产权价值与其质量相脱节，防止助推价值虚高而导致保护“异化”，尤其要注重构建加强保护的良好前提和基础。例如，要重视对权利状况的审查，并且使保护强度与权利的可保护价值相适应，不保护无法保护的知识产权，也不给予超出其创造性程度的额外保护。保护过度和缺位都是对于知识产权保护制度的误读，都要防止。

2014年笔者又在《知识产权》杂志发表署名文章，进一步阐述损害赔偿与司法定价的关系，认为这是强化市场观念的应有之

---

① 有论者指出：“中国的科技人才资源总量目前居世界第一，国际科技论文数量居世界第二，发明专利申请量也居世界第三，但就是这样一个具有世界影响力的科技大国，却无力在国际专利市场掀起一点点风浪。很显然，中国智慧没有得到应该有的价值。”“中国的专利申请量虽然位居世界第三，但绝大多数为国内专利。特别在美国这个全球最活跃最有价值的专利市场上，中国每年却只有不到2%的申请量，即便是这仅有的2%，绝大多数也只是一些通过普通中介申请的没有太多价值的专利。”参见陈杰：《中国智慧也应明码标价》，载《科技日报》2013年10月23日，第9版。

义，也是解决当前保护不力的重要突破口。损害赔偿不是在正常交易条件下以合同等方式确定交易价值，而是恢复和填平受到的损失。知识产权的特性以及损害事实取证难等实际情况，使确定实际损失经常面临很大困难。因此，才有必要积极探索能够最大限度地接近实际损失的途径。尤其是，损害赔偿要尽可能以市场条件为参照，反映和实现真实市场价值。特殊情况下，如涉及按照FRAND标准认定许可费的案件，甚至已接近司法定价。强调市场观念以及把赔偿与市场价值挂钩，是加大保护力度的突破口，是对知识产权保护本质的回归。况且，当前按照市场观念和标准确定损害赔偿问题已具有越来越好的条件和基础，如知识产权价值被计入GDP等，说明知识产权的市场价值越来越有客观基础和量化标准，司法保护需要及时关注和反映这些新情况、新动态。

五、专利权利要求的意思与表达问题

前些年专利实践中一个普遍性的政策问题是，对于专利申请人撰写水平的要求是更高一些，还是更低一些①。如果作更高一些的要求，就可以对一些撰写瑕疵作出不利于专利申请人的解释；反之，如果要求更低一些，对于撰写瑕疵可以尽量作出有利于专利申请人的解释。从当前实际看，如果过于迁就实际的撰写水平，过于个案化地探求专利权利要求的本意（真实意思），则必然增加专利权利要求的不确定性，不利于让公众确知权利要求的范围，有害社会的创新；反之，如果不考虑当前的专利权利要求整体状况和特定权利要求的特殊情况，既可能脱离专利授权实际状况和超越我国专利事业发展阶段，又可能使特定权利人遭受明显不公平的待遇。有人提出对此要考虑几个层次的问题。其一，专利权的边界应当相对清

① 在司法解释明确“捐献规则”之前，最高人民法院在讨论有关申诉案件时，曾遇到过此类问题。有一个专利侵权案件涉及是否认可捐献规则问题。涉案专利权利要求书未将说明书中的一种实施例包括进来，原审法院按照等同侵权将其纳入保护范围。前些年这种做法较为普遍，主要是考虑当时的专利文书撰写水平整体不高。在审查这一申诉案件时，曾经就是否引进捐献规则、不再适用等同侵权进行讨论，感到不能再迁就专利文书的实际撰写水平，而应当适当地引导和推动撰写水平的提高，故应该引入捐献规则。为维护确定性，当时先没有在个案中引进，而决定在司法解释中明确。后来的司法解释解决了该问题。

晰（或者尽可能清晰），使相关公众有侵权与否的预期，而且，专利权是拿公开换保护的制度，以这种机制保护和促进创新，其出发点和落脚点都是公共利益。如果保护过头了，会直接损害公共利益；反之，如果保护不足，会直接损害创新积极性，间接地损害公共利益。因此，最根本的问题是如何在这两者之间保持平衡。其二，要立足于国情考虑问题。当前国情是，专利申请文件多数都是由没有专利代理人资格的写手在写，而且专利申请人舍不得在前期申请时花钱，撰写费用非常低廉，因此专利申请人往往是花了钱也没有把事办好，如果要求过高，实际上会损害确实有创新的一部分发明创造的有效性，也与实际撰写水平不符；如果要求过低，对于撰写水平的提高没有正向激励，也不利于专利代理行业的长远发展。因此，需要在政策上确定一个适中的标准。此时，应当强调知识产权司法政策中的"宽严适度"。

如何把握这种平衡和处理这种矛盾，首先要立足于专利制度的本意，然后结合当时的实际。忽视了前者，会使我们的制度走偏或者"异化"，不利于按照其本意发挥作用。但是，制度的有效落实必须扎根于实际，否则会事倍功半和欲速不达。为此，我们应当尽量掌握相对较高的标准，同时兼顾实际和特殊需求，即在总体上掌握较高标准的前提下，考虑实际情况和适当变通处理。之所以如此定位，是因为专利是一种以公开换保护的制度，如果因撰写原因导致权利要求出问题，就可能把这种自取之"咎"转移给社会去承担，且这种撰写质量上的问题主要依靠申请人去解决，大多也能够由其自行解决。但是，在这些瑕疵明显不足以导致权利要求不确定和损害公众利益的情况下，也不必对申请人过分苛求，在不损害制度基本价值的情况下应当考虑特殊情况，否则会导致明显的不公平。换言之，可以将这种思路概括为以表示主义为原则，以意思主义为特殊补充。这种理念靠导向和规则落实，比如，以瑕疵是否明显为标准，如果瑕疵非常明显、本行业的普通技术人员能够比较容易地得出唯一解释，此时尚不足以损害公众利益，可以通过解释解决问题，无须否定专利的效力。再如，对于创新程度较高和价值较大专利，我们在这些权利要求瑕疵的把握上也不宜严苛，要体现尽量不使专利无效的司法政策导向。

最高人民法院有关司法政策和有关法院的判例体现了这种精神。例如,在“自动刮料器”发明专利权无效行政纠纷案中,当事人的争议焦点之一在于,“专利权利要求1”中的“规定的时间周期”这一技术特征是否清楚。而该争议焦点的关键又在于,“专利权利要求1”的刮料器是用来实现对所有需要刮料的任何机器进行刮料,还是仅针对制砖机的夹坯器进行刮料,如果是前者,则“专利权利要求1”中的“规定的时间周期”可能是不清楚的;如果是后者,则“专利权利要求1”中的“规定的时间周期”可能是清楚的。因此,法院对争议焦点进行审理时首先需要认定,“专利权利要求1”的刮料器是用来实现对所有需要刮料的任何机器进行刮料,还是仅针对制砖机的夹坯器进行刮料。在该案中,无效请求人认为,专利名称是“自动刮料器”,而专利说明书中发明目的部分和权利要求书均未对其用途进行限定,因此,专利要解决的技术问题与夹坯器和制砖机均无关。对此二审法院认为,由于发明或实用新型的保护范围以其权利要求的内容为准,而“专利权利要求1”中并未限定自动刮料器专用于制砖机,因此“专利权利要求1”的保护范围从字面上理解可以包括其他非用于制砖机的刮料器。但是,对专利保护范围的理解要综合考虑发明创造要解决的技术问题和所产生的技术效果。涉案专利所要解决的技术问题是现有技术中存在的技术问题。专利说明书的“背景技术”部分记载了“在现有的生产中,为了防止带坯现象的发生,粉煤灰砖机工作较短的时间就需要进行人工清料,生产效率低,一旦把压制成型的砖坯带回到模腔上部,就会产生压坏模具事故”,在说明书“发明内容”部分中记载了“本发明的目的在于克服现有技术中的不足之处而提供一种能够提高生产效率,预防事故发生的一种自动刮料器”。该领域技术人员由说明书的记载可知,发明目的中涉及的“现有技术的不足”就是指“背景技术”部分中记载的现有夹坯器工作中需进行人工清料而生产效率低、因带坏而压坏模具的不足,从而能够看出,涉案发明的目的在于克服现有夹坯器工作中存在的上述不足。并且,在专利说明书“具体实施方式”部分中,对涉案发明的自动刮料器的描述也是紧密联系夹坯器进行的。因此,虽然说明书只能用于解释权利要求的内容,而不能用于限定权利要求,但技术人员根据专利说明书的记载能够综合地、明显地认识到本发明的自动刮料器是用于对夹坯器进行刮料,一审判决认定“专利权利要求 1”的刮料器仅针对制砖机的夹坯器进行刮料,并认定“专利权利要求 1”中的“规定的时间周期”是清楚的,并无不当。

六、结语

实践变动不居,历史川流不息。历史都是累积和延续的,现实都是从历史中走来的,回顾历史经常可以更好地看清现实,也更利于凝聚共识。没有必要的知识积累和共识,必然是“有一千个法官就有一千种决定(夸张语)”①,法的确定性原则无法实现②。美国、德国等一些国家的典型裁判总是追溯相关先例以及裁判标准的形成演化历史,使人对于特定裁判标准的前世今生一目了然,这同时也是对法律共识的必要展示,由此增强裁判的客观性和说服力,利于在知识积累的基础上进行创新。这在很大程度上反映了司法的成熟以及司法的规范化和法治化。美国司法甚至在充分考量当事人诉辩的同时,还可以公开透明地接受法庭之友的意见,以兼容并蓄,显然也反映了其司法的谦抑和对于专业意见的重视,同样更利于形成法律共识和培育司法公信力。当前我国司法越来越重视先例,甚至一些法院尝试在裁判文书中追溯和援引先例,甚至援引学术著作,重视以年度报告、典型案例推选等一般性方式对创新性法律适用进行推广,其目的都是维护法律适用的统一性、确定性和稳定性,增强司法的透明度和公信力,这是厉行法治的应有之义。这些推动和总结都代表了知识积累和共识的积淀,有利于推进保护标

① “更加悲惨的是,同一个法律问题在十年前的案件中,须依靠法官的决断进行审判,在十年后的案件中,还是需要法官的决断。在这十年间,这个法律问题没有在实践中得到确定。法律还是曾经的少年模样,法律没有成长。”饿师兄:《我们的法律没有在实践中“生长”》,载豆瓣网 2020 年 6 月 21 日,https://www.douban.com/note/768046321/。

② 例如,本书专章研究的涉外贴牌加工商标侵权定性问题,二十年来司法裁判众说纷纭、莫衷一是,最高人民法院判决也在不断改变立场。这在一定程度上折射了商标司法裁判的现状。

准的精细化。当然,这些做法多是初步的[①],实践中也有反其道而行之的现象,如对同样的法律问题在裁判上来回“翻烧饼”,无视法律效果和社会效果,容易给人一种权力的傲慢和轻率的印象。通过执法和司法形成精细化制度是渐进的和累积的,持之以恒的司法裁判和执法标准逐渐会形成蔚为壮观的精细化法律标准,可以使“荒地”变为“良田”,从而为司法培育牢固的根基。笔者的目的,首先是为了回顾历史,其次也希望总结和阐释常识与共识,推动知识积累。实践毕竟是迅速发展的,一些历史确实已成为历史,但有些可能还在延续,回顾历程可能还会有所启示。

① 如有的学者所说:“我们的判决书只引用法律,不得在判例之间相互援引,也不得援引学说观点。相比之下,研读美国判例和德国判例时,数据库总是会非常友善地提供这一判例在引证链条里的地位,通过一个核心判例就能发现一个法律问题在一个法律体系内的发展。而我们的判决书却还是零散地,如同浩瀚宇宙般,要想研究一个法律问题的发展脉络,那就费劲地一个个读吧。”参见饿师兄:《我们的法律没有在实践中“生长”》,载豆瓣网 2020 年 6 月 21 日,https://www.douban.com/note/768046321/。

第十一篇　人工智能知识产权保护的现状与前瞻[①]

知识产权制度从来都是科技和产业发展的产物，从来都跟随科技和产业的发展而发展，也是科技和产业发展的推动器，为科技和产业发展保驾护航。现代知识产权制度从工业化时代开始形成，历经后工业化、经济全球化和信息网络时代的发展演变，而今又进入了智能时代（如果可以作如此时代划分的话）。当今人工智能成为最新科技前沿的代名词，它本身是人类科技累积到一定的发达程度，在互联网和大数据的直接推动下应运而生的。尤其是，大数据、算法和计算能力构成了现代人工智能的三个支柱。人工智能时代的到来必然为知识产权保护带来新的课题，知识产权制度当然会适应人工智能科技和产业的要求而发展变化，不断地满足规则制度的供给。当前人工智能虽然来势凶猛、前景光明，但无论是技术还是产业化毕竟都还处于初期，真正实质性发展和产业化普及尚需时日。人工智能发展对当前知识产权保护已有所冲击，知识产权保护实践已开始有所应对，但这些新的冲击和需求毕竟都是局部的和浅层的，还没达到要求知识产权制度进行深刻和全面变革的时候。当然，理论毕竟需要未雨绸缪，需要预见性和超前

---

① 原载《光明日报》2019 年 8 月 30 日。

性,而实践则需要循序渐进和解决现实问题。当前人工智能知识产权保护问题受到热议,既有不少法理和方法上的前瞻性探索,开辟了一系列想象空间,又不乏一些泡沫和噱头性炒作。本文主要就涉及人工智能知识产权保护的一些理念问题提出一些思考。

一、渐进与颠覆:法律应对上的谨慎与开放

理论研究常常有夸大和渲染新趋势对既有制度的影响和冲击的偏好,随着理论界聚焦人工智能问题,不乏所谓人工智能正在颠覆现有知识产权制度的哲学认知和制度标准的说法。尽管"未来已来"的人工智能确实正在产生新的保护客体(如数据产品),创造新的保护领域(如算法的竞争法调整问题),以及带来保护标准的适应(如算法的专利授权标准),但简单地断言人工智能对于知识产权制度的颠覆还为时尚早。知识产权制度历经三百余年,总是不断地受到新科技和新产业的冲击,并在制度上不断完善、在理念上不断更新,但基本体系是相对稳定和稳步变化的,革新和变化更多是在保持基本体系稳定的前提下逐步完成的。因此,新技术和新商业模式对于知识产权的冲击,更多是在既有制度基础上的改良和渐进,而不是动辄进行颠覆性改变。例如,版权制度产生于传统的手工制书时代,后来随着印刷和传播技术的发展而屡受冲击,使得版权制度不断增设新内容和拓展新边界,但新的拓展都是在原制度的基础之上进行的,通常未必轻易地颠覆基础性制度。譬如:印刷术的产生催生了复制权;广播电视技术的发展催生了传播权;互联网技术又使版权保护的纸质时代进入数字时代,催生了信息网络传播权。但是,每一次制度创新都是在原制度之上的变革、扩展和丰富,鲜有发生革命性的颠覆。只是经过相当长的历史时期进行回望时,屡经阶段性变化的法律制度与最初相比,可能已发生翻天覆地的变革。这种变革恰恰是在长期的历史过程中形成的。

人工智能已带来当今知识产权保护的新课题。例如,人工智能发展产生了新的保护客体(如数据产品);催生了新的调整领域,如算法的竞争法调整问题;正在挑战现有的保护标准,如自然人为中心和基点的著作权制度,如何应对人工智能创作的作品。

有人认为,人工智能的出现不同于以往任何技术对知识产权制

度的冲击,而正在颠覆对传统知识产权的哲学认知和制度根基。但是,这种认识尚需检验,这种断言为时尚早。尽管当今机器人、智能创作、算法、大数据等新概念、新术语令人眼花缭乱,但现实的法律调整仍不断地将其纳入现有的法律体系。现有法律体系具有足够的容纳力,能够对新客体进行审时度势的调整,例如,大数据案,算法专利。

冲击与解决的情形无非有以下几种:(1)现有制度的自然涵盖。如算法的专利保护,无非是在现有专利授权标准之下,根据促进人工智能发展的需求,划分出可授予专利的"技术方案"和不具有可专利性的"智力规则"。利用人工智能创作的作品,基本上仍然被纳入现行的著作权主体和客体进行衡量。数据产品已被纳入《民法典》和《反不正当竞争法》的调整范围。(2)且行且观察。人工智能情况复杂并处于动态发展中,其创造物的知识产权保护问题仍在循序渐进地展开研究。例如,大数据背景下的数据产品涉及的利益关系复杂,《民法典》尚未直接将其定位为民事权利,但实践中已产生保护的需求,当前的司法充分发挥反不正当竞争法的"权利孵化器"的作用,先肯定数据产品为受保护的法益,并依法给予保护。(3)在现有制度基础上开辟新领域,这多少有点颠覆性。

总之,对于人工智能带来的知识产权保护新问题,在现有法律框架下应对的基本态度是积极容纳,断然拓展,谨慎颠覆。

二、利益诉求是制度变革的决定性力量

(一)法律规则是利益诉求的法律化表达

人工智能知识产权保护是上层建筑,保护制度的架构和设计必然服从和服务于创新和发展的现实需求。科技创新和产业发展具有决定性力量,在知识产权法律适应其发展需求时,法律具有规范其发展的功能。在知识产权法不适应创新和发展需求时,科技创新和产业发展则不会轻易地削足适履,而必然以各种方式突破现有制度的藩篱,最终建立新的适应新制度,实现制度的除旧布新。制度设计要充分体现科技创新和产业发展的需求,为创新和发展创造空间。制度架构须服从和服务于创新和发展的利益需求,本末不能倒置,也不会倒置。

例如,在信息高速公路和互联网兴起之际,克林顿时代的白皮书试图沿着着重强化版权保护的旧轨道和原思路,呼吁在互联网环境下着重加强版权保护。但是,互联网环境迎来了权利人、网络服务提供者和社会公众的新利益格局,尤其是科技创新和产业利益的保护受到重点关注。在各方利益博弈之下出台的数字千年版权法创设了避风港、红旗标准、通知删除规则等新的制度设计。这些制度设计显然不是由法理推论而来,而是现世利益相互博弈和折中妥协的产物,法律规则无非是利益博弈结果的法言法语性的表达。换言之,利益是本,是实质;法律表达是末,是形式。美国信息网络著作权的保护是产业进行利益博弈,最后通过法律语言和立法技术设计为制度,立法技术层面的制度是服从和服务于利益的。

(二)利益平衡必须服从于创新和发展的需求

知识产权具有独特的利益平衡机制。知识产权制度最根本的利益平衡是权利保护与公有领域的比例关系,即以最大化创新激励为公约数,合理确定权利保护的边界和强度,留下必要的公共空间。此外,知识产权保护通常涉及双方或者多方利益,知识产权规则是协调利益相关方利益格局的结果和体现。例如,信息网络传播权保护涉及权利人、网络服务提供者和社会公众的利益,权利范围和侵权标准等制度设计是合理平衡双方利益的结果。

同样,人工智能知识产权保护必须合理关照各种利益,使利益相关方的利益得到兼顾。人工智能产生的知识产权保护新问题,同样必须以符合科技创新和发展需求的方式加以解决。如果从法律技术层面讨论人工智能创造物的可版权性问题,可能涉及一系列眼花缭乱的版权法理和标准。例如,可版权性判断曾出现过体现作者个性、独创性以及独创、创作高度和固定三要素等不同的法理和争论,但最终采纳什么样的标准,显然并不是由某种法理而进行的简单推论,而是取决于利益诉求所决定的调整需要。比如软件发展初期,美国在 20 世纪 70 年代曾经就软件能否纳入版权保护进行过讨论,为解决该问题美国国会还专门成立"版权作品新技术使用国家委员会",提出了采取"旧瓶装新酒"的方式,将计算机程序视为文字作品进行保护的研究报告。计算机软件中的语言表达显然迥异于本来的文字作品,美国将计算机软件作为文字作品进行版权保护,显然主要不是由版权法理推论而来,主要是因为此做法更为符合促进计算机技术和软件产业发展的现实需求。此外,这种做法还写进了 WTO 项下的 TRIPS 协定。

同样,人工智能创造物的知识产权保护问题,同样取决于技术创新和产业发展的利益诉求。例如,人工智能创作物的可版权性问题情况复杂,有的创作物存在较多的人的干预因素,有的则更多是人工智能本身创作的。以人工智能作为工具的创作物,其可版权性更适宜以现有的法律标准进行衡量。但对于人工智能独自完成的创作物的可版权性问题,应当从更好地处理权利保护与公有领域的关系,以及如何更利于激励创新和产业发展的需要出发,决定是否保护和如何保护。如果将纯属人工智能创作物纳入公有领域更利于创新和发展,可以否定其可版权性;否则,可以进行保护。在决定是否及如何保护的态度时,利益考量优先于法理推论。

(三)既有制度不能成为创新与发展的桎梏

人工智能科技和产业涉及的知识产权保护主要在现有制度体系内完成,更多是解决现有制度如何适应和适用问题。人工智能知识产权保护是在现有制度框架内,首先进行纳入和兼容,在无法纳入和兼容时进行零星的或者局部的创新和突破,对于现有制度的革命性颠覆很少发生。该突破时毫不犹豫突破,无须突破和颠覆时仍应进行兼容性和调适性适用。总之,既不能保守和墨守成规,又不能盲目冒进,而必须以需求为基础和实事求是。

三、人是解决人工智能知识产权问题的核心

人工智能是对于当今更具有人或者超人色彩的智能科技发展阶段、技术、产物和趋向的一种定义和表达,但依旧是人类科技发展的一个阶段、过程和趋向,是人类主导之下的一种科技进步和成就。人们将人工智能划分为弱人工智能、人工智能和超人工智能三个阶段,但人工智能总归处于人类的控制之下。如果人工智能超越和颠覆了人类,甚至开始支配人类,那时的人类已不再是今天意义上的人类,人类主导的制度和文明体系也将会被颠覆,我们讨论那个时代的法律问题已无必要。况且,那个时代究竟是否能够到来,仍是一个未知数。我们只能研究以人类为中心的人工智能及其知识产

权保护问题。在人类为中心的制度体系下，制度设计显然以人类的需求为主导，受人类控制。自然人仍是最核心最根本的法律主体，自然人以外的法律主体和制度设计，都必须服务于人类的利益需求。因此，研究包括知识产权保护在内的法律问题，必须以人类和自然人为中心。

例如，知识产权法学界在津津有味地讨论机器人是否具有主体资格问题，即具有深度学习、思考和创造能力的机器人是否可以成为权利主体，赋予其法律人格，从而使其能够享有著作权、专利权等知识产权问题。又如，美英等国家的哲学家、科学家和法学家对于能否赋予机器人虚拟的法律人格进行的讨论。2016 年欧盟委员会法律事务委员会提议，将最先进的自动化机器人的身份地位设为“电子人”，赋予其特定权利义务。2017 年沙特阿拉伯王国甚至授予智能机器人“索菲亚”公民资格。但是，无论这些讨论和做法如何喧嚣，在以自然人为中心的制度设计框架之下，即便是需要拟制的人，如法人，归根结底都是人类的工具，最终都是自然人实现利益最大化的制度设计。在人工智能时代，是否赋予机器人以法律上的人格，也必然以是否为促进科技创新和产业发展所必需为根本标准。即便是赋予机器人知识产权主体资格，也不过是借此更好地实现自然人和人类的利益。机器人绝不会与自然人等同，一旦到了机器人主导自然人的程度，那就不是现在要讨论的知识产权问题了。

第十二篇　初创和奠基：反垄断司法的早期岁月

我有幸参与了《反垄断法》的早期司法实践，尤其是主持和推动了早期反垄断的司法创制活动。当时我之所以积极推动早期反垄断司法，是与自身此前的反垄断行政执法经历以及对反垄断法的比较熟悉直接相关。没有这一段的经历和熟悉，也就没有后来的积极推动和努力。鉴于此，本文简要回顾一下我早期的反垄断行政执法和司法经历。

一、我所参与的早期反垄断行政执法

1996 年 9 月我由中国人民大学博士后出站，当时本欲直接进入最高人民法院工作，但一个很偶然的机会使我受反不正当竞争和反垄断业务的吸引，进入国家工商行政管理局公平交易局工作。当时的公平交易局设有反不正当竞争处和反垄断处，我在国家工商行政管理局工作四年多一点，在两个处各工作两年左右。我先是在负责执行《反不正当竞争法》的反不正当竞争处工作，而那时的反垄断处"名实不副"，主要负责打假。后来好像反垄断法的起草工作有加快的趋势，为便于将来承接反垄断执法职能等原因，国家工商行政管理局决定重组反垄断处，将其打假职能调整出去，让其真正承担反垄断职责，尤其是负责《反不正当竞争法》垄断条款的执法，并重新调整人员。我就是在如此背景下调入反垄断处的。当时国家工商行政管理局还调整了参加《反垄断法》起草小组的人员，由法制司和公平交易局各出一位成员参加，于是我就成了起草小组的成员。当时的起草小组是由国家经贸委牵头，由国家经贸委和国家工商行政管理局共同组成。

在反垄断处工作期间，我参加了与《反垄断法》起草相关的国内外研讨，尤其频繁参加了联合国贸发会议和经合组织（OECD）等在国外组织的各种反垄断交流研讨活动。当时确实很辛苦，没有现在的经济条件，经常一人独行，足迹遍及欧洲多国、美国、日本、印度等国家。同时，我国也在当时积极推动《反不正当竞争法》垄断条款的执法，起草了一系列行政解释，也开展了反垄断专项执法活动，指导地方工商行政管理机关查处案件。应该说，我国当时的反垄断工作既务“虚”又务“实”。

出于工作需要和个人兴趣，当时我结合有限的执法实践，对反垄断法理论进行了系统研究，并于 2001 年出版《反垄断法原理》（中国法制出版社出版）和《中国反垄断法的理论与实践》（人民法院出版社出版）。由于当时频繁出国参加各种层次较高的研讨会，我才得以及时了解各国反垄断法的情况和动态，加之当时勤于收集资料，对国内的情况也比较掌握，所有这些资料经去粗取精和消化糅合后均写进《反垄断法原理》一书中。这些著作出版之时，也正是我即将调入最高人民法院工作前夕。当时研究反垄断法的学者寥寥无几，远不如现在多，国内著作尤其是与实践结合的原理性著作更少，这些著作应该还算是比较早的系统研究。记得后来负责《反垄断法》起草工作的全国人大常委会法工委经济法室副主任袁杰等同志曾经告诉过我，《反垄断法原理》一书是他们起草法律时的重要参考资料。当然，这或许是顺口就那么一说而已。这本书水平未必太高，但以二十年前的眼光去评价，应该过得去。后来不少人劝我修订这本书，但琐事太多，一直未能如愿。

二、《反垄断法》施行前后的司法应对

《反垄断法》于 2008 年 8 月 1 日施行前后，适值我开始全面主持最高人民法院知识产权审判庭的工作。由于我此前曾从事反垄断行政执法和反垄断法理论研究，对于反垄断法颇有情结，故在《反

垄断法》颁布不久即开始积极推动将反垄断司法纳入知识产权审判庭的审理范围,并着手开始为反垄断司法做一些奠基工作。就国家机关的工作而言,有些工作是积极推动的,有些则是被动开展或者顺其自然的。那时我还算少年得志,在工作上一直是拼命三郎,干劲十足。当时法院系统熟悉反垄断法者不多,大家对于反垄断法比较陌生也不关注。但是,要想把一项并不当然属于知识产权案件的垄断案件纳入知识产权审判庭的审理范围,显然不能理所当然,而需要一定的方法、技巧和智慧。当时也确实有些人认为这种法律是典型的经济法,当然属于经济审判庭的管辖范围。为此,我们还是做了一系列精心准备和巧妙应对。对反垄断法的如此热情,显然与我和反垄断法的特殊渊源有直接关系。或者说,如果不是我有一段反垄断执法的特殊经历,将不会在《反垄断法》颁布之后即积极推动反垄断司法活动。

《反垄断法》颁布以后,在最高人民法院尚未确定将垄断案件归入哪个业务庭管辖的情况下,我和有关同事即开始酝酿推动将此类业务纳入知识产权庭的活动。后来通过一系列步骤,逐步将该项业务正式纳入知识产权审判庭的业务范围。

第一个步骤是,在《反垄断法》颁布不久,就在主管院长在全国法院知识产权审判工作座谈会的主题报告中加入动员做好垄断案件审理工作准备的内容,为开展反垄断审判造舆论。

例如,在第九届全国部分省市知识产权审判研讨会上,时任最高人民法院副院长曹建明在《深入学习贯彻十七大精神,加强知识产权审判理论研究与制度创新》(2007 年 11 月 16 日)中指出:“知识产权审判担负着规范市场竞争秩序、维护公平竞争的重要职责。人民法院必须特别注意依法审理好涉及商标、商号、地理标志、特殊标志、网络域名等标识性知识产权案件,制止一切非诚信的仿冒行为和市场混淆行为,确保诚信竞争和有序竞争。尤其是要通过审理好涉及适用反不正当竞争法、反垄断法、合同法等的技术性反垄断案件,坚决制止非法垄断技术、妨碍技术进步的行为,依法认定限制研发、强制回授、阻碍实施、搭售、限购和禁止有效性质疑等技术合同无效事由,维护公平竞争。要特别注意准确界定知识产权权利人和社会公众的权利界限,依法审查和支持当事人的在先权、先用权、公知技术、禁止反悔、合理使用、正当使用等抗辩事由，禁止滥用知识产权。”

在第二次全国法院知识产权审判工作会议上（2008年2月19日）上，时任最高人民法院副院长曹建明在《求真务实　锐意进取　努力建设公正高效权威的知识产权审判制度》的报告中专门讲了“依法审理好反垄断等新类型案件，积极拓展知识产权审判新领域”。对于垄断案件的审判作出如下安排：“要注意结合民事案件新案由规定的贯彻执行，搞好反垄断等各种知识产权新类型案件的审判工作。《民事案件案由规定》（以下简称《规定》）已经由最高人民法院审判委员会讨论通过并于2008年4月1日起正式实施。本着尽可能将与知识产权有关的纠纷集中统一规定的精神，《规定》将‘知识产权纠纷’作为一级案由，下设‘知识产权合同纠纷’、‘知识产权权属、侵权纠纷’和‘不正当竞争、垄断纠纷’3个二级案由，并相应总共设置了33个三级案由和86个四级案由。”“特别是，考虑到竞争法与知识产权保护的紧密相关性以及即将实施的反垄断法与反不正当竞争法本身的体系性，《规定》将垄断纠纷与各种不正当竞争纠纷集中规定，把有关的不正当竞争和垄断纠纷统一纳入了知识产权纠纷。《规定》不仅规范了涉及案由的民事审判管理，而且为进一步明确和理顺民事审判业务分工，确立规范健全、集中统一的知识产权审判机制奠定了基础。各级法院要认真研究新情况和解决新问题，搞好反垄断等各类新类型知识产权案件的审判工作。”在此旗帜鲜明地将垄断案件归入知识产权案件的范围。

修改案由是知识产权庭争取管辖权的重要步骤。当时恰值最高人民法院修改案由规定，遂以反垄断与反不正当竞争均属于竞争法的范畴，且垄断案件与知识产权关系紧密，应该像不正当竞争案件那样将垄断案件纳入知识产权审判范围，故将垄断纠纷纳入了知识产权审判项下的二级案由（见2008年4月1日起施行的《最高人民法院民事案件案由规定》，现已失效）。通过修改案将垄断纠纷纳入知识产权案件之内，从此使知识产权庭可以理直气壮地审理此类案件。

下发通知对于明确管辖权是关键步骤。2008年7月28日《反垄断法》施行前夕，我国又以最高人民法院名义专门下发“关于认真学习和贯彻《中华人民共和国反垄断法》的通知”。该通知正式明确将垄断案件纳入知识产权审判范围，特别指出：“反垄断法第五十条规定：'经营者实施垄断行为，给他人造成损失的，依法承担民事责任。'当事人因垄断行为提起民事诉讼的，只要符合民事诉讼法第一百零八条和反垄断法规定的受理条件，人民法院应当依法受理，并依法审判。反垄断法与制止知识产权滥用行为和保护知识产权紧密相关，也与反不正当竞争法同属于竞争法范畴。今年（2008年）4月1日起施行的《最高人民法院民事案件案由规定》（已失效）将垄断纠纷与各种不正当竞争纠纷集中规定，统一纳入了知识产权纠纷范围。据此，各级人民法院负责知识产权案件审判业务的审判庭，要依法履行好审判职责，切实审理好涉及滥用知识产权的反垄断民事案件以及其他各类反垄断民事案件。"

该通知还对"加强调查研究工作，认真总结反垄断审判经验"进行了部署安排，即"反垄断案件高度疑难复杂，经济与法律问题相互交织，专业性很强，对企业和行业均有重大影响，有些案件还涉及国家的经济安全。反垄断法的一些规定具有较强的原则性和抽象性，涉及人民法院的操作条款相对比较简单。因此，在审理反垄断案件中将会遇到许多新情况新问题，各级人民法院要未雨绸缪，早作部署和应对，切实搞好调查研究，及时总结审判经验。特别是，对于案件管辖、原告资格、适格被告、垄断行为的认定、民事责任的承担和反垄断具体行政行为合法性的标准等问题，要加强调研。对于适用反垄断法中遇到的新情况新问题和调研成果，要及时层报最高人民法院。对于重大反垄断案件，要认真执行大要案件层报制度。"

除此之外，最高人民法院知识产权庭还积极开展其他相关准备工作。例如，《反垄断法》颁布不久后，最高人民法院知识产权审判庭就在天津召开由学者、行政执法机关和法官参加的反垄断司法研讨会，探讨即将开展的司法工作问题，并为反垄断司法造势。最高人民法院知识产权庭还与美国司法部反垄断司、美国律师协会在北京上地中国知识产权培训中心联合举办研讨会，由中外专家介绍和交流反垄断司法问题，其中有不少权威性的外国法官和学者参会，是一场学术盛宴。经积极协调，在美国司法部反垄断司、美国律师协会和斯坦福大学支持和安排下，最高人民法院还派出一定规模（三十余位）的法官参访团，在美国华盛顿和斯坦福大学培训三周左右，并派出三名法官分赴美国三所大学进行深度学习交流。这些活动为反垄断司法做了很好的知识和人才储备。当时大家可能还觉得离反垄断司法还有一段距离,是未来的事,不会来得太快,但后来"3Q 大战"引发的 360 诉腾讯垄断案等案件的出现,就使人感到未来已来,觉得未雨绸缪很有必要和远见。

三、司法解释的起草和要义

《反垄断法》施行以后,最高人民法院就开始酝酿司法解释的起草。2009 年开始,最高人民法院正式将司法解释纳入起草规划。经过三年的调查研究和起草工作,最高人民法院颁布《关于审理因垄断行为引发的民事纠纷案件应用法律若干问题的规定》(2012 年 1 月 30 日由最高人民法院审判委员会第 1539 次会议通过,2012 年 5 月 3 日最高人民法院公告公布,自 2012 年 6 月 1 日起施行,法释〔2012〕5 号)。该司法解释的制定,无疑是一项创新性工作。当时的司法实践很有限,主要有唐山市人人信息服务有限公司诉北京百度网讯科技有限公司垄断纠纷案(2010 年 7 月 9 日北京高级法院二审判决)等案件。司法解释在总结有限实践经验的基础上,经大胆探索和借鉴国外经验,尽可能作出有针对性和可操作性的言之有物的规定。

该司法解释主要是基于并贯彻《反垄断法》,但不限于依据《反垄断法》,同时还结合了《侵权责任法》(已废止)、《合同法》(已废止)和《民事诉讼法》等法律的相关规定。该司法解释界定了垄断民事纠纷案件(因垄断行为引发的民事纠纷案件)的范围,明确反垄断民事司法不以行政查处为前置条件。该司法解释明确了地域管辖和级别管辖,原则上以中级法院为一审法院,并集中管辖法院。鉴于垄断案件的举证责任有特殊性,该司法解释特意作出规定,尤其规定了适当减轻原告的举证责任或者便于原告举证。例如,"被诉垄断行为属于反垄断法第十三条第一款第(一)项至第(五)项规定的垄断协议的,被告应对该协议不具有排除、限制竞争的效果承担举证责任。"(第 7 条)"被诉垄断行为属于反垄断法第十七条第一款规定的滥用市场支配地位的,原告应当对被告在相关市场内具有支配地位和其滥用市场支配地位承担举证责任。被告以其行为具有正当性为由进行抗辩的,应当承担举证责任。"(第 8 条)但是，“被诉垄断行为属于公用企业或者其他依法具有独占地位的经营者滥用市场支配地位的，人民法院可以根据市场结构和竞争状况的具体情况，认定被告在相关市场内具有支配地位，但有相反证据足以推翻的除外。”（第 9 条）“原告可以以被告对外发布的信息作为证明其具有市场支配地位的证据。被告对外发布的信息能够证明其在相关市场内具有支配地位的，人民法院可以据此作出认定，但有相反证据足以推翻的除外。”（第 10 条）对于涉密证据，该司法解释还尝试性作出特别规定：“证据涉及国家秘密、商业秘密、个人隐私或者其他依法应当保密的内容的，人民法院可以依职权或者当事人的申请采取不公开开庭、限制或者禁止复制、仅对代理律师展示、责令签署保密承诺书等保护措施。”（第 11 条）如此规定在当时还是很大胆很有开创性的，幸好审判委员会并未反对。

鉴于垄断案件可能涉及经济分析等特殊的专业问题，该司法解释规定：“当事人可以向人民法院申请一至二名具有相应专门知识的人员出庭，就案件的专门性问题进行说明。”（第 12 条）“当事人可以向人民法院申请委托专业机构或者专业人员就案件的专门性问题作出市场调查或者经济分析报告。经人民法院同意，双方当事人可以协商确定专业机构或者专业人员；协商不成的，由人民法院指定。人民法院可以参照民事诉讼法及相关司法解释有关鉴定结论的规定，对前款规定的市场调查或者经济分析报告进行审查判断。”（第 13 条）①

需要说明的是，首先，该司法解释“具有相应专门知识的人员出庭”的规定，借鉴于当时有效的民事和行政证据规则②专业技术人

① 参见孔祥俊主编：《最高人民法院知识产权司法解释理解与适用》，中国法制出版社 2012 年版，第 261-278 页。

② 最高人民法院《关于行政诉讼证据若干问题的规定》（2002 年）第 48 条规定：“对被诉具体行政行为涉及的专门性问题，当事人可以向法庭申请由专业人员出庭进行说明，法庭也可以通知专业人员出庭说明。必要时，法庭可以组织专业人员进行对质。当事人对出庭的专业人员是否具备相应专业知识、学历、资历等专业资格等有异议的，可以进行询问。由法庭决定其是否可以作为专业人员出庭。专业人员可以对鉴定人进行询问。”最高人民法院《关于民事诉讼证据的若干规定》（2001 年）第 41 条规定：“对于一方当事人就专门性问题自行委托有关机构或者人员出具的意见，另一方当事人有证据或者理由足以反驳并申请鉴定的，人民法院应予准许。”

员出庭说明情况的规定。因为我国没有专家证人制度,但有些专业技术问题需要专家作证式的解释说明,故当时的民事证据规则规定了专业技术人员出庭说明的条款。垄断案件可能涉及的专业问题一般是经济学专业问题,故在此作出如此规定。该规定显然并未将法律专家(反垄断法专家)纳入专业人员说明的范围。由于法官本身应该是法律专家,不宜在庭审中引入类似专家证人式的法律专家就法律问题作解释说明。我觉得法律专家出庭给法官解释说明拟适用的法律,与法官的职能定位不相符。至于外国法查明中的外国法,乃是将其作为案件事实进行查明的,不同于法律专家对于法院如何解释适用法律进行专家性的解释说明。至于专家对于案件提出法庭之友式的意见,又另当别论。近年来一些法院邀请法律专家就法律解释和适用进行作证,我觉得并不妥当,也不符合司法解释和诉讼法的精神。

其次,对于经济学家和经济分析不要过于迷信和盲目采信。经济问题不同于自然现象和自然科学问题,其答案很可能言人人殊,而言者都言之凿凿,看起来都是头头是道。法官在采信时应当仔细分析,特别是可以用常识衡量,要兼听则明,决不能盲目认同或者怠于审查。我感觉到一些法官因为经济学知识缺乏,对于经济分析充满敬畏和好奇,容易盲信。这是值得警惕的。科学鉴定有时还会出错,何况经济分析呢?我在有的法院在网络屏蔽广告的不正当竞争案件中,就曾看到盲从经济分析报告的倾向。我相信,如果换掉一些该案被上诉人邀请的经济专家,就可以出具截然相反的经济分析结论。

该司法解释还规定了民事责任的承担方式。原来还打算借鉴知识产权法的定额赔偿规定,为垄断案件规定定额赔偿,解决赔偿额难以确定问题。但后来因为没有上位法,也就未再规定。

综上,该司法解释虽然内容还不是非常丰富,但为此后的垄断案件审判奠定了很好的基础。

四、垄断案件的审判

司法解释颁布之后,我始终关注垄断案件的审判。比如,2013年8月2日上海市高级人民法院终审判决了北京锐邦涌和科贸有限公司诉强生(上海)医疗器材有限公司、强生(中国)医疗器材有限公司纵向垄断案,认定垄断行为成立,判决原告胜诉,并酌定了赔偿额。该案历经两级法院长达3年时间的审理,二审判决书长达71页,受到国内外学界、业界高度关注。

而在西安中级法院裁判过电信公司滥用市场支配地位案中,一审判决被告败诉,二审撤销一审判决,最高人民法院再审维持一审判决。该案选入最高人民法院指导案例。我当时觉得一审判决是正确的。

再后来360与腾讯滥用市场支配地位案上诉到最高人民法院。鉴于当时该案在业界的影响力极大,首席大法官周强院长曾问我能否出任审判长,我当时因为后来要去中央党校学习及习惯于不冲在裁判案件的第一线,故未担任案件的审判长,仍按分配案件的常规程序交由相关合议庭审理。

在华为诉美国IDC公司滥用标准必要专利垄断案中,一审法院因缺乏审判经验、涉外案件敏感等原因,有审理上的顾虑,当时两级法院主管院领导带队来最高人民法院知识产权庭作业务上的探讨沟通,我还是支持积极探索和大胆裁判,最后该案一、二审裁判均受到国内外广泛关注并产生了良好影响。

五、感想与结语

与反垄断法结缘是我人生的重要经历和浓重一笔。虽然我一生碌碌无为并无太多成就,但毕竟万事开头难,我毕竟深度参与了初创时期的特殊性实务工作,也没有放松系统的理论研究。可以说,我这些还算集反垄断理论与实务、立法与执行以及行政执法与司法经历于一身的经历,有偶然也有必然,是偶然与必然的结合体。譬如,我是在事先不知情的偶然情况下被调入最高人民法院知识产权庭的,当时知识产权庭走了几个骨干,需要充实力量,所以就在我毫无准备的情况下突然被调入,得以重拾反垄断旧业。无论如何,经历都是财富,我感恩我所有的经历和所经历的各种平台。

近年来反垄断司法有了一定的发展,虽然案件总量不多,但影响通常较大,也涌现出了为数不多的专业性法官。这种案件状况是正常的,此类案件不可能多如牛毛。我国反垄断法的任务依然艰巨,任重道远,后来者一定会做得更好。我作为有几十年研究和工作经历的学者和实践者,自然仍会尽力奋斗在反垄断研究的前线。

首先,值得一提的是,《反垄断法》虽然很重要,但其作用范围应该有边界,其作用是有局限性的[①]。反垄断法研究者和实务者往往会夸大自身专业的重要性,甚至不厌其烦地夸大和拔高。这是人之常情,但代替不了理性。要警惕反垄断法"万能论"。其次,对于《反垄断法》的专业性无须过于迷信。任何一个部门法都会有很强的专业性,都足以让人皓首穷经。只不过反垄断法有自己的独特性,把握好特殊性就足以把法律理解运用好。为此,尤其要破除迷信。正如大多数专利法官不是理工背景出身,但审判毕竟解决的是法律问题,法律背景的法官照样能够处理好专利纠纷。最后,反垄断法毕竟有独特的专业性,值得深入研究。今后研究领域会越来越精细化,靠万金油是解决不了问题的。学者要真正把学问搞深搞透,执法官员要保持对知识和专业的敬畏,不能刚愎自用和傲慢自负,要充分认识职责的神圣性,也要认识到大家都是历史的过客,暂时栖居的平台都是公器,自己在平台时要有良知和责任感。

---

① See A. E. Rodriguez and A. Menon, The Limits of Competition Policy: The Shortcomings of Antitrust in Developing and Reforming Economies, Wolters Kluwer, 2010.

第十三篇　论裁判的逻辑标准与政策标准

——以知识产权法律适用问题为例[①]

逻辑与政策是法官手中的两把剑。法官在裁判案件时，既要以严谨的法律为依归，又要以灵活的政策为调剂。两种手段的恰当运用，可以调适法律适用的状态和效果，可以追求“恰到好处”“无过无不及”“增一分则太长，减一分则太短”“常行于所当行，常止于所当止”的法律适用境界。[②]

美国学者比克尔曾说：“没有一个良好的社会能够是不讲原则的；也没有一个富有生机的社会是完全被原则支配的。”在绝对多数情况下，“需要同时考虑两个要求：指导性原则与权宜的妥协”[③]。套用这句话，法官在裁判中应当一手用法律（及法理），一手用政策，法律的原则性与政策的权宜性，能够确保知识产权审判充满生机活力，可谓“志恢弘而道中庸”。只有把握和处理好两者的关系，才会获得良好的裁判结果。本文以知识产权审

---

① 原载《法律适用（国家法官学院学报）》2007 年第 9 期。

② 这好比中国传统文化上的“中庸”境界。所谓中庸，按照《说文》，就是“运用适度”。

③ ［美］亚历山大·M. 比克尔：《最小危险部门——政治法庭上的最高法院》，姚中秋译，北京大学出版社 2007 年版，第 66－67 页。

判中的实例为例，对裁判中的法律标准和逻辑标准的划分标准、适用范围和各自的地位等问题，进行初步的探讨。

一、逻辑标准与政策标准的划分

通常意义上的法律和法理，更多偏重于静态的和严谨的逻辑意义，而不会更多地考虑涉及或者决定其适用效果的政策因素。现实生活中的法律或者法官实际运用的法律，又具有其他丰富多彩的景象，除了遵守逻辑外，还具有很强的政策考量。换言之，出于解决实际问题的需要或者为了追求更好的实际效果，实践中的法律适用具有较大的灵活性，存在较多的政策考量，从而使貌似"一脸严肃""只有一个答案"的法律成为"活的法律"，这就是"行动中的法律"。

逻辑标准是按照法律的明文规定、常规的法律解释或者公认的法理，按照先后相继的严格法律推理过程，决定特定案件的裁判结果。[①] 最标准的法律适用模式就是以法律为大前提、以事实为小前提并据此得出裁判结论的演绎推理。而且，在确定法律大前提时，首先应按照文义方法解释法律；文义解释有困难时，辅之以体系解释、法意解释和历史解释等解释方法，以印证或者确定法律规范的文义；存在法律漏洞时，首先应考虑是否能够通过扩张解释、限缩解释或者类推适用等方式，尽可能首先在法律框架之内找到填补漏

---

① 法律适用中的"逻辑"一词的含义很难界定得非常清晰，且不同的场合可能有不同的侧重，但对其含义的界定总体上是大同小异的。例如，那位提出"法律的生命不在于逻辑，而在于经验"名言的霍姆斯，就在体系的一致性、演绎、归纳、类比甚至平意（plain common sense）等多种意义上使用逻辑一词的含义。有人指出，霍姆斯的"逻辑"一词是模糊的甚至是混乱的，但不是没有意义的。他的法律逻辑的原型毫无疑问是以系统的概念分析为基础的逻辑演绎。霍姆斯也曾在三种较狭窄的意义上使用"逻辑"一词：其一，如果一个司法判决是从一个现有的清晰的规则和一系列已经存在的事实中演绎出来，不管这个规则是否是概念体系的一部分，都可以说它是以逻辑为基础，即使这些只是作为指导而不是作为演绎推理的大前提，也是逻辑的。其二，如果一个法律推理是以与法律的明确分类相符合的一般原则为基础，即使这些只是作为指导而不是作为演绎推理的大前提，也是逻辑的。其三，类比推理也是逻辑的，因为它以追求内在一致性为目标，尽管它既不是演绎的，也不是体系的。霍姆斯在其《法律的道路》中批评了那种认为法律制度应该完全是逻辑的观念，即他所说的"逻辑形式的谬误"。参见［美］斯蒂文·J. 伯顿主编：《法律的道路及其影响——小奥利弗·温德尔·霍姆斯的遗产》，张芝梅、陈绪刚译，北京大学出版社 2005 年版，第 170-171 页。

洞的依据,其次才通过完全的自由裁量等方式填补漏洞。这样的逻辑过程是以先后相继的步骤由法律大前提推导出法律答案和裁判结论,遵循或者体现的是严格的法律或者法理标准。逻辑标准的极致化,就是认为,法律答案或裁判结论"能够像数学那样从某些行为的一般公理中推导出来",即"如果(我们)做对了算术题",我们就能够得到正确的答案。[①]

但是,完全按照逻辑标准进行法律的推理和适用毕竟是一种理想状态,"在合乎逻辑的形式的背后,存在对于相互竞争的立法根据的相对价值和重要性的判断,这个判断常常是一个无从言喻且未自觉意识到的判断,这是真实存在的,而且还正是整个程序的根基和关键"[②]。现实生活是特定的、具体的、纷繁复杂和丰富多彩的,有时也是不完美的,法律适用往往受制于各种主客观条件的约束。因此在特殊情况下,常态的适用会严重地脱离实际,或者出现极不公平的结果,甚至引发社会的动荡,此时就需要打破常态,转而选择特殊的法律路径,采取更多的政策考量,政策标准或者政策方法由此应运而生。

政策标准基于特殊的政策考量或者为实现特殊的政策目标,变通法律适用的常规逻辑步骤,寻求特殊的法律适用效果。如卡多佐所说,"当社会的需要要求这种解决方法而不是另一种的时候,这时,为追求其他更大的目的,我们就必须扭曲对称、忽略历史和牺牲习惯"。它所寻求的不是演绎推理得出的逻辑结论,而是特殊的政策价值或者目标。它抛弃了演绎推理的常规手段,或者采取反弹琵琶式的效果方法,根据所要达到的结果反过来寻找法律依据,或者根据特殊的历史背景和具体的现实情况,按照公平合理的需求改变常规的逻辑结果,或者忽略严丝合缝地对号入座的法律细节,透过现象而直接抓住本质,将本来不能纳入调整的事项纳入调整,将本来能够纳入调整的事项排除出去。凡此种种,其具体方式不一而足。无论具体的手段和形式如何,逻辑标准根据的首先不是法律、法理和逻辑推理,而是特定条件下的现实需求和政策导向。

---

①　参见[美]斯蒂文·J. 伯顿主编:《法律的道路及其影响——小奥利弗·温德尔·霍姆斯的遗产》,张芝梅、陈绪刚译,北京大学出版社 2005 年版,第 18 页。

②　同上注。

政策标准的存在,使司法成为负责任的司法,也说明不存在单纯的或者单一的理想状态的司法。“以原则为基础、以政策为导向的法律学说也就是对法律推理之专断性不可或缺的解毒剂。”[①]非常规的司法通常都是在特殊时空条件下的阶段性选择,随着时间的推移和条件的变化而发生改变。这种非常规性的方法就是政策性标准,强调的是权宜、阶段性适应和相对的公平。当然,政策方法不是将法律适用玩弄于股掌,归根结底是为了更好地实现正义,是否采用政策方法最终取决于实现正义的重要性,取决于利益衡量和价值取向。换言之,仅仅依靠逻辑标准不足以更好地或者完全地实现正义,不能确保特殊情况下裁判结论的妥当性,所以需要政策方法进行弥补,也就决定了政策方法的必要空间。这说明,裁判中的法律是行动中的法律,是活的法律,而不是凝固的、僵死的或者机械的教条。

逻辑标准与政策标准是法律适用的两种基本标准,贯穿于解释和适用法律的全过程,反映了法律适用中的基本矛盾。前者体现的是法律适用的原则性,后者体现的则是灵活性;前者体现的是一致性,后者体现的则是多样性;前者更多的是理性,后者更多的则是感性;前者体现的是恒常性和跨越时空性,后者体现的则是调适性和阶段权宜性;前者体现的是一般公平正义;后者则是特殊的公平正义。概括地说,逻辑标准是一种常规情况下的法律标准,适用于大多数情况;政策标准是特殊情况下的适用标准,是对逻辑标准的变通或者对特殊情况的应对和反应。两者既是对立的,又是统一的。诚如有的国外学者所说,“太多的政策会扼杀法律;太多的法律会扼杀正义”[②]。我们既要确保法律的严格适用和一体遵行,又要防止法律适用的机械僵化和脱离实际;既要维护逻辑标准的基本价值,又要发挥政策标准的补充作用。

---

① 罗伯托·曼戈贝拉·昂戈尔:《法律分析应当如何?》,李诚予等译,中国政法大学出版社 2007 年版,第 95 页。

② Roy L. Brooks, *Structures of Judicial Decision Making from Legal Formalism to Critical Theory*(*second edition*), Durham, N. C.: Carolina Academic Press, 2005, p. 4.

二、政策标准的体现、依据和基础

在裁判中,我们更多的是以常规的方式适用法律,维护法律适用的稳定性、一致性和可预见性。但在特殊情况下,我们也采用政策性考量,存在法律适用的灵活性。诚如霍姆斯所说,“法律的整个外在表现就是逻辑和机智在每个方面冲突的结果。一方面,努力对一致的结果进行拟制;另一方面,当结果显失公平时,限制并且最终超越这些结果”[①]。逻辑代表了常态,机智代表了灵活。裁判中的政策性体现在许多方面,也存在不同的依据和基础。我们大体上可以将其归纳为基于衡平、权宜、效果、导向、历史等因素进行的政策考量。[②] 这些情形可能互有交叉,但至少各有侧重,可以展现政策考量的多个方面。当然,这些灵活运用归根结底是为了在特殊背景下追求更大的公平,也就是霍姆斯所说的“当结果显失公平时,限制并且最终超越这些结果”。

无论具体情况如何,法律的灵活适用或者对于政策方法的采用,归根结底都是为了更好地解决实际问题。诚如霍姆斯所说:“由于法律是由一些能干而有经验的人掌管,这些人清楚地知道,不应为了三段论而牺牲解决实际问题的智慧。”[③]不要因为法理逻辑的拘束或者为追求法理逻辑上的严谨而牺牲发挥实际效用、解决实际问题的智慧,束缚我们有效解决实际问题的手脚。这是政策性方法存在合理性的根本依据。

(一)基于公平(衡平)或者正义而进行的政策考量

公平正义是法律和司法的宿命或者根本追求。如果严格的法律推理或者法律适用会导致明显的不公平,或者不能从根本上实现

---

① Oliver Wendell Holmes, *Agency*, 1891, in CW, Vol. 3, p. 340-341.

② 霍姆斯把与逻辑的司法判决(推理)相对的推理或者判决情形,称为根据具体情况获取希望得到的结果的工具的、语境的和意向性的(不关注融通性)判决,即那些“实践的”和“立法的”判决。参见[美]斯蒂文·J.伯顿主编:《法律的道路及其影响——小奥利弗·温德尔·霍姆斯的遗产》,张芝梅、陈绪刚译,北京大学出版社2005年版,第177页。此处的政策标准适用的情形大体上都属于实践性、立法性(创造性)等推理或者判决模型。

③ 小奥利弗·温德尔·霍姆斯:《普通法》,冉昊等译,中国政法大学出版社2006年版,第32页。

正义,就可以以公平的方式改变常规的法律适用路线,采取更符合公平正义要求的裁判选项。

在知识产权审判中,为公平正义的考量而不适用停止侵权的民事责任,就是一个显著的例子。

《民法通则》(已废止)第118条规定,有关知识产权受到损害的,权利人有权要求停止侵害。在我国知识产权审判中,通常都是当然适用停止侵权的责任方式。但是,由于在个案中可能存当事人利益的较大失衡,一些停止侵权的判例曾引起了一些争论。如在涉及著作权与注册商标权冲突的"武松打虎"著作权案中,山东景阳岗酒厂在其注册商标中使用了画家刘继卣的部分"武松打虎"组画,刘继卣的继承人发现后诉至法院,引发了轰动一时的"武松打虎案"。一、二审法院认定侵权成立,判决被告立即停止侵权和赔偿损失。该案停止侵权的判决引起了一些争论,一些学者认为,鉴于被告使用该作品已达多年,且其商标已具有一定的市场知名度,实际上已在该作品之上添附了相当大的经济价值,停止侵权不符合诉讼效益要求,在当事人之间不能做到权利义务的平衡,与其停止侵权,不如在经济补偿上加大些力度,使两者各得其所。

正是为追求诉讼结果的公平,2007年1月时任最高人民法院副院长曹建明在全国法院知识产权审判工作座谈会上指出,"对于一些在诉讼中继续存在的特殊的侵权行为,也要根据案件具体情况,合理平衡当事人之间以及社会公众的利益,考虑执行的成本和可能性,对于判决停止侵权将导致执行结果明显不合理或损害公共利益的,可以适当加重侵权人的赔偿责任而不判决停止有关的销售、使用行为"①。为了更大的利益而牺牲较小的利益,这是公共政策的要求和体现。如,在专利、商标或者著作权侵权纠纷案中,要求被告停止使用专利、商标或者停止销售、销毁侵权作品会导致被告遭受巨大的损失,或者危害公共利益的,可以不责令停止侵权,而通过加大赔偿等方式给予替代性救济。这种灵活的司法政策变通了

① 曹建明:《全面加强知识产权审判工作为建设创新型国家和构建和谐社会提供强有力的司法保障——在全国法院知识产权审判工作座谈会上的讲话》2007年1月18日。

停止侵权的刚性规定,可以在利益衡量中更好地实现公平。

承担民事责任的衡平考量本质上源于对于公平的根本追求。如根据英美法传统的衡平原则,原告请求发布永久性禁令时,必须符合四项标准:(1)遭受了不可弥补的损害;(2)依法获得的救济,如损害赔偿金,不足以弥补该损害;(3)考虑原告与被告之间的困境的平衡,给予衡平救济是有充分理由的;(4)给予永久禁令不损害公共利益。但在现代条件下,一些具有较大经济意义的民事权利救济,开始考虑经济效率的观点,即在特定条件下,"放松法学的正义标准而使效率标准占优势"。或者说,这是按照效率取向确定的新的正义标准。[①] 美国联邦巡回上诉法院曾在专利侵权案件中当然地适用禁令救济,而不再进行衡平考量。美国最高法院则在不久前著名的Ebay案中纠正了这种做法,强调了传统的衡平标准。[②] 这也是我们适用衡平的政策标准的一个佐证。

裁判中的公平正义归根结底是实体结果的公平正义。为实现实体结果的公平正义,甚至需要变通法律的字面规定或者程序上的规则。例如,《商标法》第44条第4项规定[*],注册商标"连续三年不使用的",商标局可撤销该注册商标。仅从该规定字面含义看,

---

① 如在美国的一个案例中,被告水泥厂因喷洒粉尘给原告造成损失,对于要求发布关闭工厂禁令的请求,法院未予支持,理由是水泥厂已耗资4500万美元,公害对原告的成本只有18.5万美元,因此不发布禁令是为了公平地行使裁量权。

② 美国最高法院裁决的e-bay案涉及专利侵权永久禁令适用条件。eBay公司开设一家大众网站,允许个人销售者上挂其拟销售的商品,拍卖和定价销售均可。Half.com公司为eBay公司的全资子公司,经营一家同样的网站。被申请人MerxExchange公司拥有一些专利,其中包括一项用于电子市场的商业方法专利(美国5845265号专利)。该专利通过设立一个促进参与者互信的中心认可系统,便利参与者相互之间的商品销售。MerxExchange公司试图将其专利许可给eBay公司和Half.com公司,但未达成协议。MerxExchange公司后来在佛州东区美国地区法院对eBay公司和Half.com公司提起专利侵权诉讼。陪审团认为MerxExchange公司的专利有效,eBay公司和Half.com公司侵犯了其专利,裁决了一定数额的赔偿。在陪审团裁决之后,地区法院驳回了MerxExchange公司的永久禁令请求。联邦巡回上诉法院撤销了该判决所适用的是"一般规则,即除极少数例外情形外,法院对于专利侵权行为均发布禁令"。为审查该一般规则是否妥当,美国最高法院发布调卷令。美国最高法院认为,在通常情况下,联邦法院在考虑是否给予胜诉的原告禁令救济时,适用历史上由衡平法院所创设的四要素标准。申请人eBay公司和Half.com公司主张该传统标准适用于专利法上的争议。最高法院赞同该主张,据此撤销联邦巡回上诉法院的判决。

* 现行《商标法》2019年已修改为第19条。——编者注

"连续三年不使用"是撤销注册商标的充分和必要条件。但是,倘若因连续三年不使用被商标局和商标评审委员会决定撤销注册商标以后,在行政诉讼程序中确实已经使用并提供实际使用的新证据的,是否可以改变撤销的结果?这必然会面临实体和程序上的困难和障碍。例如,这首先与《商标法》第44条第4项的字面规定不符,在行政诉讼程序规则(包括证据规则)上也存在支持的困难。但是,撤销连续三年不使用的注册商标决不是一种行政处罚或者惩罚性措施,而是防止闲置浪费商标资源和促进商标发挥实际作用的制度。倘若在撤销程序完结之前,该注册商标进入了实际使用状态,撤销注册商标的事实基础已经丧失,防止闲置浪费商标资源和促进商标发挥实际作用的立法目的已经实现,此时再行撤销该注册商标,就转化为惩罚性的为撤销而撤销,已从根本上背离了立法目的。何况,从商标注册的现实情况看,注册商标的程序烦琐和时间较长,撤销该注册商标之后让商标注册人再通过注册程序重新获取注册商标,就变成纯粹的程序游戏。因此,为实现法律的根本意图和实体上的公平正义,我们可以变通实体法的规定,如根据立法目的限缩《商标法》第44条第4项的适用范围,使其不包括诉讼程序中已经实际使用的情形(目的性限缩),并灵活地适用行政诉讼程序规则,加以解决。程序规则的适用必须围绕如何实现实体法价值这个核心,必须能够确保实体法价值的根本实现。① 这方面的行政诉讼程序规定很可能不能为解决上述问题提供严丝合缝的规则,但我

① 实体正义与程序正义的关系,是一个基本的和永恒的法律命题。我们关于程序的观念经历了由程序工具论到程序本位论的演变,当前的司法实践又重新反思程序法与实体法的关系,出现了寻求与实体法和谐共存的新程序主义观。过去的重实体、轻程序,到后来的程序正义,都不能真正地实现我们所追求的社会正义,因而实体正义和程序正义对于实现社会正义具有同样的重要性,片面强调任何一面都不是正义。有的学者认为,从诉讼是实体法与诉讼法共同作用的立场出发,民事诉讼的根本目的是公正解决纠纷,公正的内涵则包括过程和结果两个方面的正当性(可接受性),判决效力是裁判内容的实体法效果和程序效力的综合体。程序规则的设计必须围绕如何实现实体法价值这个核心,而程序法的运作机制又在于把实体权利义务转化为程序技术,因此,法官的裁判更易于为各方当事人所接受。程序设计应当围绕如何保证法官正确适用法律、最大限度地接近真相。参见李仕春等:《中国法学会民事诉讼法学研究会2007年年会综述》,载《中国法学会》2007年第3期。这些程序与实体的关系的论述,对于我们解决有关问题有启发意义。

们绝不能因为程序规则的局限而改变实体权利义务的分配和阻碍实体正义的实现，而应当变通相应的程序规则，确保实体正义的根本实现。

(二)基于权宜或者效果而进行的政策考量

在特殊的时空条件下，法律的适用具有权宜性，即为适应特殊的需要或者实现特殊的目的，在特定的时期或者条件下变通常规的法律适用。这种权宜往往都是为了追求更好的法律适用效果。[①]

例如，在当前驰名商标司法认定中，一些高级人民法院采取了判前审核制度，即要求辖区内的法院作出一审判决前，向高级人民法院报告并通常由高级人民法院进行一定的审核。最高人民法院也建立了认定驰名商标的备案制度，即地方各级法院认定驰名商标的判决生效以后，需要报最高人民法院备案。对于判前审核制度是否妥当，存在一些不同看法，如有人认为该制度不符合依法独立审判或者违反诉讼程序等。无论审前核准还是审后备案，都并不是知识产权审判的常规做法，但不能回避其存在的合理性和符合当前审判实际的一面。如当前驰名商标制度在社会上有背离立法初衷的异化趋向、需要警惕个别当事人为获取驰名商标的认定而制造“假案”、统一司法认定标准的任务突出等，这些因素决定了判前审核和判后备案有利于加强驰名商标认定的监督指导、有利于统一司法认定标准和有利于提高司法认定公信力等。这种司法决策都是从实际出发和出于实际需要，而不是源于法理逻辑，不能简单地用法理或者国际惯例衡量评判。我们不能因为拘泥于法理而牺牲有效解决实际问题的智慧。这样的措施可以归为特定时期的权宜之计，作为司法政策和工作措施，不作为诉讼程序，不宜以依法独立行使审判权等法理标准进行评判，在条件具备时可以取消。如果从纯粹法律标准的角度来衡量，这些措施无疑是过渡性的。

按照法理标准，知识产权不论是否经过行政程序取得，其相互

① 霍姆斯曾说，普通法的法官首先确定裁判结果，然后寻找裁判结果的合理解释。当然，他不是说裁判结果是随意做出的，而是说裁判结果并不取决于后来提出的正式法律原则，而取决于正式法律原则以外的其他因素。这就是霍姆斯所说的“法律的生命不在于逻辑，而在于经验”的要义所在。参见[美]路易斯·梅南德:《哲学俱乐部》，肖凡、鲁帆译，江苏人民出版社、凤凰出版传媒集团 2006 年版，第 283 页。

之间的冲突都可以归为民事争议,而民事争议(以民事法律关系为基础的法律争议)属于法院固有的受案(主管)范围,法院均应当受理,无须另有法律对于受理问题再作特别规定。但是,在特殊情况下,出于特殊的政策考量,可以背离常规的做法,作出非常规的处理。例如,最高人民法院《关于全国部分法院知识产权审判工作座谈会纪要》(法〔1998〕65 号)(本章以下简称《知识产权审判纪要》)要求,"人民法院受理的知识产权纠纷案件或者其他民事纠纷案件中,凡涉及权利冲突的,一般应当由当事人按照有关知识产权的撤销或者无效程序,请求有关授权部门先解决权利冲突问题后,再处理知识产权侵权纠纷或者其他民事纠纷案件。经过撤销或者无效程序未能解决权利冲突的,或者自当事人请求之日起 3 个月内有关授权部门未作出处理结果且又无正当理由的,人民法院应当按照民法通则规定的诚实信用原则和保护公民、法人的合法的民事权益原则,依法保护在先授予的权利人或在先使用人享有继续使用的合法的民事权益"。该规定首先表明,知识产权权利冲突属于民事诉讼的受案范围,但又要求尽量按照行政程序去解决。这种要求似乎存在逻辑上的不妥当,因为既然承认其为民事争议,法律又未将其排除在民事诉讼受案范围之外,为何又强调行政程序优先或者要由行政程序处理呢?何况,行政程序与民事诉讼处理的目的和方式都是不同的,两者在救济内容也不可替代,这种要求也不尽符合争议法律关系的属性。这种评判就只是立足于逻辑标准之上的,而不是政策标准。《知识产权审判纪要》之所以作上述要求,恰恰是立足于政策标准,即着重考虑了当时对于民事诉讼受理行政争议的认识程度、相关方面普遍接受的程度以及条件的成熟程度,带有很强的权宜色彩,而不是立足于纯粹的法律逻辑上的定性和处置。当时的情况是,社会对于由民事司法处理知识产权权利冲突已有相当的需求,但司法还不能毫无保留地敞开大门,采取上述处置方式或许更为符合当时的认知水平和处理条件,在当时的条件下或许更具有妥当性和可行性,这就是政策标准的现实基础和实际效用。随着认识的深化和社会接受程度的增加,我国在司法实践中普遍放弃了行政程序先行的做法,直接处理知识产权权利冲突,上述要求已不符合实际,知识产权权利冲突的司法处理更多地走向了逻辑标准。这种变化又恰恰说明了政策标准的权宜性和阶段性与逻辑标准的恒常性和最终性。

再如,在先注册商标的所有人以他人在相同或者类似商品上在后注册的商标相同或者近似、构成商标侵权或者不正当竞争而提起民事诉讼的,法院可否作为民事纠纷受理,在实践中是有不同看法和做法的。最高人民法院持不予受理的态度。如最高人民法院2005年2月17日(2004)民三他字第10号函主要解决的就是该问题,即"根据《民事诉讼法》第111条第3项、《商标法》第30条、第41条的规定,对涉及注册商标授权争议的注册商标专用权权利冲突纠纷,告知原告向有关行政主管机关申请处理,人民法院不予受理"。这里所谓的"涉及注册商标授权争议的注册商标专用权权利冲突纠纷",就是指两个注册商标之间的权利冲突纠纷。如果仅从法理或者法律逻辑上进行分析,注册商标之间的权利冲突仍然属于民事权利之间的冲突,在性质上属于民事争议,当然可以作为民事诉讼案件处理。既然在法理上不存在障碍,当前不予受理的主流观点显然出于政策上的考量。所谓政策上的考量,乃是着重于效果上的考虑,即注册商标数量多,判断标准有一定的弹性,倘若将注册商标之间的权利冲突作为侵权案件而纳入民事诉讼受理范围,在目前的情况下是否会引起注册和使用秩序的混乱,没有太大的把握。为最大限度地维护商标的全国集中授权制度,在客观条件不是非常成熟的情况下,不予受理较为稳妥。当然,有人还可能从其他角度为不受理注册商标之间的权利冲突寻求法理上的根据。如我国《商标法》授权商标局在商标注册时审查相对事由,将权利冲突纳入了商标注册的审查程序,且《商标法》对于授权不当有专门的行政救济程序和行政诉讼程序,无须再作为民事案件进行处理。这种理由未必站得住脚。例如,是否侵犯著作权等在先权也属于商标审查程序的内容,对于侵犯著作权等在先权利的注册商标,恰恰是可以通过民事诉讼进行救济的,为什么注册商标之间的权利冲突不能适用同样的法理?为什么专利之间的权利冲突可以受理,与此在法律性质上大同小异注册商标权利冲突不能受理?这些问题都是很难从法理上作令人信服的解答的。何况,给予注册商标之间的权利冲突民事救济,至少就抽象的道理而言,可以使在先权利人多一个救济渠道,有利于加强在先权利的保护。

《专利法》第9条第2款规定:“两个以上的申请人分别就同样的发明创造申请专利的,专利权授予最先申请的人。”该条规定的引申含义是禁止重复授权原则,即同样的发明创造不能重复授予两个以上的专利权。为此,《专利法实施细则》第13条第1款规定:“同样的发明创造只能授予一项专利。”对于如何理解禁止重复授权原则,有两种不同意见。一种意见认为,该原则只是要求一项发明创造只能提出一项专利申请,不能同时提出两个以上的申请,即同样的发明创造不能授予两个以上的专利,如同一项发明创造不能同时或者先后既授予发明专利,又授予实用新型专利。另一种意见认为,该原则是指“同样的发明创造不能同时有两项或两项以上处于有效状态的授权专利存在”,否则即构成法律所禁止的“重复授权”。只要一项发明创造不存在两个以上同时有效的专利,就不违反该原则,同时提出两个申请而分别获准授权的,必须选择其一(专利局的审查标准)。后一种意见基于专利审查人员紧张、审查周期较长的实际,采取该方法有利于保护发明创造和专利权。笔者认为,前一种意见符合文义解释和法理,后一种意见不是立足于法理,而是立足于专利审查的实际,乃是一种对于法律的政策解释。倘若该实际情况已不存在,权宜之计的基础即丧失,就无须采取这种方法,而应回归法理解释,但在实际存在具有合理性时,不排除这种方法的可采性。

(三)基于政策导向而进行的考量

国家政策是裁判中的重要考量因素,而在裁判中引入国家政策的考量本身,又使国家政策具体化为司法政策,形成了裁判的政策导向性。

例如,在北大方正公司与高术天力公司等著作权侵权纠纷中,对于争议焦点“陷阱取证”的合法性,最高人民法院再审判决指出:“就本案而言,北大方正公司通过公证取证方式,不仅取得了高术天力公司现场安装盗版方正软件的证据,而且获取了其向其他客户销售盗版软件,实施同类侵权行为的证据和证据线索,其目的并无不正当性,其行为并未损害社会公共利益和他人合法权益。加之计算机软件著作权侵权行为具有隐蔽性较强、取证难度大等特点,采取该取证方式,有利于解决此类案件取证难问题,起到威慑和遏制侵权行为的作用,也符合依法加强知识产权保护的法律精神。此外,北大方正公司采取的取证方式亦未侵犯高术公司、高术天力公司的合法权益。北大方正公司、红楼研究所申请再审的理由正当,应予支持"[①]。在裁判该案"陷阱取证"合法性的多种因素中,最高人民法院将"符合依法加强知识产权保护的法律精神"作为重要的考量因素,所采取的是一种典型的政策考量方法,即政策标准成为一种重要的裁量依据和方法。该案将加大知识产权保护的政策作为裁量的因素,而如此裁量又体现了司法加强知识产权保护的政策导向。

在上诉人本田会社(原审被告)与被上诉人威凌公司(原审原告)不正当竞争侵权纠纷案中,在审理商业诋毁案件时,二审判决以"任何单位或个人如果侵犯他人知识产权,就应当承受权利人以及社会公众对其侵权行为的批评、揭露,这种正当的批评、揭露是维系法律权威和法律权利不可或缺的,即使有偏差,也绝不可轻易当作不正当竞争予以追究"的司法政策为标准,指引商业诋毁行为的认定和相应的法律适用,使常规情况下可以构成商业诋毁的虚假报道行为,因服从政策导向的需要而不构成违法。[②] 换言之,在常规情况下本应构成商业诋毁的行为,因为政策导向的需要而不认定其构成违法,乃是以政策目标为取向而改变了法律适用常态的裁判。即便在这种情况下的法律适用有其模棱两可或者踌躇难决之处,也是政策导向决定了案件事实的取舍和裁判结论的选择。

当然,从更根本的意义上说,在法律无明文规定的情况下,根据利益衡量或者价值判断确定行为的合法性,更为直观地说也就是,根据利弊比较进行合法性判断,本身就是一种政策方法。如霍姆斯说,政策问题"不能通过一般性来回答",但可以通过"这么做的价值或者他所得到的应该和它遭受的损失进行比较"来回答。社会"领域竞争"中"生活利益的经验教会了"我们树立比较利害得失

---

① 最高人民法院民事判决书,(2006)民三提字第1号。

② 参见广东省高级人民法院民事判决书,(2003)粤高法民三终字第28号。

的价值观念。[①] 在上述案件涉及的“陷阱取证”行为的合法性的判定中，最高人民法院就是采用了“这么做的价值或者他所得到的应该和它遭受的损失进行比较”的利弊比较标准，即从取证的目的是否正当、是否有现实必要性、是否损害其他利益等多个方面，对“陷阱取证”的利弊进行了分析。这些方面都是政策考量的因素，而据此得出的结论就是一种政策分析的结果。

（四）基于历史、现状和公平而进行的考量

对于一些具有复杂历史因素的知识产权纠纷案件，脱离历史就不能公平合理地裁判，法院通常都会根据历史和现状，进行公平合理的裁量。如张小泉剪刀商标侵权及不正当竞争案、乌苏里船歌著作权纠纷案、金华火腿商标侵权案、涉及抗美援朝照片著作权的一些案件[②]，都属于运用政策方法的典型案件。

在张小泉剪刀商标侵权及不正当竞争案件中，原告杭州张小泉剪刀厂是有三百余年深远历史背景的“老字号”，但其“张小泉”商标注册于20世纪60年代，而被告上海张小泉剪刀公司的企业名称登记于20世纪50年代，且在其剪刀产品上长期标注“上海张小泉”。20世纪90年代杭州张小泉被认定为驰名商标后，因要求上海张小泉停止使用“张小泉”字号等而提起民事诉讼。法院认为，鉴于双方各自的历史和使用现状，不能支持杭州张小泉的诉讼请求；上海张小泉以前突出使用“张小泉剪刀”标识并无攀附杭州张小泉剪刀的意图，不构成侵权，但以后需要规范使用等。该案涉及驰名注册商标与企业名称字号之间的冲突，因为具有久远的历史背景，法院不宜简单地根据使用和注册登记的时间先后而认定哪一方构成商标侵权或者不正当竞争，对于上海张小泉历史沿袭下来的突出使用行为，也不能简单地根据现行司法解释规定而将其认定为商标侵权，但需要要求其按照现行规定规范使用。该案的处理显然充分地考虑了历史、现状和公平合理三要素，既使双方相安无事地各

---

① 参见 Holmes, *Privilege*, p. 370, 373, 375-376。转引自小奥利弗·温德尔·霍姆斯：《普通法》，冉昊等译，中国政法大学出版社 2006 年版，第 185-186 页。

② 参见孔祥俊：《法律方法论》（第 3 卷），人民法院出版社 2006 年版，第 1136-1151 页。

自继续使用,又依据现状提出了规范使用的要求,很有创意。[①]

上述政策方法都是源于裁判实践的需求和效果,是特定时空条件下的生动实践,而不是法律适用中的随心所欲和率性而为。正如毛泽东同志所说:“判定认识或理论之是否真理,不是依主观感觉如何而定,而是依客观上社会实践的结果如何而定。真理的标准只能是社会的实践。”[②]实践的正当需求和效果也是判断政策方法适当性的根本标准。上述政策方法以在特定的时空条件下实现较好的法律适用效果为直接目标,非常注重当时的法律适用效果,因而必然具有较强的实用主义色彩。这里对政策方法的归纳不是凭空而来的,乃是基于现行的实践和法律适用的政策要求而进行的。借用美国实用主义哲学大师詹姆斯的一句话,“它们的巨大作用在于概括旧事实并导向新事实”[③]。这些归纳既源于实践,又作出了高于实践的抽象。我们可以看到,这些政策方法既是熟悉的,又是陌生的。由于这些实例都是已有的实践,所以我们不感到陌生;由于这些抽象的归纳又披上了一般性的理论外衣,形成一般性模式和套路,所以又不是对于实践现象的简单复制和反映。模式化的理论归纳本身是一种提升和进步,但这种提升又是在现有实践做法基础上的改进。诚如詹姆斯所说,“杜威先生、席勒先生以及他们的同道们,在获得关于整个真理的这种一般概念时,只不过是遵循了地质学家、生物学家的做法。在创立这些科学的过程中,成功的做法一般总是先抓住一些在操作中实际可观察到的简单过程,比如说,气候对土地的剥蚀作用,生物不同于父辈的变异,或由于与新词以及新的发音的结合而产生的方言的改变,然后概括它,始终运用它并

---

① 如最高人民法院指出:“考虑本案纠纷发生的历史情况和行政法规、规章允许企业使用简化名称以及字号的情况,上海张小泉刀剪总店过去在产品上使用‘张小泉’或者‘上海张小泉’字样的行为不宜认定侵犯杭州张小泉剪刀厂的合法权益”;“本案上海张小泉刀剪总店成立在先且其字号的知名度较高,上海张小泉刀剪制造有限公司系上海张小泉刀剪总店与他人合资设立,且‘张小泉’文字无论作为字号还是商标,其品牌知名度和声誉的产生都有长期的历史原因。”参见最高人民法院《关于对杭州张小泉剪刀厂与上海张小泉刀剪总店、上海张小泉刀剪制造有限公司商标侵权及不正当竞争纠纷一案有关适用法律问题的函》(〔2003〕民三他字第1号,2004年11月4日)。

② 《毛泽东著作选读》(上册),人民出版社1986年版,第122页。

③ 万俊人、陈亚军编译:《詹姆斯文选》,社会科学文献出版社2007年版,第225页。

通过它的日积月累的成效产生出伟大的结果”①。我们对于政策方法的归纳,大体上也遵循了这种套路。

三、逻辑标准与政策标准的相互关系

在法律适用中,逻辑标准和政策标准各有其相应的价值和功能,是相辅相成和缺一不可的。但是,两种标准的地位和价值又无法等量齐观。逻辑标准是以法律为前提和目标,裁判结论是对法律的严格适用,是从法律演绎出来的;政策标准则是把法律当作实现政策的工具,法律不再是演绎的实质性的前提和目标。

逻辑标准是大多数案件中普遍采用的标准。如霍姆斯说,“法官们不愿意讨论政策问题”,因为“一旦离开纯粹逻辑演绎的路径,法官们就失去了把法律推理当作数学确定性的幻象”。在绝大多数案件中,法官都可以通过简单的演绎推理对案件作出裁决,即把特定的规则运用到已发现的确定事实中,得出一个毋庸置疑的结果。② 政策标准是特殊情况下的特殊需求。

逻辑标准是法律秩序的基础,体现的是法律的确定性、可预见性、有序性、连续性和一致性,这是其常规的价值。③ 按照法律秩序的极致性要求,“法官必须依据事先明确的规则定案,而排斥法官个人价值的介入,它不会依靠某个法官午餐吃什么来审理案件。法院还必须要求政府官员只是依据使其行为可预测的规则行事”④。明确的法律标准和严格的司法逻辑过程,是维护法律秩序的必要保障。

政策标准更多的是对于逻辑标准的弥补或者辅助,是在特殊情况下对于更大正义的追求。⑤ 政策方法的灵活性,说明它是一把

---

① 《毛泽东著作选读》(上册),人民出版社 1986 年版,第 225-226 页。

② 参见[美]斯蒂文·J. 伯顿主编:《法律的道路及其影响——小奥利弗·温德尔·霍姆斯的遗产》,张芝梅、陈绪刚译,北京大学出版社 2005 年版,第 181、185 页。

③ 如卡多佐所说,“在一个发达的法律制度中,法律确定性的价值毋庸赘言。法律作为一种行为指南,若不为人知或不可能为人所知,则近乎于无效”。参见[美]本杰明·N. 卡多佐:《法律的成长法律科学的悖论》,中国法制出版社 2002 年版,第 5 页。

④ 安·塞德曼等:《法律秩序与社会改革》,中国政法大学出版社 1992 年版,第 160 页。

⑤ 如卡多佐所说,“对确定性的过分强调可能导致我们崇拜一种无法容忍的刻板教条”。参见[美]本杰明·N. 卡多佐:《法律的成长,法律科学的悖论》,董炯、彭冰译,中国法制出版社 2002 年版,第 13 页。

"双刃剑",它在追求更大正义的同时,又损害了法律标准的确定性、齐一性和可预见性,因而在实践中必须正确地确定其适用范围和适用条件,调和好逻辑标准与政策标准的关系。

逻辑标准与政策标准是两种相辅相成的标杆。我们通常必须以逻辑标准为起点和归宿,而以政策标准为调剂。如卡多佐所说,"运用我们的逻辑、我们的类推、我们的哲学,我们向前走,直到我们到达某个特定的点。开始时,我们对这些路径并没有感到问题;它们也遵循同样的路线。然后,它们开始分岔了,而我们就必须在它们之间作出选择。历史或者习惯、社会效用或某些逼人的正义感,有时甚或是对渗透在我们法律中的精神的半直觉性领悟,必定要来援救焦虑不安的法官,并告诉他向何方前进"①。的确,显而易见的脱离实际、严峻的事态、可能出现的不公平或者逼人的正义感,加上法官职业的敏感性,都会给法官发出背离常态的信号,决定路径和方法的取舍。②

当然,政策标准既可以是在法律和法理大框架之内的取向和调适,依托法律和法理的框架而存在,又可能超越了既定的法律和法理框架,而仅仅以法律和法理为外衣。政策标准往往是走向逻辑标准的过程和阶段,"过夜的小旅馆绝非行程的目的地"③,逻辑标准又为政策标准提供了衡量尺度和前进方向。

逻辑标准的存在,既使我们能够知道政策标准偏离了多远,又使我们能够约束政策标准的限度。政策标准的存在,既使我们能够清醒地认识到法律标准的复杂性、阶段性和适应性,又使我们能够克服逻辑标准的机械僵化和脱离实际,增强逻辑标准的适用效果。

逻辑标准不能简单地替代政策标准,政策标准也不能罔顾逻辑标准的约束,只有在逻辑标准与政策标准之间进行适当的调适或者

---

① [美]本杰明·N.卡多佐:《司法过程的性质》,商务印书馆 2000 年中文版,第 24-25 页。

② 参见孔祥俊:《法律方法论》(第 3 卷),人民法院出版社 2006 年版,第 1127-1129 页。

③ [美]本杰明·N.卡多佐:《法律的成长,法律科学的悖论》,董炯、彭冰译,中国法制出版社 2002 年版,第 13 页。

妥协,才能使两种标准各得其所,才能得出特定时期和特定情况下解决特定问题的答案,实现较好的法律效果和社会效果。如卡多佐所说,“妥协是法律成长的原则中很重要的一条”①。逻辑标准与政策标准的适当妥协,是推动知识产权权利冲突民事处理发展的必由之路和必然过程。

① [美]本杰明·N. 卡多佐:《法律的成长,法律科学的悖论》,董炯、彭冰译,中国法制出版社2002年版,第12页。

后　记

整理旧作，总会勾起对过往岁月的回忆。尘封已久的如烟往事又历历在目。仅重读开篇的那篇"序言"（原系我一本书的后记），就把我拉回当年那段激情燃烧、活力四射、积极进取、走南闯北和不知疲倦的时光，一切恍如眼前，不胜感慨。在人生最好的年华，我曾经激情澎湃，豪情万丈，披坚执锐，挥洒于重要岗位，运筹帷幄，敢担当、有作为，做过一系列的开创性工作。在繁忙的工作之余，又不时勤于笔耕，没有太荒废学术，竟然收到了"无心插柳"的回报，当年的副业如今已成为主业。可以说，一切都是最好的安排。

"人生如逆旅，我亦是行人。"我的人生信念一向是，人生短暂，结果不一定很重要，也无法把控，重要的是经历和过程，要多看些风景。几十年来，由地方而到中央，从党委、行政到司法，我历经多个岗位，其间既有顺风顺水志得意满，又有风雨波折艰难困苦。雪泥鸿爪，风轻云淡，"是非成败转头空"，都已成过眼云烟。而今回归学术和学界，初心本是归于平淡，惟愿"小舟从此逝，江海寄余生"。即便事与愿违，也定是上苍另有安排。看似做一些进取之事，也多是以出世之心为入世之事，聊以回报社会而已。

人生如白驹过隙，俯仰之间，半百犹如须臾。回首过往，可谓"寄蜉蝣于天地，渺沧海之一粟"。

正所谓,“世事一场大梦,人生几度秋凉。夜来风叶已鸣廊。看取眉头鬓上”。抚今追昔,感慨系之。聊赘数语,以作纪念。

作者

2021 年 7 月 11 日